T0265631

LAS ARTERIAS DEL MUNDO

LAS ARTERIAS DEL MUNDO

Una historia de la humanidad a través de los ríos

Luis E. Íñigo

www.edaf.net

MADRID - MÉXICO - BUENOS AIRES - SANTIAGO
2024

Editorial Edaf, S.L.U.
Jorge Juan, 68
28009 Madrid, España
Teléf.: (34) 91 435 82 60
www.edaf.net edaf@edaf.net

Ediciones Algaba, S.A. de C.V.
Calle 21, Poniente 3323 - Entre la 33 sur y la 35 sur
Colonia Belisario Domínguez
Puebla 72180, México
Telf.: 52 22 22 11 13 87
jaime.breton@edaf.com.mx

Edaf del Plata, S.A.
Chile 2222
Buenos Aires – Argentina
edafdelplata@gmail.com
fernando.barredo@edaf.com.mx
Teléf.: +54 11 4308-5222 / +54 9 11 6784-9516

Edaf Chile S.A.
Huérfanos 1179 – Oficina 501
Santiago – Chile
comercialedafchile@edafchile.cl
Teléf.: +56 9 4468 0539/+56 9 4468 0537

Mayo de 2024

ISBN: 978-84-414-4299-3
Depósito legal: M-3155-2024

PRINTED IN SPAIN   IMPRESO EN ESPAÑA

COFÁS

Papel 100 % procedente de bosques gestionados de acuerdo con criterios de sostenibilidad.

Para Elena, que rema conmigo,
en la misma barca,
por el sinuoso río de la vida.

No sé mucho de dioses, pero creo que el río
es un dios pardo y fuerte,
hosco, intratable, indómito,
paciente hasta cierto punto,
al principio reconocido como frontera;
útil, poco de fiar como transportador del comercio.
Después solo un problema para los constructores de puentes.
Ya resuelto el problema
queda casi olvidado el gran dios pardo
por quienes viven en ciudades.
Sin embargo, es implacable siempre,
fiel a sus estaciones y sus cóleras,
destructor que recuerda
cuanto prefieren olvidar los humanos.
No es objeto de culto ni actos propiciatorios
por los adoradores de las máquinas;
se halla siempre al acecho, a la espera, velando.
En el cuarto del niño su ritmo estuvo presente,
en el frondoso aliento del jardín en abril,
el olor de las uvas en la mesa otoñal
y el círculo nocturno ante la luz de gas en invierno.
El río está dentro de nosotros...

T. S. Eliot, *The Dry Salvages*, 1941.

ÍNDICE

Introducción

Los ríos siempre han estado ahí, junto a nosotros, frente a nosotros, incluso, como escribiera T. S. Eliot, dentro de nosotros. Quizá no somos ellos, pero sí somos en ellos. Nos han servido de caminos y de fronteras; han saciado nuestra sed y se han teñido con nuestra sangre; han movido nuestras máquinas y destruido nuestras cosechas y nuestros hogares; nos han traído la abundancia y la escasez; los hemos venerado como dioses y maltratado como esclavos; remontando sus aguas todavía salvajes, hemos viajado hacia lo desconocido, y, en la distancia, sus hermanos de las estrellas nos invitan ahora a que lo hagamos de nuevo a través de la inmensidad del espacio.[1]

Sabíamos cuando dimos nuestros primeros pasos sobre la tierra, al poco de nuestro amanecer como especie, que, al igual que los montes, los animales y las plantas, no habían sido puestos allí para servirnos, sino que eran parte de nosotros y nosotros de ellos, en el seno común de la Madre Tierra. Pero aquella prístina Edad de la Inocencia llegó pronto a su fin cuando comprendimos, o quizá creímos comprender, los misterios de la vida que crecía por doquier a nuestro alrededor y ansiamos domeñar la naturaleza. Aprendimos a cultivar la tierra y apacentar rebaños, a moldear la arcilla, tejer cestos y forjar metales; construimos ciudades, acueductos y puentes; embridamos sus aguas rebeldes con canales y pre-

---

[1] No se trata de una licencia poética. Los ríos de estrellas existen realmente en el universo. Son corrientes de cientos de años luz de longitud, formadas por millones de estrellas de parecida edad, que se desplazan a través del espacio siguiendo direcciones perfectamente identificables, movidas por las fuerzas de marea que generan las galaxias cercanas.

sas; las usamos para regar nuestros campos y mover las inmensas turbinas de nuestras centrales hidroeléctricas, y dimos en pensar que todo cuanto nos rodeaba, por supuesto, también ellos, debía estar a nuestro servicio. «Creced y multiplicaos —hicimos decir a Yahvé en el Génesis— llenad la tierra, y sojuzgadla, y señoread en los peces del mar, en las aves de los cielos, y en todas las bestias que se mueven sobre la tierra». Pero, como el audaz aprendiz de brujo del poema de Goethe, que se atreve a manipular fuerzas cuya naturaleza desconoce, o el insensato Faetón de la mitología griega, que incendia la tierra al conducir el carro de su padre el Sol, tan soberbios como ignorantes, hemos causado al mundo, también a los ríos, un daño que quizá ya no seamos capaces de reparar, y, al hacerlo, nos hemos dañado a nosotros mismos, aunque solo ahora hemos empezado a comprender del todo hasta qué punto. Como el titán Prometeo, robamos un día el fuego de los dioses, creyendo ser dignos de su poder, y se nos castiga por ello.

Hemos contraído, pues, una enorme deuda de gratitud con los ríos y les debemos también una reparación. Podemos cuidarlos mejor desde ahora, escuchando a los pueblos indígenas, por cuyas bocas hablan las voces de nuestros antepasados, que nos recuerdan que un día vimos en ellos a nuestros hermanos; asegurándoles, quizá, como algunos estados están haciendo ya, voz y derechos ante los tribunales. Pero debemos también reconocer su papel en nuestra historia.

En los últimos años, hemos aprendido a mirar al pasado con ojos distintos. Se ha tratado de abordar su comprensión desde perspectivas nuevas. El comercio, la ley, la moral, el pecado, el placer, los océanos, los tejidos, la enfermedad, las drogas, el sexo, las emociones, e incluso el humor y la embriaguez, han merecido la atención de historiadores poco convencionales, deseosos en ocasiones tan solo de sorprender y atraer a los potenciales lectores, sinceramente interesados otras veces en explorar caminos nuevos que completen nuestro conocimiento de la historia.

Este libro trata de hacer eso: explorar un nuevo camino, abordando el pasado desde una perspectiva que nunca se había adoptado, situando a los ríos en el centro de los procesos históricos y reflexionando sobre el papel que han desempeñado en ellos. Lo hace, sin embargo, evitando de modo consciente adoptar una narrativa lineal, el bastidor habitual sobre el que se tejen los libros de historia. Habría sido lo más sencillo, lo que, probablemente, la gran mayoría de los lectores habría esperado encontrar en estas páginas. Pero habría sido también, o al menos eso creemos, lo más arriesgado, pues el papel de los ríos podría haber quedado desdibujado, desvaído entre las innumerables pinceladas necesarias para dar forma al barroco paisaje del pasado. Para evitarlo, hemos optado por escoger las principales funciones que las corrientes fluviales han desempeñado en su relación con las sociedades humanas y hacer un recorrido histórico por cada una de ellas. Madres nutricias, torrentes de sangre, trenes que nadie conduce, caminos hacia lo desconocido, fronteras azules, aguas sagradas… todo eso han sido los ríos en nuestra historia, y desde todas esas perspectivas los analizamos aquí.

Como escribiera el poeta cubano José Ángel Buesa, el río es como un viaje para el sueño del hombre. Me gustaría que soñaran mientras viajan al pasado a través de las páginas de este libro. Al menos tanto como yo he soñado al escribirlo.

Pelayos de la Presa, 9 de agosto de 2023.

Capítulo 1

Madres nutricias

El río del Edén

El Omo es un río etíope de 760 kilómetros de longitud que desagua, formando un amplio delta, en el Turkana, uno de los lagos del gran valle del Rift. No se trata de un río especial, aunque se está construyendo en él un embalse capaz de alimentar una de las plantas de energía hidroeléctrica más grandes del mundo. Muchos de sus hermanos africanos, como el Nilo, el Níger, el Congo o el Zambeze, son más largos y caudalosos, y, desde luego, mucho más impresionantes. Pero, con el beneplácito de Stanley Kubrick, esta modesta corriente fluvial tiene el honor de haber sido testigo del episodio de mayor trascendencia en la historia del planeta: el alba de la humanidad.

No se trata de una hipérbole estilística. Es probable que la secuencia que el célebre director de cine escogió para dar comienzo a su inmortal *2001: Una odisea del espacio* sucediera en realidad junto a las humildes orillas del Omo. Al menos es allí donde se han hallado los fósiles más antiguos conocidos de *Homo sapiens*, el nombre que ha escogido para sí misma nuestra poco humilde especie, con una datación cercana a los 230.000 años.

Quizá no sea un mero producto del azar que se encuentren tan cerca de un río. Nuestros antepasados no vivían al principio en un lugar fijo; eran nómadas que se trasladaban con frecuencia, cubriendo notables distancias en pos de las manadas de animales salvajes de las que obtenían buena parte de su alimento. Pero sus desplazamientos no eran del todo aleatorios. Cada grupo, formado a lo sumo por unas decenas de individuos, poseía su propia zona de caza y recolección. La tenía por suya, y solo la abandonaba cuando las presas, grandes y pequeñas, y los alimentos vegetales, frutas, bayas y raíces, comenzaban a faltar, o bien cuando la presión demográfica, los conflictos internos o algún desastre natural le obligaban a ello. Y dentro de esa zona, que podía abarcar desde unas pocas decenas hasta varios cientos de kilómetros cuadrados, en función de los recursos que ofreciera y el número de seres humanos al que hubiera de alimentar, los ríos desempeñaban un papel crucial.

De hecho, venían a cubrir todas las necesidades del grupo o, al menos, hacían mucho más sencilla su satisfacción. Sus aguas, más generosas y regulares, saciaban su sed con mayor seguridad que los estanques o manantiales. En sus orillas eran abundantes los guijarros o cantos rodados que le suministraban materia prima para la elaboración de sus útiles de piedra y las agudas puntas de sus flechas y azagayas. Sus remansos servían como abrevadero a las bestias de las que obtenía su carne, facilitándole la tarea de abatirlas. Si sus aguas eran lo bastante ricas en peces, anfibios o aves acuáticas, el grupo podía incluso llegar a quedarse largo tiempo en sus márgenes, levantando allí campamentos casi permanentes, los primeros asentamientos estables de la historia, anteriores en decenas de miles de años a las aldeas del Neolítico.

Pero fue al combinarse con el fuego, que el *Homo sapiens,* aunque no había sido la primera especie humana en hacerlo, manejaba ya con maestría, cuando su némesis, el agua, convirtió a los ríos en un factor de progreso sencillamente revolucionario. Nuestros ancestros descubrieron que una piedra tomada del lugar donde había ardido una fogata alcanzaba altas temperaturas y las conservaba durante cierto tiempo. Si la piedra se introducía enseguida en una bolsa de piel curtida que contuviera agua, esta se calentaba también y podía llegar a hervir, transformando de forma radical el aspecto y la textura de los alimentos sumergidos en ella. No se trató, pues, tan solo de asar carne al amor de las brasas o dejar que la lamieran las ávidas llamas de las fogatas. El agua caliente podía obrar sugestivos milagros. Al cocerse, muchos alimentos, muy nutritivos, pero ásperos al paladar, se hacían más sabrosos y fáciles de digerir, e incluso podían consumirse algunos que en su estado natural resultaban incomestibles, como el arroz, el trigo o los tubérculos. Además, al hacerse más blandos, el tiempo y el esfuerzo necesarios para masticarlos se reducían de forma considerable. Aquel sencillo descubrimiento tendría efectos decisivos.

Gracias a la cocción, el ser humano diversificaba su dieta, haciéndola más sustanciosa, y mejoraba su salud, protegiéndose de gérmenes y parásitos. Además, podía dedicar menos tiempo a la alimentación, en torno a una hora diaria, frente a las cinco que destinan, por ejemplo, nuestros parientes cercanos los chimpancés, y sus dientes podían ser más pequeños y tardarían más en estropearse. Pero lo más importante no era eso. Por una parte, con unas piezas dentales de tamaño más reducido, la mandíbula podía encoger también su volumen, liberando espacio para el encéfalo en el interior de la caja craneal. Por otra parte, al disminuir la duración de su digestión, el intestino del *Homo sapiens* podía acortar su longitud y su consumo de energía, reservándola en gran cantidad para alimentar un cerebro cada vez más voluminoso, que llegó a absorber el 25% del gasto calórico total de su organismo en estado de reposo. Así, mientras nuestro intestino se hacía tres veces más corto que el de los grandes simios, nuestro cerebro se hacía tres veces más grande, hasta alcanzar un coeficiente de cefalización (la relación entre la masa del encéfalo y la masa corporal total) de 6, frente a 2 de los primates y 3,5 de los humanos antiguos. Y no fue sino el crecimiento del cerebro lo que nos convirtió en la especie dominante del planeta.[2]

Además, las consecuencias de la cocción —y el asado— de los alimentos no se detuvieron ahí. Ya no era necesario consumirlos tan pronto como se obtenían, pues muchos de ellos podían almacenarse, asegurando con ello una reserva de comida para tiempos de escasez. La existencia de esa reserva obligó a protegerla de la amenaza potencial de otros grupos en época de penuria, lo que abrió paso a actitudes de mayor cohesión social y apoyo mutuo, formas más complejas de socialización y, en fin, una mayor estabilidad de los lugares preferentes de habitación.[3] Los ríos

---

[2] Yuval Noah Harari, *Sapiens. De animales a dioses. Breve historia de la humanidad*, Debate, Barcelona, 2022, p. 25. Véase también James C. Scott, *Contra el estado. Una historia de las civilizaciones del Próximo Oriente antiguo*, Trotta, Madrid, 2022, pp. 50-51, y Vaclav Smil, *Energía y civilización. Una historia*, Arpa, Barcelona, 2022, p 45.

[3] Vaclav Smil, *Energía y civilización…*, *op. cit.*, p 47.

no solo facilitaron en gran medida el desarrollo de nuestros ancestros; de algún modo, fueron ellos, y no los dioses, los que crearon al hombre.

Quizá por el papel esencial que desempeñaron las corrientes fluviales en el desarrollo inicial de la humanidad las más antiguas mitologías cuentan con hermosas leyendas que explican su origen. En el *Enuma Elish*, un poema babilónico que narra la creación del mundo, el dios Marduk vence a Tiamat, la divinidad primordial del agua, y cuando divide en trozos su cuerpo para dar forma al cielo y la tierra, de sus ojos brotan los ríos Tigris y Éufrates. Un antiguo mito chino explica cómo la Tierra se formó a partir del cuerpo de un gigante, cuyas venas se convirtieron en ríos recorridos por su sangre transformada en agua. Otra leyenda, más pintoresca, de la que más adelante nos ocuparemos con detalle, narra que cuatro gigantescos dragones llamados Amarillo, Perla, Largo y Negro, conmovidos por los padecimientos que una larga sequía imponía al pueblo chino, decidieron llenar sus grandes bocas con agua del océano y rociar con ella sus campos sedientos. Pero cuando el emperador de Jade, soberano de los Cielos, supo lo que habían hecho, los encerró en las montañas y allí se convirtieron en los cuatro grandes ríos de China.

También se asocian los ríos al origen mismo de la especie humana. En la mitología escandinava, Ymir, el primero de los gigantes, nació del agua del Élivágar, el río primordial, y se alimentó de los cuatro ríos de leche que manaban de Auðumbla, la gran vaca cósmica. Adormecido, Ymir comenzó a sudar y bajo su axila izquierda crecieron un hombre y una mujer. Mientras, al lamer el hielo que lo cubría, Auðumbla desveló, bajo su superficie, la forma de un varón al que finalmente liberó. Este no era otro que el dios Buri, que más tarde engendraría a Bor, padre de Odín, divinidad principal de la mitología nórdica, y a sus hermanos Vili y Ve. Odín y sus hermanos usaron el cuerpo de Ymir para crear Midgard, el mundo donde habían de habitar los seres humanos nacidos de él. Con su carne hicieron la tierra. Con su sangre formaron los mares y los lagos. Con sus huesos levantaron las montañas. Con sus dientes modelaron las piedras. De su pelo crecieron árboles y los gusanos de su carne formaron, en fin, la raza de los enanos.

En ocasiones, el acto de la creación de la especie humana es fruto de una gran catástrofe en la que las inundaciones desempeñan un papel protagonista. Los navajos norteamericanos creían, por ejemplo, que las aguas habían aniquilado por voluntad divina el pueblo de los insectos, del que ellos mismos procedían. En el oeste de África, los yorubas recuerdan cómo los dioses, hartos de escuchar a Obatala, el creador de los seres humanos, alabar las virtudes de la bella ciudad que había levantado en la Tierra, decidieron dejar los cielos y establecerse en ella, lo cual provocó la envidia de Olokun, diosa de las aguas, que envió una gran inundación para arrasarla. Entre los barasana de la Amazonia se cuenta que Romi Kumi, la mujer chamán que había creado el mundo, decidió un día destruir su obra abriendo las puertas del agua, que se derramó sobre la tierra transformando cuanto había en ella en animales salvajes que devoraron a hombres y mujeres, excepto a aquellos que lograron salvarse en una canoa hecha con el árbol kahuu. Los mitos son unánimes. Los ríos se hallan, de uno u otro modo, en el centro de nuestro lejano amanecer como especie.

¿POR QUÉ NOS HICIMOS AGRICULTORES?

No solo de nuestro amanecer; también de nuestro desarrollo. Cuando, hace unos 10.000 años, nuestros ancestros comenzaron a transformar lentamente su milmilenaria economía depredadora, basada en la caza, la pesca y la recolección, otorgando un creciente protagonismo a la agricultura y la ganadería, la relevancia de los ríos no solo no decreció, sino que se acrecentó. Pero antes de detenernos en ello, es necesario que demos respuesta a una pregunta que no podemos pasar por alto: ¿cuál fue la causa de que nuestra especie abandonara un modo de vida con el que aparenta haberse sentido cómoda a lo largo de doscientos milenios?

A lo largo del siglo XIX, mientras el desarrollo acelerado de la industria y el auge del liberalismo económico parecía augurar al género humano un progreso sin límites, los eruditos europeos se sentían optimistas. La historia era un proceso ascendente y positivo. Su ritmo podía verse de vez en cuando ralentizado por alguna crisis, o frenado por el triunfo transitorio de las fuerzas de la reacción. Pero se trataría siempre de una parada breve, casi un mero receso del que la humanidad saldría con fuerzas renovadas, dispuesta a continuar marchando por la senda de su desarrollo. Incluso el larguísimo Medievo, todo un milenio de miseria, desdicha y oscurantismo,[4] se consideraba una simple pausa, tan solo un poco más dilatada de lo habitual, en la marcha del hombre hacia un futuro mejor.

En consecuencia, los ingenuos historiadores liberales tendían a asumir cualquier cambio social importante como una evidencia de progreso. La sedentarización, la difusión de la agricultura y la ganadería, el pulimento de la piedra y el desarrollo de la alfarería y los tejidos, que marcan, en diferente orden y a ritmos muy distintos según las zonas, el comienzo del período histórico conocido como Neolítico, unos 10.000 AP (antes del presente), no habrían constituido, así, sino el primero y más relevante de esos cambios. La humanidad habría dejado de forma espontánea de errar de un lugar a otro en pos de las manadas de animales salvajes y de recolectar las raíces, frutos y bayas que le daban sustento desde tiempo inmemorial porque, después de reiterados intentos fallidos, había hallado al fin la forma de cultivar la tierra y criar ganado. Como estas actividades le aseguraban una alimentación más abundante, las adoptó con fervor y dejó de cazar y recolectar; se asentó en un lugar fijo; construyó poblados estables, y empezó a caminar por la anchurosa vereda del progreso, de la que ya no se apartaría jamás. El salvajismo, como se decía en aquella época, había dejado paso a la barbarie. Era tan solo cuestión de tiempo que tras ella llegara la civilización.[5]

Sin embargo, es seguro que no sucedió de ese modo. La historia que nos contaron los historiadores decimonónicos no es sino una falacia evolucionista, mera fantasía alimentada por sus prejuicios. En realidad, la vida del agricultor no tiene por qué ser mejor que la del cazador y, en la mayoría de los casos, no lo es en absoluto. La única ventaja que aportan la agricultura y la ganadería es su capacidad de incrementar la producción de alimentos por unidad de superficie, lo que hace posible la existencia de grupos más grandes y su habitación en un lugar fijo, aunque sabemos

---

[4] Nuestra visión del Medievo ya no es tan negativa. Véase como ejemplo Matthew Gabriele y David M. Perry, *Las edades brillantes. Una nueva historia de la Europa medieval*, EDAF, Madrid, 2022.

[5] Estos conceptos fueron acuñados por el antropólogo Lewis Henry Morgan en *La sociedad primitiva*, publicada en 1877. En esta obra predicaba que todas las sociedades humanas habían atravesado, o debían hacerlo, por esas tres fases.

que esta apareció en realidad mucho antes que la economía productora donde la abundancia de recursos lo permitía, ya que en realidad es este el factor que resulta determinante, no el origen de los recursos mismos.[6] Por término medio, una banda de unos 20 cazadores recolectores necesita un poco menos de 80 km² para mantenerse, una superficie similar a la del distrito neoyorquino de Manhattan, en el que residen en la actualidad cerca de dos millones de personas, 100.000 veces más, mientras a un grupo de igual magnitud, pero capaz de producir sus propios alimentos le bastan unas 20 ha, es decir, 0,2 km², la extensión de un pueblo de pequeño tamaño. Pero el precio que el ser humano hubo de pagar por ello fue enorme. Veamos hasta qué punto.

El estudio de las sociedades primitivas actuales constata que las bandas de cazadores recolectores que disponen en su entorno de los recursos suficientes para alimentarse no dedican mucho tiempo al trabajo, a no ser que su moral social les obligue a comportarse de otro modo. Sus plácidos días transcurren en una muelle indolencia que distraen comiendo, bebiendo, acicalándose, danzando, escuchando historias, jugando con los niños o haciendo el amor. Cuando, pasado el tiempo, la comida se termina, unos pocos de ellos, por turnos, salen del poblado y recolectan o cazan lo suficiente para unos días más. Los bosquimanos san, que habitan el desierto del Kalahari, al sudoeste de África, tenidos por el pueblo más antiguo del planeta, han mantenido hasta hace poco tiempo ese modo de vida a pesar de que su entorno no es precisamente rico en recursos. Así los describía una célebre película estrenada hace ya cuatro décadas:

> Tal vez sean las personas más felices de la tierra. Para ellos no existen el crimen, las leyes, los policías, los gobernantes ni los jefes. Creen que los dioses solo pusieron cosas buenas y útiles en el mundo para que ellos las aprovechen. En su mundo nada es malo o inmoral. [...] Viven en la inmensidad del Kalahari, en pequeños grupos familiares. [...] sin ser conscientes de que hay otras personas en el mundo. [...] Son personas amables, nunca castigan a los niños ni les hablan con dureza, así que los niños se portan muy bien y sus juegos son divertidos e imaginativos. [...] Una característica que de verdad diferencia a estos nativos de casi todas

---

[6] Cyril Aydon, *Historia del hombre. 150.000 años de historia de la humanidad*, Planeta, Barcelona, 2009, pp. 55-56.

las razas de la tierra es su nulo sentido de la propiedad, ya que donde ellos viven no hay prácticamente nada que puedan poseer, solo árboles, hierba y animales. [...] Viven en un mundo agradable, donde nada es tan duro como el acero, la piedra o el cemento.[7]

La vida transcurre de forma bien distinta en las primeras sociedades agrarias. Obviemos un instante el evidente empobrecimiento de la dieta que supone el consumo casi exclusivo de cereales, parcos en vitaminas y minerales; las dolencias físicas que las nuevas actividades, estáticas y repetitivas, provocan en organismos adaptados a un movimiento casi continuo, y las zoonosis, enfermedades infecciosas transmitidas por los animales que se extienden con facilidad en el seno de comunidades humanas de alta densidad. Aun dejando de lado todo eso, que no es poco, los aldeanos tienen mucho trabajo que hacer y bastantes asuntos de que preocuparse. Si son campesinos, han de preparar la tierra para la siembra, arándola para reponer su oxígeno y arrancar de raíz las malas hierbas. Luego deben esparcir las semillas, asegurándose de que los pájaros o los herbívoros no acaban con ellas antes de que broten. Toca después mirar al cielo, suplicando lluvia y buen tiempo a las caprichosas deidades que lo gobiernan. Y, si todo ha ido bien y una helada que se retrasa o una tormenta que se anticipa no han diezmado las espigas, llega por fin el fatigoso momento de cosechar el grano, almacenarlo en los graneros y separar de él lo necesario para garantizar la siembra del año próximo. Si son ganaderos, su trabajo no es menos exigente. Deben alimentar las reses, incluso cuando las inclemencias meteorológicas les impiden llevarlas hasta los pastos. Pero también han de ordeñar a las hembras, esquilar la lana de ovejas y cabras, proteger sus rebaños de los ubicuos depredadores, escoger los ejemplares más aptos para la reproducción, y, en fin, dedicar innumerables horas al mantenimiento y la limpieza de las múltiples instalaciones que el ganado necesita, desde vallas a establos. Y no deberíamos pensar que las cosas han cambiado mucho desde entonces:

> Jack Hirschy, un ranchero al que conocí en 1950 cuando él tenía veintinueve años, todavía en la actualidad trabaja en su rancho a la edad de

---

[7] *Los dioses deben estar locos*, Jamie Uys, 1980.

ochenta y tres años, del mismo modo que su padre Fred montó a caballo en su noventa y un cumpleaños. Pero "administrar una finca y trabajar en el campo son labores duras y peligrosas", según afirmó Jill, la hermana del ranchero Jack. Jack se rompió algunas costillas y sufrió heridas internas en un accidente con el tractor a la edad de setenta y siete años, mientras que Fred casi perdió la vida a la edad de cincuenta y ocho años cuando se le cayó encima un árbol. Tim Huls añadía lo siguiente a su orgulloso comentario sobre el maravilloso estilo de vida: "De vez en cuando me levanto a las tres de la madrugada y trabajo hasta las diez de la noche. Este no es un trabajo de nueve a cinco".[8]

Cualquiera de los granjeros de Montana descritos por Jared Diamond trabaja en torno a setenta horas por semana. Aunque dispone de una tecnología incomparablemente más avanzada que la de sus remotos antecesores neolíticos, solo en raras ocasiones se toma un día libre y se expone, como ellos, a continuos accidentes de trabajo cuyas secuelas sufrirá en su madurez. Una vida muy distinta de la de los ¡kung del Kalahari, un subgrupo de los san antes mencionados, que no superan las dos horas diarias de trabajo, o, por ampliar los ejemplos, los hadza de Tanzania, donde el trabajo se valora tan poco que incluso se acepta de buen grado el gorroneo. Con razón pudo el antropólogo Marshall Sahlins afirmar que los antiguos pueblos de cazadores recolectores merecían mucho más que la nuestra el apelativo de «sociedad opulenta».[9]

Pero los inconvenientes de la vida en las aldeas neolíticas no acababan aquí. Había dos problemas añadidos. El primero se encontraba en la obligación de realizar una formidable inversión de tiempo, trabajo y recursos en la construcción de viviendas estables, cercados y majadas, almacenes y graneros, caminos y muchas otras infraestructuras que la agricultura y la ganadería requerirían para el desarrollo adecuado de sus actividades. El segundo derivaba de la forzosa necesidad de defenderlas de eventuales

---

[8]   Jared Diamond, *Colapso. Por qué unas sociedades perduran y otras desaparecen*, Debate, Barcelona, 2006, p. 54.

[9]   Marshall Sahlins, *Economía de la Edad de Piedra*, Akal, Madrid, 1983. No obstante, la teoría de la opulencia primitiva ha sido discutida por otros autores, que insisten en la escasez de recursos que a menudo amenazaba la supervivencia de muchas bandas de cazadores-recolectores y el trabajo duro que debían soportar con más frecuencia de lo que se afirma (Vaclav Smil, *Energía y civilización...*, *op. cit.*, p. 61).

agresiones foráneas, en especial en períodos prolongados de escasez de recursos o en contextos de elevada presión demográfica, cuando grupos de vecinos famélicos y agresivos podían pensar que su extrema necesidad era razón suficiente para robar a otros.[10] La violencia se convertía entonces en la única salida y la ventaja caía siempre del lado de los que luchaban mejor: los grupos que habían entrenado a algunos de los suyos como guerreros a tiempo completo.

No había mejor opción, pero eso no quiere decir que fuera buena. Los guerreros semiprofesionales requerían jefes que los mandasen y comida para alimentarlos que ellos apenas producían, por lo que había de ser aportada por el resto del grupo a costa de reducir su parte de forma sustancial. La desigualdad entre individuos llegó así para quedarse en el seno de unas sociedades que hasta entonces habían sido, en gran medida, igualitarias. Autores como Walter Scheidel sostienen que el desarrollo tecnológico del Paleolítico Superior había limado mucho los efectos de las diferencias naturales de corpulencia entre individuos, haciendo así más importante la destreza y la capacidad de cooperación que la fuerza bruta, lo que habría permitido a los más débiles limitar la capacidad de los machos alfa de imponer su voluntad al grupo. Luego, la ausencia de excedentes significativos frenó casi por completo las posibilidades de que la desigualdad se asentara. Naturalmente, eso no quiere decir que no fuera posible un cierto grado de desequilibrio en las sociedades de cazadores recolectores. Como apunta el mismo Scheidel, muchos grupos, sobre todo en entornos costeros, disfrutaron de hecho de recursos tan abundantes que les permitieron acumular excedentes suficientes para sostener jerarquías sociales estables y cierta inequidad en el reparto de la riqueza. Sin embargo, se trataba de una desigualdad esporádica que en modo alguno habría podido generalizarse a todo el planeta.[11]

---

[10] Si estas condiciones no se cumplían, la igualdad en el seno de las aldeas neolíticas podía mantenerse mucho tiempo. Hoy sabemos, por ejemplo, que en Çatal Hüyük, una de las primeras ciudades de la historia, no llegaron nunca a desarrollarse jerarquías ni sociales ni basadas en el género. Las evidencias de sociedades de este tipo son numerosas por todo el planeta.

[11] Walter Scheidel, *El gran nivelador. Violencia e historia de la desigualdad desde la Edad de Piedra hasta el siglo XXI*, Crítica, Barcelona, 2018. Un buen ejemplo de la aparición

Todo esto llegó a su fin en las aldeas neolíticas enfrentadas a una situación de competencia por los recursos. Por un lado, los jefes, que antes fundaban su autoridad en el consenso del grupo, comenzaron a convertir en forzosas las contribuciones a los almacenes comunitarios y a cerrar sus puertas, condenando al hambre a quienes rechazaran satisfacerlas. Por otro lado, dado que la tecnología disponible a finales del Neolítico exigía una notable fuerza física para el manejo de las armas, el apenas 10% de mayor masa muscular que los hombres poseen como promedio respecto a las mujeres devino decisivo, facilitando la imposición de la supremacía masculina en el seno de la comunidad y la aparición de toda una narrativa para perpetuarla. Cuando empezó a sembrar la tierra y pastorear ganados, la humanidad cayó, aunque casi siempre después de resistirse de todas las formas a su alcance y cuando no le quedó otra opción, en una trampa terrible. La abundancia, el ocio, la libertad y la igualdad, entre individuos y entre sexos, que habían disfrutado muchos de nuestros ancestros del Paleolítico Superior se esfumaron para siempre. Huelga decir que todavía no las hemos recobrado.

¿Por qué razón dejó entonces nuestra especie la caza y la recolección para dedicarse a unas actividades que le exigían un precio tan gravoso? La respuesta no es fácil. Después de numerosas tentativas más o menos fallidas, todavía hoy se formulan nuevas teorías que tratan de ofrecer una explicación convincente de la introducción de la agricultura y la ganadería.[12]

La primera de ellas fue la llamada «teoría del oasis», propuesta en 1936 por el arqueólogo australiano Vere Gordon Childe. Según su hipótesis, a comienzos del Holoceno sobrevino en el Próximo Oriente y el norte de África una intensa aridez. Muchos grupos humanos, impulsados por la seria escasez de recursos, pero también numerosos animales y plantas,

---

de jerarquías en el seno de sociedades que practicaban una economía depredadora lo encontramos en la costa oeste de Norteamérica, donde los *kwakiutl* de Vancouver, que disfrutaban de una gran abundancia de recursos gracias a la pesca del salmón, construyeron una sociedad altamente estratificada en la que incluso existía la esclavitud.

[12] Pueden encontrarse las teorías que a continuación se exponen, y alguna otra, en Víctor M. Fernández Martínez, *Prehistoria. El largo camino de la humanidad*, Alianza Editorial, Madrid, 2009, pp. 132-140.

confluyeron entonces en los lugares en los que el agua todavía era abundante, donde la supervivencia resultaba más fácil. Y fue allí, en la forzosa intimidad que les imponía su recién adquirida cercanía, donde los hombres, aunque lo más probable es que fueran las mujeres, aprendieron a domesticar a sus antiguas presas y dieron también sus primeros pasos en el cultivo de los cereales. Sin embargo, esta primera teoría planteaba un grave problema: no existía prueba alguna de que la desecación a la que aludía Childe se hubiera producido. Antes bien, la paleoclimatología, el estudio del clima antiguo, pronto demostró que el Holoceno se había iniciado en la zona señalada por el australiano como origen probable del Neolítico con un período más húmedo de lo que luego sería habitual.

La incógnita seguía sin despejarse, así que era solo cuestión de tiempo que se produjera una nueva tentativa. En los años cincuenta del siglo XX, un arqueólogo estadounidense, el profesor del *Oriental Institute* de Chicago Robert J. Braidwood, trató de poner al día las tesis de Childe mediante una profunda investigación sobre el terreno. Tras un dilatado trabajo de campo en el yacimiento iraquí de Jarmo, junto a los montes Zagros, quedó descartado que hubiera tenido lugar en la zona la supuesta desecación en que se basaba el modelo del australiano. En consecuencia, Braidwood concedió más importancia a la existencia allí de las especies animales y vegetales que protagonizaron el tránsito a la economía productora, como la oveja, la cabra y los cereales, y propuso una nueva hipótesis conocida como «teoría de las zonas nucleares» o «teoría de la evolución cultural». El problema de este nuevo intento es que en realidad no explicaba en absoluto por qué se produjo el cambio; tan solo describía dónde y cómo. Y, lo que es más grave, en él subyacía el prejuicio tradicional de los historiadores victorianos: la inteligencia humana había sido el determinante último de lo que el arqueólogo norteamericano seguía considerando un evidente progreso.

Conscientes de ello, discípulos de Braidwood como Lewis Binford y Kent Flannery comenzaron, en los años setenta del siglo pasado, a orientarse hacia la ecología cultural. Su modelo, denominado «del desequilibrio» o «de las zonas marginales», mantiene que el cambio no se produjo en las zonas nucleares, como sostenía su maestro, sino en lugares apartados de ellas, y que no fueron las discutibles ventajas que proporcionaba a la humanidad la economía productora, sino la mera necesidad de hacerlo, el factor que le impulsó a adoptarla. En concreto, Binford y Flannery creen que el proceso dio comienzo con los últimos cazadores recolectores. El inicio del Holoceno hizo que ciertas zonas, donde el clima se volvió más templado tras la última glaciación, vieran aumentar sus recursos. Este hecho atrajo a grupos humanos que practicaban una economía depredadora de amplio espectro capaz de explotar esos recursos, sobre todo cereales silvestres, sin necesidad de convertirse en agricultores. Sin embargo, la abundancia terminó por producir en esas zonas una relajación de los controles demográficos. La población creció en tal medida que los recursos disponibles llegaron a ser insuficientes para cubrir sus necesidades. Este desequilibrio forzó a emigrar a algunos grupos a zonas marginales, donde los recursos no eran tan abundantes. Enfrentados a una penuria que la recolección y la caza no podían paliar, no tuvieron más salida que hacerse pastores y agricultores. Pero también esta teoría, mucho más elaborada, presenta inconvenientes. El más importante es que, a pesar de su atractivo, no se sostiene en evidencia arqueológica alguna. Ni las primeras aldeas surgieron en zonas pobres en recursos ni las presuntas migraciones de sus fundadores han dejado resto alguno.

A pesar de ello, no ha faltado quien no solo ha defendido un modelo similar, sino que incluso lo considera útil para explicar la neolitización en el conjunto del planeta. Por aquellas mismas fechas, el profesor de la Universidad de Nueva York Mark N. Cohen afirmó que la aparición de la economía productora se debió, en esencia, al crecimiento de la población en el Paleolítico Superior por encima de los recursos que le proporcionaban la caza y la recolección. Mientras los grupos humanos pudieron responder migrando a nuevos territorios, todo fue bien. Pero cuando los espacios libres se agotaron, no tuvieron más salida que cambiar su modo de vida y transformarse en agricultores y ganaderos.

Las últimas teorías son más sugerentes. Barbara Bender, del londinense *University College*, presta atención a las relaciones entre las bandas de cazadores y recolectores que constituían la célula social del Paleolítico Superior. Desde su punto de vista, habrían sido sus compromisos recíprocos, que se materializaban en forma de regalos necesarios para preservar la amistad entre grupos, los que crearon la necesidad de obtener un excedente con que hacerles honor, y esta práctica habría llevado con el tiempo a la producción de alimentos. Por el contrario, Jacques Cauvin, de la Universidad de Lyon, sitúa la evolución de las ideas como motor del cambio económico, de modo que habrían sido las transformaciones culturales las que impulsaron la adopción de la economía productora y no a la inversa. Dentro de esta tendencia, no falta quien explica la existencia de vastos complejos monumentales como el de Göbekli Tepe, al sudeste de la actual Turquía, erigido unos 9.500 años antes de nuestra era, cuando la agricultura no se practicaba aún en la zona, como fruto de una cooperación estable entre grupos lejanos asegurada por un poderoso complejo de mitos compartidos. Sería esta cooperación, y la necesidad de alimentar a quienes erigieron el complejo y a quienes, más tarde, se reunían periódicamente en él, la que habría llevado a la aparición de la agricultura en la región, donde existía, además, una variante domesticable de trigo.

Quizá deberíamos asumir que la transición al Neolítico en sus distintas zonas de origen, el Próximo Oriente asiático, el este de China, América nororiental y central, los altiplanos andinos y el Sahel africano, fue impulsada por factores diferentes en cada caso, muy vinculados a sus rasgos ecológicos concretos. Parece evidente que las teorías expuestas explican mejor la transición en unas zonas que en otras. Y si esto es así, es porque fueron concebidas para dar respuesta a lo ocurrido en un lugar a partir de los datos allí disponibles y luego sus conclusiones, más o menos certeras, se extrapolaron a todo el planeta con desmedidas pretensiones de universalidad. El modelo de Childe, desacreditado décadas atrás, cobró renovado vigor cuando se demostró que en el sur de Egipto las cosas parecían haber sucedido como él había afirmado, pues de otro modo no cabía explicar la presencia en algunos poblados de especies de bueyes procedentes de lugares lejanos y mucho más húmedos en un lugar y una época cuya aridez sí se había probado. En América, sin embargo, donde los cultivos pioneros como la calabaza no tuvieron importancia como fuente de alimento en relación con la caza o la pesca, resulta más aplicable un modelo similar al propuesto por Bender. O al menos así permite suponerlo nuestro conocimiento de la conducta de los indios de la costa noroeste, cuyos jefes ejercían un poder no coercitivo basado en la autoridad y del todo dependiente de los recursos que podían proporcionar a sus seguidores. Su tendencia a acopiar alimentos y consumirlos luego en grandes fiestas que les permitieran ganar prestigio, los denominados *potlaches*, habría actuado como paso previo que fue habituando al conjunto de la sociedad a trabajar para obtener más recursos de lo necesario, iniciando así un proceso que pudo haber conducido más tarde al triunfo de la economía productora.

Pero, dejando de lado su origen, lo que sí resulta indiscutible con relación al Neolítico es que su trascendencia va mucho más allá de la introducción de un mero paquete de nuevas herramientas y actividades económicas. En realidad, aunque con muchas reticencias y notables avances y retrocesos, su extensión supuso un punto sin retorno en nuestra historia. La humanidad, superada la edad de la inocencia, ya no volvería a contemplar a la naturaleza como una tierna madre que cuida de su prole, sino como una enemiga que había de dominar y poseer. Los individuos tampoco se tendrían ya nunca unos a otros por hermanos, perdido el recuerdo de la igualdad primigenia. De algún modo, la verdadera aparición del hombre, en un sentido que va más allá de lo meramente biológico, se produjo en ese instante. Pero ¿qué papel desempeñaron en ello los ríos?

UNA HISTORIA NADA UNIVERSAL

No cabe duda de que fue decisivo. La tragicomedia de la transición entre la economía depredadora y la productora, distinta en su ritmo y su guion dependiendo de los rasgos que definían los distintos teatros ecológicos en los que se representó, tuvo siempre como protagonistas o, al menos, como personajes destacados, a los ríos.

Algunos condicionantes del proceso son evidentes. Los cereales, las especies vegetales que desempeñaron el papel clave en la transición, quizá con la excepción del arroz y el maíz, no necesitan demasiada agua, pero su productividad en las zonas de secano es notablemente más baja que en las de regadío. Unos 3.000 años a. C., las tierras del norte de Mesopotamia, que no recibían riego, producían, por término medio, dos o tres granos por cada semilla plantada, apenas por encima de lo imprescindible para alimentar a sus cultivadores. Por el contrario, las situadas cerca de la desembocadura del Tigris y el Éufrates, que lo recibían en abundancia, podían llegar a producir hasta treinta, esto es, diez veces más.[13] Además, aunque al principio sus dimensiones eran pequeñas, las aldeas neolíticas solían alojar una población mucho más numerosa que los grupos de cazadores recolectores, en el peor de los casos 200 o 300 individuos frente a un máximo de unas pocas decenas. Proporcionar agua a tantas personas no era ya posible sin disponer de una fuente estable en las cercanías. Todo ecosistema humano basado en la producción de alimentos, natural o construido, necesita agua. Por ello, los primeros asentamientos neolíticos se levantaron cerca de los ríos o, en su defecto, junto a lagos o lagunas; lejos quizá de los más caudalosos y amenazantes, como el Tigris o el Nilo, pero cerca de una fuente segura de suministro hídrico.

Pero no debemos cometer el error, tan habitual en el pensamiento occidental, de pensar que las cosas sucedieron de igual modo en todas partes. Hagamos una pequeña *tournée* por los teatros ecológicos del mundo para comprobar de qué modo varió el guion y el ritmo de nuestra heroica epopeya fluvial. Empecemos por lo que nos resulta más cercano. En Europa, el período denominado Dryas Reciente, entre los 12.900 y los 11.700 años AP, no fue una etapa demasiado difícil. El brusco deshielo de los enormes glaciares norteamericanos, que vertió en el Atlántico norte a través del río San Lorenzo una ingente cantidad de agua fría, detuvo durante más de mil años la Corriente del Golfo, responsable del clima templado de Europa septentrional. El continente se adentró así, una vez más, en una larga etapa de inviernos largos y fríos y veranos frescos. El cambio golpeó con fuerza a las bandas de cazadores recolectores que vagaban en busca de alimento por sus praderas y bosques, pero, después de todo, no era la primera vez, por lo que estaban bien adaptadas al frío. Lo peor vino después, cuando el calor llegó para quedarse.

El progresivo calentamiento global que marcó el inicio del período geológico denominado Holoceno, hacia el 11.700 AP, puso el colofón definitivo a la última glaciación e impulsó la retirada del frío hacia los

---

[13]   Giulio Boccaletti, *Agua. Una biografía*, Ático de los libros, Barcelona, 2022, p. 45.

polos. El nuevo clima, más templado, produjo efectos paradójicos. Por una parte, algunas especies de gran porte y muy bien adaptadas a las bajas temperaturas, como el rinoceronte lanudo, el tigre de dientes de sable o el mamut, se extinguieron y otras, como los renos, emigraron hacia latitudes septentrionales. Por otra parte, las temperaturas suaves desplazaron hacia el norte el paisaje de estepa-tundra en beneficio del bosque de hoja caduca, un ecosistema que ofrecía recursos vegetales mucho más abundantes y variados.

Las bandas de cazadores recolectores se vieron así privadas de sus presas más apetecibles, las que llevaban miles de años cazando a gran escala en espacios abiertos con técnicas de probada eficacia. Pero, en compensación, contaban ahora con muchos más frutos, bayas, setas y tubérculos que cuando el frío dominaba la tierra. No es que no dispusieran de animales, pero estos tendían a ser solitarios, su tamaño era inferior y se ocultaban en un bosque ahora mucho más espeso, con claros de escasa extensión, donde las viejas técnicas de caza por acoso ya no resultaban eficaces. Algunos grupos humanos optaron entonces por emigrar hacia el norte siguiendo a los renos en su perenne búsqueda del frío. Continuarían haciendo lo que sabían hacer mejor, lo que siempre habían hecho: cazar grandes presas. Pero la mayoría de ellos se quedaron y se adaptaron. Lo hicieron de la mejor manera posible: escogiendo como lugares de habitación los que les ofrecían más recursos a cambio de menor esfuerzo. Estos lugares eran, por supuesto, los ríos.

Los escasos claros que dejaba el omnipresente bosque estaban allí, en sus orillas. Y era en torno a ellos, en sus abanicos aluviales, sus zonas inundables o sus pantanos, pródigos en nutrientes todos ellos, donde se concentraban la mayoría de los recursos que, extinguidas o huidas las grandes presas, cobraron una importancia mucho mayor, como las aves acuáticas, los peces y algunos tipos de mamíferos, sobre todo los castores, muy apreciados por la grasa que acumulan en sus gruesas colas. Por allí cruzaban en sus desplazamientos anuales las especies migratorias como los salmones, muy ricos en lípidos y fáciles de almacenar mediante el ahumado. Y no dejaba de ser también allí donde acudían a beber los otros animales, los que se ocultaban en el bosque, donde cazarlos resultaba tan difícil que consumía más energía de la que aportaban. Solo junto al río resultaban vulnerables, y no habían dejado de ser imprescindibles por su contenido en grasa, tan escasa en la mayoría de los peces y tan necesaria para unos grupos que, forzados a depender más que nunca de los frutos de la tierra, no contaban con ella en su dieta habitual. Las corrientes fluviales, ahora cada vez más acompañadas de las bahías protegidas y los estuarios, ricos en peces y moluscos marinos, concluida por fin la Edad del Hielo, sirvieron de hogar a la inmensa mayoría de los grupos de cazadores y recolectores de la Europa de los primeros milenios del Holoceno, que se agruparon en sus orillas. Allí construyeron asentamientos a menudo permanentes; comenzaron a intercambiar sus excedentes y productos que tenían por valiosos, como la obsidiana o las conchas, con otros grupos, incluso a larga distancia; levantaron grandes monumentos, que requerían de la cooperación prolongada de miles de individuos, para reunirse de tanto en tanto con sus socios comerciales y fortalecer los lazos con ellos mediante grandes festejos estacionales en los que consumían enormes cantidades de recursos, y alimentaron, en fin, una diversidad cultural desconocida hasta entonces.[14] No se convirtieron en pastores y agricultores porque no necesitaban hacerlo y, con toda probabilidad, porque sabían el precio que habrían de pagar por ello. En Europa, la economía productora llegaría mucho más tarde, y lo haría de fuera.

Sin embargo, la historia fue distinta en el sudoeste de Asia, en lo que hoy es Palestina, Siria y Turquía. En esta región, el efecto del Dryas Reciente fue una grave sequía que se prolongó durante más de un milenio. Los grupos humanos, que, después de un fuerte crecimiento demo-

---

[14] David Graeber y David Wengrow, *El amanecer de todo. Una nueva historia de la humanidad*, Ariel, Barcelona, 2022, p. 195 y ss. La existencia de grandes obras monumentales en las etapas previas al desarrollo de la economía productora está acreditada en muchos lugares de Eurasia, como los grandes círculos de huesos de mamut de Polonia y Ucrania, aún en la Edad del Hielo, o las grandes construcciones en piedra del monte Germus y Göbekli Tepe, en Turquía, que son ya posteriores al inicio del Holoceno, pero no son obra de agricultores. La clave de su existencia no fue el desarrollo de la agricultura, sino la abundancia de recursos naturales y la necesidad de fortalecer los lazos entre comunidades distantes mediante la celebración de grandes fiestas rituales anuales en las que se consumían en pocos días grandes cantidades de alimentos.

gráfico, vivían ya al límite de lo que su entorno podía ofrecerles, hubieron de enfrentarse a las exigencias de un medio menos generoso. Los bosques retrocedieron y se hicieron menos espesos. Las bellotas, los pistachos y otros frutos secos que habían sido fundamentales para completar su dieta escasearon. El alimento, antes abundante, comenzó a faltar.

Tenían que adaptarse y lo hicieron. Sustituyeron los frutos secos por cereales silvestres, que crecían de forma natural en los espacios que los bosques dejaban libres, y empezaron a recolectarlos. Con el tiempo, tras un largo período de aprendizaje, llegaron a domesticarlos, al igual que las especies animales que poblaban su entorno y constituían sus presas habituales. En otras palabras, aprendieron a modificar sus genes y a establecer con ellos una relación de mutua dependencia. Entre los 9.700 y los 8.000 años AP, los llamados «cultivos fundadores» —cereales, legumbres y lino—, así como las cabras, ovejas, cerdos y vacas, se habían hecho habituales en los asentamientos de la región, y con ellos, el resto del «paquete» *neolítico*: los utensilios de piedra pulimentada, los tejidos y, algo después, la alfarería. Pero el cambio no fue rápido ni voluntario. Las comunidades mesolíticas no se volvieron neolíticas de un día para otro y sin resistencia.

Los ríos no dejaron de ser el lugar preferido por estos grupos para establecerse. Fue junto a ellos, o al menos no muy lejos de ellos, donde el ser humano se fue convirtiendo poco a poco en pastor y agricultor. Y cerca de ellos nacieron, por tanto, las primeras aldeas, en un proceso lento y discontinuo que se prolongó miles de años y en el que muchos asentamientos, sin dejar de ser sedentarios, no se volvieron del todo agrícolas y ganaderos, e incluso algunos dejaron la agricultura después de haberla implantado. Las rupturas radicales y rápidas, tan del gusto de los académicos tradicionales, no tienen cabida en el proceso de transición entre el Paleolítico y el Neolítico. Los ríos, sin embargo, no dejan de tenerla.

Una de las aldeas más antiguas que conocemos, Kharaysin, en la actual Jordania, fundada hace unos 11.000 años, se estableció en las terrazas en pendiente de la margen derecha del arroyo de ese nombre, tributario del río Zarqa. La célebre Jericó, que remonta su fundación a unos 8.000 años a.C., nació en un oasis cercano a la depresión palestina del mar Muerto, pero no demasiado apartado del río Jordán, como una pequeña aldea de unos 300 habitantes que vivían en casas de adobe construidas

Reconstrucción ideal del poblado de Çatal Hüyük, en la meseta de Anatolia, que llegó a alcanzar los 10.000 habitantes en el séptimo milenio antes de nuestra era.

con arcilla mezclada con paja y agua, aunque llegaría luego a convertirse en una verdadera ciudad, protegida por murallas de piedra, un profundo foso y una gran torre de mampostería. Çatal Hüyük, en la meseta de Anatolia, se desarrolló en torno a un brazo del río Çarşamba que fluía por entonces, hacia el 7.500 a. C., entre los dos montículos que forman el yacimiento. Sus terrenos de arcilla aluvial, de gran fertilidad, fueron capaces de alimentar a una población que llegó a alcanzar 10.000 habitantes —antes de que fuera abandonada, poco después del 6.200 a. C., a raíz de una sequía prolongada— gracias a sus cosechas de trigo, cebada, guisantes, garbanzos, lentejas y lino, y a las proteínas animales que, al menos al principio, obtenían en su mayoría de la pesca y la caza. En todos estos casos, y en otros no muy lejanos, como las aldeas de Habu Hureyra o Jerf el Ahmar, ambas en el norte de Siria, los ríos fueron determinantes. Su proximidad permitía cultivar la tierra con gran beneficio y escaso trabajo, pues el régimen irregular de sus aguas, que se retiraban cada año tras desbordar sus orillas, exigía escasas labores de preparación o abono de la tierra y casi ninguna organización central. La agricultura, así las cosas, no suponía una gran renuncia, ni en términos de bienestar ni de igualdad social o de género, respecto a la economía depredadora. Que fuera en estos lugares donde surgiera en primer lugar tiene bastante de lógico.[15]

La resistencia al cambio fue un poco mayor y más prolongada en los ricos humedales de la desembocadura de los ríos Tigris y Éufrates, en Oriente Medio, en los que la sedentarización precedió también a la neolitización. Por supuesto, también aquí fue la gran abundancia de recursos el factor que lo hizo posible. Los humedales costeros eran zonas de transición entre ecosistemas diversos que permitían a sus habitantes disfrutar de distintas fuentes de alimento en cada estación del año, combinando así la caza, la pesca, la recolección y la cosecha en proporciones diversas en función del momento. Eran frecuentes las plantas comestibles de origen lacustre, como nenúfares, juncos o eneas, y, en no menor medida, las especies animales propias de las zonas pantanosas, como tortugas, moluscos, crustáceos, aves acuáticas y peces de pequeño tamaño. Además, la plétora de nutrientes, vivos y muertos, atraía a muchas otras especies que cruzaban por allí en sus migraciones estacionales, como las gacelas y los onagros, los salmones o las anguilas. La comida estaba asegurada, en fin, sin necesidad de un trabajo excesivo, por lo que la agricultura solo se volvió hegemónica mucho después, cuando no quedó otra salida. Simplemente, cultivar cereales al principio no era necesario; es más, habría sido un auténtico dislate:

> La cuestión es que, mientras hubiera un abundante suministro de alimentos silvestres que pudieran recolectar y migraciones anuales de aves acuáticas y gacelas que pudieran cazar, no había ninguna razón terrenal por la que debieran arriesgarse a depender principalmente, y mucho menos exclusivamente, de la agricultura y la ganadería intensivas. Precisamente el rico mosaico de recursos de su entorno y su capacidad para evitar especializarse en una sola técnica o fuente de alimentos fueron la mejor garantía de su seguridad y su relativa riqueza.[16]

Acabarían por hacerlo, pero siempre preferirían tener cerca una corriente fluvial. Y no se trata de un rasgo específico de nuestro entorno

---

[15] David Graeber y David Wengrow, *El amanecer de todo…, op. cit.*, pp. 292-293.
[16] James C. Scott, *Contra el Estado…, op. cit.*, p. 68.

más cercano. Los ríos son protagonistas en la bahía de Hangzhou, en la costa oriental de China, donde surgió la cultura neolítica Hemudu a mediados del quinto milenio a. C. En un ejemplo extremo, los asentamientos en torno al Yangtsé, al sudeste del país, que basaban su economía en el cultivo del arroz y la cría del cerdo, se ubicaron en zonas tan próximas a sus aguas que debían elevar sus viviendas sobre pilotes para preservarlas de la permanente humedad del suelo. Pero también la denominada Cultura de Yangshao, la primera que se extendió por amplias regiones de China entre el 5.000 a. C. y el 3.000 a. C., que se desarrolló en zonas menos húmedas, prefirió siempre las orillas de los ríos para levantar sus aldeas, formadas por casas semienterradas rodeadas por un pequeño muro.[17]

En la India, la gran mayoría de los poblados neolíticos que precedieron y acompañaron el desarrollo de la cultura urbana del Indo se levantaron cerca de los ríos. Y no constituyó una excepción el continente americano. Los primeros asentamientos nacieron también allí en los humedales alimentados por los sistemas fluviales que confluían en lagos de gran tamaño como el Titicaca, en el altiplano boliviano, o el Texcoco, en el valle de México, llamados a ser cuna de florecientes civilizaciones posteriores.[18] Y lejos de habitar en el oscuro interior de la selva, los pueblos indígenas del Amazonas, el Orinoco y el río Negro y, posteriormente, los de la mayor parte de la Amazonia, entre Bolivia y las Antillas, se asentaron en los valles fluviales, aprovechando la abundancia de peces por medio de estanques artificiales y preparando año tras año, durante la estación húmeda, huertos en que cultivaban árboles frutales, mandioca, maíz, tabaco, habas y algodón, para abandonarlos luego en la estación seca en beneficio de la caza y el forrajeo. Incluso en los elevados altiplanos andinos, donde el agua era escasa, los poblados se establecieron junto a los cultivos, que se ordenaban en terrazas fluviales en los valles de los ríos.

Casi en todas partes, los grupos humanos solo abrazaron el cultivo sistemático de la tierra cuando no tuvieron otra salida. Durante miles

---

[17]   Pedro Ceinos, *Historia breve de China*, Sílex, Madrid, 2006, p. 26.
[18]   James C. Scott, *Contra el Estado…, op. cit.*, p. 63.

de años, conociendo perfectamente las especies de cereales salvajes y sus ciclos biológicos, se negaron a depender de ellas en exclusiva, alternando estacionalmente su cultivo con la recolección, la caza o la pesca, o practicándolo solo allí donde no exigía excesivo trabajo y una dirección central capaz de amenazar la igualdad social. Naturalmente, ello exigía una abundancia de recursos naturales que no se daba en todas partes. En realidad, solo lo hacía donde el agua era abundante, y, en la mayoría de los casos, estos lugares estaban atravesados por corrientes fluviales o se situaban en su desembocadura. Sin el concurso de los ríos, la igualdad habría muerto mucho antes.

El origen de los faraones

Mención especial merece lo que ocurrió en Egipto. También allí los cambios climáticos forzaron a las gentes a adaptarse, alterando sin remedio su modo de vida. Como para todos los pueblos de la tierra, sobrevivir era la tarea más importante que debían afrontar los grupos dispersos de cazadores y recolectores que poblaban el valle del Nilo al final del Paleolítico. El gran río no se lo ponía nada fácil. Sus orillas, plagadas de ciénagas insalubres, espesos bosques de papiros y agresivos cocodrilos e hipopótamos, eran poco acogedoras. Pero no tenían otro sitio donde ir, pues lejos de sus aguas no había sino desiertos en los que la vida resultaba aún más difícil, de modo que permanecían allí, recolectando frutas, bayas y raíces, y siguiendo en sus migraciones a las bestias que les servían de alimento, las cuales, como ellos mismos, habían de adaptarse al perpetuo flujo y reflujo de las aguas en lo que parecía un destino tan fatal como la misma muerte.

Pero hace unos 11.700 años, el final de la glaciación Würm, concluido el pequeño respiro que había supuesto el Dryas Reciente, modificó también en gran medida el clima de África, como lo estaba haciendo en Oriente Medio y en Europa. Las lluvias monzónicas, que visitaban regularmente las latitudes tropicales del continente, se desplazaron hacia el norte. El desierto que envolvía el valle del Nilo comenzó entonces a recibir precipitaciones y se convirtió en una sabana. Verano tras verano, las depresiones que salpicaban el terreno se llenaban durante unos meses con el agua de las lluvias y los pastizales crecían en abundancia en torno a pequeñas lagunas que nacían y morían cada año, atrayendo con su reclamo nutridas manadas de herbívoros. Enseguida se aventuraron tras ellas grupos de cazadores que se alimentaban de su carne. Osaban por primera vez adentrarse en aquellas tierras antes inhóspitas, pero ahora más seductoras que su hábitat tradicional.

En aquellos inopinados oasis, la dilatada convivencia con los animales les enseñó muchas cosas. Mientras sus compatriotas del valle del Nilo no experimentaban avance alguno en su dominio de la naturaleza, los grupos que seguían cada año a las manadas a los pastizales de la sabana adquirían un mayor control de su entorno. Poco a poco, dejaron de ser cazadores a tiempo completo para convertirse en una suerte de pastores seminómadas; abandonaron la recolección en favor del cultivo de hortalizas, legumbres y gramíneas, y comenzaron a construir viviendas más sólidas y estables. Con el tiempo, aprendieron a predecir los cambios de estación; erigieron grandes monumentos como el crómlech de Nabta Playa, el «Stonehenge del Sahara», levantado en un poblado en el interior del desierto, a unos cien kilómetros al sudoeste del valle; desarrollaron creencias religiosas elaboradas, y se dotaron de una organización social más compleja en la que se aprecian ya indicios de una cierta diferenciación entre individuos. Habían dado un paso de gigante, pero lo habían hecho lejos del río que había sido siempre su hogar. ¿Acaso el poderoso Nilo no desempeñaría función alguna en su consolidación? ¿Perdería el papel protagonista que había interpretado en la economía paleolítica? [19]

Lo hizo, pero no por mucho tiempo. Unos 6.000 años antes de nuestra era, las lluvias monzónicas retornaron al sur y los oasis que durante cuatro milenios habían sido el hogar de aquellos clanes seminómadas se secaron, esta vez para siempre. Resignados, regresaron a la patria de sus ancestros, junto a las tornadizas aguas del Nilo, junto a los hombres y mujeres que continuaban viviendo como ellos habían vivido antes de par-

---

[19] Una sugerente descripción de la vida de aquellas gentes puede encontrarse en Toby Wilkinson, *El origen de los faraones*, Círculo de lectores, Barcelona, 2010, pp. 141-147. De él hemos tomado prestado el título de este epígrafe. Véase también David Wengrow, *La arqueología del Egipto arcaico*, Bellaterra, Barcelona, 2008.

tir. Pero ahora se parecían bien poco a aquellas gentes y ya no olvidarían lo que habían aprendido. Construyeron aldeas; sembraron en la fértil tierra negra los granos que se habían acostumbrado a cultivar; pastorearon a las cetrinas sombras del valle sus rebaños de cabras, ovejas, asnos y cerdos; entretuvieron sus ocios con la elaboración de vasijas, cestos y ligeros tejidos de lino, y no dejaron de adornar sus cuerpos con abalorios y cosméticos. El gran río había recuperado su importancia. Como miles de años atrás, sus aguas eran imprescindibles para alimentar a las gentes que poblaban sus orillas.

La agricultura llega a Europa

Podemos concluir, pues, que la transición del Paleolítico al Neolítico, con sus diversas y prolongadas fases intermedias, allí donde tuvo lugar de forma espontánea, sin mediación de inmigrantes que trajeran consigo las nuevas técnicas, se desarrolló en todo el planeta en zonas capaces de asegurar un suministro suficiente y regular de agua, ya fueran lagos o lagunas, oasis alimentados por wadis o, en fin, valles fluviales de extensión diversa, tanto los más pequeños, avenados por ríos de escaso caudal, como las enormes llanuras aluviales de Egipto, Mesopotamia, la India y China. Pero también en las regiones donde la implantación de la agricultura y la ganadería fue el resultado de un proceso de aculturación, el papel de los ríos resultó fundamental. En la península ibérica, por ejemplo, el Neolítico no alcanzó siempre en primer lugar las costas, como antes se creía, sino los lugares situados en el curso de los ríos. Así sucedió en el nordeste peninsular, donde llegó traído por grupos que cruzaron los Pirineos desde el actual departamento francés de Provenza, siguiendo el curso del río Aude y pasando luego al Segre y el Cinca hasta el valle medio del Ebro, la vía natural de penetración en la Península desde el norte.

Pero si esto fue así desde el principio, la cercanía de los ríos se hizo aún más necesaria después del 6.200 a. C., aproximadamente. Fue entonces cuando, en un episodio de naturaleza similar al Dryas reciente, una nueva entrada de agua fría en el Atlántico interrumpió durante cuatro siglos la corriente templada que fluía hacia Europa. El resultado fue un nuevo período de enfriamiento en el oeste y el norte de este continente y una prolongada sequía en el Mediterráneo oriental. La escasez de lluvias arruinó las cosechas, extendió el hambre e impulsó a las comunidades de pastores y agricultores a moverse hacia las regiones en las que el agua todavía era abundante. Grandes núcleos de población, como la misma Çatal Hüyük, fueron abandonados y la población se concentró aún más que antes cerca de las zonas bien irrigadas. Los nuevos asentamientos se multiplicaron en torno al gran lago Euxino, que, aislado del Mediterráneo, ocupaba la zona de lo que hoy es el mar Negro, y desde allí se movieron hacia la llanura húngara. Una sequía prolongada llevó, en consecuencia, la agricultura y la ganadería al continente europeo.

Los primeros agricultores del continente eligieron también las llanuras aluviales para instalarse. No se trató de una elección casual. Allí no era necesario talar mucho bosque, una tarea difícil cuando aún no se había descubierto el metal, y los suelos estaban siempre bien irrigados y eran lo bastante húmedos y ligeros para roturarlos con aperos tan toscos como los que poseían, poco más que humildes palos cavadores. Pero unas técnicas tan rudimentarias no permitían producir cosechas generosas, por lo que la capacidad de carga del territorio, el número de personas que podía alimentar por unidad de superficie, era muy baja. Ello exigía complementar la dieta con otros alimentos, como los que proporcionaba la recolección de frutos silvestres, la caza y la pesca. Pero ni siquiera así las necesidades básicas estaban aseguradas cuando la sequía arruinaba las cosechas o la enfermedad diezmaba el ganado. Si la población crecía demasiado, debía emigrar.

El proceso se aceleró después del año 5.600 a. C. Fue entonces cuando la subida repentina del nivel del Mediterráneo provocó que se rompiera la estrecha franja de tierra que lo separaba el lago Euxino. Una enorme cascada de más de 150 metros de desnivel comenzó a verter agua en su cuenca a un ritmo 200 veces superior al de las cataratas del Niágara. En pocos días, mientras el lago se convertía en un mar, sus costas quedaron inundadas. Las aguas penetraron decenas de kilómetros hacia el interior, arrasaron miles de aldeas y provocaron un éxodo masivo hacia el oeste que llenó de refugiados la actual llanura húngara.

La agricultura de subsistencia no permitía una densidad de población tan elevada como la que esta región había alcanzado en poco tiempo. La

Reconstrucción ideal de un poblado correspondiente a la cultura
de la cerámica de Bandas. La proximidad de los ríos aseguraba agua en
abundancia y tierras blandas fáciles de roturar.

emigración hacia el oeste, hacia el interior de Europa, se convirtió en
imperativa para muchos de los recién llegados. Y se repitió cada vez que
un nuevo territorio alcanzaba los límites de su capacidad de carga. Poco
a poco, a partir del sexto milenio a. C., a un pausado ritmo de entre 0,6
y 1,1 km anuales, un largo rosario de pequeñas comunidades agropecua-
rias se fue extendiendo hacia el oeste siguiendo los valles de los ríos, en
especial el Danubio, el Elba y el Rin.

No se trató, por lo que parece, de una expansión pacífica.[20] No podía
serlo cuando la población en crecimiento presionaba con tanta fuerza
sobre los escasos recursos disponibles. Las evidencias arqueológicas son
irrefutables. Las nuevas aldeas se parecían mucho. Era similar su alfarería,
señalada por su llamativa decoración geométrica dispuesta en franjas

---

[20] Alfredo González Ruibal, *Tierra arrasada. Un viaje por la violencia del paleolítico al
siglo XXI*, Crítica, Barcelona, 2023, pp. 36-37.

horizontales, la llamada cerámica de bandas (LBK por las siglas de su denominación en alemán: *Linearbandkeramik*), que ha dado su nombre a esta cultura, la primera de alcance europeo que conocemos. Y era similar su aspecto. Junto a los corrales para el ganado y los pequeños campos de labor, nunca muy lejos de una corriente de agua, se levantaban unas pocas casas rectangulares de gran tamaño, con techo de paja a dos aguas y paredes construidas con zarzo y barro, reforzadas a intervalos regulares por troncos verticales dispuestos en hoyos. Pero envolviendo cada recinto, por pequeño que fuera, y no solían ser muy grandes, se construía casi siempre una empalizada y un foso, a veces de hasta dos metros de profundidad, e incluso estructuras defensivas más sólidas. Los cazadores recolectores que poblaban la vieja Europa sin duda no veían con buenos ojos a sus nuevos vecinos: no había suficiente comida para todos.

Hacia el 5.000 a. C. la LBK colapsó. Los suelos blandos se agotaron y las orillas de los ríos no daban más de sí. Superada la capacidad de carga de los territorios que ocupaban con las técnicas de que disponían, sus aldeas se volvieron sumamente vulnerables ante hambrunas y epidemias. Una sola mala cosecha podía acabar por completo con un asentamiento, pues los excedentes se habían vuelto tan escasos que no ofrecían protección alguna contra el infortunio. No fue la guerra, sino el hambre, lo que acabó con la cultura de la cerámica de bandas. Pero las poblaciones residuales se adaptaron. Se adentraron en el bosque, lo talaron y se asentaron en terrenos más duros y difíciles de labrar. Podrían haber ido hacia la costa, donde la abundancia de recursos era mayor y la vida mucho más fácil, pero se hallaban ocupadas por grupos de pescadores recolectores que no renunciarían de buen grado a su hábitat privilegiado. Por suerte, para entonces sus toscas herramientas habían evolucionado mucho y eran capaces de herir terruños más consistentes que la blanda tierra arcillosa que habían cultivado durante siglos. El papel de las corrientes fluviales se atenuó un tanto. Pero nunca desaparecería del todo.

Quizá no sucedió de este modo en todas partes. La agricultura también se desarrolló en zonas de gran aridez, como la antigua Persia, donde fue necesario excavar pozos para extraer el agua del subsuelo. Pero, fuera como fuese, los cultivos no podían existir sin ella y los ríos la tenían en abundancia, además de otras ventajas evidentes, como comunicaciones más sencillas y rápidas e incluso una defensa eficaz. La humanidad, como había hecho siempre, siguió prefiriéndolos como lugar amable donde habitar.

El nombre del mundo es agua

En el transcurso de unos pocos milenios, la revolución neolítica se fue extendiendo por la Tierra. Las sociedades de cazadores y recolectores y los pueblos de pastores nómadas siguieron constituyendo durante milenios la gran mayoría de la humanidad. Pero ya no se trataba de su parte más creativa, aquella que, aun pagando por ello un alto precio, protagonizaría sus principales avances tecnológicos y espirituales. Además, el tiempo corría en su contra. Con el paso de los siglos, cada vez más personas levantaban sus hogares en un lugar fijo, se ocupaban en la agricultura y la ganadería, y habían de aceptar, en mayor o menor grado, la autoridad de quienes se proclamaban y creían ser, pero solo en ocasiones lo eran de verdad, los protectores de la comunidad. Pero el proceso no había hecho más que empezar.

Las culturas de azada del Neolítico, con su elemental tecnología agraria, no podían ir mucho más allá del punto al que habían llegado. Sin otras herramientas que toscos palos para sembrar, frágiles hoces de madera con dientes de piedra para cosechar y, en el mejor de los casos, el escaso estiércol de sus propias reses para proteger los campos de un inexorable agotamiento, los parcos excedentes de que disponían eran incapaces de alimentar un crecimiento demográfico sostenible en el tiempo. Tampoco permitía una mayor complejidad de las estructuras sociales, que exigía que un número significativo de personas pudiera ser mantenido sin necesidad de entregar su esfuerzo al cultivo directo de los campos. El crecimiento de la población se traducía así tan solo en la ocupación de nuevas tierras donde hacer lo mismo que se venía haciendo. Pero era evidente que el futuro, cuando los terrenos aptos para el cultivo se agotaran, solo podía conducir a un callejón sin salida, en todo similar al que la humanidad había encontrado al final del Pleistoceno.

No obstante, en ciertas regiones a las que la naturaleza había dotado de características poco frecuentes, la aplicación de técnicas no mucho

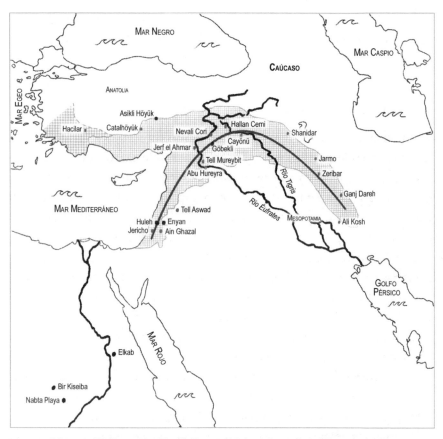

Mapa 1. El Creciente Fértil. En 1916, el profesor de la Universidad de
Chicago James Henry Breasted acuñó esta expresión en alusión a la forma
de media luna del territorio de excepcional fertilidad que se extiende desde el
golfo Pérsico a la península del Sinaí.

más avanzadas que las que se hallaban a disposición de las poblaciones
del Neolítico final podía producir cosechas muy abundantes. Los angos-
tos valles de ríos caudalosos como el Nilo, el Tigris y el Éufrates, en el
llamado Creciente Fértil, una estrecha banda de tierra con forma de
media luna que se extiende desde la actual república de Egipto, al oeste,
al emirato de Kuwait, en el golfo Pérsico, ofrecían tierras de cultivo de
una enorme riqueza. Ello se debía al limo que extendía cada año con
insólita abundancia la crecida de las aguas de estos ríos, cuyo caudal era

muy irregular debido a las características del clima de las regiones en las que tenían su cabecera. En la región que los griegos conocieron como Mesopotamia, literalmente, el «país entre ríos», el Tigris y el Éufrates se nutrían del deshielo primaveral de los montes Zagros, que arrojaba a su cauce grandes cantidades de agua en muy poco tiempo. En Egipto, el Nilo experimentaba un efecto parecido como resultado de las copiosas lluvias monzónicas que barrían cada verano el macizo Etíope, donde tenía su nacimiento el Nilo Azul, uno de los brazos principales del río.

Pero no todo eran ventajas en estas regiones. Cuando los recursos de los humedales llegaron a ser insuficientes y la población empezó a depender de los cereales, sus cosechas quedaron en manos del río, cuyas crecidas hacían posible el riego de los campos. Pero las crecidas tendían a ser tornadizas. Rara vez acudían puntuales a su cita, pues podían anticiparse o demorarse si el deshielo o las lluvias lo hacían. Y lo peor no era esa incómoda inconstancia, sino la desesperante falta de regularidad de su volumen. En ocasiones era tan escasa el agua que dejaban a su paso que las cosechas se resentían, matando de hambre a muchos campesinos; en otras, tan abundante que anegaba las aldeas próximas a la orilla. Además, la banda de terreno cultivable era muy estrecha, no más de unos pocos kilómetros en algunas zonas, y fuera de ella no se extendían sino elevadas montañas y áridos desiertos que no ofrecían oportunidad alguna de supervivencia.

En suma, como escribiera hace mucho tiempo el historiador británico Arnold J. Toynbee, la naturaleza planteaba un gran reto a los grupos humanos que aspirasen a establecer allí sus hogares. Debían desecar los pantanos, controlar la intensidad de las crecidas, embalsar las aguas y conducirlas hasta los campos, asegurando el riego y protegiéndose a la vez de los excesos, por igual nocivos, de la inundación y la sequía. Si lo lograban, recibirían en premio generosas cosechas y un bienestar insólito. Pero todo ello exigía una cierta organización. Las obras que urgía acometer, canales y presas, acequias y embalses, demandaban la colaboración de muchas personas que habían de trabajar guiadas por un objetivo común a las órdenes de gentes capaces de concebir y planificar trabajos de tal magnitud.

Así ocurrió, pero no, al menos al principio, a escala de un gran estado centralizado, como creía el historiador marxista Karl Wittfogel, autor de la denominada «teoría hidráulica», o parece seguir creyendo en nuestros días Jared Diamond, sino a otra mucho más reducida y desde luego claramente anterior a la aparición del Estado en la historia, una que no exigía siquiera el sacrificio de la igualdad que estas comunidades, que habían rechazado conscientemente depender de la agricultura durante milenios, habían sido capaces de preservar.[21] Tanto en Mesopotamia como en Egipto, fue cada comunidad la que se ocupó de construir y mantener las infraestructuras que necesitaba para asegurar el riego eficaz de sus campos, y lo hizo sin que ello supusiera, al menos en un primer momento, una merma excesiva de la igualdad entre individuos, que fueron persuadidos para cooperar de forma voluntaria, conscientes del bienestar que hacerlo les deparaba. No fueron grandes imperios, sino pequeñas aldeas y pueblos de unos pocos cientos de habitantes las que empezaron la tarea de domeñar las aguas en el sexto milenio antes de nuestra era, aunque algunas de ellas, gracias a la mejora de las cosechas, crecieron hasta convertirse en pequeñas ciudades, y una sola, Uruk, en la desembocadura del Éufrates, llegó incluso a alcanzar un gran tamaño. Pero ni siquiera en Uruk se impuso la desigualdad social. Durante un tiempo, sacerdotes y templos tuvieron poder económico, pero no político, pues la toma de decisiones siguió en manos de consejos de barrio y asambleas ciudadanas. T. Jacobsen habló incluso, en los años cuarenta del pasado siglo, de la existencia de una «democracia primitiva», una forma de gobierno en la que los ciudadanos varones sin distinción de clase poseían la capacidad de decidir sobre las cuestiones fundamentales, como la guerra o la justicia, y los magistrados ejercían el poder con su consentimiento, si bien las distintas funciones propias del gobierno aún se hallaban poco especializadas, la estructura política era débil y la maquinaria de coordinación social por medio del poder todavía se hallaba deficientemente desarrollada.[22]

---

[21] Karl Wittfogel, *Despotismo oriental: estudio comparativo del poder totalitario*, Guadarrama, Madrid, 1966. Jared Diamond, *Armas, gérmenes y acero. Una breve historia de la humanidad en los últimos 13.000 años*, Debate, Barcelona, 2021.

[22] Thorkild Jacobsen, «Primitive Democracy in Ancient Mesopotamia», *Journal of Near Eastern Studies*, 3, julio de 1943, pp. 159-172.

De un modo u otro, era el voluble río el que lo hacía posible. Y fue por esa razón por la que las primeras civilizaciones configuraron sus ciclos vitales y la misma estructura de su sociedad y su gobierno en función de los ritmos que les imponía, e hicieron del riego de la tierra su principal desvelo. Entre las enseñanzas que un padre transmitía a su hijo figuraba en un lugar de honor la forma correcta de llevar el agua a los campos. Uno de los documentos sobre agricultura más antiguos que se conocen, compuesto en escritura cuneiforme en una tablilla datada en el segundo milenio antes de nuestra era que fue descubierta en 1950 en la antigua ciudad sumeria de Nippur, recoge los sabios consejos que un viejo agricultor ofrece a su heredero:

> Cuando tú te dispongas a cultivar un campo, cuídate de abrir los canales de riego de modo que el agua no suba demasiado sobre el campo. Cuando lo hayas vaciado de su agua, vigila la tierra húmeda del campo, a fin de que quede aplanada; no dejes hollarla por ningún buey errabundo. Echa de allí a los vagabundos, y haz que se trate este campo como una tierra compacta. Rotúralo con diez hachas estrechas, de las cuales cada una no pese más de 2/3 de libra. Su bálago (?) tendrá que ser arrancado a mano y atado en gavillas; sus hoyos angostos tendrán que ser llenados por medio del rastrillo; y los cuatro costados del campo quedarán cerrados. Mientras el campo se queme bajo el sol estival, lo dividirás en partes iguales. Haz que tus herramientas zumben de actividad (?). Tendrás que consolidar la barra del yugo, fijar bien tu látigo con clavos y hacer reparar el mango del látigo viejo por los hijos de los obreros.[23]

Pero la sencillez de este escrito no debe llamarnos a engaño. De las humildes espigas pronto nacerían imperios. Aquel paraíso terrenal, que fundaba en mitos y leyendas su proverbial abundancia, tardaría poco en revelar el precio que exigía por sus riquezas. A partir del 3.800 a. C., se extendió por el Mediterráneo oriental una gran sequía que, como no podía ser de otro modo, redujo progresivamente el caudal de los grandes ríos. Las malas cosechas comenzaron a hacerse frecuentes. Al principio, los campesinos resistieron recurriendo de nuevo a la caza, la pesca y la recolección de frutos silvestres. Pero la capacidad de carga de las tierras

[23] Samuel Noah Kramer, *La historia empieza en Sumer*, Orbis, Barcelona, 1985, p. 92.

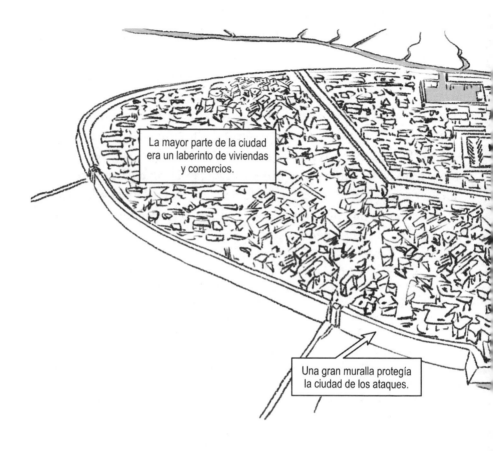

La mayor parte de la ciudad era un laberinto de viviendas y comercios.

Una gran muralla protegía la ciudad de los ataques.

Reconstrucción ideal de la ciudad de Ur. Las urbes mesopotámicas
eran al principio estados independientes que incluían las tierras de cultivo
de su entorno.

que habitaban, ahora mucho más pobres en recursos alternativos, era
escasa. Muchos aldeanos se marcharon y los que se quedaron pronto
comprendieron que la caza y la pesca no serían suficientes para paliar
la crónica carestía de cereales. Necesitaban infraestructuras mucho más
complejas y extensas que las tradicionales para canalizar el agua cuando
las crecidas se reducían, y una amplia red de silos de gran capacidad en
los que guardar una parte mayor de las cosechas para los años malos.[24]

---

[24] James C. Scott, *Contra el Estado…*, *op. cit.*, p. 119.

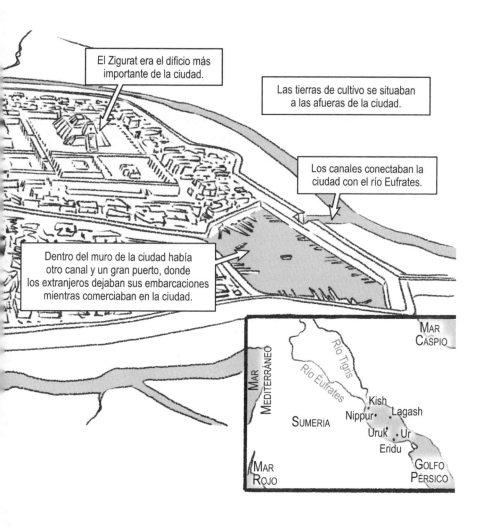

Pero, y aquí estaba el drama, se requería para ello mayor organización. Las familias campesinas, por sí solas, no podían superar el reto, ni aun uniéndose de buen grado para trabajar juntas con las de otras aldeas, como siempre habían hecho. Alguien debía analizar, planificar y dirigir, asegurando la cooperación de un volumen de población mucho mayor de la que antes se necesitaba para construir y mantener los sencillos canales y diques. Los sacerdotes, intérpretes exclusivos de la voluntad de los dioses a quienes se atribuían las sequías y las crecidas, la escasez y la abundancia, asumieron complacidos la tarea. Habían aparecido milenios atrás, como simples chamanes o hechiceros a tiempo parcial, y más tarde, cuando el excedente lo hizo posible, como grupo especializado en la dirección de los ritos comunitarios y la administración de los templos. Pero fue ahora cuando su relevancia creció hasta convertirse en decisiva. Suya fue la responsabilidad de someter las indómitas aguas del río, mantener en buen estado las obras que lo apaciguaban y supervisar las cosechas, el acopio del excedente en los grandes silos colectivos y su reparto entre la población. También fueron ellos quienes diseñaron los instrumentos que les permitieron controlar sin margen de error las entradas y salidas de grano, censar a la población y determinar cuánto podía repartirse entre ella y cuánto había de almacenarse para los años malos. Así nacieron la escritura y la numeración, tan complejas que quedaron desde el principio como patrimonio exclusivo de la casta de sacerdotes-administradores y se sumaron enseguida a los argumentos que podían movilizar en favor de su predominio.

Pronto, como servidores directos del dios que se consideraba dueño de todo cuanto era y producía la ciudad en trance de convertirse en estado, empezaron a retener para sí, en calidad de administradores, una parte creciente de la riqueza colectiva. Quizá influyera en ello, como algunos autores han señalado, la invasión de pueblos septentrionales dotados de tradiciones monárquicas nacidas precisamente en las márgenes de su civilización como reacción al igualitarismo primitivo de las ciudades mesopotámicas.[25] Pero lo cierto es que el trabajo gratuito en los canales y campos y las aportaciones forzosas a los siempre pletóricos graneros del templo se hicieron cada vez mayores. La cebada y, sobre todo, la escanda y el farro, variedades de trigo de crecimiento previsible y regular, muy difíciles de ocultar y fáciles de transportar, contabilizar, almacenar y conservar, lo hicieron posible. La actividad de artesanos y comerciantes, cada vez más numerosos, fue tasada y regulada con precisión.

Quien se resistía podía ser forzado a obedecer, pues los soldados, armados para defender la ciudad de los agresores externos, podían también usarse para imponer a los sediciosos la arcana voluntad del dios, que solo su celoso clero sabía interpretar, y las murallas, levantadas para asegurar su protección, servían también para mantener en su sitio a los campesinos

---

[25] David Graeber y David Wengrow, *El amanecer de todo...*, *op. cit.*, p. 387.

díscolos. Y si, con todo, los más osados resolvían huir de tantos sacrificios en busca de un futuro mejor, sin duda se lo pensarían dos veces, pues la alternativa a una vida de trabajo y opresión, pero con vivienda y sustento garantizados, no existía en una tierra envuelta en yermos desiertos y estériles montañas que poco podían ofrecer a quienes, cegados un instante por el ansia de libertad, escogieran internarse en ellos.[26]

Y así, de manera progresiva y quizá inconsciente, la distancia entre la élite clerical agrogerencial y la gran masa campesina forzada a entregar la mayor parte de su cosecha en forma de tributos forzosos a los graneros de los templos fue haciéndose cada vez mayor. A la dificultad de la huida y la burda coacción física, a la que solo se apelaba en caso de necesidad, se sumó la sanción religiosa, un instrumento mucho más útil para perpetuar la sumisión de las masas. El poder, antes privado de soporte espiritual, se pretendió enseguida parte del orden natural del mundo y fruto de la voluntad de los dioses, como en Mesopotamia, o de la condición divina de los propios monarcas, como en Egipto. El arte se reveló asimismo como una herramienta de gran utilidad. Las colosales pirámides y templos egipcios y los imponentes zigurats mesopotámicos, que parecían alzarse hasta el mismo cielo, hacían sentir al individuo impotente y diminuto ante el inalcanzable poder del soberano capaz de conjurar de la nada obras tan enormes. El ritual que lo envolvía, impenetrable y enigmático, terminaba de alimentar esa impresión.

Cuando la bonanza regresó, a finales del cuarto milenio, el mundo había cambiado. Los valles del Tigris y el Éufrates se habían convertido en un hervidero de ciudades, y Egipto, que seguía siendo un país de aldeas, en un Estado unificado bajo la autoridad de un solo rey. El arqueólogo Robert Adams calculó que hacia el año 2.800 a. C., el 80% de la población de Sumeria, la región de Mesopotamia más cercana a la costa, residía en grandes núcleos de población.[27] Ninguno de ellos era

---

[26] El gran defensor de esta teoría sobre el papel de los que él denomina hábitats circunscritos en la consolidación del Estado es Robert Carneiro. Vid. Robert Carneiro, «A Theory of the Origin of the State», *Science*, vol. 169 (1970), p. 733–738.

[27] Brian Fagan, *El largo verano. De la era glacial a nuestros días*, Gedisa, Barcelona, 2007, p. 206.

ya, ni de lejos, una «democracia primitiva», al estilo de las descritas por Jacobsen. A un viajero llegado de un país lejano que accediera al interior de cualquiera de ellas por una de las grandes puertas abiertas en las altas murallas que las rodeaban le habría costado trabajo distinguir en cuál se encontraba, hasta tal punto se parecían entre sí. En su centro, un enorme templo servía a un tiempo de hogar de su divinidad tutelar y sede central de la vida económica. Tras sus muros, los graneros donde se guardaban las profusas cosechas, los almacenes que acogían las piedras preciosas, la madera y los metales traídos de lejanas tierras, los talleres donde se convertían en productos de lujo a mayor gloria de la deidad y de sus servidores, los archivos donde se apilaban cientos de tablillas de arcilla en las que los escribas registraban con detalle, con sus punzones de madera o marfil, cuanto entraba y salía de la morada divina, todo ello bajo la atenta mirada de los escrupulosos sacerdotes, conformaban una realidad distinta a cuanto el hombre había conocido hasta entonces. Y a su alrededor, miles de casas de adobe, intrincados canales y extensos campos de labor, reservados unos al dios y a sus servidores más directos, cedidos otros a los campesinos que engrasaban tan compleja maquinaria con su esfuerzo diario, constituían el primer ejemplo de un mundo nuevo y pletórico de promesas de abundancia y seguridad, pero cuyos inopinados placeres debían pagarse a un precio muy elevado: el agravamiento de la desigualdad.

Desde luego, no tuvo por qué suceder así en todas partes. El nacimiento y la evolución de las sociedades estatales en los distintos lugares del planeta presentan interesantes y numerosas variaciones. En 1978, el antropólogo neerlandés Henri Claessen y su colega el checoslovaco Peter Skalnik publicaron bajo el sugestivo título de *The Early State* —en castellano, *El Estado inicial* o *El Estado temprano*— un minucioso estudio comparativo, hoy tenido por un verdadero clásico, sobre el origen de veintiún estados repartidos por todo el mundo. Su conclusión fue contundente. Muy pocos rasgos aparecían en todos los casos; en realidad, solo dos: la obtención de un excedente agrario suficiente para mantener a un nutrido grupo de personas liberadas de la producción de alimentos y la presencia de una ideología justificativa del poder que adoptaba un carácter religioso. Otros dos eran sumamente frecuentes: el notorio incremento de la desigualdad y la intensificación de la violencia. Pero cabría, quizá, añadir otro sin duda muy frecuente: la proximidad de un gran río.

Dejando de lado los ejemplos más obvios, Mesopotamia y Egipto, el caso de China es elocuente a este respecto, aunque más tardío. Antes del siglo iii a. C. no parecen haber existido infraestructuras hidráulicas de gran tamaño, ni tampoco dobles cosechas o rotación de cultivos. Los cereales dominantes eran el mijo, al norte, y el arroz de secano en la cuenca inferior del Yangtsé. El primer animal doméstico fue el cerdo. Fue durante la dinastía Han, entre el 206 a. C. y el 220 de nuestra era, cuando los campos chinos experimentaron una verdadera revolución, que combinó los grandes canales de riego, ramificados y regulados por numerosos diques y presas, y avances técnicos tan relevantes como el arado de vertedera de hierro y el arnés de pechera para los caballos de tiro. La construcción y el mantenimiento de semejante infraestructura hidráulica exigió la movilización de ingentes cantidades de mano de obra, una gran capacidad de planificación a largo plazo y, desde luego, una inversión de capital enorme y sostenida en el tiempo. No fue en modo alguno fruto del azar que China acabara por poseer la burocracia más numerosa, mejor organizada y más jerarquizada de la historia de la humanidad. En su caso, el desarrollo de las grandes obras de riego fue claramente de la mano de la creación y la consolidación del Estado temprano.

También parece haber sucedido así en las culturas mesoamericanas, con la diferencia de que en aquellas tierras el cereal dominante fue el maíz. La civilización maya, cuya rápida decadencia parece aún a la espera de una explicación satisfactoria, diseñó y construyó, durante el primer milenio de nuestra era, infraestructuras de cultivo eficientes y complejas que incluían grandes redes de canales y parcelas elevadas por encima del nivel de inundación estacional de la llanura tropical en la que se asentaban sus ciudades. Más o menos por las mismas fechas, en el centro de México se desarrollaban también sistemas eficaces de gestión del agua. A comienzos del período de Teotihuacán, hacia el 300 de la era cristiana, comenzó a construirse en torno a los lagos del altiplano mexicano una red de canales y campos elevados, las llamadas *chinampas*, que permitió la intensificación de los cultivos y la obtención de grandes cosechas de maíz y otros productos. Las densidades de población, tanto en la cuenca de México como en la península del Yucatán, llegaron a ser muy superiores a las registradas en el viejo mundo. El maíz, mucho más productivo que el trigo o la cebada, lo permitía, y también aquí se construyó sobre esa base un Estado capaz de dirigir las obras y mantenerlas, pero al oneroso precio de imponer a la población mayores sacrificios de los que sin duda estaba dispuesta a hacer de buen grado y asegurar un reparto desigual de los excedentes.

El papel crucial de los ríos está también presente en la aparición del Estado en la India. Hacia el 2600 a. C., las diversas culturas calcolíticas que se habían ido desarrollando en el valle del Indo a partir del 5.000 a. C. comenzaron a agregarse para dar lugar a una civilización estatal que originó núcleos urbanos tan relevantes como Harappa o Mohenjo-Daro. La apariencia de estas urbes, con sus viviendas rectangulares construidas con ladrillos de tamaño y forma regulares, sus redes de alcantarillado, sus grandes ciudadelas fortificadas, sus casas de baños y sus templos, así como la presencia de una escritura desconocida todavía, pero innegable, nos habla de una cultura avanzada que mantuvo relaciones comerciales con Mesopotamia y las regiones más próximas.

Sin embargo, la civilización del Indo presenta algunos rasgos propios. No se han hallado en sus ciudades monumentos de gran tamaño, resto alguno de palacios o residencias de lujo o tumbas ricas en ajuares. Faltan también representaciones artísticas de las actividades propias de la clase dirigente, como la guerra o el ejercicio mismo del poder. Quizá todo ello significa que tal clase no existía, o que su autoridad se toleraba siempre que no resultara visible. Las ciudades del Indo parecen, pues, haber logrado preservar la igualdad que perdieron sus hermanas de Mesopotamia, aunque no sabemos por cuánto tiempo habrían sido capaces de hacerlo, dado que desaparecieron de la historia a finales del segundo milenio antes de nuestra era.

Mejor suerte corrieron los habitantes de Teotihuacán, en el centro de México, que, a partir del año 300, aproximadamente, impulsaron una revolución igualitaria capaz de asegurarse un alto nivel de vida sin el concurso de clases dominantes ni gestores autoritarios, o los de Tlaxcala, la ciudad aliada de Cortés contra los mexicas, que, de acuerdo con la des-

Reconstrucción ideal de la ciudad de Mohenjo-Daro, en la India. En sus restos no se han hallado todavía pruebas de la existencia de desigualdad social.

cripción del cronista español Francisco Cervantes de Salazar, adoptaban sus decisiones democráticamente. La historia no es un guion escrito de antemano, sino un abanico de posibilidades que se realizan en función de parámetros diversos, entre ellos la propia capacidad de decisión de las personas.

Pero incluso en estos casos que parecen apartarse de los patrones habituales se hace patente el relevante papel de los ríos. No porque las grandes corrientes fluviales, en especial las de caudal notablemente irregular, hubieran de producir, de forma automática, estados, como parecían creer, de forma un tanto ingenua, Julian H. Steward o Karl Wittfogel,[28] sino porque con mucha frecuencia facilitaron su aparición y consolidación,

---

[28] Julian H. Steward, «Cultural Causality and Law: A Trial Formulation of the Development of Early Civilizations», *American Anthropologist*, New Series, vol. 51, nº 1, enero-marzo, 1949, pp. 1-27; Karl Wittfogel, *Oriental Despotism: A Study in Total Power*, New Haven, Connecticut, Yale University Press, 1957. Una Buena síntesis de las teorías clásicas sobre la aparición del Estado, en Henri J. M Claessen, «El surgimiento del estado primero (*early state*): (La primerísima forma del Estado)», *Boletín mexicano de derecho comparado*, Vol. XVII, 1984, pp. 433-479.

pero también sirvieron para apuntalar la resistencia a su implantación, como sucedió en Harappa y Mohenjo-Daro o en las primeras ciudades de Mesopotamia, y también porque no fue menor su papel en su caída, cuando esta se produjo. La próspera civilización del Indo se extinguió de repente cuando, hacia el 1.900 a. C., una sucesión de grandes inundaciones anegó algunas de sus ciudades, tornándolas inhabitables. En algunas zonas de Harappa, los arqueólogos hallaron hasta nueve metros de sedimentos aluviales, indicio claro de que la ciudad quedó sepultada por la crecida del río. Otras poblaciones fueron abandonadas por sus moradores cuando una sequía extrema hizo desaparecer del todo las corrientes fluviales que las alimentaban.

No son necesarios más ejemplos. Sin la ayuda de los ríos, el crucial paso de la barbarie a la civilización, expresiones cargadas de juicios de valor tan del gusto de los historiadores románticos, pero no por ello menos elocuentes si se las priva de su carga eurocéntrica, con o sin estados, habría sido muy distinto y, lo que es más importante, se habría retrasado mucho. Que eso hubiera sido una ventura o un infortunio para el género humano es algo que corresponde juzgar el lector. Pero el protagonismo de las corrientes fluviales como factores determinantes en los inicios de nuestra historia es innegable.

MITOS FLUVIALES

Así lo reconoce la mitología de la gran mayoría de los pueblos. La más extendida de todas sus leyendas, la del diluvio universal, remite sin duda a las crecidas que, año tras año, inundaban los poblados valles del Creciente Fértil. La versión mesopotámica, contenida en la antigua narración épica conocida como *Poema de Gilgamesh*, de la que quizá provenga la tradición judeocristiana del arca de Noé, es sin duda la más elaborada. El argumento del Génesis bíblico se prefigura ya sin otros cambios que los que afectan a los nombres de los protagonistas. El dios que salva a la humanidad de la destrucción total, decidida por los otros dioses, es Enki, y el papel de Noé lo desempeña Utnapishtim, como él, un hombre justo, al que el dios libra de la muerte ordenándole la construcción de un navío en el que ha de acoger seres vivientes de todas las especies conocidas, asegurando así que la Tierra pudiera empezar de nuevo tras la inundación;

el mismo cíclico renacimiento de la vida que, de hecho, tenía lugar cada año en las tierras de Mesopotamia cuando las aguas se retiraban.[29] En cuanto a Egipto, aunque no cuenta con una versión acabada del mito, este puede rastrearse a través de referencias como las que aparecen en un célebre *Himno a Ptah*, dios creador en la cosmogonía de Menfis, capital del Imperio antiguo, que proclama: «El rugir de tu voz está en las nubles; tu aliento está en las cimas de las montañas; las aguas de tu inundación cubren los elevadísimos árboles de toda región». Más elocuente resulta otro mito del país del Nilo en el que Ra, el dios solar, irritado con la humanidad, encomienda a la diosa felina Sekhmet su castigo y después, arrepentido, sume en el sueño a la leona divina para engañarla inundando de cerveza mezclada con sangre los campos de toda la Tierra.

Otros mitos relacionados de forma muy estrecha con los ríos los asocian al nacimiento de las naciones. Si las leyendas que atribuyen la fundación de una ciudad o un reino a un niño abandonado por sus padres son muy frecuentes, como prueban los casos de Edipo, Perseo o Rómulo y Remo, cuando se trata de estados que se desarrollaron en las riberas de una gran corriente fluvial y en íntima relación con ella, el mito adopta unos perfiles específicos. No es el héroe fundador en sí mismo, o al menos no solo él, sino el propio río el que, mediante un lenguaje simbólico, recibe el culto debido a su relevancia histórica en el nacimiento del reino o el imperio en cuestión.

Los ejemplos son muchos. Moisés, libertador del pueblo hebreo, nació en Egipto, donde los suyos sufrían cautiverio, pero sus padres lo abandonaron en una cesta de mimbre entre los juncos de la orilla del Nilo para evitar que lo mataran. Cuando una de las hijas del faraón se acercó al río para tomar un baño, vio al niño, se apiadó de él y decidió criarlo como propio, imponiéndole el nombre de Moisés, que significa «salvado de las aguas». Aunque fue educado como un príncipe egipcio, al convertirse en adulto tomó conciencia de quién era realmente y se puso a la cabeza del pueblo de Israel, al que condujo a la tierra prometida por Yahvé.

---

[29] Un completo recorrido por los mitos relacionados con la gran inundación, en José Luis Espejo, *Los hijos del Edén. Toda la verdad sobre la Atlántida*, Ediciones B, Barcelona, 2010, pp. 56-60.

De acuerdo con el contenido de una tablilla del siglo VIII a. C. hallada en la biblioteca del rey asirio Asurbanipal, Sargón, fundador del Imperio acadio, era hijo de una sacerdotisa del templo de Istar, que lo puso en un cesto y lo echó al Éufrates para que los dioses decidieran sobre su futuro. Lo encontró Akki, un jardinero del rey de Kish, quien lo crio, pero fueron sus propios méritos los que lo encumbraron hasta el puesto de copero del soberano y lo erigieron después en fundador del primer imperio de la historia. El nombre de Sargón lo adoptó él mismo para apuntalar la legitimidad de su poder, ya que significa literalmente: «rey verdadero».

Menos conocida en Occidente, pero evidencia clara de la gran difusión de estos mitos en las civilizaciones fluviales de todo el mundo, es la leyenda de Karna, uno de los personajes principales del *Mahabharata*, el gran poema épico hindú del siglo III a. C. Según la tradición, Karna era hijo de la princesa Kunti, que lo concibió tras yacer con el dios solar Surya, y nació con armadura, aretes en las orejas y el divino don de la inmortalidad. Como la princesa no había contraído matrimonio aún, trató de evitar el oprobio abandonando al niño en un canasto, que depositó en las aguas del río Ganges. Como en los otros casos, fue una pareja humilde la que lo encontró y lo crio como propio, pero sus grandes cualidades lo hicieron destacar y le permitieron convertirse en rey de Anga, una de las «dieciséis grandes naciones» de la tradición budista. Los mitos fluviales, como cabría denominarlos, rinden por doquier un simbólico tributo a la importancia de los ríos en la historia de la humanidad.

UN NUEVO PARAÍSO

La era de los grandes imperios fluviales de la Edad del Bronce concluyó con una súbita catástrofe en torno a comienzos del siglo XII a. C. La invasión de los conocidos como «Pueblos del mar», que se extendió como una tempestad arrolladora por todo el Mediterráneo oriental, desde Grecia hasta Egipto, terminó de un solo golpe con siglos de bonanza. Las centurias siguientes alimentaron una lenta recuperación que, cuando concluyó, ya en plena Edad del Hierro, dejó un panorama por completo distinto. Aunque en Oriente continuaron existiendo grandes imperios, como el asirio, el babilónico o, un poco más tarde, el persa, el testigo de la historia había pasado a Occidente. Serían sus sociedades las que marcharían desde entonces a la cabeza del progreso de la humanidad, en especial dos de ellas, la griega y la romana. Y, al menos en apariencia, el papel que desempeñaron en ellas los ríos como fuente de alimentos perdió su protagonismo.

Pero solo en apariencia. Es evidente que los ríos y el paisaje eran muy distintos en la Europa mediterránea. En Grecia no existían las grandes planicies aluviales, sino tan solo un sinfín de pequeñas llanuras rodeadas de colinas y montañas regadas por arroyos y ríos de escaso caudal. En Roma, aunque el Tíber o el Po se desbordaban con cierta frecuencia, dominaban también las modestas corrientes fluviales y los campos de pequeña extensión, que rendían, gracias a la alternancia de los cultivos y los frecuentes períodos de barbecho, regulares cosechas de cereales y leguminosas, forzosamente complementadas con la cría de animales. Ni una ni otra necesitaban en absoluto un Estado capaz de impulsar la construcción de grandes infraestructuras hidráulicas. Ambas habían evolucionado sobre la base de un tejido social formado por pequeños campesinos libres elevados a la categoría de ciudadanos, un caldo de cultivo muy poco favorable al desarrollo de tales obras.

Pero, a diferencia de Grecia, Roma llegó a transformarse en algo muy distinto de lo que era en sus inicios. Dejó de ser una ciudad y se convirtió en un imperio. El proceso se inició hacia el siglo III a. C. cuando, unificada bajo su hegemonía la península itálica, las guerras púnicas pusieron en sus manos Sicilia, Córcega, Cerdeña y el sur de Iberia, y se intensificó a lo largo de la centuria siguiente, tras comprender la clase dirigente de la República romana las enormes riquezas de las que podía apoderarse si sometía a su control las monarquías helenísticas herederas de las conquistas de Alejandro Magno. Una expansión tan vertiginosa no podía dejar de tener consecuencias. Las instituciones de una pequeña ciudad no servían para gobernar un imperio de tal magnitud, de modo que, en el transcurso del siglo I a. C., mientras las conquistas proseguían, la República entró en crisis y, tras un dilatado período de guerras civiles, dejó paso a una monarquía. Cuando se consolidó, gracias a las hábiles reformas de su primer titular, Octavio Augusto, Roma era dueña del Mediterráneo y la totalidad de las tierras que bañaban sus aguas.

Fue entonces cuando el papel que desempeñaban los ríos en el mundo romano cambió. Por primera vez en la historia, Occidente se hallaba unido bajo un imperio lo bastante extendido en longitud y latitud para que el posible déficit de agua de un territorio pudiera compensarse con el superávit de otro, de manera que las malas cosechas no condenaran de forma automática al hambre a la región que se viera golpeada por ellas. Por supuesto, ello exigía contar con un sistema de transporte de cereales a larga distancia muy evolucionado, basado necesariamente en el uso de grandes barcos de carga que se desplazaran con regularidad a lo largo de rutas marítimas y fluviales seguras. A pesar de la densa red de calzadas con que contaba el Imperio, las rutas terrestres no servían para este fin, pues la tecnología del transporte por tierra apenas había evolucionado desde la invención de la rueda, por lo que su coste era prohibitivo. Las fuentes romanas dejan claro que el precio de un carro cargado de trigo se duplicaba cuando tan solo había recorrido unos 74 kilómetros y la leña no podía ya venderse con beneficio a una distancia superior a los quince kilómetros. Existía, por supuesto, la amenaza de la piratería, un mal endémico que llevaban sufriendo desde hacía siglos los barcos mercantes del Mediterráneo, pero Roma logró erradicarla casi por completo a mediados del siglo I a. C., cuando el Senado concedió a Pompeyo el mando de una gran flota para combatir a los piratas.

A ello se añadió un dilatado período en el que las condiciones climáticas resultaban especialmente favorables para la agricultura, el denominado «Óptimo Climático Romano», que se extendió, a grandes rasgos, entre el siglo III a. C. y la cuarta centuria de nuestra era. Durante esos más de 600 años en que el ecotono, esto es, la línea imaginaria de separación entre el clima mediterráneo y el continental, se situó en las orillas del mar del Norte, toda la cuenca del *Mare Nostrum* disfrutó de temperaturas más cálidas y precipitaciones más abundantes. Plinio el Viejo observaba, en el siglo I, que las hayas, que antes solo se daban en las tierras bajas, se habían convertido en un árbol de montaña. Las viñas crecían en latitudes tan septentrionales que se han hallado evidencias de su cultivo junto al muro de Adriano, en la frontera actual entre Inglaterra y Escocia, mientras los olivos sobrevivían sin dificultad en la cuenca del Rin. De este modo, amplias zonas del Imperio practicaban una agricultura de secano más

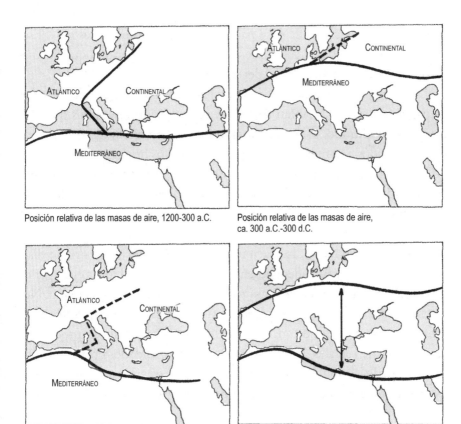

Posición relativa de las masas de aire, 1200-300 a.C.

Posición relativa de las masas de aire, ca. 300 a.C.-300 d.C.

Posición relativa de las masas de aire, 500-900 d.C.

Extensión del ecotono Templado-Mediterráneo a finales del Holoceno.

Mapa 2. Movimientos del ecotono mediterráneo entre el final del Holoceno y la Plena Edad Media. El Imperio romano disfrutó de un largo período de clima favorable a la agricultura entre los siglos iii a. C. y iv de nuestra era.

productiva de lo habitual y, si esta resultaba insuficiente para cubrir las necesidades de una población urbana en crecimiento constante, el déficit podía cubrirse con facilidad gracias a las generosas cosechas que, como venía ocurriendo desde hacía más de tres milenios, producían los valles fluviales de Mesopotamia y, sobre todo, Egipto, transportadas ahora en panzudos barcos de carga, año tras año, en fechas planificadas con exactitud por los burócratas imperiales, hasta el puerto de Roma y los de las otras grandes urbes del mundo romano. En Egipto, el principal granero del Imperio, vivían unos cinco millones de personas, pero sus generosos campos producían lo suficiente para alimentar a 2,5 millones más. Ese excedente explica, por sí solo, buena parte de la prosperidad que llegó a alcanzar el Mediterráneo antes del siglo III.

Las corrientes fluviales del Creciente Fértil seguían, pues, conservando su papel esencial. No habían dejado de ser las madres nutricias que alimentaban al mundo, solo que ahora lo hacían con cierta discreción y se veían obligados a compartir protagonismo con sus hermanos de Sicilia o de Iberia, incluso de la misma Italia. El paisaje rural del Imperio era, en este sentido, un mundo ordenado, en el que las aguas salvajes de los ríos fluían embridadas, contenidas mediante diques de drenaje dispuestos a intervalos regulares y conducidas mediante canales y acequias a unos campos que producían más de lo que nunca lo habían hecho. Cada una de ellas se gestionaba de forma independiente, en el ámbito local, pues el Imperio no era, en realidad, sino una densa red de ciudades de diverso tamaño. No existía, como en los antiguos Imperios de Oriente, una única autoridad central que se ocupara de administrar los ríos. Era su valioso producto, las cosechas de cereales, el que era objeto de una cuidadosa planificación dirigida desde la capital.[30] Pero sin ellos, unos y otros, los más engreídos y los más humildes, el poderoso Imperio romano no habría podido existir.

LA ERA DE LAS MALAS HIERBAS

Pero esta dependencia lo hacía vulnerable. Mientras el clima se mantuvo estable, la prosperidad y la paz se mantuvieron. Cuando el frío regresó, los cimientos del Imperio se cuartearon. Por supuesto, no fue el único factor. Hoy en día seguimos discutiendo aún cuál fue la causa más relevante de la caída del Imperio romano y de tanto en tanto ve la luz una nueva tesis. Pero sin duda influyó decisivamente. Hacia el siglo III, el tiempo empezó a cambiar. Año tras año, las temperaturas bajaban, las lluvias se volvían más escasas y el caudal de los ríos se reducía. El proceso fue lento. En el siglo IV todavía eran muchas las regiones del Imperio en que las tierras rendían con regularidad buenas cosechas. Buena parte de Hispania, las dos Galias, el norte de Italia y otras provincias como

---

[30] Giulio Boccaletti, *Agua…*, *op. cit.*, p.128.

Macedonia, Mesia, Panonia, Tracia, Britania y Dalmacia experimentaron, incluso, una notoria expansión agrícola y demográfica.[31] Pero una centuria más tarde, la productividad de la agricultura había decaído con claridad en todas partes.[32] No por casualidad, la presión de los bárbaros en el *limes* septentrional, definido por los grandes ríos Rin y Danubio, se hizo mucho más intensa y terminó por desbordar las maltrechas defensas imperiales. También ellos respondían con inquietud a la sequía que asolaba sus tierras.

La combinación de ambos factores, naturales y humanos, resulta insuperable para el Imperio, que se desmorona por fin a finales del siglo V. El campo se arruina con él. El ordenado paisaje rural romano se deteriora a ojos vista. El colapso de las autoridades locales, en algunos casos una verdadera deserción, y la notoria incapacidad de los nuevos gobernantes bárbaros de hacer llegar su autoridad a todo el territorio, unidas a la pertinaz sequía en el Mediterráneo y el frío intenso en las tierras del centro y el norte de Europa, lo sume en el caos. El panorama es desolador. Muchas fincas son abandonadas; los lindes se desdibujan; las malas hierbas regresan. Los diques y canales, privados de drenaje regular, se llenan de sedimentos. Los ríos, dejados a su libre albedrío, convierten las llanuras en pantanos insalubres donde el cultivo se torna impracticable. En muchos lugares la pesca sustituye a la agricultura como fuente de alimentos. En el resto, sin grandes obras de regadío, cada cual se las apaña como puede, cosechando apenas lo justo para sobrevivir. Los bosques ganan terreno. A veces, el cielo parece irritarse y descarga lluvias inusuales. Las corrientes fluviales, de nuevo libres, sin diques que las contengan, se desbordan y empujan a las gentes lejos de ellas. El Tíber y el Ródano lo hacen de cuando en cuando. Gregorio, obispo de Tours, refiere en su *Historia de los francos* que en el año 580 devastadoras inundaciones arrasaron el centro y el sureste de la Galia. Debía de ser así en todas partes. El clima no solo era más frío y seco, sino también mucho más imprevisible.

---

[31] José Soto Chica, *El águila y los cuervos. La caída del Imperio romano*, Desperta Ferro, Madrid, 2022, p. 26.

[32] Kyle Harper, *El fatal destino de Roma: Cambio climático y enfermedad en el fin de un imperio*, Crítica, Barcelona, 2019.

La mala suerte hace el resto. En el año 535, una enorme erupción volcánica cuyo protagonista aún no ha sido identificado cubre de cenizas la atmósfera. Procopio de Cesarea, que se encuentra en Cartago acompañando en su campaña contra los vándalos al general bizantino Belisario, describe un sol que irradia su luz «sin brillo, como la luna, durante todo el año». Nieva en Mesopotamia. Las cosechas se pierden por completo en lugares de clima tan distinto como Inglaterra e Italia. En China llueve un polvo amarillo, «como si fuese nieve».[33] Pero es tan solo un aviso de lo que está por venir.

Las cicateras cosechas extienden por doquier el hambre, y el hambre llama enseguida a sus inseparables compañeras, la enfermedad y la muerte. Una gran peste, la llamada «Plaga de Justiniano», barre todo el Mediterráneo entre el 541 y el 549, matando a uno de cada cuatro de sus habitantes. Las plagas de langostas son tan frecuentes que no falta quien las atribuye a un castigo divino. Incluso el rico Egipto sufre con frecuencia la hambruna. En el período que transcurre entre el año 700 y el 1.000, las crecidas del Nilo son escasas en no menos de un centenar de ocasiones, tres veces por encima de la media. Los ríos siguen marcando el paso con firmeza a los hombres. Si traen demasiada agua o demasiado poca, si se secan o se desbordan, los campesinos soportan como pueden las consecuencias. El abandono de su cuidado, del que su prosperidad depende, agrava la situación. Por suerte, las cosas cambian a partir del siglo IX.

EL RETORNO DEL ORDEN

Hacia el año 800, lo peor ha pasado. Las temperaturas se recuperan. Da comienzo un nuevo período templado, el «Óptimo Climático Medieval», que se prolongará casi medio milenio, hasta 1.300 aproximadamente. Bajo su influjo, Europa despierta del letargo. Las temibles heladas de mayo, tan dañinas para las espigas, desaparecen. En los veranos, más largos y cálidos que antaño, se recoge grano en mayor cantidad, pues los cereales disfrutan de tres semanas más para madurar.

---

[33] Brian Fagan, *El largo verano...*, *op. cit.*, p. 298.

Los cuadros de la época muestran alegres escenas de copiosas siegas, en un acto simbólico de agradecimiento por la abundancia recobrada. Los campos recuperan el orden de la época romana. Aunque el Estado, minado por la corrosiva carcoma del feudalismo, es todavía débil, los monasterios benedictinos, cuyos monjes oran y laboran, y más tarde las ciudades, asumen la tarea. Las parcelas vuelven a ser regulares, sus límites se marcan con claridad y se ven de nuevo limpias de arbustos y malas hierbas. Se roturan nuevas tierras. Algunas ya se habían cultivado con anterioridad, pero otras son vírgenes. De la mano de esforzados pioneros, nobles y clérigos, grandes áreas de florestas y pantanos del centro y el este del continente europeo se transforman en campos de labor. Gracias al clima más benigno, el viñedo se extiende hacia el norte, y lo encontramos de nuevo en el centro de Inglaterra. Sus caldos son tan apreciados en Francia, que los nobles galos tratan de arrancar a los ingleses el monopolio de su importación.

Mejor alimentadas por las abundantes cosechas, las gentes tienen más hijos; mueren menos niños al nacer, y la población crece. El optimismo reinante facilita la introducción de nuevas técnicas de cultivo. El arado de hierro con vertedera levanta mejor la tierra y facilita su oxigenación. La rotación trienal, que alterna el tradicional barbecho con cereales y plantas forrajeras, permite a los campos recuperarse con mayor rapidez, los hace más productivos y asegura abundante alimento a los animales, que devuelven el favor en forma de estiércol y se multiplican con celeridad. La mano de obra sobrante en el mundo rural emigra a la ciudad. Las urbes, gracias a los nuevos excedentes que una agricultura más fructífera vuelve a darles, recobran la vitalidad de antaño y crecen de nuevo protegidas por los reyes deseosos de hallar en sus moradores, libres del vasallaje feudal, los aliados que necesitan para enfrentarse a la poderosa nobleza. Su número se multiplica. Solo en Europa central se fundan 1.500 ciudades nuevas entre 1.100 y 1.250, y otras 50 en el medio siglo restante hasta el final del período.[34] Entre sus muros, desbordados ahora por nuevos

---

[34] Brian Fagan, *El gran calentamiento. Cómo influyó el cambio climático en el apogeo y caída de las civilizaciones*, Gedisa, Barcelona, 2009, p. 65.

barrios que crecen sin tasa fuera de su protección, la artesanía revive. La moneda, casi olvidada, circula de nuevo al calor de los intercambios que se recuperan. Grandes ferias como las de Champagne reúnen a mercaderes que llegan de todo el continente.

Los límites de Europa se amplían. Lo hacen porque el crecimiento de la población hace necesarias nuevas tierras que habitar. Muchos colonos marchan hacia el este en busca de campos que cultivar y un lugar donde quedarse. Pero también porque el clima más templado lo hace posible. Aunque en menor número, también miran los europeos hacia el norte, donde los hielos polares han empezado a retroceder, permitiendo la navegación por los mares fríos. Los vikingos ponen rumbo a Islandia y Groenlandia, mucho más verdes entonces, e incluso fundan colonias en las costas de Norteamérica.

En el proceso, los ríos conservan su papel protagonista. Su caudal es de nuevo generoso y su régimen se vuelve más regular, aunque sus crecidas, provocadas por las periódicas lluvias torrenciales, no llegan a desaparecer del todo. También en el sur, en las regiones de clima mediterráneo, llueve más que antes, por lo que los ríos llevan más agua, sus estiajes se acortan y su cauce se agranda. Algunos incluso, después de muchos siglos, vuelven a ser navegables. Muchos puentes erigidos en época romana tardía deben ser derribados; se necesita hacerlos más anchos, pues las orillas están ahora más lejos. En sus márgenes, donde la tierra es más fértil, llegan a recogerse dos cosechas anuales, y los más pobres, siempre necesitados de complementar su dieta, encuentran allí pesca más abundante que antaño, pues las aguas más templadas se convierten en el hábitat ideal de peces como las carpas y las anguilas, que proporcionan a las gentes más humildes valiosas proteínas con las que complementar una dieta basada en exceso en las legumbres y los cereales. Miles de pequeños poblados se dispersan por el continente, siguiendo los cauces de los ríos más humildes, llenado por completo los pequeños valles, incluso los más recónditos y aislados, rozando los límites mismos de los espesos bosques, talándolos cuando es necesario para ampliar la tierra de labor.

Una vez más, los ríos sirven de arterias por las que circula el fluido vital de una civilización que recupera el pulso. La expresión puede parecer excesiva, pero en realidad no lo es. No solo resultan imprescindibles porque sus aguas riegan las mieses y, si el tiempo acompaña, como ahora sucede, las hacen crecer más y en menos tiempo. Lo son también porque, en ausencia de buenos caminos, son las corrientes fluviales, grandes y pequeñas, las que ponen en relación el vasto entramado de ciudades, pueblos y aldeas que integra la Europa de la plenitud del Medievo. Los que viven lejos de sus aguas tienen que abastecerse solos. El centro del continente es una región que crece y se articula en torno a tres grandes ríos: el Mosa, el Rin y el Escalda, que ponen en contacto París y las tierras bajas de Flandes, donde crecen y se desarrollan ciudades como Brujas, Gante o Ypres, a través de las cuales Europa se abre al mar del Norte. Las rutas comerciales, en su mayoría, siguen el cauce de los ríos y sus hitos principales son los puertos que se levantan en la costa, pero también en las orillas de las corrientes fluviales, en sus estuarios o allí donde un afluente más pequeño rinde sus aguas en un río principal. También es allí donde crecen más las ciudades, que se alimentan de la artesanía y el comercio renacidos de sus cenizas y mueven las primitivas máquinas de sus talleres con la energía inagotable que proporcionan los molinos de agua; allí donde, en fin, se gestan los cambios que hacen prosperar la civilización europea.

La Pequeña Edad de Hielo

Pero nada es eterno. A comienzos del siglo XIV se aprecian las primeras señales del final de aquel largo y cálido verano. Los europeos no lo saben aún, pero se está iniciando un nuevo período frío, tan intenso que los historiadores del clima lo denominan la «Pequeña Edad de Hielo». Comienza como si tal cosa, con una primavera mucho más húmeda de lo habitual, en la Pascua de 1315. Las precipitaciones son intensas y se prolongan de junio a septiembre. Las cosechas se pudren en los campos antes de que puedan recogerse. Las lluvias siguen en la primavera de 1316 y arrecian durante los cinco años siguientes. Los años malos se encadenan. Cientos de miles de personas mueren, víctimas del hambre y las enfermedades. Los cronistas están aterrados. Gilles de Muisit, abad de San Martín de Tournai, escribe: «Hombres y mujeres de entre los poderosos, los intermedios y los humildes, jóvenes y viejos, pobres y ricos, morían cada día en número tal que el aire se había tornado fétido con la pestilencia».[35]

Pero es solo un anticipo de lo que vendrá. A las lluvias intempestivas y el frío intenso se suma enseguida el precio que Europa ha de pagar por tres largos siglos de crecimiento demográfico sin precedentes. No hubo problema mientras quedaron buenas tierras que sembrar para dar de comer a las nuevas bocas. Pero en los últimos años del siglo XIII las tierras productivas empiezan a escasear. La respuesta es roturar las de peor calidad, incluso pastizales y páramos, antes despreciados. El volumen de alimentos se incrementa así un poco, pero la disminución de los pastos contrae la cabaña ganadera y con ella la carne para consumir y el estiércol para abonar los campos, lo que pronto reduce de nuevo las cosechas. El enfriamiento acelera, pues, el proceso, no lo provoca. Los años que transcurren entre 1315 y 1321 no son en modo alguno excepcionales en el contexto del siglo XIV. Un año tras otro, los inviernos cada vez más largos, fríos y húmedos pudren las semillas antes de que germinen y las lluvias estivales arruinan las cosechas maduras para la recolección. El precio del pan se dispara, condenando al hambre a los humildes. Entonces llega la peste.

La enfermedad empieza a extenderse en 1348. El contagio es rápido y letal. Europa, que ha empezado el siglo XIV con unos 90 millones de habitantes, lo termina con menos de 60. Un tercio de la población ha muerto; en algunas regiones, mucho más. Los europeos vuelven sus ojos al cielo, arrepintiéndose y suplicando perdón por sus pecados. De poco sirve. La enfermedad agudiza la crisis. Los aldeanos, más escasos, exigen más, pero los señores responden rescatando viejas obligaciones serviles. La rebelión se extiende por los campos de Europa y llega a las ciudades. Hacia 1356, los campesinos franceses se sublevan contra sus señores. En 1381, Inglaterra entera se levanta pidiendo el fin de los abusos. Los párrocos, tan míseros como los mismos lugareños cuyas almas pastorean, a menudo alientan la sedición.

La potente onda de choque alcanza la política. El Imperio y el Papado se sumen en una profunda decadencia. La Iglesia conserva a duras penas

---

[35] Brian Fagan, *El largo verano…*, *op. cit.*, p. 353.

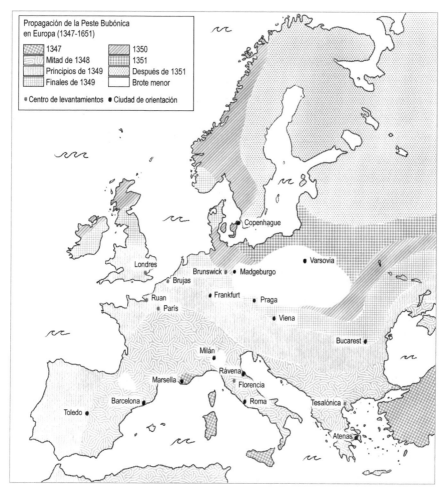

Mapa 3. Extensión de la gran peste negra del siglo XIV. Aunque ignoramos dónde se originó, para Europa supuso el peor desastre demográfico de su historia.

su primacía espiritual, pero discutida, resquebrajada por el Cisma de Occidente, que fuerza a los católicos, a caballo entre los siglos XIV y XV, a escoger entre dos papas, uno en Roma, otro en Aviñón, y cada vez más sometida a los monarcas, espera tiempos mejores. Solo los reinos soportan los retos del siglo y salen de ellos fortalecidos. El otoño de la Edad Media es una era de violencia general. La guerra arrasa regiones enteras, agravando la crisis económica y las tensiones sociales. Pocos son los estados que escapan a sus destructivos efectos. Pero, gracias a ella, los reyes se hacen más fuertes, pues, siendo su intensidad excepcional, justifica medidas de excepción. La nobleza se debilita; muchos de sus miembros mueren y también lo hacen sus descendientes, dejando a los reyes dueños de su patrimonio carente de herederos. Los tributos reales se incrementan, sus ejércitos engordan, los parlamentos se humillan ante la Corona, que recupera el poder perdido en los albores de la Edad Media, y la Iglesia, desprestigiada, no puede sino ceder a las agresivas pretensiones de los príncipes.

La conmoción no es menor en el mundo intelectual. Las ideas del Pleno Medievo ya no sirven para un mundo que se descompone. Guillermo de Ockham y Duns Escoto discuten los supuestos de Santo Tomás. Razón y fe, afirman, no conducen siempre a idénticas conclusiones, pues solo esta puede llevarnos a Dios, mientras aquella nos ayuda a entender su obra. El triunfo de la razón, fundamento del humanismo renacentista, se atisba ya en el horizonte. Pertenece, sin embargo, a otro mundo, un mundo que aún no ha nacido, pero se encuentra ya en gestación.

Será una gravidez muy prolongada. La Edad Moderna es también una era de frío intenso, solo de tanto en tanto aliviado por cortos períodos más templados.[36] Aunque el siglo XVI parece más benévolo, los años gélidos son abundantes. Pieter Brueghel pinta en 1564 su *Adoración de los Reyes Magos* y la ambienta en un paisaje de campos y tejados cubiertos de nieve. Las cosechas no son tampoco tan pletóricas como antaño. Cuando el mismo Brueghel pinta en 1565 su *Cosecha de Heno*, la impresión de abundancia que provoca su contemplación no es tan rotunda como la que despertaban las pinturas medievales. A finales de siglo, el frío arrecia y las malas cosechas vuelven a encadenarse con una frecuencia letal. La población, mal alimentada, es presa otra vez de las epidemias, que empeoran en las ciudades, superpobladas por la intensa emigración de campesinos arruinados.

Todo se agrava en el siglo XVII, al que con razón ha llamado Geoffrey Parker el «Siglo Maldito». El frío se agudiza. La temporada de cultivo

---

[36] José Luis Comellas, *Historia de los cambios climáticos*, Rialp, Madrid, 2021, pp. 197-225, y Brian Fagan, *La Pequeña Edad de Hielo. Cómo el clima afectó a la historia de Europa. 1300-1850*, Barcelona, Gedisa, 2008, pp. 138-245.

se hace más corta y menos fiable. La productividad de la tierra cae en picado. De siete granos por semilla a comienzos del siglo XVI se pasa a tres durante la mayor parte de la centuria. La desnutrición se hace tan habitual que la talla media de la población disminuye un centímetro y medio.[37] Las hambrunas se extienden y traen con ellas epidemias más agudas y numerosas. Londres sufre la peor peste de su historia, que provoca más de 100.000 muertos, en 1665. Sobre este contexto actúan las guerras, de nuevo frecuentes y más caras que nunca como resultado de las nuevas armas, y la combinación de ambos factores provoca un gran malestar, tanto entre las clases más humildes como entre las élites locales y regionales, que estalla en forma de revueltas y revoluciones por toda Europa. Los sensibles cronistas de la época creen con sinceridad que se está produciendo una catástrofe universal. Así describe la situación en 1638 el profesor de la Universidad de Oxford Robert Burton en su *Anatomía de la melancolía:*

> Todos los días recibo nuevas noticias y rumores de guerras, plagas, incendios, inundaciones, robos, asesinatos, masacres, meteoros, cometas, espectros, prodigios, apariciones; de ciudades tomadas, plazas sitiadas en Francia, Alemania, Turquía, Persia, Polonia, etcétera, revistas militares y preparativos a diario, y cosas similares que permiten estos tiempos tempestuosos, batallas guerreadas, con muchos hombres muertos, combates singulares, naufragios, piraterías, batallas navales, paz, alianzas, estratagemas y nuevos peligros. Una enorme confusión de promesas, deseos, acciones, edictos, peticiones, pleitos, alegaciones, leyes, proclamas, demandas, ofensas, llegan diariamente a nuestros oídos.

Nada hay de invento o exageración en estas descripciones. Regiones enteras resultaron despobladas por completo. «Ya no quedan árboles; los jardines están desolados», se lamentaba en 1621 el poeta alemán Martin Opitz. El también alemán Hans Conrad Lang, que vivía en el sur del país, escribía en 1634: «Ha habido más muertes que nunca en la historia de la humanidad». Veinte años más tarde, la abadesa del convento de Port Royal, cercano a París, pensaba que un tercio del mundo había

---

37 Giulio Boccaletti, *Agua…, op. cit.,* p.170.

fallecido. «Si hubiera que creer en el Juicio Final, diría que está teniendo lugar justo ahora», declaraba por entonces un atribulado juez de la capital francesa. La impresión general era que todo estaba amenazado. Los mismos cimientos del mundo, antaño sólidos, parecían a punto de desmoronarse. Sin embargo, la crisis no era tan universal como pensaban sus contemporáneos. O, al menos, unos salieron de ella mejor parados que otros.

El siglo XVIII siguió siendo frío, pero ya no tanto, al menos después de 1740. Se trató, más bien, de una centuria inestable, donde el buen tiempo fue escaso. Aunque se trate tan solo de un indicio, no fue casual que los paisajistas de la época, como los ingleses John Constable o Joseph Turner, pintasen siempre los cielos veraniegos cuajados de nubes. Las bajas temperaturas extremas regresaron en los años ochenta, aunque no para quedarse. Pero en esta ocasión, el frío, aunque no duró mucho tiempo, fue decisivo. Las malas cosechas provocaron, como era habitual, hambre generalizada y subidas en el precio del pan que no solo angustiaron a los pobres, sino también a los comerciantes, que vieron hundirse la demanda de sus productos. La diferencia era que ahora el descontento tenía quien lo canalizara y diera a quienes lo sentían un objetivo por el que luchar. El frío no fue el único factor, pero sin duda aceleró las contradicciones sociales que estallaron en forma de revoluciones liberales a caballo entre los siglos XVIII y XIX. Cuando la tempestad revolucionaria amainó, a mediados del XIX, el mundo había cambiado.

Aunque hasta ahora no los hemos mencionado, a lo largo de la Pequeña Edad de Hielo los ríos se encuentran también en el centro de cuanto sucede. Cuando la gran hambruna recorre Europa, entre 1315 y 1321, las interminables lluvias provocan que las corrientes fluviales, grandes y pequeñas, se desborden por doquier. Las acequias y diques sufren graves destrozos o incluso resultan arrasados por completo; el riego es imposible cuando el cauce del río retorna a la normalidad. Su agua, antes valiosa, resulta ahora excesiva y extemporánea. Poco bien puede hacer a unos campos encharcados donde las semillas se pudren antes de brotar o lo hacen con tan poca fuerza que apenas rinden cosechas miserables. Si la inundación llega cuando las mieses esperan a ser cosechadas, el daño que provoca es aún mayor, pues la cosecha se pierde por completo y no vale la pena recogerla. Y cuando la inundación es tan grande que el río llega a cambiar su curso, como sucede en ocasiones, los campos se arruinan para siempre.

El fenómeno se repite una y otra vez a lo largo de la Pequeña Edad de Hielo. Y no solo en el centro y en el norte de Europa, donde el clima es más húmedo, sino en el sur, en torno al Mediterráneo, donde es más seco, pero también más irregular. Las frecuentes lluvias torrenciales, que descargan en pocos días las precipitaciones de todo un año, resultan catastróficas para quienes habitan cerca de las riberas de los ríos. En España, el Guadalquivir sufre doce riadas a la altura de Córdoba a lo largo del siglo XVII. En 1626, Sevilla soporta tal crecida de sus aguas que estas tardan dos meses en recuperar su nivel normal y más de 8.000 casas quedan arrasadas. En el invierno de 1683 a 1684 el río llega a desbordarse ocho veces. Es cierto que no es solo el clima el responsable de estas catástrofes. En una época de guerras continuas, los mismos seres humanos tiran a veces piedras contra su tejado. El Vístula se desborda en Polonia con mucha frecuencia entre los siglos XVI y XVII porque los bandos en guerra abren brechas intencionadas en los terraplenes que encauzan su curso entre los extensos campos cultivados.

Pero si malo es que los ríos se desborden, no es demasiado bueno que se hielen por mucho tiempo, y este un fenómeno que se repite con inusual frecuencia a lo largo del período. El Ródano se congela en las cercanías de Arlés hasta su desembocadura en 1571, 1573 y 1575, un hecho nunca visto hasta entonces. En 1617 se hiela incluso el Ebro, y en Cataluña las gentes creen que Dios ha enviado otro Diluvio. El Támesis se congela un invierno tras otro durante un buen número de años. Los londinenses llegan a cambiar sus hábitos para adaptarse al nuevo comportamiento de su río, como los hombres han hecho siempre a lo largo de la historia. Patinar sobre el agua helada se convierte en una placentera práctica habitual, y pronto se montan tenderetes, se encienden hogueras e incluso se celebran fiestas sobre el hielo, espeso y duradero. El nuevo pasatiempo tiene tanto éxito que los teatros se quedan vacíos. Los nobles, como puede verse en un cuadro pintado por Abraham Hondius en 1676, dan en cazar sobre él como lo harían sobre los campos nevados. Y los comerciantes, privados de sus barcos, recurren a los trineos para transportar sus mercancías por el cauce. Las cosas mejoran en el siglo XVIII, pero los ríos europeos aún dan, de tanto en tanto, algún disgusto a quienes habitan sus orillas. En 1716, el Támesis vuelve a helarse y tras una intensa marea, la feria que se había instalado sobre el hielo se eleva hasta cuatro metros. En 1788 el Ebro permaneció helado durante quince días. El Sena también se heló aquel invierno. Fenómenos parecidos siguen produciéndose en las primeras décadas del XIX, pero con menor frecuencia. Poco a poco, después de las terribles guerras napoleónicas, el clima regresa a temperaturas más moderadas y precipitaciones más regulares.

Su errático comportamiento hace que los europeos miren desconfiados a unos ríos que antes tenían por benéficos. Pero no es por ello por lo que abandonan sus orillas. Lo hacen cuando se ven obligados. En el siglo XIV, cuando la producción cae año tras año y el hambre arrecia, la urgencia de recuperar el volumen de las cosechas les mueve a roturar pastizales y páramos, ya lejos muchos de ellos de su cauce, en las tierras peor irrigadas, las más duras y pobres. Sin embargo, se los quiere y se los desea, aun cuando su carácter se haya vuelto más irascible. Cuando el hambre se torna insoportable, no falta quien robe un barco de pesca para capturar al menos unos pocos peces que llevarse a la boca. El ingenio, que se aguza en tiempos de necesidad, mueve a algunos a aprovechar mejor esas opciones. Entre 1460 y 1465, un aristócrata francés ordenó construir en un río cercano a Lassay un dique de 45 metros de longitud para contener las aguas de un enorme lago artificial de 54 hectáreas. Su objetivo no era otro que criar peces de agua dulce, que se habían vuelto más apreciados y valiosos que nunca en aquellos años de cosechas inconstantes.

Por suerte, no fue el único europeo que supo cómo reaccionar a los años malos. La revolución agrícola que se desarrolló en los Países Bajos en el siglo XVII y en Inglaterra algunas décadas más tarde quizá no se habría producido entonces de no ser por la necesidad de hacer algo para mejorar las exiguas cosechas. En los primeros se produjo un intenso incremento de la productividad de la tierra, pero no concentración de su propiedad ni alteraciones significativas en su régimen de tenencia. Hubo cambios, pero no fueron jurídicos, sino técnicos. Se introdujeron variedades de trigo procedentes de Europa oriental; los cultivos se diversificaron y se mejoró su rotación, eliminando el barbecho, y la superficie cultivada se incrementó gracias a la desecación de pantanos y lagos interiores. Los ríos, una vez más, fueron protagonistas de los cambios. Mientras, en Inglaterra el paisaje rural se transformaba con mayor intensidad. A partir del siglo xvi, la concentración de la propiedad, acelerada por el cerramiento de los campos comunales y la venta de los bienes de la Iglesia, convirtió la tierra en propiedad de una clase de empresarios que veían en ella tan solo un medio para obtener beneficios y orientaban su producción al mercado. Muchas veces esos campos comunales no eran sino zonas pantanosas en torno a los ríos que hubieron de ser drenadas previamente, sobre todo en el este del país. En cualquier caso, esta emprendedora mentalidad capitalista, aunque de efectos socialmente costosos a corto plazo, favoreció más tarde la introducción de avances técnicos que redujeron los costes e impulsaron el incremento de las cosechas.

Gracias a ello, los vaivenes climáticos y los caprichos de los ríos fueron más llevaderos en Inglaterra y los Países Bajos a partir del siglo xvii. Siguió habiendo muertes, pero ya no las provocaba el hambre, sino el frío y las enfermedades. Mientras, en el continente, como en el resto del mundo, la agricultura de subsistencia seguía siendo la norma. En aquellos años difíciles, la vida del campesino europeo se parecía mucho más a la descripción que hizo de él el historiador francés Pierre Goubert a mediados del siglo pasado:

> Un ejemplo entre tantos: el del *haricotier*[38] del Beauvais. Suele explotar unas 4,5 hectáreas, que le permitirán recoger 36 hectolitros de trigo. Calculando unos rendimientos de 6 por 1, la futura siembra son 6 hectolitros, el diezmo (8% de la cosecha) tres, las rentas señoriales tres, la renta del arrendamiento cuatro, la talla real seis. Le quedan 14 hectolitros, en tanto que la alimentación anual de una familia de 5 o 6 personas requiere cerca de 19,5 hectolitros de trigo anuales. En los mejores años, los campesinos malviven gracias a la venta de algunos animales o recogiendo productos de los bosques y prados. En años de malas cosechas, la catástrofe es irremisible.[39]

---

[38] Cultivador de frijoles.
[39] Pierre Goubert, *El Antiguo Régimen, vol. 1: La sociedad*, Siglo xxi de España, Madrid, 1984.

HACIA EL GRAN CALENTAMIENTO

El frío se despediría con un último coletazo a comienzos del siglo xix. En la primavera de 1815, poco antes de que Napoleón cayera derrotado para siempre en los campos de Waterloo, una gran erupción volcánica hizo explotar el volcán Tambora, al este de Java. La cantidad de ceniza proyectada a la atmósfera fue tan ingente que 1816 fue «el año sin verano». Lord Byron, conmovido por aquella extraña atmósfera que parecía evocar el Apocalipsis, escribió un poema titulado *Oscuridad*:

> Tuve un sueño, que no era del todo un sueño.
> El brillante sol se apagaba, y los astros
> vagaban diluyéndose en el espacio eterno,
> sin rayos, sin senderos, y la helada tierra
> oscilaba ciega y oscureciéndose en el aire sin luna;
> la mañana llegó, y se fue, y llegó, y no trajo consigo el día,
> y los hombres olvidaron sus pasiones ante el terror
> de esta desolación; y todos los corazones
> se congelaron en una plegaria egoísta por luz (…)

Tras aquel estío extraño de nubes amenazadoras, cielos brumosos y atardeceres de sangre que tan bien reflejará Joseph Turner en sus cuadros de paisajes de los años posteriores, el frío se mantuvo al menos un decenio más, hasta 1826, que fue un año muy caluroso. Después, los años fríos alternaron con otros más templados hasta 1860. Desde esa fecha, las temperaturas medias comenzaron a subir de forma sostenida. Ya no han dejado de hacerlo.

Los factores que alimentan el calentamiento global son los mismos que lo han hecho en otras ocasiones, pero a ellos han venido a sumarse, con una intensidad mayor que nunca, los efectos que la actividad humana provoca en el clima. La revolución industrial, iniciada en Inglaterra en las últimas décadas del siglo xviii, intensificó su ritmo a lo largo del siglo xix y se fue extendiendo a otros países de Europa y América. La energía del agua y el viento, la combustión de la madera y la fuerza del hombre y la de los animales fueron dejando paso, poco a poco, pero de forma sostenida y a una cadencia cada vez mayor, a los combustibles fósiles, el carbón primero, luego el petróleo y más tarde el gas natural. Todos ellos poseen

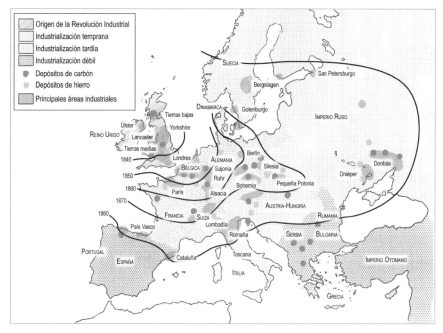

Mapa 4. La expansión de la revolución industrial en Europa. El auge
de la industria aceleró el calentamiento de origen natural que se había iniciado
en el primer tercio del siglo XIX.

un alto contenido de carbono y al consumirse expulsan a la atmósfera un
gas, el dióxido de carbono, que intensifica el denominado «efecto inver-
nadero», es decir, la formación de una pantalla que deja pasar los rayos
solares, pero impide que el calor que estos producen al incidir sobre la
corteza terrestre irradie a las capas altas de la atmósfera y se disperse, lo
que favorece su calentamiento.

Que este se está produciendo es un hecho innegable. Por supuesto,
desde mediados del siglo XIX ha seguido habiendo años fríos. La erupción del Krakatoa, en 1883, provocó de hecho un período de frío intenso
que se prolongó casi un decenio. Todavía en el invierno de 1894-1895
se vieron témpanos de hielo en el Támesis. Los años sesenta y setenta
del siglo XX se caracterizaron por sus inviernos gélidos. Pero se trata de
excepciones que no alteran la tendencia a largo plazo. Las temperaturas
no han dejado de incrementarse, lentamente al principio; cada vez más

rápido en las últimas décadas, mientras el desarrollo de la industria se acelera y alcanza a un número cada vez mayor de países en todo el mundo. Entre 1888 y 2010, la temperatura media del planeta se ha elevado en 0,88 grados. No parece mucho, pero lo es. Si se elevase tan solo un grado más, muchas especies se extinguirían, grandes zonas de costa quedarían anegadas por el aumento del nivel del mar, los desastres naturales serían más frecuentes, centenares de millones de personas se verían forzadas a emigrar y las cosechas de alimentos y las capturas de peces se reducirían drásticamente y por mucho tiempo en buena parte del planeta, provocando conmociones sociales y políticas imprevisibles y, sin duda, catastróficas. Pero ¿qué les sucedería a los ríos?

Ríos de alimentos

En 2021, el Fondo Mundial para la Naturaleza, más conocido por sus siglas en inglés WWF, una organización internacional independiente fundada en 1961 con el objetivo de impulsar la defensa del medio ambiente, publicaba un informe titulado «Ríos de alimentos. Cómo los ríos saludables son determinantes para alimentar al mundo». De su lectura se desprende una conclusión evidente: aunque no lo creamos, los ríos siguen desempeñando un papel decisivo en la actualidad.[40] Quizá mucha gente no lo sabe, pero en nuestros días las corrientes fluviales son todavía responsables de casi un tercio de la producción mundial de alimentos. Un poco menos, el 25%, proviene de tierras de cultivo que se riegan con agua extraída de las corrientes fluviales, bien directamente, mediante acequias y canales, bien de forma indirecta, por medio del bombeo de aguas subterráneas conectadas a los ríos. Sin embargo, es esta agricultura la que crece a mayor ritmo. Aunque el total de la tierra cultivada en todo el planeta ha experimentado un crecimiento neto del 12 % desde 1961 hasta 2009, la tierra de regadío se ha duplicado con

---

[40] FAO. 2011. *El estado de los recursos de tierras y aguas del mundo para la alimentación y la agricultura. La gestión de los sistemas en situación de riesgo*. Organización de las Naciones Unidas para la Alimentación y la Agricultura, Roma, y Mundi-Prensa, Madrid. Véase también *Ríos de alimentos*, WWF, 2021 (https://rivers-of-food.panda.org).

creces. En consecuencia, más del 40 % del aumento de la producción alimentaria de esos cincuenta años proviene de las zonas de regadío, y la tendencia no ha hecho sino acelerarse desde entonces. Mientras los cultivos de secano, mucho menos productivos por unidad de superficie y más perjudicados por los efectos del cambio climático, pierden terreno, la agricultura de irrigación avanza sin cesar. Sin ella, y sin los ríos que la alimentan, sencillamente, la humanidad moriría de hambre.

Dentro de las tierras de regadío poseen especial relevancia los deltas de los ríos. Las corrientes fluviales transportan sedimentos, como limo y arena, y cuando desembocan en el océano, esos sedimentos se depositan, creando y sustentando grandes planicies sedimentarias que, con el paso del tiempo, logran mantenerse sobre el nivel del mar, formando deltas. Estas zonas, que toman el nombre de su forma más habitual, similar a la letra griega delta mayúscula (Δ), figuran entre las regiones agrícolas más productivas del planeta como resultado de la abundancia de agua y la reposición continua de sedimentos ricos en nutrientes, que minimiza la necesidad de abonos de origen animal o fertilizantes químicos muy contaminantes, reduciendo así los costes y el impacto ecológico de los cultivos. Su rentabilidad por unidad de superficie es tan elevada que llegan a producir el 4 % de los alimentos del mundo en tan solo el 0,5 % de sus tierras emergidas. Por ello su densidad de población es enorme y sirven de hogar a cerca de 500 millones de personas, uno de cada 16 habitantes del planeta. Por supuesto, sin los ríos que los alimentan los deltas dejarían de existir, comprometiendo el bienestar de todos ellos.

Menos relevante desde una perspectiva estrictamente cuantitativa, pero decisiva en algunas regiones del globo, es la producción de alimentos generada por la denominada agricultura de recesión de inundaciones. Este sistema tradicional, no muy distinto en su concepción y sus técnicas básicas al usado en la Antigüedad por los pueblos del Creciente Fértil, sigue practicándose en algunas zonas de África y Asia, donde asegura una fuente imprescindible de víveres para muchas comunidades rurales de bajos ingresos. Cerca de 10 millones de hectáreas se cultivan de este modo, y sus cosechas equivalen al 1 % de la producción mundial de alimentos.

Más importante aún es el papel de los ríos en la producción de pescado. El 40 % del consumo global de este alimento, rico en proteínas animales y ácidos grasos saludables, depende de ellos, que proporcionan 12 millones de toneladas de peces de agua dulce silvestres al año (FAO, 2019), el equivalente al 4 % del consumo mundial de proteínas, aunque probablemente la pesca real sea mucho mayor, hasta alcanzar la quinta parte de las capturas de especies salvajes, pues buena parte de ellas no se registran. Además, cerca de la mitad del pescado consumido en todo el mundo proviene de la acuicultura y más de dos tercios de los peces criados de este modo, en concreto un 68 %, son peces de agua dulce de instalaciones que dependen de los sistemas fluviales para obtener agua, nutrientes, alimentos o huevos de peces.

En consecuencia, aunque no seamos conscientes de ello, los ríos siguen siendo imprescindibles para la seguridad alimentaria de la humanidad. Sin embargo, les hemos prestado muy poca atención; hemos abusado de ellos sin preocuparnos de su regeneración, y, como consecuencia de este abuso, su capacidad para alimentarnos se ve cada vez más amenazada. Muchos ríos se han secado o se están secando poco a poco. Otros reciben tal cantidad de sustancias contaminantes que sus aguas dejan de ser aptas para el consumo humano e incluso transmiten a los cultivos que se riegan con ellas nocivos compuestos químicos que dañan la salud de quienes los consumen. Además, la biodiversidad de los ecosistemas fluviales es cada vez menor. Desde los años setenta del pasado siglo, las poblaciones de las especies de agua dulce han disminuido una media del 84%, un impacto claramente mayor, aunque desde luego menos conocido por la opinión pública, que el sufrido por los ecosistemas terrestres o marinos, que reciben mucha más atención de los medios de comunicación de masas.

¿A qué se debe todo ello? Las causas son múltiples, pero se resumen en una sola palabra: sobreexplotación. Las pesquerías fluviales aumentan sus capturas a un ritmo superior al que reponen sus efectivos las especies de peces de agua dulce. El bombeo de agua de riego hacia los campos de labor supera a veces el caudal de los ríos, llegando incluso a drenarlos por completo y produciendo escasez de agua en muchas zonas. Presas mal concebidas impiden que los sedimentos necesarios para mantener los deltas alcancen la desembocadura de los ríos, disminuyendo su extensión y su productividad agraria, y detienen a los peces migratorios, rebajando las capturas de estas especies, que suelen suponer el porcentaje más alto de la pesca fluvial. El uso excesivo de fertilizantes, propio de la agricultura de los países ricos, genera una escorrentía rica en nutrientes que facilita la proliferación de algas nocivas y afecta a los ecosistemas acuáticos y las poblaciones de peces. Y, en fin, los vertidos industriales descontrolados, que inundan los ríos de sustancias contaminantes, llegan a provocar la muerte de muchos de dichos ecosistemas, dañando de modo irreparable la biodiversidad. Si no ponemos freno a todas estas prácticas, los ríos, las arterias por las que, todavía hoy, sigue fluyendo la sangre de la vida, morirán y nuestra civilización morirá con ellos.

Capítulo 2

Torrentes de sangre

Guerra en el Paraíso

Si los grandes ríos del Creciente Fértil dieron forma a cada detalle de las civilizaciones que se desarrollaron en sus orillas, no podían dejar de moldear también las relaciones entre ellas. Estas podían ser pacíficas y orientarse hacia el comercio y la cooperación, pero cuando los recursos, en especial las cosechas, se volvían escasos, podían también conducir a la guerra. Y entonces la misma agua, la sustancia que aseguraba el don precioso de la vida, podía usarse para infligir al enemigo la más terrible de las muertes.

No es muy difícil comprender la razón. Mientras las ciudades-estado de Sumeria, la región meridional de Mesopotamia, dispusieron de campos de cultivo lo bastante extensos para alimentar a su población y agua en abundancia para regarlos, no hubo problemas entre ellas. Pero con el tiempo se hicieron cada vez más populosas y la tierra cultivable, limitada por la distancia de los ríos que podían alcanzar las redes de canales, llegó a hacerse insuficiente para alimentar a tantas bocas acostumbradas a la abundancia y a las poderosas burocracias que las dirigían. Entonces estalló la guerra.

Hace unos 4.500 años, las ciudades-estado sumerias de Lagash y Umma se enfrentaron en un conflicto bélico que duró más de un siglo. Fue el primero de la historia, o al menos el primero del que tenemos registros escritos.[41] Según la *Estela de los Buitres*, una inscripción en piedra caliza fechada a mediados del siglo xxv a. C., hacia el 2.600 a. C.,

---

[41] Samuel Noah Kramer, *La historia...*, *op. cit.*, pp. 69 y ss.

durante el reinado de Mesilim, rey de Kish, al que se reconocía una suerte de soberanía nominal sobre todo el país de Sumer, estalló una disputa entre Lagash y Umma por la posesión de la llanura de Guedinna. Era esta una tierra fronteriza de gran riqueza agrícola en la que tenía su santuario el dios Ningirsu, divinidad tutelar del distrito de Girsu, uno de los más populosos de Lagash, conocido, de forma elocuente, como «Señor de la tierra» o «Señor del arado». Mesilim, como soberano eminente de las dos ciudades, medió entre ellas y mandó erigir una estela para marcar sobre el terreno la nueva frontera.

Su arbitraje fue aceptado por ambas partes, aunque favorecía en mayor medida las aspiraciones de Lagash, en la que reinaba por entonces Ur-Nanshe. Sin embargo, la paz duró poco. Ush, rey de Umma, rompió la estela y se apropió de la llanura sin que Lagash, entonces más débil que su vecina, pudiera impedirlo. La situación se mantuvo estable hasta que Eannatum, nieto de Ur-Nanshe, subió al trono de la ciudad. Eannatum era un soberano poderoso que, después de algunas victorias, se había convertido en rey de Kish, imponiendo así su gobierno a todo el país de Sumer. De modo que, sintiéndose lo bastante fuerte para derrotar al rey de Umma, invadió la llanura de Guedinna y la unió a Lagash.

Eannatum no solo restauró la situación anterior, sino que se aseguró de que Unma no volviera a las andadas. Por supuesto, reconstruyó la vieja estela de Mesilim, símbolo de la legitimidad de su proceder, pero también la acompañó de otras suyas, y ordenó además excavar un canal desde el Tigris que asegurase el riego de la llanura, erigió un santuario en honor a los dioses más importantes y mandó que una larga franja de terreno junto al canal, en territorio de Umma, permaneciera en barbecho como tierra de nadie. La *Estela de los buitres* proclama:

> Que el hombre de Umma nunca cruce la frontera de Ningirsu.
> ¡Que nunca dañe el dique o la zanja!
> ¡Que no se mueva la estela!
> Si él cruza la frontera, que la gran red de Enlil, rey del cielo y de la tierra,
> de la que ha hecho juramento, caiga sobre Umma!

Sin embargo, Eannatum pronto reconsideraría la extrema dureza con la que había tratado a sus enemigos. Necesitado de tranquilidad en sus fronteras para emprender nuevas conquistas, permitió a los ummaítas cultivar la llanura a cambio de una parte de la cosecha, con lo que se aseguraba no solo la paz, sino unos ingresos considerables —los cereales eran el dinero de la época—, pues la tierra era en ella muy productiva. Pero solo una generación se prolongó la paz entre ambas ciudades. Ya anciano Eannatum, Ur-Lumma, nuevo soberano de Umma, denunció el tratado; se negó a pagar el arriendo estipulado; colmató el foso, y destruyó sin miramientos las estelas y los templos de Guedinna. La guerra se hizo inevitable.

A despecho de los ummaítas, la victoria sonrió de nuevo a los ejércitos de Lagash, cuyo jefe, Entemena, hijo de Eannatum, apresó y dio muerte a Ur-Lumma. A pesar de ello, su sucesor, Il, volvió a negarse a respetar el tratado. El conflicto, llamado a enquistarse, solo concluyó mediante un nuevo arbitraje, en este caso de un rey extranjero, al que la Estela de los buitres se refiere como el «Señor del Norte». Su laudo dejó las cosas más o menos como estaban en tiempos del rey Mesilim, sin que, en contrapartida, pesara sobre los ummaítas obligación alguna de pagar los tributos que adeudaban a Lagash. Una guerra de casi cien años, con el tremendo coste en vidas y haciendas que cabe suponer, no había producido ventajas tangibles para nadie.

O, al menos, no para Lagash, que entonces se encaminaba ya hacia su decadencia final. No tardaría mucho en caer derrotada por Lugalzagesi de Umma, quien, en la segunda mitad del siglo xxiv a. C., se convertiría en el nuevo señor del país de Sumer, en realidad, el primero que poseyó un poder real, y no meramente nominal, sobre todas las ciudades de la zona. Pero no era sino el canto de cisne de las viejas ciudades-estado sumerias. Poco después, Sargón, soberano de Acad, una región situada al norte, las sometería a todas y uniría la tierra de Mesopotamia bajo su dominio, dando vida al primer imperio de la historia.

¿Qué papel jugaron los ríos en este conflicto? Como no podía ser de otro modo, resultó determinante. De forma genérica, el agua que corría por su cauce podía utilizarse como un arma. La ciudad que estuviera situada río arriba podía si lo deseaba cortar el suministro a su vecina de más abajo, angostando sus cosechas y condenándola al hambre, o liberar contra ella toda la fuerza destructiva de su caudal, arrasando sus aldeas y anegando sus campos cuando los cubrieran las espigas.[42] En este caso concreto, la manzana de la discordia, la llanura de Guedinna, poseía una proverbial fertilidad. Aunque solo contaba con unos pocos miles de hectáreas de extensión, las cosechas que se obtenían de ella eran muy abundantes. Prueba de ello es que la deuda acumulada por los reyes de Umma durante los años en que se negaron a pagar su arrendamiento, que equivalía tan solo a una parte de su producción, superó en poco tiempo la capacidad de la ciudad para amortizarla. Por esta razón, impedir su riego fue la primera medida que adoptó Ush, el rey de Umma, cuando la invadió, y construir un foso o canal que asegurase la llegada de agua desde el Tigris la que tomó Eannatum cuando la recuperó. Y fue esta decisión la que produjo la ruina de la llanura, restándole buena parte de su productividad, pues empezó a recibir un riego tan excesivo que privó a la tierra de oxígeno, lo que dificultó la absorción de nutrientes por las plantas. Las cosechas, antes enormes, se tornaron mediocres y provocaron la quiebra de Lagash, que enseguida perdió la posición hegemónica alcanzada en tiempos de Eannatum. El río había sido el arma decisiva en la guerra y el factor que provocó, a la larga, la derrota de los vencidos.

No menos decisivo fue el papel de las corrientes fluviales en los conflictos posteriores. Mientras sus inundaciones fueran regulares y generosa la recolección, resultaba sencillo preservar la paz. Pero no sucedía lo mismo cuando las crecidas faltaban a su cita anual o su volumen era demasiado escaso. Si el acontecimiento se producía con la frecuencia habitual, en torno a una vez cada diez años, nada sucedía, pues los almacenes del Estado podían alimentar a la población. Esto era cierto sobre todo en Egipto, donde el Nilo, navegable en los últimos 1.500 kilómetros de su recorrido, permitía una rápida comunicación entre cualquier punto del país, las ciudades contaban con el auxilio de silos repartidos por todo el territorio y la variedad local de trigo, el farro, resistía bien a la humedad y no se pudría en los graneros. Pero si la escasez de agua se prolongaba tanto que los depósitos llegaban a vaciarse, la hambruna se extendía y el

---

[42] Giulio Boccaletti, *Agua...*, *op. cit.*, p. 50.

Estado, incapaz de alimentar a sus burócratas y soldados, se debilitaba de forma inexorable.

Cuando esto sucedía, los pueblos menos desarrollados que poblaban las regiones periféricas del Creciente Fértil, cuya economía se basaba, por lo general, en el pastoreo y la agricultura de secano, tampoco escapaban a las consecuencias. Ellos no se beneficiaban de las crecidas, pues sus territorios se situaban en la parte alta de los valles o en las regiones montañosas más apartadas, pero necesitaban lluvias que hicieran crecer sus cultivos y los pastos donde pacían sus ganados, de modo que las sequías les afectaban también. Sus cosechas menguaban con rapidez y muchos de sus animales morían.

Estos pueblos carecían de las infraestructuras públicas necesarias para afrontar la aridez. Sus excedentes eran escasos y cuando las lluvias disminuían, aunque la casta de guerreros y administradores que habían de mantener era también más reducida, no podían alimentarse mucho tiempo. No obstante, esta limitación ofrecía en sí misma una ventaja: su inferior grado de complejidad social les hacía más versátiles. Llegado el momento, su capacidad para romper con su modo de vida tradicional, dejando su medio ambiente en busca de otro capaz de satisfacer sus necesidades, era mucho mayor. A diferencia de los habitantes del rico sur, ellos no abandonaban al marcharse ciudades esplendorosas, campos de proverbial fertilidad y un bienestar que tenían por algo tan natural como respirar.[43]

Y eso es lo que hacían. Los períodos prolongados de sequía, cuando las precipitaciones se reducían y las crecidas se volvían cicateras, conducían sistemáticamente a grandes migraciones. Pueblos enteros se desplazaban desde las regiones más atrasadas a las más avanzadas, las ribereñas de los grandes ríos, en pos de alimentos y un nuevo lugar donde asentarse. El proceso se repitió una u otra vez a lo largo de los siglos en las tierras del Creciente Fértil, al igual que en los grandes valles fluviales de China y la India. Los imperios nacían, crecían, se desarro-

---

[43] José Luis Comellas, *Historia de los cambios climáticos, op. cit.*, p. 131, y Brian Fagan, *El largo verano…, op. cit.*, pp. 35-36.

llaban y, de forma inexorable, morían, víctimas de su colapso interno, acelerado por la presión de los pueblos periféricos. Tal fue la historia de las primeras civilizaciones humanas, y en ella el papel de los ríos, una vez más, resultó fundamental.

TIERRA DE IMPERIOS

Retomemos la historia donde la habíamos dejado, en las últimas décadas del siglo XXIV a. C. Durante el largo período de crecidas abundantes y, por ende, de prosperidad que disfrutó el Próximo Oriente Asiático a lo largo de los 500 años anteriores, la urbanización de la zona había crecido tanto que forzó a sus pobladores a fundar colonias en el norte, más cerca de la cabecera de los ríos. Poco a poco, la riqueza se extendió también a aquellos territorios, que se dotaron de una organización económica, social y política de parecida complejidad a la de las regiones del sur. Luego, mientras Sumeria ponía fin a la primera guerra de la historia y parecía alcanzar la paz bajo la autoridad de Lugal-Zagesi de Umma, las ciudades del norte fueron sometidas a un poder único. Sargón, el antiguo copero del rey de Kish, se convirtió en soberano de Acad.

El nuevo rey tenía ambiciones. Aspiraba a la creación de un imperio que uniera bajo un mismo monarca toda Mesopotamia. Sus victorias militares, basadas en el uso masivo de arqueros que batían desde la distancia la tradicional infantería sumeria, le permitieron convertirlas en realidad. Cuando falleció, en el 2.279 a. C., sus dominios abarcaban desde Elam, en el este, hasta el Mediterráneo, incluyendo los valles del Tigris y el Éufrates e incluso algunas regiones de las actuales Siria, Irán y Turquía. Sus sucesores, en especial su orgulloso nieto Naram-Sin, que se proclamó enseguida «soberano de las cuatro partes del mundo», extendieron su territorio e hicieron de él el primer imperio de la historia. Pero, como les había sucedido a los reinos que le precedieron, la estabilidad del estado acadio dependía de los ríos. No era solo que fueran sus corrientes las arterias por las que circulaba el comercio del Imperio, preservando su unidad, sino que eran sus crecidas las que mantenían llenos los graneros, permitiendo alimentar a la población y sostener el costoso entramado militar y burocrático necesario para que todo funcio-

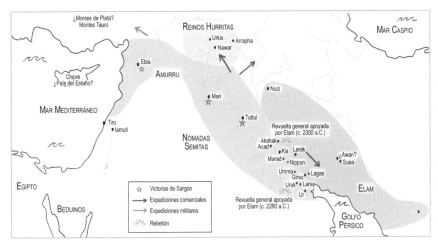

Mapa 5. El Imperio de Sargón de Acad. Para algunos historiadores, puede considerarse el primero de la historia que merece tal denominación.

nase. Si el agua dejaba de asistir con puntualidad a su cita anual, aquella extraordinaria construcción política y económica se desmoronaría como un castillo de naipes.

Así ocurrió. En torno al año 2.200 a. C. se produjo en algún lugar del hemisferio norte una gran erupción volcánica que cubrió durante años los cielos de ceniza en suspensión. Luego sobrevino una larga sequía. En Egipto, el lago Fayum se quedó sin agua; los bancos de arena se hicieron visibles en el Nilo, y los disturbios se extendieron. «Todo el país —asegura un documento de la época— parecía un saltamontes hambriento... las gentes huían al norte o al sur... los padres llegaron a comerse a sus propios hijos». La conmoción fue tan grande que, a la muerte del faraón Pepi II, la unidad del Estado egipcio se desmoronó, dejando paso a una etapa de fragmentación política que se prolongó durante más de 150 años, conocida tradicionalmente como Primer Período Intermedio. No fue muy distinto lo que sucedió en Mesopotamia. Las crecidas de los ríos se redujeron tanto que un escriba llegó a lamentarse de que «ningún terreno se podía regar, faltaba la vegetación, el hambre era cruel».[44] Como

---

[44] José Luis Comellas, *Historia de los cambios climáticos...*, *op. cit.*, p.137.

es lógico, la escasez de agua se hizo sentir primero en el norte, donde las lluvias comenzaron a disminuir. Las cosechas y los pastos se contrajeron enseguida, la pobreza se extendió y el aparato administrativo de la zona, sin excedentes suficientes para mantenerlo, se colapsó. El sur resistió un poco más, gracias a sus silos, sus presas y sus canales, pero terminó por debilitarse a su vez. Fue entonces cuando los guti, tribus seminómadas que habitaban la región de los montes Zagros, también golpeados por la aridez, abandonaron de improviso su hogar y se diseminaron por los valles. Por supuesto, no fue la supuesta impiedad de Naram-Sin lo que causó la destrucción de su imperio, como señala la *Maldición de Akkad*, un texto sumerio posterior de evidente intención deslegitimadora, sino la bajada del nivel de las crecidas. Fueron los ríos, no los dioses, los que castigaron al rey.

Durante los dos milenios siguientes, la historia no dejaría de repetirse. Hacia el año 2.000 a. C., mientras la tecnología del bronce se extendía por el Mediterráneo oriental, comenzó a tomar forma un sistema global de intercambios comerciales que impulsó la aparición de nuevos imperios, aunque todos ellos fundidos en el crisol del viejo estado acadio, cuyos patrones políticos y administrativos imitaron sin rubor. Asiria, Mitani, Hatti, Babilonia, Egipto… parecían muy distintos a su modelo original. Pero no lo eran. Todos ellos seguían dependiendo, para bien y para mal, de los ríos.

Las corrientes fluviales no solo continuaron proporcionando las vías de comercio a larga distancia más baratas y rápidas, sino los excedentes necesarios para alimentar a los propios comerciantes y a los artesanos que transformaban las materias primas en bienes manufacturados y, por supuesto, a los cada vez más numerosos funcionarios y los ejércitos necesarios para mantener en funcionamiento una maquinaria estatal de complejidad creciente. En consecuencia, si las crecidas, y con ellas los excedentes, disminuían lo suficiente, el proceso que puso fin al Imperio acadio volvería a desencadenarse.

Los estados parecían ahora mejor preparados para defenderse. El más poderoso de todos ellos, Egipto, a diferencia del resto, no era ya un imperio, sino una sociedad cohesionada, dotada de un sentimiento de pertenencia, cuyo sistema de almacenamiento y distribución de cereales no se levantaba sobre una base local, sino centralizada, lo que le permitía atender mejor a las necesidades de todo el territorio y resistir mucho más tiempo en caso de que las malas cosechas se encadenaran. El Nilo, navegable desde el delta a la primera catarata, y el poder indiscutible del faraón, lo hacían posible. Pero incluso el poderoso Egipto era vulnerable. También él, nunca mejor dicho, era un gigante con pies de barro, el barro nacido de las aguas de un río que, si perdía su humedad y se secaba, daría con su enorme cuerpo en el suelo, dejándolo a merced de los feroces carroñeros que merodeaban hambrientos a su alrededor.

Así ocurrió. Hacia el siglo XVIII a. C., coincidiendo con una nueva crisis climática en todo el Mediterráneo oriental que debilitó el poder estatal, un pueblo procedente de Siria, al que las fuentes griegas denominan *hicsos*, esto es, «señores extranjeros», ocupó, quizá poco a poco, en una migración prolongada en el tiempo, el delta del Nilo y llegó a separarlo del resto del país. La dominación extranjera solo terminó cuando los faraones de la XVII dinastía tebana, que habían seguido gobernando el Alto Egipto, en el sur, lograron derrotarlos y devolver al territorio la unidad política.

La XVIII dinastía, que sucedió sin solución de continuidad a la XVII en todo el país, daría lugar al mayor período de bonanza de la historia de Egipto, el llamado Imperio Nuevo, desde finales del siglo XV a. C. Esta fue también una era de prosperidad compartida para el conjunto del Mediterráneo oriental. Las sociedades de la Edad del Bronce alcanzaron su apogeo durante los tres siglos siguientes. Pero hacia el 1.200 a. C. se volvieron las tornas y, una vez más, los ríos tuvieron mucho que decir en ello. En esta ocasión más que nunca con anterioridad, sus aguas se empaparon en sangre.

Los pueblos del mar

Como de costumbre, todo empezó con una prolongada disminución de las crecidas asociada al inicio de un nuevo período climático de larga duración, el denominado «Mínimo Homérico», que afectó a toda la cuenca oriental del Mediterráneo y marca el comienzo de la Edad del Hierro. Al principio, los grandes imperios resistieron, pero luego comen-

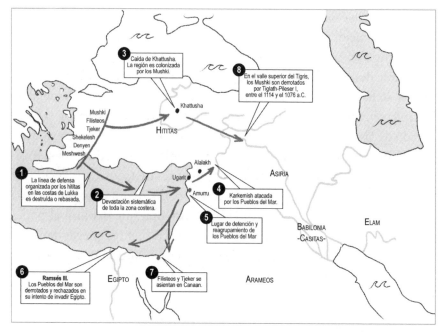

Mapa 6. Los Pueblos del mar. Aunque aún no sabemos con exactitud quiénes eran, su irrupción, en torno al 1200 a. C., destruyó por completo el equilibrio internacional del Próximo Oriente.

zaron a debilitarse. En Egipto, los años malos arreciaron tras la muerte del gran Ramsés II, hacia 1.213 a. C., y se hicieron aún más frecuentes bajo sus sucesores, a caballo entre los siglos XIII y XII a. C. En Anatolia, el Imperio hitita languidecía bajo el látigo de la sequía, hasta el punto de que sus monarcas, en aquel tiempo enemigos de los egipcios, se vieron forzados a suplicarles que les enviaran cereales. Entonces llegaron los Pueblos del mar.

Aún no sabemos con seguridad quiénes eran. Sí podemos estar seguros de que el mecanismo que los puso en marcha fue similar al que impulsó migraciones anteriores. Pero ahora, en un mundo más globalizado e interdependiente, operaba a mayor escala. La misma sequía que se reflejaba en la disminución persistente de las crecidas estaba afectando a los territorios situados al norte del Mediterráneo, aunque allí en forma de un frío anormal que reducía los recursos a disposición de sus habitantes.

Cuando la situación alcanzó un punto crítico, los pueblos que habitaban aquellas regiones, pastores nómadas unos, agricultores de secano otros, empezaron a moverse hacia el este y el sur, arrasando todo a su paso. Como antes les sucediera a los *guti* o los *hicsos*, solo les movía el deseo de sobrevivir, y sabían que eso sería más fácil cerca de los grandes ríos, capaces, por lo que sabían, de alimentar con sus aguas cosechas de proverbial magnitud. Naturalmente, si no había sitio para ellos, estaban dispuestos a procurárselo por la fuerza.

La ola fue incontenible. Primero arrasó Grecia, donde la civilización micénica se desmoronó sin apenas resistencia, sumiendo al país en una larga edad oscura. Luego los invasores se desplegaron hacia el sur y el este, amenazando sucesivamente Creta, Chipre, Anatolia, Palestina y Siria. El debilitado Imperio hitita fue aniquilado por completo y los reinos secundarios de la costa levantina se derrumbaron también. El pánico se extendía como un reguero de pólvora entre los príncipes, ya fueran poderosos o débiles, orgullosos o humildes. En una carta escrita en aquellos días aciagos por el soberano de Alashiya, un pequeño estado ubicado en la isla de Chipre, a su hijo el rey de Ugarit, en el norte de Siria, el monarca aconsejaba a su vástago que se preparase para la invasión que sin duda habría de alcanzarle:

> Esto dice el rey a Hammurabi rey de Ugarit. Salud, que los dioses te conserven sano. Lo que me has escrito «se ha divisado en el mar al enemigo navegando». Bien, ahora, incluso si es cierto que se han visto barcos enemigos, mantente firme. En efecto, acerca de tus tropas, tus carros ¿dónde están situados? ¿Están situados a mano o no? ¿Quién te presiona tras el enemigo? Fortifica tus ciudades, establece en ellas tus tropas y tus carros y espera al enemigo con pie firme.[45]

Luego le llegó el turno a Egipto. El opulento país resistió mejor que sus infelices vecinos. Tras algunas escaramuzas en tiempos de Ramsés II, la primera invasión a gran escala tuvo lugar en el año 1.120 a. C., durante el reinado de su hijo Merenptah, y fue rechazada sin excesiva dificultad.

---

[45] Jaime Alvar Ezquerra, *Los Pueblos del Mar y otros movimientos de pueblos a finales del segundo milenio*, Akal, Madrid, 1989, p. 28.

Relieve del templo de Medinet Habu que representa la lucha librada
por Ramsés III contra los pueblos del mar en el delta del Nilo.
Fue, probablemente, la primera batalla naval de la historia.

La segunda, que se produjo algo después, ya en tiempos de Ramsés III
(1184-1153 a. C.), fue aún más numerosa, y frenarla obligó al soberano
a librar varias batallas. Primero luchó en la frontera occidental de Egipto,
donde un nutrido contingente de invasores había sellado una nueva alianza con los libios. Luego lo hizo en la oriental, ya que, tres años más tarde,
otro cuerpo expedicionario, que incluía mujeres y niños, descendió desde
Palestina con intención de penetrar desde allí en el país y establecerse en
él. Pero la batalla decisiva no se desarrolló en la tierra, sino en el agua, el
agua de un río: el Nilo.

Apenas derrotados los invasores en la última escaramuza y mientras
el ejército egipcio se reponía, una gran flota enemiga logró penetrar en
las aguas del delta. Alertado el faraón, ordenó a sus barcos de guerra y
a todos los mercantes que pudo movilizar que bloquearan los distintos
brazos del río. La maniobra se ejecutó con celeridad. Los navíos egipcios
tenían poco calado y su sistema de impulsión mixta, que combinaba
velas y remos, les permitía maniobrar con gran destreza. Derrotados en
las aguas, los barcos enemigos fueron arrastrados hasta la orilla, donde
les esperaba una división de arqueros egipcios que masacraron a sus tripulantes. Concluía así la primera batalla naval de la historia, una batalla

fluvial. Como el mismo Ramsés III detalla, con no poca exageración, en las inscripciones de su templo funerario de Medinet Habu:

> Para aquellos que avanzaron juntos sobre el mar, la llama ardía delante de ellos en las bocas del río y una empalizada de lanzas les rodeaba en la orilla (...) Se preparó una red para atraparles; aquellos que entraron en las bocas del río quedaron encerrados y cayeron dentro de ella, clavados en sus puestos, muertos y despedazados. Fueron arrastrados, anulados, yacían sobre la playa; muertos y amontonados de popa a proa de sus naves mientras todas sus cosas eran arrojadas al agua.

Pero la batalla, que no sería la última, entonó el canto de cisne de Egipto como gran potencia. A pesar de la grandiosidad con que la narran los relieves del templo funerario de Ramsés III en Medinet Habu, la victoria del faraón no fue decisiva. Los recursos del país, ya debilitado por las malas cosechas, se resintieron de tal modo con estas campañas que ya nunca recuperaría su dominio sobre Palestina. Fue, eso sí, el último en caer. Tras él, toda una era llegaba a su fin. El Mediterráneo tardaría siglos en conocer un grado de integración económica comparable al del Bronce Final. Y cuando lo lograse, ya bajo el Imperio romano, los ríos no tendrían en él el papel decisivo que habían desempeñado en aquel milenio glorioso. Sin embargo, nunca dejarían de empaparse en sangre.

DESPIADADOS SISTEMAS DE MUERTE

Las causas de los conflictos internacionales no cambiaron demasiado en los siglos posteriores. Puntualmente, el ansia de poder de un soberano o los nocivos efectos de una ideología imperialista podían conducir a los pueblos a la guerra. Pero lo más habitual era que tras ella se ocultara el hambre, y tras el hambre, las malas cosechas provocadas por sequías o cambios climáticos perjudiciales para la agricultura. Los ríos contribuían con sus estiajes demasiado prolongados o sus catastróficas inundaciones, que expulsaban de sus orillas a sus pobladores y los animaban a buscar acomodo en otro lugar. Y los hombres, abatidos y ansiosos de venganza, les pagaban tiñendo sus aguas con sangre.

Lo cierto es que los ejércitos de los nuevos imperios de la Edad del Hierro habían evolucionado hasta convertirse en eficaces sistemas de conquista y anexión territorial que operaban con una violencia inusitada, sin otras restricciones que las impuestas por su logística y el volumen de recursos del que podían disponer.[46] Su capacidad destructiva era enorme, superior incluso a la de las legiones romanas, y solo se veía frenada por el grado de desarrollo económico y madurez institucional de sus sociedades, pues se trataba de ejércitos muy grandes y costosos. El manejo de los letales carros de guerra, los pesados caballos de combate, los precisos arcos compuestos e incluso las ágiles hondas y las humildes lanzas y espadas requería de una cierta destreza, que solo podía asegurarse mediante la organización y el mantenimiento de castas militares especializadas, muy nutridas y del todo improductivas. A ello se añadía el papel decisivo de las grandes fortalezas de piedra, cuya construcción exigía movilizar un ingente volumen de recursos, equivalente al que requería tomarlas, tarea imposible de llevar a cabo sin máquinas de asedio de enorme coste y notable complejidad que debían ser mantenidas sobre el terreno, junto a los hombres que las manejaban, durante largos períodos de sitio. La dirección de las fuerzas en combate era, en suma, una tarea compleja al alcance de unos pocos, que tenían tras de sí una pesada maquinaria burocrática y el poder absoluto de un Estado jerarquizado hasta límites inconcebibles para nosotros. El resultado de la combinación de estos factores eran huestes formidables que se desplazaban sobre el terreno como verdaderas ciudades móviles capaces de arrasar todo a su paso.

Buena parte de esa movilidad se debía al uso militar de los ríos. Aunque los ejércitos asirios eran célebres por la excepcional velocidad que podía alcanzar su caballería en el transcurso de sus campañas, unos 50 km diarios, cuando necesitaban desplazarse a grandes distancias recurrían al transporte fluvial. El rey asirio Senaquerib, a comienzos del siglo VII a. C., mandó llamar a su corte de Nínive armadores sirios, a los que encargó la construcción de una gran flota con la que lanzarse a la conquista de Elam, al sur de la actual República de Irán. Cuando los barcos estuvieron terminados, puesto que su pueblo carecía de una sólida tradición naval,

[46] Victor Davis Hanson, «Génesis de la infantería», en Geoffrey Parker (ed.), *Historia de la guerra*, Akal, Madrid, 2020, p. 22., pp. 234-246.

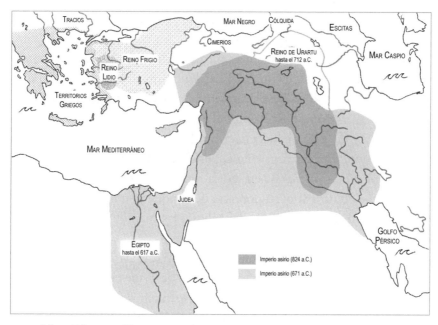

Mapa 7. Imperio Nuevo asirio. Asiria se convirtió en torno al siglo VIII a. C.
en epítome del nuevo imperialismo surgido de la invasión de los pueblos del mar.

los dotó de avezadas tripulaciones fenicias. Con ellas descendieron por
el tramo navegable del Tigris; fueron llevados por tierra hasta un canal
que conducía al Éufrates, y por este río navegaron hasta alcanzar por
fin el golfo Pérsico, donde cargaron las tropas que habían de lanzarse
a la conquista del territorio elamita en una de las primeras operaciones
anfibias de la historia.

Con tácticas similares condujo su nieto Asurbanipal una guerra contra el mismo enemigo en la que el protagonismo de los ríos iba a ser un
tanto distinto y mucho más sangriento. A la muerte de Asaradón, en el
669 a. C., el Imperio asirio se dividió en dos. En el trono de Nínive se
sentó Asurbanipal, hijo mayor del rey difunto, mientras en Babilonia, que
había sido sometida por él, lo hacía su hermano Shamash-Shum-Ukin.
Como cabía esperar, Asurbanipal lo consideraba su vasallo y lo trataba
como tal, irritándolo tanto que terminó por rebelarse. Deseando sacudir-
se el yugo de Nínive, buscó aliados y los encontró en los elamitas, cuyo
soberano, Teumman, había expulsado del trono al fantoche colocado

por los asirios tiempo atrás y estaba irritado contra Asurbanipal porque le había concedido asilo en su corte.

Hacia el 653 a. C., ambos reyes formaron un ejército y marcharon al encuentro de su enemigo común. Pero Asurbanipal, haciendo gala de su proverbial velocidad de desplazamiento, se les adelantó, forzándolos a retirarse en dirección a Susa, la capital elamita. Desesperados, decidieron retar a los asirios a una batalla decisiva. Para ello escogieron el valle del río Üláia, donde se desplegaron ocupando sus dos orillas.[47] La posición elegida era sólida, al menos en teoría, pero no tanto si se considera la calidad del ejército asirio, su potencia de choque y su habitual táctica de ataque frontal. El río sin duda dificultaría las maniobras elamitas y, en caso, necesario, la retirada de sus tropas.

El resultado de la batalla fue el esperado. Tras arrollarlos en todo el frente, los asirios empujaron a los soldados de Teumman a las aguas del Üláia, donde se desbandaron por completo, muchos de ellos se ahogaron y los que pudieron cruzaron el río tan solo para unirse a las fuerzas apostadas en la otra orilla, que ni siquiera habían entrado en combate, en una huida desesperada a través de la llanura. El rey elamita murió en la batalla y su cabeza fue llevada a Nínive y exhibida en la corte imperial. Luego, Asurbanipal condujo la guerra a Babilonia, la derrotó y elevó al trono a Kandalanu para reemplazar a su hermano, que había muerto durante los combates. Susa fue saqueada y Elam continuó sometida a los asirios hasta que los persas la conquistaron un siglo después.

Sería precisamente el ejército persa el heredero más autorizado de la eficaz herramienta bélica de los belicosos señores de Nínive. El Imperio aqueménida tomó de Asiria la red de caminos reales que aseguraban la comunicación entre sus territorios; imitó la estructura multiétnica de su ejército, integrado por una fuerza central de origen persa reforzada por diversos cuerpos auxiliares procedentes de los países conquistados que

---

[47] Una buena descripción de la batalla en Joaquín María Córdoba Zoilo, «La comprensión de la guerra en la Asiria del siglo VII a. C. Ciencia de la guerra y eficacia de combate en un modelo de la historia militar: Üláia, 655 a. C.», en Miguel Alonso Baquer (coord.), *La guerra en Oriente Próximo y Egipto. Evidencias, historia y tendencias en la investigación*, UAM, Madrid, 2003, pp. 39-56.

luchaban con su vestimenta y sus armas tradicionales, y contó, asimismo, con una eficaz caballería y un nutrido cuerpo de carros de guerra, capaces por sí solos de decidir la suerte de una batalla campal. Al poner una maquinaria bélica tan potente al servicio de una idea de imperio universal, respetuoso con el poder de las élites tradicionales y garante de sus intereses, los reyes persas sentaron las bases de un estado distinto a los que le precedieron y pionero, en muchos sentidos, de los imperios futuros.[48] Durante largo tiempo, fueron pocos los enemigos que osaron enfrentarse a ellos. Uno de ellos fue Creso, rey de Lidia.

Lidia era un próspero reino cuya existencia se remontaba a la primera mitad del siglo VII a. C. En sus orígenes ocupaba el valle alto del Hermo y las tierras limítrofes, pero con el tiempo llegó a extenderse a casi todo el oeste de Anatolia, hasta el río Halys, el actual Kızılırmak. Su mayor ventaja militar residía en su caballería, cuyas virtudes exalta el mismo Heródoto:

> En aquella época no había en Asia ningún pueblo más aguerrido y valeroso que el lidio; combatían a caballo, provistos de largas picas, y eran, asimismo, excelentes jinetes.[49]

De un modo u otro, gracias a una economía de legendaria prosperidad y siempre en difíciles relaciones con las ciudades griegas de Jonia, sus vecinas occidentales, Lidia llegó a convertirse en una potencia relevante, aunque de ámbito regional. Fue el rey Creso, que ascendió al trono hacia el 560 a. C., el que trató de superar esos límites, proyectando su poder sobre el Mediterráneo oriental. Para ello trabó alianza con los medos, que dominaban por entonces los territorios al este del río Halys, y se lanzó al ataque contra los griegos, con ánimo de sojuzgar las ciudades jonias de la costa.

Se trataba de una estrategia acertada que no tardó en alcanzar el éxito. En poco tiempo, las polis griegas del continente pagaban tributo a Creso y quedaban obligadas a reforzar con tropas su ejército. Pero la carencia de

---

[48] Tom Holland, *Fuego persa. El primer imperio mundial y la batalla por Occidente*, Ático de los libros, Barcelona, 2017, pp. 25-26.
[49] Heródoto, *Historia*, I, 79, 3.

tradición marinera de su pueblo impedía al ambicioso monarca lidio ir más allá, imponiendo también su dominio a los griegos que poblaban las islas del Egeo o incluso a la propia Hélade. Quizá por ello volvió sus ojos hacia oriente, donde los medos acababan de ser derrotados por los persas, un pueblo por entonces del todo desconocido, esperando pescar en río revuelto. No obstante, antes de lanzarse a la guerra, envió un mensajero al Oráculo de Delfos, que le respondió que, si cruzaba el río Halys con un ejército, destruiría un imperio. Alentado por tal vaticinio, así lo hizo. Sin saberlo, estaba cometiendo el mayor error de su vida. El imperio que destruyó fue el suyo.

Cuando por fin cruzó el Halys, en el 547 a. C., al frente de su poderosa caballería, Ciro, el rey persa, aunque la estación de las campañas estaba ya a punto de tocar a su fin, descendió por las laderas de los Zagros y se apresuró a salir a su encuentro. La batalla resultó indecisa, quizá porque, como señala Heródoto, el extraño olor de los camellos persas alteró a las monturas de los lidios e impidió a sus jinetes hacer valer su superioridad. Creso se retiró entonces a Sardes, su capital, para pasar el invierno. Pero Ciro, contra todo pronóstico, no se retiró, sino que lanzó a los suyos en persecución del enemigo, sin desanimarse por la enorme distancia que los separaba, y lo alcanzó cerca de Sardes, donde le infligió una derrota decisiva. En apenas seis años, Ciro había convertido a su pueblo, antes desconocido, en dueño de un enorme imperio.

Del arado a la espada

Pero incluso los imperios más enormes terminan por caer, y el persa no sería una excepción. Los griegos, que trabaron por entonces contacto con ellos por vez primera, no cometieron el mismo error que los lidios: nunca los minusvaloraron. Primero, durante las guerras médicas, entre el 490 y el 478 a. C., resistieron su embate, luchando en la propia Hélade hasta que los obligaron a retirarse. Más tarde, cuando por fin estuvieron preparados, cruzaron el mar y, contra todo pronóstico, los derrotaron en su propio territorio.

El núcleo del ejército griego era la falange, una nutrida formación de soldados de infantería, los hoplitas, armados con largas lanzas y muy bien protegidos con escudos y armaduras. Con su concurso, la guerra experimentó un cambio decisivo. Los despiadados y masivos sistemas de muerte que tan bien habían servido a los tiránicos imperios de Oriente se batieron en retirada ante una nueva forma de combatir en la que la destreza personal del soldado y la lealtad hacia sus compañeros de armas se alzaron con el protagonismo de las batallas. Los ejércitos se tornaron más pequeños, pero mucho más eficientes. Entre el hoplita griego, un campesino que se pagaba sus propias armas y luchaba por defender sus propios campos de cultivo, y el legionario romano, que ora tomaba el arado ora la espada, las diferencias son más estéticas que reales. Ambos eran varones libres que se sentaban juntos en la asamblea a decidir sobre sus asuntos y, llegado el caso, combatían, hombro con hombro, en defensa de la ciudad que consideraban su patria. Ninguno de los dos se parecía en absoluto al sufrido aldeano de los estados del Creciente Fértil, que ya fuera libre, ya siervo, carecía de participación alguna en el poder político. Ellos eran ciudadanos, él era un súbdito. Occidente enseñaba al mundo una nueva forma de hacer la guerra.

Sobre el papel, el ejército invasor parecía un ratón royendo la pata de un elefante. Pero el inofensivo roedor escondía un fiero león en su cabeza. Alejandro III, rey de Macedonia, había subido al trono en 336 a. C. Siguiendo los designios que su padre, Filipo II, no había llegado a ver realizados, aseguró su control de Grecia, levantada en armas contra él, y formó enseguida un ejército de unos 40.000 hombres con el que se lanzó a la conquista de Persia, el enemigo histórico de los griegos. En los suyos había afán de venganza; en él, mucho más que eso. Era un creador antes que un destructor. Deseaba dar forma a un mundo distinto en que Oriente y Occidente se fundieran una síntesis nueva y dinámica. Pero a veces para crear antes hay que destruir, y entre Alejandro y sus ilimitados sueños de grandeza se interponía el mayor imperio que nunca hubieran levantado los hombres. Para convertirlos en realidad, primero tenía que derrotar a los persas.

La primera refriega de alguna importancia entre ambos ejércitos se produjo enseguida, y, una vez más, estalló cerca de un río. La batalla del Gránico, librada entre griegos y persas en el mes de mayo del año 334 a. C., ofrece un buen ejemplo de la relevancia, tanto estratégica

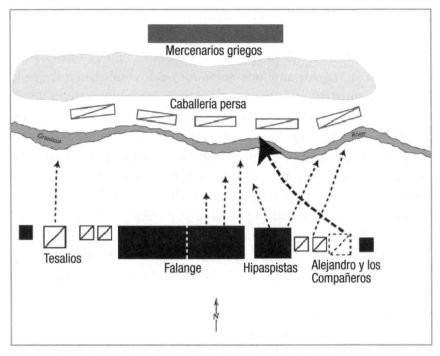

Batalla del Gránico (334 a. C.). la genialidad de Alejandro consistió
en su capacidad para ponderar todos los factores en juego, no solo los tácticos.

como táctica, que las corrientes fluviales pueden llegar a alcanzar en la
guerra. Las decisiones adoptadas por los mandos enfrentados en ella,
el propio Alejandro, que siempre entraba en combate al mando de sus
hombres, y los seis sátrapas de las provincias occidentales del Imperio
aqueménida entonces regido por Darío III Codomano, que no tenía por
costumbre hacer lo mismo, respecto al papel que el río había de jugar en
la lucha se revelaron decisivas en su resultado final.[50]

Situados frente a frente ambos ejércitos, las tropas griegas se encontraban en desventaja táctica manifiesta. Entre sus líneas y las enemigas
corrían las aguas del Gránico, un río estrecho y de escasa profundidad,

---

[50] Un buen análisis de la victoria de Alejandro en esta batalla y las posteriores que libró
contra las tropas persas, en Victor Davis Hanson, «De la falange a la legión», Geoffrey
Parker (ed.), *Historia de la guerra, op. cit.*, pp. 44-48.

pero de márgenes muy empinadas. Si Alejandro ordenaba un ataque inmediato, sus hombres se verían forzados a entablar combate en una posición muy comprometida. Mientras cruzaban la corriente, expuestos a las jabalinas enemigas, ofrecerían un blanco fácil, sin opción alguna de defenderse; cuando llegaran al otro lado, tendrían que trepar por la orilla y entrar en una lucha cuerpo a cuerpo desde abajo, lo que daría ventaja al enemigo. A Alejandro no se le escapaba en absoluto esta circunstancia. Pero, aun así, decidió hacer caso omiso a las advertencias de Parmenión, uno de sus generales más veteranos, que le aconsejó acampar y posponer el ataque hasta el amanecer, cuando podrían sorprender a los persas y cruzar el río antes de que estos pudieran reaccionar. En lugar de atender a tan prudentes consejos, el rey resolvió atacar de inmediato. Desde el punto de vista táctico, se trataba de una decisión insensata. Pero había otros factores que Alejandro supo ver con claridad.

Por una parte, confiaba en la superioridad de su ejército. Aunque los persas contaban con unos 36.000 hombres por solo 18.000 de los griegos, Alejandro disponía de su falange y, dentro de ella, de una pequeña tropa de infantería pesada de élite muy bien adiestrada, los hipaspistas, y de la poderosa caballería pesada de los llamados «compañeros», eficaz y muy leal a su persona, que gozaba de un carisma insuperable entre los suyos. Los persas, por el contrario, no habían podido reunir sino un ejército muy heterogéneo, movilizado de forma apresurada, cuyos soldados nunca habían combatido juntos. No los comandaba un jefe como Alejandro, dueño de una autoridad indiscutible, el líder que necesita cualquier hueste que aspire a ganar una batalla, sino que eran varios los sátrapas que habían aportado tropas y se disputaban el mando del ejército. Y había también entre ellas un contingente de mercenarios griegos, de lealtad quizá dudosa, que contaba con su propio general, Memnón de Rodas.

Por otra parte, Alejandro precisaba librar lo antes posible un combate decisivo y ganar en él una victoria que le permitiera liberar del yugo persa las ciudades griegas de Jonia, le asegurase los recursos que iba a necesitar para sostener su ofensiva en el interior del vasto Imperio aqueménida y, a un tiempo, debilitara la lealtad de los sátrapas provinciales hacia Darío. Si esperaba demasiado y los persas optaban por no atacarle, corría el riesgo de quedarse sin provisiones y se vería obligado a regresar a Grecia. De hecho, fue lo que estuvo a punto de suceder. Memnón de Rodas, el jefe de los mercenarios griegos, abogó por evitar un encuentro en campo abierto con Alejandro y propuso en cambio una osada estrategia de tierra quemada. Aunque se trataba de un consejo sensato, los seis sátrapas presentes rechazaron la idea cuando uno de ellos dijo que «no consentiría que el fuego destruyese una sola casa de sus súbditos». Esta decisión resultó crucial.

Las reflexiones del macedonio, que fue capaz de considerar tanto los aspectos tácticos como los estratégicos, y aun los políticos, se revelaron acertadas. Se arriesgaba mucho al atacar en un entorno tan adverso, pero se trataba de un riesgo calculado. Contra todo pronóstico, se alzó con una victoria aplastante. Pero quizá no habría sucedido así si su enemigo hubiera entendido mejor los condicionantes tácticos de la batalla y los hubiera aprovechado. Lejos de hacerlo, colocó en primera línea, en la orilla misma del río, a su caballería ligera, sin espacio para cargar, lo que le hacía perder toda su ventaja. Consciente de ello, Alejandro inició la batalla lanzando un ataque diversivo de su propia caballería ligera sobre la izquierda del enemigo. Este reaccionó de inmediato enviando allí nutridos refuerzos, lo que permitió al audaz general lanzarse al frente de los compañeros en un ataque oblicuo más cerca del centro que desbarató las líneas persas y permitió avanzar a la falange. Sus infantes alcanzaron entonces con rapidez la orilla opuesta y remataron la tarea. Mientras, la caballería macedonia, dividida en dos alas, rebasaba a los jinetes persas derrotados, caía sobre los mercenarios de Memnón, «inmovilizados de pánico ante la inesperada catástrofe», en palabras de Arriano, biógrafo de Alejandro,[51] y los conducía de bruces contra la falange macedonia, que los aniquiló por completo. El ejército del joven general apenas sufrió un par de cientos de bajas, aunque él mismo estuvo a punto de morir; los persas, más de 10.000. La victoria había sido demoledora y lo había sido gracias a la genialidad de Alejandro, que, consciente de las desventajas tácticas de su ataque, fue capaz de insertarlas en el contexto estratégico

---

[51] John Keegan, *Historia de la guerra*, Madrid, Turner, 2021, p. 353.

y político de la batalla y, tomando en consideración todos y cada uno de los factores implicados, adoptar la decisión correcta.

El Gránico fue la primera de una sucesión de victorias que pusieron al orgulloso Imperio persa a los pies de Alejandro y lo auparon al dominio de un enorme territorio que se extendía desde Grecia a la India. Pero el temprano fallecimiento del genial macedonio deshizo en poco tiempo lo que en poco tiempo se había construido. Tras su muerte, en el 323 a. C., su imperio, que carecía de instituciones sólidas y una clase dirigente que debiera su posición a su existencia, se desmoronó de inmediato. Por suerte, de sus restos nacieron varios reinos fundados por los principales generales de Alejandro, las llamadas monarquías helenísticas, las cuales, de algún modo, mantuvieron vivo su legado.

Hierro y conquista

La Grecia de los antigónidas, el Egipto ptolemaico y el vasto pero muy heterogéneo Imperio seléucida, que unía bajo su dominio los territorios de Siria, Asia Menor, Mesopotamia y el oeste de Persia, fueron durante casi tres siglos las potencias rectoras del Mediterráneo oriental. Mientras, al occidente del gran mar, donde las dimensiones de los actores en juego resultaban en apariencia mucho más humildes, se dirimía la lucha por la hegemonía regional entre dos potencias secundarias, pero animadas por un gran dinamismo económico y político: Roma y Cartago.

Después de las guerras púnicas, una larga lucha que se desarrolló en tres asaltos sucesivos repartidos a lo largo de más de una centuria, entre los siglos III y II a. C., fue Roma la que se alzó con el triunfo. Pero no se trató en absoluto de una victoria fácil. La primera de aquellas disputas, librada entre los años 264 y 241 a. C., fue una guerra de desgaste en la que los romanos sufrieron mucho para imponerse a sus enemigos. La tercera, entre los años 149 y 146 a. C., poco más que el remate de una tarea que se había dejado a medio hacer: la aniquilación total de un enemigo cuyo renacimiento había que impedir a cualquier precio por la amenaza directa que suponía para los intereses de la oligarquía romana. Fue la segunda, disputada entre los años 218 y 201 a. C., la que resultó decisiva, y en sus batallas los ríos desempeñaron a menudo un papel de gran trascendencia. Algunas de ellas, como las del Tesino o el Trebia, libradas ambas en el 218 a. C., son muy célebres, aunque no demasiado relevantes. Sucede lo contrario con la del Metauro, reñida el 22 de junio del año 207 a. C. en las cercanías de este río italiano, a la que no siempre se le reconoce la importancia que merece, pero que resultó determinante en el destino final de la guerra. Una vez más, un río se alzó en protagonista de sucesos decisivos.

Aquilatar su importancia requiere, no obstante, retroceder un poco en el tiempo. Aníbal, el comandante en jefe de los ejércitos de Cartago durante la segunda guerra púnica, había comprendido que el cimiento de la potencia romana no era otro que la fértil y poblada Italia, unida en sólida federación bajo la égida de la ciudad del Tíber. Si la lealtad de los ítalos se mantenía, Roma dispondría de reservas humanas casi ilimitadas que su pueblo jamás sería capaz de igualar. Así las cosas, a los romanos les bastaría con adoptar una paciente estrategia de desgaste para asegurarse la victoria, como había sucedido unas décadas atrás. Si, por el contrario, la lealtad itálica hacia Roma se cuarteaba, quedaría inerme ante el más pequeño ejército púnico que se presentara ante sus puertas, que podía derrotarla sin otra condición que ocupar la ciudad misma. Pero debilitar la lealtad de los ítalos exigía ejercer una presión directa sobre ellos y el Mediterráneo occidental era un lago romano. Solo había una manera de lograrlo: cruzar los Alpes y llevar un ejército a Italia.

Nadie creía que semejante hazaña fuera factible. Aquellas montañas de sinuosos senderos bordeados de letales precipicios y coronadas de nieves perpetuas eran prácticamente infranqueables. Pero Aníbal dejó sus bases en Iberia, las cruzó con sus hombres y cuando alcanzó el valle del Po, aunque había perdido casi la mitad de su ejército, apenas había tropas romanas esperándole. Los cartagineses tuvieron por ello tiempo sobrado para recobrarse, reforzar su debilitada moral, e incluso poner a su favor a las tribus galas de la región. Daba así comienzo una guerra que, durante quince largos años, había de resultar desastrosa para Roma. Pueblos enteros se sacudieron su yugo y mientras en Iberia sus legiones parecían capaces de imponerse a los ejércitos cartagineses, en Italia, donde había de decidirse la guerra, la progresión de Aníbal devino imparable. El competente general púnico desbarató uno tras otro los ejércitos enviados contra

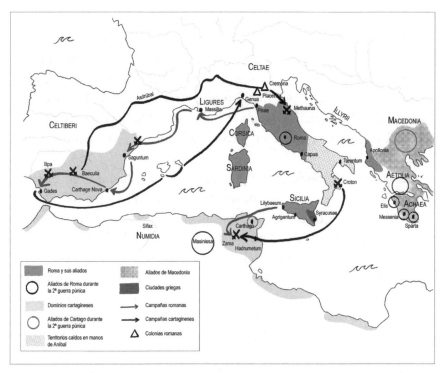

Mapa 8. Segunda Guerra Púnica. A pesar de la gran habilidad táctica de
Aníbal, la superioridad romana en hombres y recursos terminó por decantar
la victoria hacia su lado.

él, en el río Tesino y en el Trebia, en el lago Trasimeno, en Cannas… si
Asdrúbal, que había logrado resistir en Iberia la presión romana, cruzaba
los Alpes y lograba reunirse con su hermano, Roma caería sin remedio y
la guerra terminaría de inmediato con su derrota y su humillación.

Pero cuando por fin llegó, la respuesta romana fue tan inesperada
como inteligente. En lugar de esforzarse en reconquistar las tierras al sur
del Ebro, que Asdrúbal había recuperado cuando su derrota se daba ya
por segura, el flamante comandante de las legiones de Iberia, el joven
Publio Cornelio Escipión, apostó por lanzar un ataque directo contra la
capital púnica, Cartagena, y la conquistó mediante un inesperado golpe
de mano. Con ello lograron los romanos retrasar al menos dos años la
partida de Asdrúbal, pero el hermano de Aníbal poseía una tenacidad

digna de mención. Aun derrotado por Escipión en la batalla de Baecula (208), traspasó los Pirineos por Roncesvalles, invernó en la Galia, cruzó los Alpes por el paso del Cenis y se presentó en Italia dispuesto a poner sus tropas en manos del comandante cartaginés. Después de doce años, el conflicto alcanzaba por fin su momento culminante. Dos ejércitos enemigos hollaban Italia y Roma se hallaba ya al límite de su resistencia. Una nueva derrota y la guerra, y con ella la misma civilización romana, llegaría a su fin.

Pero la fortuna sonrió a los hijos de Rómulo, que lograron apresar a los mensajeros de Asdrúbal antes de que llegasen al campamento de Aníbal. Así supieron que sus tropas acampaban en la campiña del Metauro, en las actuales Marcas y, conscientes del peligro de que ambos contingentes se reunieran bajo el mando del genial cartaginés, decidieron atacar al más débil primero. Aunque los dos ejércitos consulares romanos, mandados, respectivamente, por Marco Livio Salinator y Cayo Claudio Nerón, se hallaban separados por mucha distancia, el segundo logró engañar a Aníbal, al que vigilaba en el Brucio, la actual Calabria, haciéndole creer, mediante patrullas continuas, que sus tropas no se movían, mientras marchaba junto al grueso de sus hombres a ayudar a Salinator, que se encontraba más cerca de su hermano.

Así reforzado, el ejército romano pudo arriesgarse a presentar batalla en el valle del Metauro. Asdrúbal la afrontó adoptando una formación inteligente, que situaba sus tropas más débiles, los contingentes galos, en su ala izquierda, en las alturas del monte Rosario, con el río Metauro protegiendo su flanco, para darles al menos la ventaja de combatir desde una posición más elevada, dejando a la derecha a los íberos, con mucho sus mejores soldados, y a la caballería, y en el centro a sus aliados de Liguria y Apulia, precedidos de una pequeña hilera de elefantes. Los cónsules romanos optaron, sin más, por la formación clásica de las legiones romanas anteriores a Mario, con sus tres líneas sucesivas de *hastati*, *principes* y *triarii*, y situaron la caballería en su ala izquierda para contrarrestar a la cartaginesa.

Primero se enfrentaron los jinetes, que lucharon sin decidir nada. Luego, el centro y el ala derecha de Asdrúbal avanzaron sobre el enemigo, jugándose en una sola maniobra sus mejores tropas con la esperanza de que el empuje de los elefantes y la capacidad combativa de los íberos bastasen para romper las líneas romanas. Durante un tiempo, todo pareció salir a gusto del cartaginés. Mientras Nerón, que mandaba el ala derecha, enzarzaba a sus hombres en una lucha desigual en las laderas del monte Rosario con ánimo de batir a los débiles galos, los elefantes de Asdrúbal desarticulaban por completo el centro romano y lo hacían retroceder, poniendo en graves dificultades a Salinator. La batalla habría terminado mal para los romanos de no ser porque Nerón, rectificando su error, ordenó a los suyos una maniobra inesperada.

Abandonando la lucha contra los galos, sus legionarios marcharon a la carrera por detrás de las líneas de su colega consular y se plantaron de repente frente al ala derecha cartaginesa, donde cayeron de inmediato sobre los inadvertidos contingentes íberos. Desbandados estos por la virulencia del ataque, huyeron hacia a las posiciones de los italianos, que se desbandaron a su vez, desbaratando por completo en ejército de Asdrúbal y condenándolo a la derrota. Los romanos, sin mostrar piedad alguna después de doce años de penurias, masacraron a los supervivientes, apresaron a Asdrúbal y le enviaron su cabeza a su hermano.

La guerra en Italia tocaba su fin. Aunque Magón, el otro hermano de Aníbal, después de la derrota definitiva de los cartagineses en Iberia, lograría en el verano del 205 a. C. desembarcar cerca de Genua, la actual Génova, 12.000 infantes y 200 jinetes, se hallaba demasiado lejos de Aníbal, que continuaba aislado en el Brucio, para reunirse con él, y su propia lentitud concedió a los romanos tiempo suficiente para derrotarle antes de que lo lograra. En el 203 a. C., en algún lugar de la Galia Cisalpina que aún desconocemos, los cartagineses jugaban su última carta y perdían la partida.

La derrota de Asdrúbal en la batalla de Metauro tuvo un resultado decisivo. Asegurada Iberia y reducido Aníbal a la impotencia en Italia, Escipión pasó a África y venció de nuevo a los cartagineses. Llamado a defender su patria, el que quizá fuera el mejor estratega del mundo antiguo cayó también frente al más aventajado de sus alumnos, Publio Cornelio Escipión. El desastroso resultado de la batalla de Zama (202 a. C.), que puso fin al conflicto, se había gestado años antes a las orillas del Metauro.

Roma había triunfado, pero hubo de pagar un alto precio por ello. La pequeña ciudad nacida a orillas del Tíber, en el centro de la península itálica, había empezado a sufrir una curiosa metamorfosis. Hasta ese instante, había luchado para defenderse, para proteger sus intereses, que dependían cada vez más del comercio y los negocios. Pero la victoria cegó por completo a los romanos. Cuando, derrotados los cartagineses, la clase dirigente de la República comprendió los enormes beneficios que podía extraer de la conquista de nuevos territorios en forma de botines, impuestos, esclavos, minas y tierras, se entregó sin freno alguno a una política imperialista cada vez más descarada. Roma no se detendría hasta que el Mediterráneo entero estuviera bajo su control.

Serían sobre todo las campañas conducidas contra las riquísimas monarquías herederas del Imperio de Alejandro las que desataran la codicia de los romanos, pues en ellas se jugaban riquezas nunca vistas por sus ojos. Ingentes cantidades de oro, plata y tesoros artísticos de un valor incalculable empezaron a llegar a la ciudad en forma de botines. Los tradicionales tratados de sumisión dejaron paso a la ocupación militar y la designación de gobernadores. En territorios ya organizados como estados, resultó sencillo mantener la fiscalidad vigente y desviar sus frutos hacia Roma. La clase dirigente de la República, a despecho de unos pocos varones austeros como Marco Porcio Catón, que comprendió enseguida la catástrofe que se avecinaba, dejó de lado los viejos valores y abrazó con verdadera ansia las nuevas y fáciles fuentes de riqueza. Una flamante moral imperialista, que cargaba sobre Roma la supuesta responsabilidad de llevar la antorcha de la civilización a los pueblos atrasados, nació de la nada para justificar la conquista de nuevos territorios.

Por supuesto, estos no siempre se dejaban avasallar con facilidad. Las guerras de Oriente no fueron tan sencillas como serían las libradas contra los pueblos más atrasados de Iberia, la Galia o Germania. Los ejércitos que los defendían eran fuertes, contaban con una dilatada experiencia de combate y estaban bien armados, adiestrados y dirigidos, aunque la legión romana, heredera en lo social, lo político y lo militar de la falange griega, poseía una fuerza de combate difícil de igualar. Con todo, a veces se producían sorpresas, en especial cuando los romanos combatían por persona interpuesta, valiéndose de sus aliados.

Fue el caso de la batalla del río Amnias, un enfrentamiento bélico que tuvo lugar en el año 88 a. C. entre las tropas de Nicomedes IV de Bitinia, amigo de los romanos, y las de Mitrídates VI del Ponto, mandadas por el general Arquelao, en el contexto de la primera guerra mitridática, una de las más feroces que la República hubo de librar en Oriente. Mitrídates, lejos de someterse a Roma, había iniciado una rápida expansión por Asia Menor que amenazaba los protectorados romanos de la región en un momento en el que la misma Italia se había alzado en armas contra la ciudad del Tíber. Para impedirlo, el legado Manio Aquilio persuadió a Nicomedes IV de que atacara al rey del Ponto. Pero Mitrídates no era fácil de sorprender. Mientras su enemigo avanzaba hacia la capital del reino al frente de unos 50.000 infantes y 6.000 jinetes, dividió sus fuerzas en dos cuerpos. El primero, comandado por el mismo rey, atacó las provincias romanas de la región; el segundo marchó al encuentro de Nicomedes IV bajo las órdenes del general Arquelao. Lo integraban 40.000 hombres, incluyendo algunos carros de guerra, la tradicional falange helenística y tropas de infantería ligera, además de la caballería armenia, unos 10.000 jinetes comandados por Arcatias, hijo del monarca. Las fuerzas, por tanto, estaban igualadas.

El encuentro entre los ejércitos enemigos se produjo en una amplia llanura cortada por el río Amnias. La infantería ligera, que marchaba por delante de la falange, fue enviada a ganar una posición favorable, en concreto una colina que se levantaba en un extremo de la planicie. Apreciando la oportunidad de rodearla, Nicomedes IV envió tropas allí y logró hacerse con ella. Pero entonces Arquelao le atacó por su derecha, liberando la presión que sufría y permitiéndole que se reorganizara. Su intervención resultó proverbial. Después de un tiempo, la infantería ligera, la caballería y los carros caían simultáneamente sobre los bitinios, que se desbandaron con rapidez, dejando muchos muertos y prisioneros en el campo. Fue una de las últimas derrotas de la ciudad del Tíber, aunque se tratara de una derrota vicaria. Durante las décadas siguientes, sus invencibles legiones arrasarían Oriente como un huracán irresistible, sometiendo a la autoridad del Senado y el pueblo de Roma un reino tras otro y convirtiéndolos en provincias de su imperio naciente. Una nueva era estaba dando comienzo.

SANGRE DE HERMANOS

Como se ha dicho, el Imperio creó a los emperadores, no al revés. Pero la muerte de la República no fue rápida ni pacífica. Rebeliones de esclavos, levantamientos de los aliados itálicos y hasta tres guerras civiles jalonaron su camino hacia su triste destino. Solo tras la última de ellas, el vencedor de la contienda, Octavio Augusto, reunió en su persona todos los poderes del Estado y si bien se cuidó de guardar las apariencias revistiendo de legalidad republicana su dominio, fundó *de facto* la primera dinastía imperial. Corría el año 27 a. C. cuando el Senado, aceptando el hecho consumado, le confería el curioso título de *princeps*. En realidad, aunque ningún romano que se preciara de serlo lo habría reconocido jamás, Roma, después de casi medio milenio, estaba coronando a un nuevo rey.

Pero antes, en la más carismática de las tres guerras civiles reñidas entre romanos, la que enfrentó a Cayo Julio César y Cneo Pompeyo Magno entre los años 49 y 45 a. C., los ríos volvieron a demostrar su relevancia militar. Lo hicieron en la batalla de Ilerda, librada entre las tropas de ambos generales romanos en el verano del año 49 a. C. En esta ocasión, la presencia del rio Sicoris, el actual Segre, que separaba los ejércitos de ambos contendientes, no podía pasarse por alto. El momento y la forma de cruzarlo, y, por supuesto, quién lo hiciera primero, podían resultar decisivos. Pero lo eran en el contexto de una decisión estratégica previa: la elección del teatro de operaciones en el que había de iniciarse el conflicto, el cual, como consecuencia de una acertada decisión del propio César, no fue el que cabía esperar.

La guerra civil había dado comienzo meses atrás. El Senado, temeroso del poder y las intenciones del entonces procónsul de la Galia Cisalpina, confirió plenos poderes a su rival, Cneo Pompeyo, para detenerlo. En diciembre del año 50 a. C., uno de los cónsules salientes, Cayo Marcelo, viajó hasta su villa de las colinas Albanas y puso en sus manos una espada mientras le decía, con gesto solemne: «Te encargamos marchar contra César y rescatar a la República». El aludido, por supuesto, no se amilanó. El 11 de enero del año 49, cruzaba las aguas del Rubicón al frente de su XIII legión. Se trataba de un acto ilegal, pues ningún general podía entrar en Italia con sus tropas. Al ponerlo en práctica, César aceptaba el guante que le había arrojado el Senado.

Pompeyo abandonó entonces Roma, seguido de casi todos los senadores, en dirección a Grecia, donde esperaba reclutar un enorme ejército. Pero el procónsul, tras asegurarse el control de Italia, no lo persiguió hasta allí, sino que prefirió consolidar su posición. Se aseguró la lealtad de los pocos senadores que no habían huido; confiscó el tesoro público para financiar la guerra, y se dispuso a asegurar su retaguardia aniquilando las legiones veteranas acantonadas en Hispania, donde Pompeyo tenía el grueso de sus clientes y sus mejores tropas. En Grecia había un general sin ejército; en Hispania, un ejército sin general, como el mismo César señaló con agudeza, y un ejército sin general es como un cuerpo sin cabeza. Esta decisión, de índole estratégica, determinó el lugar donde se libraría la primera batalla relevante del conflicto, pues Ilerda, junto al río Sicoris, disfrutaba una posición óptima para bloquear el paso de las tropas cesarianas hacia el interior de la Península.[52]

Como avanzadilla en Hispania, el procónsul envió a su legado Fabio con tres legiones mientras él mismo dirigía el asedio de Masilia, la actual ciudad francesa de Marsella, leal a Pompeyo, que se interponía en su camino. Fabio se movió con rapidez. Expulsó a los pompeyanos de los pasos pirenaicos; envió mensajeros para ganar el apoyo de las tribus de la región; realizó incursiones en busca de alimentos, enfrentándose a la caballería enemiga, y consiguió alcanzar Ilerda, en cuyas inmediaciones habían acampado los pompeyanos. Allí levantó también su campamento y mandó construir dos puentes de madera sobre el río, el *pons propior* y el *pons ulterior*. Los pompeyanos, que controlaban la ciudad, disponían de un puente de piedra próximo a ella.

El 22 de junio, César llegaba con 900 jinetes a las cercanías de Ilerda. Antes de que pudiera caer sobre el enemigo, el río, que se alimentaba del deshielo pirenaico, sufrió una gran crecida que destruyó los puentes de madera tendidos por sus ingenieros, mientras el que controlaban los pompeyanos, por ser de piedra, permanecía en pie. César ordenó a los suyos trabajar de noche y al menos un puente pudo

[52] Un buen análisis de la batalla, en Miguel Ángel Novillo, *Julio César en Hispania*, La Esfera de los libros, Madrid, pp. 105-110.

ser reconstruido con la rapidez suficiente para que los legionarios lo cruzaran, aunque tuvo la precaución de dejarlo bien guarnecido. Al otro lado encontró una llanura idónea para una batalla campal y levantó un campamento a poca distancia del enemigo, que se hallaba en una colina cercana a la ciudad de Ilerda. El río parecía haber perdido todo el protagonismo, pues ya no confería ventaja a ninguno de los contendientes, pero no fue así.

Después de un primer enfrentamiento que no resolvió nada, el Segre volvió a desbordarse y el puente que César había ordenado construir quedó destruido una vez más. Con ello, al procónsul se le hacía difícil recibir desde el norte los suministros de grano que necesitaba para alimentar a sus tropas, seis legiones completas y un buen número de auxiliares. En pocos días su situación podía llegar a ser desesperada. Las aguas seguían bajando muy crecidas, lo que impedía reconstruir el puente, y Afranio y Petreyo, los legados que mandaban las tropas pompeyanas, que habían tenido tiempo sobrado antes de su llegada de reunir grano en abundancia, podían sentarse a esperar y ganar la batalla por hambre sin perder más hombres. Tan convencidos estaban de hacerlo que incluso enviaron cartas a Roma anunciando su victoria.

Pero César no se arredró. Construyó embarcaciones muy ligeras hechas de pieles montadas sobre una estructura de madera. Luego las transportó de noche en carromatos y sus hombres cruzaron el río sin ser vistos y fortificaron rápidamente la otra orilla. El problema de los suministros estaba resuelto, por lo que el resultado de la batalla se convertía ahora en una mera cuestión táctica. Y ahí César tenía todas las de ganar. No porque contara con mayor número de hombres, pues disponía de unos 36.000 legionarios, 6.000 jinetes y 14.000 auxiliares frente a los 30.000 legionarios, 5.000 jinetes y 20.000 auxiliares de los pompeyanos, sino porque su calidad era mayor y, sobre todo, porque él se encontraba allí, al frente de sus tropas, mientras Pompeyo se hallaba lejos, en Grecia, y debía confiar en sus legados. No por ello la victoria fue rápida y sencilla. Después de numerosas escaramuzas y enfrentamientos que exigieron de ambos contendientes cruzar una y otra vez el río, César logró al fin derrotar a Afranio, ahora sin víveres, el 2 de agosto. Fue su primer triunfo en una guerra que se prolongaría todavía cuatro años más, hasta que, muerto ya el propio Pompeyo, sus últimos partidarios cayeran derrotados en la batalla de Munda, de nuevo en tierras de Hispania, en marzo del año 45 a. C.

No sería la última vez que los ríos teñirían sus aguas con la sangre de romanos enfrentados en una guerra civil. La decadencia del Imperio, al igual que su advenimiento, fue un proceso largo y convulso. Y algunas de sus batallas más sangrientas no las libró Roma contra los bárbaros que amenazaban sus fronteras; fueron sus propios hijos quienes lucharon entre sí. Dos de ellas, quizá las más célebres, tuvieron lugar junto a un río: la del Puente Milvio, el 28 de octubre del 312, y la del Frígido, entre el 5 y el 6 de septiembre del 394.

El Imperio parecía haber dejado atrás su peor momento gracias las reformas de Diocleciano, a caballo entre los siglos III y IV, que dividió el Imperio en dos partes, Oriente y Occidente, colocando al frente de cada una de ellas a un augusto auxiliado por un césar, el cual, pasados veinte años, debía sucederle en el trono. Pero para que un sistema como aquel, que fue conocido como tetrarquía, literalmente «el gobierno de cuatro», funcionara bien mucho tiempo resultaba imprescindible que los gobernantes se profesaran una fuerte lealtad, virtud poco habitual entre los líderes políticos de todos los tiempos. Así, cuando en el año 306 falleció Constancio, augusto de Occidente, y su hijo Constantino fue proclamado sucesor por sus tropas en lugar del césar Maximino Daya, el heredero legítimo del trono, Majencio, hijo de Maximiano, quien había sido augusto junto al propio Diocleciano y estaba retirado desde el año anterior, se proclamó sucesor con apoyo de su padre. La guerra por el control de Occidente estaba servida.

La lucha dio comienzo con la invasión de Italia por un ejército al mando de Constantino que derrotó a los partidarios de Majencio en sucesivas batallas libradas a lo largo del año 312. En pocos meses, su camino hacia Roma quedó expedito. En ella se había refugiado su enemigo y junto a ella había de librarse la batalla decisiva. Según la tradición, mientras marchaba hacia la capital, el emperador levantó la vista y vio sobre el sol una cruz bajo la que estaba escrito en griego ἐν τούτῳ νίκα (con este vencerás). Animado por el presagio, Constantino hizo grabar el símbolo de los seguidores de Cristo en sus estandartes y se lanzó a la

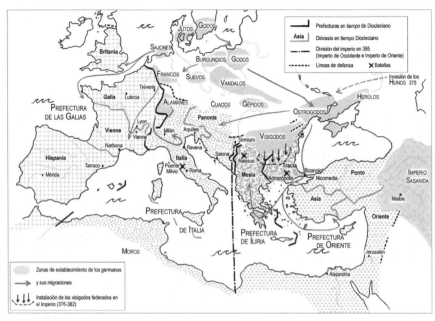

Mapa 9. El mundo romano a comienzos del siglo IV de nuestra era. La división del Imperio revelaba hasta qué punto Oriente y Occidente se recuperaron de distinto modo de la crisis de la centuria anterior.

batalla contra Majencio, que le esperaba con sus tropas formadas en tres líneas delante del Tíber.

Quizá el Dios cristiano había confundido al hijo de Maximiano, que, convencido por su lectura de los libros sibilinos de que «aquel día moriría el enemigo de los romanos», había dispuesto su ejército tan cerca del río que los soldados de la última línea casi podían sentir la caricia del agua en sus talones. El error era tan palmario que cuando Constantino, que había llegado a Roma por la vía Flaminia, observó la disposición del enemigo, ordenó de inmediato cargar a su caballería, que enseguida desbarató la de Majencio. A continuación, mandó avanzar a sus legionarios, que empujaron a sus rivales hacia el Tíber, donde muchos se ahogaron o fueron rematados sin piedad. Viéndose derrotado, Majencio trató de huir hacia el interior de la ciudad, bien protegida por las murallas aurelianas, a través de un ancho puente de barcas que había construido, el único operativo en ese momento, pues él mismo había mandado bloquear todos los demás.

Pero la desbandada de sus tropas sobrecargó la estructura y provocó que se colapsara, dando en el agua con hombres y caballos, entre ellos el propio Majencio, que murió ahogado en el Tíber. No sabemos qué dios ayudó a Constantino realmente, pero los senadores, que simpatizaban muy poco con el cristianismo, evitaron tomar partido por ninguno de ellos en la inscripción que mandaron grabar en el arco que dedicaron al triunfador:

> Al emperador César Flavio Constantino, el más grande, pío y bendito Augusto. Porque él, inspirado por la divinidad y por la grandeza de su mente, ha liberado al estado del tirano y de todos sus seguidores al mismo tiempo, con su ejército y solo por la fuerza de las armas. El Senado y el Pueblo de Roma le han dedicado este arco, decorado con triunfos.

Una vez más, un río se había teñido de sangre tras probar su relevancia táctica en el transcurso de una batalla. Volvería a hacerlo poco más de ochenta años más tarde, en el 394, en la lucha que enfrentó a otros dos aspirantes a la púrpura imperial. Tan solo dos años antes, no parecía fácil que la historia se repitiera. Gobernaban entonces el Imperio dos emperadores bien avenidos. En Milán, la capital de Occidente, reinaba Valentiniano II; en Constantinopla, la de Oriente, Teodosio I. Pero el 15 de mayo de 392 Valentiniano era encontrado muerto en extrañas circunstancias en su residencia de Vienne, en las Galias. Al principio, Teodosio creyó a Arbogastes, *magister militum* de Occidente, jefe de los ejércitos de Valentiniano y hombre fuerte de su gobierno, que le aseguró que su señor se había suicidado. Pero en el transcurso del verano, las sospechas del emperador de Oriente fueron agudizándose y empezó a rehusar toda comunicación con Arbogastes, por lo que este, temiéndose un ataque a traición de Teodosio, decidió ganarle la mano. Nombró emperador de Occidente a Eugenio, un intelectual de gran prestigio que gozaba de las simpatías del sector pagano del Senado, que aún disfrutaba de gran influencia entre sus filas, y cortó sus lazos con Constantinopla. Fue un terrible error. Desde el poder, Eugenio impulsó medidas en favor del paganismo que disgustaron a Teodosio, cristiano ferviente, y le decidieron a intervenir. En enero de 393 proclamó a su hijo Honorio augusto de Occidente y declaró la guerra a Eugenio.

Sin embargo, la guerra tendría que esperar. La terrible derrota sufrida por Valente ante los godos en la batalla de Adrianópolis en el 378 había diezmado de tal modo el ejército oriental que este aún no se había repuesto del todo. Cuando por fin Teodosio se encontró preparado habían pasado casi dos años, pero sin duda la resolución con la que se condujo compensó el retraso. Marchó hacia Italia; penetró en ella sin oposición cruzando los pasos alpinos, pues Arbogastes había decidido desguarnecerlos para mantener unida toda su fuerza, y a comienzos de septiembre del 394, alcanzaba la ciudad de Aquileia, junto al río Frígido, el actual Vipava, en la frontera entre Italia y Eslovaquia. Teodosio tenía prisa. Había tenido que esperar demasiado tiempo y deseaba un triunfo rápido y decisivo. De modo que, sin reconocer apenas el terreno, planteó batalla a Arbogastes, que había acampado muy cerca.

Al atardecer del día 5, los dos ejércitos se hallaban frente a frente, tan solo separados por las cicateras aguas del río. Teodosio había sumado al ejército romano de Oriente unos 20.000 federados, la mayoría godos, pero también alanos, hunos, árabes e incluso íberos del Cáucaso, hasta sobrepasar la cifra de 100.000 hombres en armas. Arbogastes no contaba quizá con menos, aunque las cifras exactas se desconocen, pero se trataba de tropas inexpertas y en su mayor parte federadas, por lo que, con buen tino, había optado por emplazarlas en sólidas posiciones de fácil defensa al otro lado del río, forzando a Teodosio a cruzarlo para atacarlas.

Como Alejandro en la batalla del Gránico, el emperador de Oriente debería haber rehusado el combate en esas condiciones, pues la ventaja táctica caía por completo del lado de su adversario, bien apostado al otro lado de una espesa línea de taludes, empalizadas y torres. Pero tampoco él obró de ese modo. Su vanguardia, mandada por el godo Gainas y el príncipe íbero Bacurio y formada por sus 20.000 federados reforzados por varios miles de arqueros e infantes ligeros, se precipitó hacia el río, lo superó y se lanzó al asalto de las líneas enemigas. El desastre fue total. La sangre de Oriente tiñó de rojo intenso las aguas del Frígido mientras sus desventurados soldados se estrellaban una y otra vez contra las impenetrables defensas de Arbogastes. 10.000 cadáveres bajaron flotando por el río en una suerte de triste y silenciosa procesión de cuerpos sin alma sin que una sola brecha se hubiera abierto en las prietas líneas de Occidente.

Pero entonces Arbogastes se confió. Dando por ganada la batalla, animó a los suyos a celebrarla. Al otro lado del Frígido, la noche transcurrió entre vítores y libaciones mientras Eugenio condecoraba a los hombres más destacados de la jornada. A este lado, donde poco o nada había que celebrar, Teodosio reflexionaba. Sus consejeros le habían rogado que diera por concluida la refriega, retirándose al amparo de las sombras y salvando así lo que quedaba de su ejército. Pero, como hiciera Alejandro ante las recomendaciones de Parmenión, el emperador se negó. En lugar de ampararse en la noche para huir, lo hizo para atacar. Antes de que rompiera el día, lanzó a sus mejores tropas romanas contra las posiciones enemigas, tomándolas por sorpresa. No fue suficiente para derrotarlas de inmediato. Aunque con cierta torpeza, los soldados de Arbogastes reaccionaron y plantaron cara a los de Teodosio. Solo después de una lucha encarnizada en la que el triunfo pareció a punto de decantarse hacia uno u otro lado en más de una ocasión, lograron las legiones de Oriente romper las líneas enemigas.

Imparables, alcanzaron la tienda de Eugenio, lo apresaron y lo llevaron ante Teodosio, quien, tras acusarlo de alta traición, ordenó decapitarlo de inmediato y colocar su cabeza en el extremo de una lanza para que sus soldados pudieran verlo. Cuando lo hicieron, la moral de las tropas occidentales se desmoronó y muchas de ellas se dispersaron, llevando a su bando a la derrota. Arbogastes, como la mayoría de sus hombres, trató de huir, pero, viéndose acorralado, se suicidó. Una vez más, las aguas de un río habían desempeñado un papel crucial en la historia de los hombres.

Por desgracia, el triunfo de Teodosio ayudó muy poco a fortalecer a Roma. Él había vencido, pero el precio de su victoria se pagó en sangre romana. Después de la batalla, los ejércitos del Imperio eran más débiles que antes, y la presión de los bárbaros sobre sus fronteras no se había relajado. Para enfrentarla, sus emperadores tuvieron que recurrir cada vez más a la ayuda de los mismos bárbaros, en una paradoja que no podía resolverse de modo distinto a como lo hizo. Roma terminó por ser tan solo una idea. Su territorio se repartió entre los reyes que hasta hacía poco la habían servido y que durante cierto tiempo proclamaron seguir gobernando en su nombre. Quizá lo hicieron *de iure*, pero *de facto* hacía mucho que la única fuerza que sostenía su autoridad era la de su propia espada. Cuando el Imperio de Occidente cayó al fin en el 476 de nuestra era, 1229 años *ab urbe condita*, esto es, después de la fundación de Roma, no era ya nada más que una carcasa vacía.

LOS GRITOS DE LOS DRAGONES

No por ello los ríos dejaron de vestirse de escarlata con la sangre de los muertos. La edad que daba comienzo fue una era de oscuridad, un largo período en el que la violencia y la guerra no dejaron nunca de estar presentes en la vida de unos europeos cada vez más pobres y menos seguros de conservar su existencia. «El chorreo torrencial del fuego y la sangre, las incursiones de los bandidos, la invasión asesina, el clamor de los demonios, los gritos de los dragones…» fueron las espeluznantes palabras que escogió Sebeos, un obispo armenio de la segunda mitad del siglo VII, para describir los horrores de su época.[53] No exageraba. La paz fue un fenómeno poco frecuente en la Europa de la Alta Edad Media. Grandes imperios cayeron de un solo golpe; decenas de pequeños y frágiles reinos y señoríos ocuparon su lugar, y, de súbito, una marea arrolladora de fanatismo religioso lo anegó todo, reuniendo el mundo entero desde China a Gibraltar, bajo un solo poder para disolverse a su vez al poco tiempo en la resaca de incontables y efímeros principados. En el crisol de la guerra se estaba fundiendo un orden nuevo. Pero sus gritos de parto fueron ensordecedores.

Los primeros siglos del Medievo son una etapa de transición. En los campos de batalla pueden verse todavía ordenados ejércitos imperiales como los bizantinos o los sasánidas, pero se ven también cada vez más caóticas hordas de guerreros que luchan movidos por el instinto antes que por la disciplina, como es el caso de los germanos o los eslavos. Al combate se lanzan jinetes acorazados que manejan terribles armas ofensivas, como el catafracto bizantino del siglo VI, pero también infantes desprotegidos que cuentan tan solo con un humilde venablo o un arco rudimentario.

En este contexto paradójico, y a pesar del particular aroma decadente de la época, los progresos del arte de la guerra son indiscutibles. El estribo

---

[53] José Soto Chica, *Imperios y bárbaros. La guerra en la Edad Oscura*, Desperta Ferro, Madrid, 2019, p. XV.

de las cabalgaduras, desconocido por los romanos; el arco compuesto, mucho más eficaz que el habitual arco simple de la Antigüedad, o el llamado «fuego griego», capaz de arder en el agua, suponen avances evidentes en la funesta tecnología de la muerte. No menos relevantes son los progresos tácticos, que se ponen de manifiesto tanto en la introducción de unidades de combate distintas de las tradicionales falanges griegas y legiones romanas, como el diseño de formaciones capaces de explotar con mayor eficacia las nuevas armas, como es el caso del mortífero *jamis* califal o los *tagmata* bizantinos. Incluso la reflexión sobre el arte de la guerra experimenta avances, que se ponen de manifiesto en tratados como el célebre *Epitoma rei militaris*, de Flavio Vegecio Renato, escrito en la primera mitad del siglo v, o el *Strategikon*, atribuido al emperador bizantino Mauricio I, que reinó a comienzos del siglo vii.[54] En este contexto cambiante, quizá la batalla que mejor simbolizó el final del mundo antiguo y el amanecer del nuevo fue la que enfrentó en las orillas del río Yarmuk, entre los días 16 y 20 de agosto del 636, al Imperio romano de Oriente y al califato ortodoxo musulmán.

Tras la conquista de la península arábiga, la expansión territorial del islam no podía detenerse. No podía hacerlo porque así lo dictaba el Corán, su libro sagrado. Pero, además, no habría sido razonable que lo hubiera hecho, siendo como era evidente y profunda la debilidad de los estados vecinos. La dilatada guerra entre Constantinopla y el Imperio persa sasánida había acabado por fin. En 630, el emperador Heraclio entraba en Jerusalén portando la Vera Cruz, aclamado como el restaurador del Imperio romano y el fundador de una nueva y más feliz humanidad. Pero ambos contendientes habían quedado exhaustos. No podían defenderse, pero tampoco comprar la paz, pues sus arcas estaban vacías. Por otra parte, tampoco pensaron en prepararse para lo que se les venía encima, pues los primeros asaltos árabes contra sus fronteras se sellaron con fracasos. En 629 un ejército mahometano fue aplastado por las legiones del Imperio de Oriente en la actual Jordania, y lo mismo hizo Persia con las

---

[54] José Soto Chica, *Imperios…, op. cit.*, pp. XVI-XVIII. Véase también, para un estudio de más amplio espectro, Philippe Contamine, *La guerra en la Edad Media*, Labor, Barcelona, 1984, en especial las páginas 3 a 38.

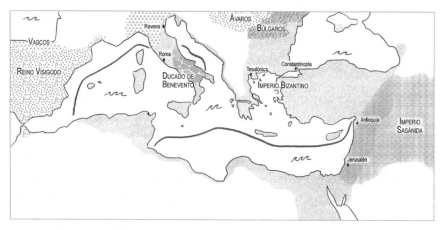

Mapa 10. El Imperio bizantino en el 626. Agotados por su reciente
enfrentamiento, bizantinos y persas sasánidas fueron incapaces de detener
el avance musulmán.

incursiones árabes en sus fronteras de Mesopotamia. Pero la confianza
excesiva siempre ha sido un mal aliado en la guerra.

Cuando Heraclio consideró asegurada la frontera siria, retiró muchas
de sus legiones de la zona y se centró en otros asuntos. Entonces, algunas ciudades fronterizas, hartas de los continuos merodeos de los árabes
y sintiéndose desamparadas por Constantinopla, pidieron protección a
Mahoma y se pasaron a su bando. Por los huecos resultantes penetraron
los ejércitos árabes e infligieron sus primeras derrotas a los romanos. En
Dathin, en febrero de 634, aniquilaron el ejército del *dux* de Palestina.
Poco después, un contingente imperial de 12.000 hombres al mando
de Teodoro, hermano del emperador, era aplastado en Ajnadain por los
árabes comandados por el competente general Jâlid ibn al-Walîd, «la
espada de Dios», que se hizo con el control de toda la provincia. Al año
siguiente, tomaron Damasco, aislaron Jerusalén y bloquearon los importantes puertos de Cesarea Marítima y Gaza.

Mientras, los persas lograban defenderse del huracán árabe, que se
había desencadenado también sobre sus fronteras, e incluso fueron capaces de aplastar uno de sus ejércitos invasores a finales de 634. Pero se
trataba de una ilusión. El fervor y la constancia de los creyentes les llevó
al fin a abrir brecha en las líneas de defensa sasánidas y, al igual que había

sucedido en Palestina, penetraron por ella como un torrente imparable. Persia reaccionó organizando un gran ejército y lo envío a detener al intruso, buscando derrotarlo en una batalla definitiva que aniquilara todas sus tropas y limpiara de enemigos la frontera. La batalla se produjo al fin en Qadisiya, al suroeste de las ciudades iraquíes actuales de Hillah y Kūfa, el 6 de enero de 636, pero su resultado no fue en absoluto el que habían previsto los persas. El triunfo de las tropas árabes, comandadas por el hábil general Sàd ibn Abi Waqqas, fue aplastante y el Imperio sasánida se desmoronó al poco tiempo como un castillo de naipes. Había llegado la hora de Heraclio.

El emperador lo sabía. De hecho, había estado preparándose para ello. Instaló su cuartel general en Antioquía y reunió en torno suyo un gran ejército, entre 40.000 y 50.000 hombres si hacemos caso a las fuentes coetáneas más creíbles. Su objetivo era la reconquista total de Siria y Palestina y la consolidación de las fronteras orientales del Imperio. Para ello liberaría Damasco, levantaría el bloqueo de Jerusalén y los puertos palestinos y restablecería la comunicación por tierra con la provincia de Egipto, restaurando la continuidad territorial de sus dominios.

Pero el gran ejército, como el que se enfrentó a Alejandro en el Gránico, tenía un defecto: carecía de un mando único. Al igual que Darío III un milenio atrás, Heraclio se abstuvo de comandar él mismo sus tropas; una decisión lógica, viejo y enfermo como estaba, pero que le costaría la derrota, máxime cuando, desconfiando de todos, no designó tampoco un solo comandante, sino seis, aunque uno de ellos, Vahan, un veterano de las guerras persas, ostentaba sobre el papel el mando supremo. Se trataba, aun así, de una cifra disparatada que no podía redundar sino en dificultades en la coordinación del ejército y, por ende, en una reducción notable de su potencial de combate sobre el campo de batalla.

Los árabes, por su parte, contaban con un ejército algo más pequeño, entre 25.000 y 30.000 hombres, y poco cohesionado, pues muchos de ellos eran conversos recientes procedentes del norte de Arabia o miembros de clanes sublevados a la muerte de Mahoma. Tampoco su mando era único, pues el califa Omar ya no se fiaba demasiado a esas alturas de su general más competente, Jâlid ibn al-Walîd, por lo que había puesto al frente del ejército a un militar menos capaz pero más fiel, Abû 'Ubayda, y le había obligado a compartirlo con al menos media docena más de comandantes, algunos de ellos miembros de conspicuas familias árabes que se habían destacado por su oposición frontal al profeta. Las diferencias de partida entre ambos bandos no eran, pues, demasiado relevantes. La victoria sería fruto de la habilidad de los mandos. El mejor general se haría con ella.

Al principio, las cosas pintaban bien para los romanos. En abril, su gran ejército bajó por el valle del Orontes derrotando a cuantas tropas árabes se encontraba en su camino. A comienzos de junio, entraba en Damasco, que había sido evacuado por el enemigo. Pero el número de soldados era tan grande que hubieron de abandonar la ciudad para evitar disturbios y enfilar hacia los altos del Golán, una comarca rica en recursos naturales que podía satisfacer sus necesidades. Allí, en lugar de aplastar a los restos de las tropas árabes que merodeaban todavía por la zona, Vahan optó por acampar. Fue un grave error. Al obrar de ese modo, permitió al enemigo reorganizarse y contar con tiempo sobrado para definir una estrategia coherente e incluso hacer promesas a los habitantes de la zona para obtener su apoyo. No sería el último. Lejos de atacar de inmediato para evitar que su enemigo continuara reforzándose, como habría sido de esperar, los romanos respondieron asegurando el control efectivo del territorio mediante un despliegue amplio. Dividieron su ejército en tres grandes cuerpos que acamparon por separado en un frente de 23 km y trataron de controlar los continuos movimientos de los árabes, una tarea difícil en un terreno tan abrupto como el de la región. Por si fuera poco, Vahan permitió que su enemigo se hiciera con el control de la posición más elevada de aquella, las colinas de al-Yâbiya, ganando con ello una ventaja táctica muy valiosa de cara a la futura batalla. Las cosas empeoraban día a día para los romanos, que seguían sufriendo ataques continuos mientras los árabes se reforzaban, pero no parecían muy ansiosos por responder, ofreciendo por fin la batalla que en teoría habían ido a buscar. Su jefe estaba convencido de que aguantar era su mejor baza y de que los árabes terminarían por cansarse y se marcharían.

Nada más lejos de la realidad. Jâlid ibn al-Walîd, que había terminado por hacerse con el mando del ejército árabe, deseaba la batalla. Sabía que al formar los romanos en un frente tan largo en un terreno tan abrupto, eran sus tropas las que contaban con ventaja, pues su movilidad era mucho mayor, lo que les permitía concentrarse, ganar la superioridad local y atacar en un solo punto antes de que el enemigo respondiera llevando allí sus fuerzas. Por su parte, Vahan había errado al no atacar de inmediato, pero acertaba ahora al apostar por una táctica defensiva. Había perdido su oportunidad de caer sobre los árabes cuando eran más débiles y las posiciones más elevadas del terreno le pertenecían aún. Ahora ya no tenía ni una cosa ni la otra y la extrema longitud de sus líneas lo hacía vulnerable. Pero al fin perdió los nervios, cedió a la presión de los otros jefes y atacó en todo el frente. Era el 16 de agosto de 636.

La batalla empezó bien para los romanos. Los árabes retrocedieron en el norte, donde su ala derecha fue atacada por la infantería de Teodoro Triturios, *magister militum* del ejército de Oriente, y en el centro, donde sufrieron una carga de la formidable caballería pesada del mismo Vahan, que estuvo cerca de romper sus líneas. Quizá lo habría hecho si el ala derecha romana, formada por el ejército de Armenia, que comandaba su *magister militum* Jorge, hubiese culminado el ataque lanzándose sobre el ala izquierda árabe. Pero, sin razón aparente, no lo hizo. Los árabes resistieron y la jornada acabó sin resultados decisivos.

Al día siguiente, Vahan trató de repetir la jugada, pero esta vez Jâlid reaccionó con habilidad. Valiéndose de la superior movilidad de sus tropas, llevó unidades de refuerzo allí donde se necesitaban y, una vez más, resistió el embate de las fuerzas romanas. Vahan, sin embargo, no cejó en su empeño. Sabía que, más pronto o más tarde, la superioridad numérica, la disciplina y la calidad de sus tropas se impondrían, así que siguió machacando el centro árabe con continuas cargas de caballería y arqueros montados, mientras se limitaba a mantener ocupadas las alas enemigas, impidiendo que acudieran a reforzar a sus compañeros en apuros. Pero el día 19, Vahan cambió de táctica. En lugar de cargar con mayor fuerza sobre el centro, lo hizo sobre el ala derecha, sobre la cual se lanzaron los hombres de Triturios con ánimo de desbordarla y envolver luego al ejército enemigo. Al principio, los árabes resistieron con firmeza combinando lanceros que resistían, relevándose, el fogoso avance de los infantes romanos y arqueros que los hostigaban desde lejos sin cesar. Pero, poco a poco, empezaron a verse desbordados. La victoria parecía por fin al alcance de Vahan.

Sin embargo, se trataba de un truco, una maniobra diversiva concebida por el hábil comandante musulmán para distraer la atención de los romanos mientras preparaba su ataque. En la confusión del combate, Jâlid había ocultado contingentes de infantes, arqueros y jinetes en el cauce de los ríos secos de la zona y entre los arbustos y matorrales, y ahora esas tropas abandonaron su escondite y se lanzaron en tromba sobre la izquierda y la retaguardia del ala izquierda romana, mientras los soldados que tenían enfrente redoblaban su esfuerzo animados por el inesperado ataque de los suyos.

Fue entonces cuando el río Yarmuk alcanzó todo su protagonismo en la batalla. Presas del pánico, los soldados de Triturios trataron de huir, cruzando el puente que los separaba de su campamento, pero Jâlid lo había previsto y se había hecho con su control. Los infantes romanos se encontraron así perdidos, con las aguas del Yarmuk y dos de los cauces secos de los *wadis* de la zona cortándoles el paso en una dirección y los soldados árabes impidiéndoles escapar por la otra. La masacre fue total. El mismo Triturios pereció junto a miles de sus hombres. Y después de aniquilar el ala izquierda romana, toda el ala derecha árabe cayó sobre el centro y lo aplastó, provocando una desbandada. Solo el ala derecha, la que mandaba Jorge, jefe del ejército de Armenia, había logrado la victoria en su sector. Pero su jefe entendió que se hallaba en una clara situación de inferioridad y ordenó la retirada hacia su campamento.

Era demasiado tarde. Su base estaba ya en manos de los árabes, que los habían rodeado por completo, excepto el cauce del Yarmuk, que no podían superar. Al día siguiente, cuando amaneció, ni siquiera tuvieron opción de rendirse. Fueron masacrados sin piedad. La derrota había sido absoluta. Siria y Palestina se habían perdido para el Imperio. Pronto le seguiría Egipto. Luego, los árabes se lanzarían a una larga guerra por el control del Mediterráneo y del Occidente europeo que solo concluiría casi un siglo más tarde cuando León el Isáurico, fundador de una nueva dinastía de emperadores bizantinos, frenara a sus barcos a las puertas de Constantinopla, mientras un desconocido caudillo de los francos, Carlos Martel, hacía lo propio con sus jinetes en las cercanías de Poitiers.

El desquite de Occidente

Poco después, a mediados del siglo VIII, el Imperio de los califas omeyas se desmembraría, dando paso a un Mediterráneo multipolar con tres actores principales, los imperios bizantino y abasí, al este, y carolingio, al oeste, y un sinnúmero de pequeños convidados de piedra repartidos por doquier llamados a servirles de meras comparsas. Aun le restaban a Occidente dos siglos enteros para empezar a salir de la Edad Oscura, adentrándose por los caminos de la Plena Edad Media que prepararían, después de una fatal recaída en las últimas centurias del Medievo, su renacer durante la Edad Moderna. Pero aunque el tiempo siguió transcurriendo con el ritmo cansino característico de los siglos anteriores a la revolución industrial, los ríos parecían resistirse a abandonar el protagonismo que con tanta frecuencia las batallas antiguas les habían concedido. De tanto en tanto, alguna corriente fluvial, más o menos humilde, reclamaba con éxito ese papel y escribía con sangre su nombre en los violentos anales de la guerra.

Fue el caso del río Salado. No es más que una diminuta corriente fluvial que discurre durante unos pocos kilómetros por la actual provincia española de Cádiz antes de ir a rendir sus aguas al océano Atlántico. Pero en su valle se riñó una de las batallas decisivas, quizá la última, de la prolongada guerra de reconquista librada por los reinos cristianos de la península ibérica contra sus enemigos musulmanes. No muy lejos de allí, en la laguna de la Janda, en el año 711, las tropas de Tariq ibn Ziyad habían aniquilado el ejército de Rodrigo I, el último monarca visigodo de Spania, dando así inicio a la invasión que en poco tiempo convirtió su reino en una nueva provincia del Imperio de los omeyas. La historia parecía, pues, complacerse en regalar a los cristianos peninsulares una poética opción de revancha cerca del mismo lugar donde sus ancestros habían sido humillados.

Amanecía el día 30 de octubre de 1340. Alfonso XI de Castilla, al frente de un gran ejército integrado por sus propias tropas y las de su suegro, el rey portugués Alfonso IV, reforzadas por las milicias concejiles de Écija, Carmona, Sevilla, Jerez y algunas otras de menor importancia, sin duda había evocado aquel lejano suceso, siendo como era un voraz lector de tratados sobre el arte de la guerra. Quizá recordaba también el joven monarca cómo, tras la concluyente victoria de su antepasado

Alfonso VIII en las Navas de Tolosa en 1212, los almohades, que habían invadido la Península tras forjar de la nada un imperio norteafricano, hubieron de regresar a sus tierras, dejando de nuevo tras ellos una sarta de débiles taifas que fueron cayendo en manos de los monarcas cristianos en las décadas posteriores. Solo el reino de Granada, mayor en extensión y dueño de una economía mucho más pujante gracias a su control del estrecho, había preservado su independencia, aunque antes por interés de los reyes de Castilla que por méritos propios, pues la riqueza de su industria y su comercio le permitía afrontar el pago de un cuantioso tributo que los castellanos no deseaban perder.

La cuestión del dominio del estrecho, sin embargo, había quedado sin resolver. Si los castellanos no lograban arrebatárselo a los granadinos, su frontera meridional estaría siempre en riesgo, pues el desembarco de tropas magrebíes continuaría siendo sencillo y rápido. En prueba de ello, desde 1263 habían comenzado a llegar a Granada refuerzos enviados por la nueva potencia dominante en el norte de África, los benimerines, cuyas repetidas razias provocaron gran daño en el valle del Guadalquivir en los años posteriores.

La situación pareció mejorar algo durante las primeras décadas del siglo XIV como consecuencia de los problemas internos de los invasores. Pero en 1331, con la subida al trono de Fez del sultán Abu al-Hasan, los benimerines volvieron a fijar sus ojos en la península ibérica. Dos años después caía Gibraltar sin que Alfonso XI, ya por entonces monarca de Castilla, envuelto en problemas con navarros y portugueses, pudiera hacer nada por evitarlo. La amenaza de los benimerines era tan grande, que incluso se temió que desembarcaran en el reino de Valencia con ánimo de levantar en armas contra su rey, que lo era también de Aragón y Cataluña, a su numerosa población musulmana. Pero el temor que provocaban perjudicó a los benimerines más de lo que los benefició. El espíritu de cruzada renació en Castilla y Aragón, y sus reyes, inspirados por él, sellaron su alianza. Una flota combinada patrullaría las aguas del estrecho y una hueste de ambas coronas las defendería allí donde un ejército invasor osara desembarcar en sus costas.

Eso fue lo que sucedió. En realidad el sultán de Fez no deseaba lanzarse a una invasión en toda regla, pero la muerte de su hijo, el príncipe Abu

Malik, en octubre de 1339, durante una de sus razias, inflamó su espíritu con el ansia de venganza hasta tal punto que se puso él mismo a la cabeza de sus tropas y cruzó el estrecho. El *Poema de Alfonso Onceno*, escrito apenas ocho años después de la batalla del Salado, así lo recoge en sus versos:

> Mi fijo ovieron muerto
> por esto pasé la mar;
> nunca pasaré el puerto
> fasta que lo non vengar.

La invasión dio comienzo el 23 de septiembre de 1340 con el sitio de Tarifa. Todo se aceleró entonces. El papa Benedicto XII proclamó la cruzada y animó a los cristianos de toda Europa a sumarse a ella, aunque ninguno lo hizo, quizá por desconocimiento, pues solo se predicó en los reinos españoles. Pero el auxilio no sería necesario. Tarifa resistió lo suficiente para que Alfonso XI lograse la ayuda del rey portugués, que le envió mil caballeros, movilizase a las milicias y pusiera en armas a su propia hueste y a las de sus vasallos, reuniendo así un ejército de unos 22.000 hombres, que habían de enfrentarse a los cerca de 60.000 con que contaban, de acuerdo con las estimaciones más plausibles, los ejércitos combinados del sultán de Fez y el rey de Granada.[55] Cuando supo de su llegada, el sultán ordenó a los suyos quemar las máquinas de asedio y prepararse para la batalla, dejando Tarifa a sus espaldas, error del que habría de arrepentirse, pues exponía su retaguardia a los posibles ataques lanzados desde la plaza.

Ambos ejércitos formaron entonces con las cortas aguas del Salado entre ellos, trazando una tenue frontera azul que los atacantes, unos u otros, debían atravesar para caer sobre el contrario. El rey Alfonso dispuso a sus hombres en cinco cuerpos. A retaguardia, bajo el mando del adalid

---

[55] Las cifras, en Joseph F. O´Callaghan, *The Gibraltar Crusade. Castile and the Battle for the Strait*, University of Pennsylvania, Philadelphia, 2011, p. 187. Un buen estudio de la batalla es el de Roberto Muñoz Bolaños, «El Salado 1340. El fin del problema del Estrecho», *Revista Universitaria de Historia Militar*, 2, 2012, pp. 153-185. Contiene también algunas reflexiones interesantes el trabajo de Wenceslao Segura González, «La batalla del Salado (año 1340)». *Al Qantir: Monografías y documentos sobre la Historia de Tarifa*, 3, 2005, pp. 1-32.

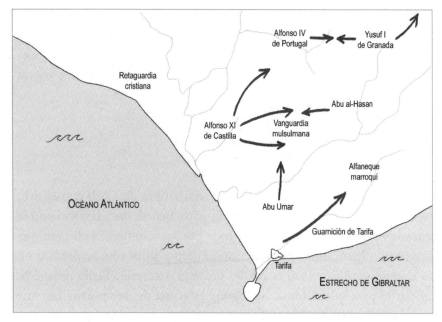

Mapa 11. Batalla del Salado (1340), según Muñoz Bolaños. El enfrentamiento fue el último de alguna importancia en la larga lucha entre cristianos y musulmanes en la Península durante la Edad Media hasta la toma de Granada.

de la milicia concejil de Córdoba, Gonzalo de Aguilar, y del noble leonés Pedro Núñez de Guzmán, colocó un gran número de peones, milicias en su mayoría, tropas de escasa calidad de las que pensaba servirse tan solo en caso de emergencia. El centro, que mandaba el propio rey, lo integraban los mesnaderos reales y las huestes eclesiásticas, junto a una nutrida caballería pesada. El flanco derecho, bajo el mando de Alvar Pérez de Guzmán, lo formaban los caballeros de su hueste reforzados por milicias de la frontera, estas armadas ligeramente para contrarrestar la agilidad de la caballería musulmana. El flanco izquierdo lo mandaba Alfonso IV de Portugal y contaba con sus mil caballeros, que Alfonso había reforzado con tres mil castellanos. Por último, en la vanguardia formaba la élite nobiliaria de Castilla, con sus bien armados contingentes y las milicias concejiles de Sevilla, Jerez y Carmona.

Frente a ellos, el ejército musulmán formó en cuatro cuerpos. La retaguardia la formaban unos 6.000 jinetes a cargo de Hammu al-Asri, llamados a moverse con rapidez para reforzar si era necesario cualquier punto del frente. El centro estaba bajo las órdenes del propio Abu al-Hasan, en la zona donde se preveía que la lucha iba a ser de mayor dureza. El flanco derecho quedó a cargo de Yusuf I, el rey granadino, situado en una zona de colinas de fácil defensa, con el centro del dispositivo ocupado por la caballería y sus flancos por infantes y arqueros turcos. El flanco izquierdo estaba bajo las órdenes de otro hijo de Abu al-Hasan, Abu Umar, y protegía el área más próxima a la ciudad de Tarifa, una zona de cerros que aseguraba una cierta ventaja defensiva.

Alfonso no dudó en tomar la iniciativa. Ordenó a su vanguardia cruzar el cauce del Salado con ánimo de desbaratar el centro enemigo con una carga de caballería. Pero los jinetes se toparon con una resistencia mayor de la esperada y el infante Don Juan Manuel, que los mandaba, pareció caer en una súbita indecisión. Entonces una parte de sus filas, unos 800 hombres, desgajándose del resto, se desviaron un poco hacia la derecha y lograron cruzar el río por un viejo puente romano. La amenaza era cierta, pero los musulmanes reaccionaron con rapidez. 2.500 jinetes se lanzaron sobre ellos, y los habrían aniquilado de no ser por la resuelta reacción del rey, que envió en su ayuda 1.500 efectivos de su caballería pesada al mando de Alvar Pérez de Guzmán. Cuando estos cayeron sobre el flanco izquierdo enemigo, estableciendo así una cabeza de puente en el lado musulmán del río, el sultán hizo lo propio, enviando como refuerzo a su hijo Abu Umar con 3.000 jinetes que obligaron a los castellanos a retirarse.

El cruce del río Salado, a pesar de lo escaso de su caudal, se estaba complicando para los cristianos, a quienes urgía afirmar su posición en la otra orilla si querían batir con eficacia al enemigo. Fue entonces cuando Alfonso se puso él mismo a la cabeza de sus tropas, inflamando con su ejemplo a sus nobles, que se agruparon a su lado y condujeron con él una nueva carga de la caballería pesada que logró desbordar y flanquear por su derecha a los benimerines. Aunque el ataque perdió fuelle cuando una parte de los cristianos lo abandonaron, ávidos de botín, para caer sobre el campamento enemigo, su impulso se recuperó gracias a la oportuna intervención de la guarnición de Tarifa, que hizo en ese momento una salida y se lanzó sobre la desprevenida retaguardia musulmana. Los benimerines, viéndose perdidos, concentraron sus esfuerzos en Alfonso, lanzando sobre quienes le protegían una lluvia de flechas que a punto estuvo de costarle la vida y la batalla, pues sus tropas se habrían desbandado de inmediato al saber muerto a su rey. Pero la reacción de la retaguardia castellana, que llegó en su auxilio en el momento más crítico, permitió conjurar con éxito el peligro. Cuando, arrasado el real de Abu al-Hasan, los soldados que se habían entretenido en el saqueo regresaron para sumarse al ataque, la suerte de los benimerines quedó decidida. Viéndose perdidos, huyeron en tropel hacia Algeciras, plaza que entonces les pertenecía, dejando así a los cristianos dueños del campo y de la victoria.

LA SANGRE MANA DE LAS VENAS ABIERTAS DE EUROPA

La Edad Moderna, reforzados los ejércitos europeos por los avances tecnológicos y organizativos impulsados por la revolución militar de los siglos XVI y XVII, fue uno de los períodos más sangrientos de la historia del continente.[56] La infantería recuperó la primacía que en el Medievo le había arrebatado la caballería. Las reducidas huestes de jinetes de la nobleza dejaron paso a grandes masas de infantes, que nutrían ejércitos cada vez más numerosos.

Sus largas picas primero y sus mosquetes y arcabuces más tarde se convirtieron en señores inapelables del campo de batalla, aunque ambos serían superados a finales del siglo XVII por el fusil con bayoneta, capaz de reunir en una sola arma las prestaciones de ambos. Las usuales indumentarias multicolores se batieron en retirada ante los uniformes, integrados, por lo general, por una casaca y un tricornio de un color propio de cada estado que facilitaba su rápida identificación en el campo de batalla, con una divisa que permitía distinguir la unidad a la que pertenecía. Por último, las formaciones adoptadas por las tropas en el momento de la acción se modificaron también. En un primer momento se impuso el cuadro, característico de los tercios españoles, eficaz mientras las armas

---

[56] El estudio clásico de la revolución militar es el de Geoffrey Parker, *La revolución militar. Las innovaciones militares y el apogeo de Occidente, 1500-1800*, Crítica, Barcelona, 1990. Puede verse también, para una aproximación más limitada, Geoffrey Parker, «La guerra dinástica», en Geoffrey Parker (ed.), *Historia de la guerra...*, *op. cit.*, pp. 153-171.

de fuego no lo fueron del todo, pero luego dejó paso a la línea, menos vulnerable a las cargas cerradas de fusilería, que avanzaba sin precipitación sobre las posiciones enemigas, manteniendo la formación hasta alcanzar una distancia eficaz de fuego, lo que exigía una enorme coordinación que solo podía lograrse por medio de una prolongada instrucción previa a los combates. Los ejércitos permanentes, acuartelados durante los más o menos dilatados períodos de paz, se convirtieron en la norma común a todos los grandes estados europeos.

Mayor relevancia tuvo si cabe el desarrollo de la artillería. El cañón de bronce sustituyó a la lenta y pesada bombarda a finales de la Edad Media, pero pronto empezó a difundirse el de hierro, más barato, ligero y fácil de transportar, lo que elevó su número en todos los ejércitos. Debido a ello, las fuerzas armadas europeas experimentaron un gran incremento de su potencial destructivo que afectó, a su vez, a los planteamientos tácticos y estratégicos dominantes. Al multiplicarse el número de cañones presentes en el campo de batalla, las bajas podían llegar a ser muy elevadas, y se trataba de bajas muy difíciles de cubrir, pues los soldados no eran ya reclutas inexpertos, sino, muchos de ellos, profesionales que había costado mucho adiestrar. Así las cosas, una batalla podía decidir por sí sola una guerra, de modo que evitarla si no se estaba seguro de ganar, y esa seguridad era poco frecuente, parecía la decisión más razonable.

En consecuencia, las grandes batallas campales tradicionales, aun sin desaparecer del todo, fueron cediendo protagonismo al asedio de las ciudades y plazas fuertes determinantes para asegurar la ocupación efectiva del territorio enemigo, forzándolo así a la rendición. Ello exigió, a su vez, una enorme inversión en fortificaciones, que hubo que remozar por completo o incluso erigir de nueva planta, pues los potentes cañones de asedio arruinaban ahora sin excesivo esfuerzo las viejas murallas medievales. Los muros altos, rectos y delgados, rematados en almenas y reforzados por torres cuadradas, pensados para detener el asalto de la infantería, dieron paso a las defensas más bajas, gruesas e inclinadas, con frecuentes ángulos, casi siempre en forma de estrella, concebidas para atrapar al enemigo entre dos fuegos y resistir mejor las gruesas balas de los cañones de asedio. La guerra ofensiva tradicional dejó pasó a la defensiva.

Como era de esperar, este cambio restó importancia a los ríos. Las corrientes fluviales no eran relevantes cuando de lo que se trataba era de rendir una plaza fuerte, a no ser que de ellos dependiera por completo su suministro de agua. Pero, en contadas ocasiones, su valor táctico fue aprovechado por generales más imaginativos de lo habitual mediante ardides poco ortodoxos. Así sucedió, por ejemplo, el 8 de diciembre de 1585, en el transcurso de la difícil campaña que Alejandro Farnesio, Duque de Parma, conducía contra los rebeldes holandeses en los Países Bajos españoles.

En uno de los numerosos lances de la campaña, el tercio de Zamora, bajo el mando del maestre de campo Francisco de Bobadilla, resultó bloqueado en isla de Bommel, una estrecha franja de tierra flanqueada por la desembocadura de los ríos Mosa y Waal, por una escuadra rebelde de cien naves al mando del almirante Filips van Hohenlohe-Neuenstein. Tasadas con gran acierto las posibilidades que les ofrecía el terreno, los holandeses rompieron los diques de tierra que protegían los campos de las avenidas de los ríos y sus aguas se desbordaron, anegándolo todo y amenazando con ahogar a los españoles aislados en Bommel. Estos reaccionaron retirándose al dique de Empel, en uno de los extremos de la isla, pero todo parecía perdido. Carecían de víveres, no contaban con las embarcaciones de escaso calado que habrían necesitado para escapar y tampoco podían recibir ayuda desde la cercana ciudad amiga de Bolduque, que se encontraba tan cerca que podían distinguirla a simple vista.

Entonces se produjo lo que la tradición ha dado en llamar el «Milagro de Empel». Una repentina ola de intenso frío heló las aguas que rodeaban a los españoles y les permitió finalmente escapar andando sobre el hielo. Fue, pues, la suerte la que les permitió salir con vida. Pero, milagro o no, el uso táctico que los holandeses habían hecho de las aguas de los ríos cercanos había sido magistral. Aunque en esta ocasión no terminaron tiñéndose de sangre, bien podían haberlo hecho, pues contra su fuerza desatada no existía en la época defensa posible.

Por otra parte, si el valor táctico de las corrientes fluviales quedó comprometido, no sucedió lo mismo con su importancia estratégica. Durante la Guerra de Secesión de los Estados Unidos, entre 1861 y 1865, uno de los principales objetivos estratégicos de la Unión fue arrebatar el control del río Misisipi a los confederados. Su largo curso de casi 4.000 kilómetros, que discurría de norte a sur, vertebraba su territorio y le servía de vía de comunicación imprescindible tanto para el transporte de tropas, armas y pertrechos como para el de suministros y productos de exportación, que llegaban a través de sus aguas a los puertos del sur y embarcaban en ellos en dirección a Europa, en especial el preciado algodón, de cuyas ventas al exterior dependía la economía de la Confederación. En este sentido, resultó decisiva la batalla de Vicksburg, librada entre mayo y julio de 1863. La victoria del Norte, seguida de la toma de Port Hudson, un poco más al sur, aseguró el control total del Misisipi por parte de la Unión; dividió en dos el territorio confederado, y privó a los rebeldes de los vitales recursos agrícolas y ganaderos de Texas, Arkansas y Luisiana, que quedaron aisladas del resto de su territorio. La pérdida del Misisipi supuso, en buena medida, la derrota del Sur en el conflicto.

La merma de relevancia táctica de los ríos se agudizaría en las décadas posteriores. El rápido desarrollo del motor de combustión y la invención posterior del automóvil y el avión, así como de la artillería de largo alcance, restó importancia a la posición respectiva de los ejércitos a uno u otro lado de las corrientes fluviales. Sin embargo, su valor estratégico no se redujo un ápice. La era de la industria incluso lo reforzó. Durante las primeras décadas del siglo XX, el transporte terrestre seguía siendo poco eficaz, la red de carreteras poseía escasa densidad, incluso en las regiones más desarrolladas, y los ríos seguían ofreciendo la mejor opción para el desplazamiento de grandes cargas, ahora más frecuentes que nunca. Y entre ellas figuraban en un lugar de honor los considerables suministros que requerían los ejércitos en campaña.

Por otra parte, la mentalidad de los viejos generales que copaban los estados mayores de los ejércitos europeos a comienzos del siglo XX no se había hecho todavía eco de los grandes cambios que la era industrial había de provocar de forma inevitable en los postulados estratégicos y tácticos de la guerra. Para ellos, seguían conservando toda su vigencia los viejos principios napoleónicos de eficacia probada para el manejo de grandes masas de hombres sobre el campo de batalla. Solo las terribles masacres con que dio comienzo la Gran Guerra les forzarían a cambiar de opinión.

Quizá por ello, el despliegue de los ejércitos enfrentados se desarrolló inicialmente en muchos casos siguiendo el curso de los ríos, que seguían contemplándose como barreras defensivas naturales, y algunas de las batallas más relevantes del conflicto, como la del Somme, el Isonzo o el Piave, se libraron en los valles fluviales, cuyos cursos sirvieron con frecuencia de líneas defensivas tras las que los ejércitos se atrincheraron o hubieron de cruzar para atacar, y casi siempre como hitos en los que detenerse en sus avances y retrocesos, bien para consolidar lo ganado, bien para frenar al enemigo. La primera batalla del Marne, entre el 6 y el 12 de septiembre de 1914, fue un buen ejemplo de todo ello.

De hecho, acabó convirtiéndose en una carrera del ejército alemán por alcanzar el curso de este pequeño río francés en las cercanías de París antes de que los aliados pudieran montar allí una sólida línea defensiva, pues sin duda era el mejor lugar para hacerlo si deseaban bloquear su progreso hacia la capital. Si los alemanes no se hubieran visto obligados a afrontar una inopinada resistencia en Amberes, su comandante en jefe, el general Helmuth von Moltke, no hubiese cometido el error de debilitar

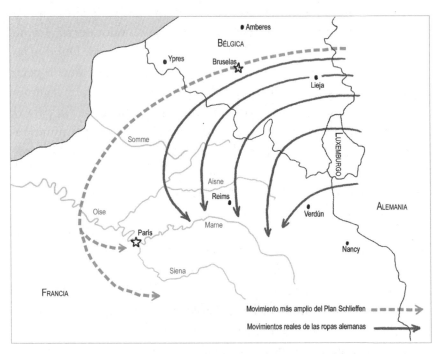

La batalla del Marne, septiembre de 1914. La distancia entre el plan alemán y su realización práctica fue notable y explica el fracaso de la ofensiva.

sus líneas para enviar refuerzos al frente oriental, y el avance de los dos ejércitos que formaban el centro y el ala derecha de su ejército hubiera sido parejo, sus tropas, tras cruzar el río, habrían caído sobre la indefensa capital francesa, cambiando con toda seguridad el curso de una guerra que podía incluso haber llegado a su fin en ese mismo instante.

Pero no sucedió así. Tras un avance fulgurante a través de Bélgica, el 2 de septiembre de 1914, von Kluck, comandante del I Ejército alemán, que formaba el ala derecha de las fuerzas de invasión, estaba solo a 50 km de París y se disponía a cruzar el Marne. Pero el II Ejército de von Büllow, que avanzaba a su izquierda, no pudo seguirle, lo que abrió un enorme hueco entre ambos. El día 3, los franceses se percataron de la vulnerabilidad del I Ejército alemán y el general Gallieni, que defendía la capital, convenció a Joseph Joffre, comandante supremo francés, de que ordenase la ofensiva. Moltke comprendió lo que estaba a punto de suceder y ordenó a Kluck y Büllow que aproximasen sus ejércitos y se preparasen para un posible ataque desde París. Pero para entonces casi todo el I Ejército había cruzado el Marne y no podía retroceder; la batalla era inevitable.

Sobre el papel, las fuerzas estaban igualadas. Joffre tenía 79 divisiones y Moltke, 75, pero el flanco derecho alemán solo contaba con 20 frente a las 30 que les oponían los franceses. El choque, que la historia denominaría más tarde Primera batalla del Marne, comenzó el día 5 por la tarde; el 9 todo había terminado. Joffre había vencido. Los alemanes se retiraron en todo el frente. Pero lo hicieron en perfecto orden, reforzados por tropas traídas de Lorena, y los franceses estaban tan agotados que no pudieron perseguirlos.

Ni un bando ni el otro, sin embargo, renunciaron al intento de envolver al enemigo y derrotarlo. Ninguno de ellos lo consiguió, aunque lucharon sin tregua mientras movían sus tropas en dirección a la costa. Fue la célebre «Carrera hacia el mar» de comienzos del otoño de 1914. Cuando lo alcanzaron, las posibilidades de lograrlo se esfumaron por completo. Un frente continuo, que los contendientes reforzaron mediante trincheras y otras obras defensivas, se prolongó desde la frontera suiza al canal de La Mancha. Una nueva fase de la guerra, que duraría más de tres años, la denominada «guerra de posiciones» o, más popularmente, «guerra de trincheras», había comenzado. El sueño, compartido por todos, de regresar a casa antes de Navidad, se había revelado imposible. La contienda sería larga y las opciones alemanas de ganarla, escasas: vencería la alianza que tuviera mayores recursos demográficos e industriales y se asegurase el control de los océanos por los que circulaba el comercio mundial. Las potencias de la Entente, dueñas de vastos imperios coloniales, poseían todas las ventajas. Y, una vez más, un humilde río había estado en el centro mismo de los acontecimientos.

No sería la última vez. La inhumana guerra de trincheras no arrebató protagonismo a las corrientes fluviales. En el contexto de las «hiperbatallas», o «batallas de material», a las que se lanzaron los estados mayores de ambos bandos en 1916, el honor de ser la más sangrienta corresponde a la del Somme, librada en el valle de este río francés entre el 1 de julio y el 18 de noviembre de aquel año. Más de 300.000 hombres perdieron allí la vida a cambio de nada, pues el resultado práctico de la batalla fue casi nulo en términos territoriales o estratégicos. Simplemente, se trataba de devolver a los alemanes el golpe de Verdún, otra carnicería inútil que había dado comienzo unos meses antes, aliviando la presión sobre esta plaza mediante un ataque en otro lugar. El río Somme fue elegido por el alto mando aliado porque allí se hallaba el punto de contacto de los respectivos despliegues de las fuerzas francesas y británicas, lo que facilitaría su acción conjunta. Sin embargo, dada la relevancia que fue adquiriendo para los franceses el combate en Verdún, serían los británicos los que cargarían con casi todo el peso de las operaciones.

Aunque repleta de sucesos y pródiga en acciones concretas, la historia de la batalla se resume en el intento fallido de la Fuerza Expedicionaria Británica (BEF) de romper el frente alemán, sólidamente asentado en una línea de fortificaciones, en buena medida subterráneas, que sus soldados pudieron defender con éxito durante semanas a pesar de su inferioridad numérica, revelando hasta qué punto el desarrollo de la industria había convertido a la guerra en una actividad absurda, si es que alguna vez no lo había sido. Sin embargo, aunque no decidió nada en lo táctico —el frente apenas se movió 8 km— los efectos a largo plazo de la batalla fueron notables.

Viéndose en creciente desventaja y consciente de que su victoria pasaba por la derrota británica, Alemania trató de forzarla mediante un bloqueo total de sus puertos que hizo extensivo a los buques neutrales. En enero de 1917, los submarinos alemanes recibieron orden de hundir cualquier barco que se aproximara a las costas británicas. Y fue este hecho el que, a la larga, provocaría el desastre, pues las acciones hostiles de los *u-boote* sobre navíos de bandera norteamericana proporcionaron al gobierno de Washington el pretexto que buscaba para entrar en la guerra, lo que suponía, dado el formidable potencial industrial y demográfico de los Estados Unidos, la derrota segura de Alemania.

Quizá Berlín no tenía otra opción. A finales de 1916, la situación del país se había agravado mucho. Su ejército empezaba a tener problemas para cubrir sus bajas en el frente y su artillería había perdido la supremacía táctica. Sus fábricas, asfixiadas por el bloqueo británico, sufrían la falta de suministros. El intento desesperado de batir de un solo golpe a la *Royal Navy* había fracasado. En la batalla de Jutlandia, en mayo de 1916, sus acorazados derrotaron a los británicos, pero no lograron revertir en su favor la correlación de fuerzas, lo que convertía en fútil su victoria. El bloqueo británico prosiguió, y con él, la escasez de materias primas y el retroceso de la producción industrial alemana, que arrastraba con ella al ejército.

Los sucesos del año 1917, tan inopinados como relevantes, parecen, sin embargo, capaces de alterar el pronóstico. Aunque la entrada en guerra de los Estados Unidos en abril aparenta condenar a Alemania a una derrota inevitable, el triunfo de la revolución bolchevique en noviembre, que provoca la inmediata retirada de las tropas rusas, proporciona al alto mando alemán la posibilidad de trasladar las suyas al oeste y propinar así a los aliados el golpe definitivo que no pudieron asestarles en 1914. Pero, lejos de buscar una paz rápida, Berlín aprovecha la debilidad del inestable gobierno bolchevique para amarrar ganancias territoriales, lo que retrasa casi tres meses el acuerdo, sellado al fin en Brest-Litovsk en marzo de 1918, y demora a su vez, quizá de manera decisiva, su ataque en el oeste. Se trata de un gran error del que los alemanes tendrán ocasión de arrepentirse.

Por fin, en ese mismo mes de marzo, da comienzo la primera de las cinco acometidas sucesivas lanzadas por los ejércitos alemanes sobre Francia. Los ríos, una vez más, serán protagonistas. La denominada «Ofensiva Michael» o *Kaiserschlacht*, la «Batalla del emperador», comienza el 21 de marzo a las 4:00. Los alemanes se aproximan en tan solo 10 días a menos de 100 km de París, que incluso bombardean con su enorme *Pariser Kanonen* de 210 mm, provocando numerosas víctimas en la ciudad. Sin embargo, el agotamiento y la extremada longitud de las líneas de suministro obligan a sus tropas a detenerse. Han sufrido 250.000 bajas y, aunque han avanzado en unos pocos días más que los aliados en toda la guerra, no han logrado explotar su triunfo de forma decisiva.

Sin embargo, saben que se juegan la supervivencia y no cejan en su empeño. A comienzos de abril da inicio la «Operación Georgette», que pretende llegar al canal y ocupar sus puertos, bloqueando de ese modo la llegada de refuerzos británicos. Los alemanes están a punto de rendir Dunquerque, el puerto más grande del canal, pero se lo impiden las 10 divisiones de refresco enviadas por Ferdinand Foch, el nuevo comandante en jefe aliado, y la titánica resistencia de la BEF. Mientras, al sur, los *boches*, como los llaman los franceses, echan el resto tratando de conquistar Amiens y parecen a punto de lograrlo, pero, una vez más, su ímpetu se agota antes y Erich Ludendorff, su comandante en jefe, ordena detener la ofensiva. Las bajas, cada vez más difíciles de cubrir, se acumulan y sigue sin lograr nada.

La tercera ofensiva de la primavera de 1918, la «Operación Blücher», fue lanzada contra las tropas francesas que defendían un amplio frente de 40 km entre Soissons y Reims. El ataque se inició a la una de la madrugada del día 27 de mayo con un bombardeo masivo. El impulso inicial de las divisiones alemanas fue tan fuerte que en solo seis horas lograron romper el frente y cruzar el Aisne. Dos días después habían alcanzado el Marne y el 2 de junio estaban ya a tan solo 65 km de París, más cerca de lo que habían estado en 1914. Pero se trataba de una quimera. Sus líneas de suministro eran tan largas que las municiones, el agua y los alimentos llegaban a los soldados con cuentagotas, pues se hallaban a cerca de 150 km del lugar donde terminaban sus líneas férreas; sus tropas estaban exhaustas, y su frente formaba ahora un saliente de 80 km que podía ser atacado fácilmente por ambos flancos. La triste verdad era que el ejército alemán no podía tomar París con rapidez; su problema era logístico, no militar, y no tenía solución posible. Pero si no lo hacía, no podía forzar la rendición enemiga antes de que los norteamericanos, que empezaban ya a llegar a Europa, fueran lo bastante numerosos para inclinar la guerra del lado aliado. Cuando lo fueran, la suerte estaría echada.

Pero Ludendorff no se rindió. A finales de junio lanzó la «Operación Gneisenau», cuyo objetivo era ampliar el saliente de Soissons, evitando que cayera en manos enemigas. Para ello dispuso 21 divisiones en una línea de 33 km que se extendía desde el este de Compiègne a Montdidier, con el apoyo por su izquierda de otras tres que atacarían a lo largo de un frente de 12 km al oeste de Soissons, sobre el flanco derecho francés. El bombardeo artillero volvió a ser brutal. Pero los franceses adoptaron una defensa en profundidad que minimizó su impacto y limitó el avance enemigo a 10 km. Sufrieron cerca de 35.000 bajas, pero los alemanes más de 25.000, una cifra que ya no podían asumir. Su situación empeoraba al mismo ritmo que mejoraba la aliada, cada día más reforzada por las tropas americanas que llegaban sin cesar.

A pesar de ello, el alto mando alemán no cejó en el empeño. El lugar elegido volvió a ser el saliente de las líneas alemanas en el Marne, que debía ser ensanchado si se deseaba defenderlo con ciertas garantías. Así nació la última gran ofensiva alemana de la Primera Guerra Mundial, la «Operación Friedenstrum», esto es, la «Ofensiva de la Paz», que los franceses conocerían como la Segunda Batalla del Marne. Una vez más, el humilde río francés iba a ser protagonista.

El objetivo de Ludendorff era atacar en un enorme frente de más de 100 km de longitud entre el río Ardre y Château Thierry, en cuyo centro se hallaba Reims. El plan consistía en bordear la ciudad por ambos lados, cruzar el Marne y capturar las colinas cercanas a Epernay y Châlons. Para ello dividió sus tropas en tres grandes masas de maniobra. El VII Ejército del general von Boehn atacaría al oeste, entre Reims y Château Thierry, con el objetivo de tomar Epernay. A su izquierda, el I Ejército del general von Mudra y el III de von Einem atacarían al este de Reims, cruzando el canal del Aisne-Marne en Mourmelon para tomar después contacto con el VII Ejército entre Epernay y Châlons. Dispuesto a vencer, Ludendorff movilizó 48 divisiones, 6.300 cañones y más de 2.000 morteros.

No obstante, la preparación de la ofensiva se dilató tanto que los aliados tuvieron tiempo de saber dónde se preveían los ataques y se prepararon. Foch organizó una fuerza de 36 divisiones, agrupadas en tres ejércitos, el VI, comandado por el general Jean-Marie Degoutte; el V, dirigido por Henri Mathias Berthelot, y el IV, bajo mando de Henri Gouraud, que se desplegaron entre Château Thierry y Mourmelon. Como apoyo, Foch dispuso 3.000 cañones y una reserva de 10 divisiones que formaban el IX Ejército. Además, los aliados desplegaron en el flanco izquierdo, al oeste de Château Thierry, el poderoso X Ejército del general Mangin, con 27 divisiones, con la intención de lanzar un contraataque en el momento en el que el impulso enemigo se agotara. En total, Foch disponía de 73 divisiones frente a las 48 alemanas.

La ofensiva fue programada para la madrugada del 15 de julio. Foch ordenó retroceder a su primera línea y planteó de nuevo una defensa en profundidad. Gracias a ello, el intenso bombardeo con que los alemanes iniciaron su ataque apenas provocó baja alguna; sencillamente, enfrente no había nadie que pudiera morir. Tras el bombardeo, el I y el III Ejército iniciaron su avance al este de Reims, como estaba previsto. Cuando llegaron a las trincheras vacías, la artillería francesa masacró a placer sus divisiones, cogidas totalmente por sorpresa, sin temor a provocar bajas en sus propias filas. Mientras, al oeste de Reims, tras un bombardeo de tres horas, los soldados del VII Ejército habían iniciado también su avance con intención de establecer una cabeza de puente al otro lado del Marne, pero se dieron de bruces con el V Ejército francés. Por fin, al caer la tarde, dos divisiones alemanas lograron atravesar el río y establecer una cabeza de puente de unos 9 km de largo por 4 de profundidad. Fue el único avance que lograron. Viendo que no podría alcanzar Châlons, el alto mando ordenó capturar Reims a toda costa, pero la resistencia de la infantería francesa y americana, y su superioridad artillera, lo hicieron imposible. El 17 de julio, el VII Ejército se retiraba.

En ese instante, reforzado por nuevas tropas americanas y británicas, Foch vio la oportunidad de golpear a las agotadas tropas enemigas, y ordenó al X Ejército lanzar un potente ataque en Soissons, al oeste del saliente alemán. Ludendorff puso en juego todas sus reservas, pero no fue capaz de frenar a los aliados. Al finalizar el mes de julio, los alemanes habían perdido la mayor parte de las posiciones capturadas desde el comienzo de la ofensiva. No volverían a atacar. Desde ese instante, sus tropas no hicieron más que retroceder, con el ánimo hundido y una retaguardia cada vez más reacia a seguir luchando. En agosto, defendían ya la Línea Hindenburg, su posición en 1914; en septiembre tuvieron que evacuarla para evitar ser rodeados. Ludendorff, desesperado, reconoció ante su Gobierno el día 29, aunque luego cambiaría de opinión, que la guerra estaba perdida. El 11 de noviembre se firmaba el armisticio.

Concluía así el último período de la historia militar en el que los ríos desempeñaron aún un papel relevante. Luego, el desarrollo acelerado de la tecnología bélica los iría convirtiendo en actores secundarios en el drama de la guerra. Por supuesto, siempre estarán ahí y habrá que contar con ellos. En los ejércitos seguirá habiendo ingenieros y pontoneros; la capacidad de vadeo habrá de tenerse en cuenta en el diseño de los nuevos carros de combate y los demás vehículos autopropulsados, y las lanchas con motor fuera borda y los puentes fijos y flotantes seguirán figurando en el arsenal de instrumentos al servicio de cualquier fuerza militar de cierta importancia. Pero su edad de oro ha pasado. Por suerte, sus aguas ya no se teñirán de sangre; al menos no tanto como antes.

CAPÍTULO 3

CARRETERAS HACIA LO DESCONOCIDO

Quizá el papel más habitual de los ríos a lo largo de la historia haya sido el de servir como medios de comunicación. Desde que el ser humano aprendió a montarse a horcajadas sobre un tronco, el valor de las vías fluviales como caminos de agua quedó impreso en su mente y no lo olvidó nunca. Cuando el tronco se convirtió en balsa o almadía y luego en rudimentario bajel, tosco y frágil, pero capaz ya de transportar mercancías, los ríos se transformaron en las arterias del mundo, las avenidas por las que circulaba el fluido vital de la civilización, que se extendió siguiendo su cauce.

Cuando el hombre llegaba a una tierra desconocida, penetraba en ella a través de los ríos. Seguía su curso corriente arriba, hasta que no podía navegar más, o descendía por sus aguas hasta llegar al mar, y sembraba a su paso asentamientos o puestos comerciales que servían después como núcleos de proyección de su influencia sobre el territorio. Los europeos conquistaron el mundo siguiendo el cauce de los ríos. Sin ellos, sus imperios, como antes les había sucedido a los imperios de la Antigüedad, no habrían existido, al menos los que se forjaron en el siglo XIX, cuando el capitalismo y la revolución industrial hicieron de Europa la dueña del planeta.

Algunos de ellos, no obstante, se resistieron con firmeza a desvelar los secretos que ocultaban sus aguas. Difíciles de navegar, mantuvieron a salvo de la rapacidad del invasor las tierras que escondían. Impedido de desentrañar su misterio, este dio entonces en inventar historias que lo agigantaban, ayudando así, sin desearlo, a preservar su integridad, a la espera de que, cuando la tecnología lo hiciera posible, hombres más valientes o menos sensatos afrontaran la gesta terrible de quebrantarla, incorporando sus tesoros al acervo insaciable de Occidente. Las tierras que bañaban se convirtieron así en el hogar de criaturas tan fantásticas como pavorosas: caníbales con rabo, hombres con un solo pie, animales de fábula, como el grifo y la salamandra... Y se las adornó con accidentes inverosímiles: montañas tan elevadas que podían alcanzar la luna, selvas impenetrables, lagos hirvientes, mares de extensión inabarcable... Aun así, exploradores temerarios, inspirados por motivos distintos, pero casi siempre hijos de su época, reunieron el valor para remontar sus aguas y desvelar por fin el misterio que las protegía. Las páginas que siguen narran su historia.

CAPUT NILI QUAERERE

La antigua locución latina viene a significar, más o menos, «Buscar las fuentes del Nilo». Se trata de una expresión reveladora, porque, aunque llegó a usarse, en un sentido amplio, para hacer referencia a empeños imposibles o problemas sin resolver, demuestra también hasta qué punto los romanos se obsesionaron con la búsqueda del nacimiento del río más célebre del mundo antiguo. Su valle sirvió de hogar durante milenios a una de las civilizaciones más viejas de la Tierra. Viajeros procedentes de los cuatro puntos cardinales habían navegado río arriba su curso hasta la actual ciudad sudanesa de Jartum, donde el Nilo Azul vierte sus aguas en el Blanco, que continúa su camino hasta el Mediterráneo. Pero, a pesar de ello, nadie sabía dónde nacía aquel, ni la distancia que recorría desde sus desconocidas fuentes, perdidas en el remoto e inexplorado corazón de África.

El misterio había atraído a muchos. Heródoto, el gran historiador griego del siglo v a. C., remontó el Nilo hasta Asuán, en la primera catarata, y hubo allí de dar la vuelta sin que nadie supiera darle razón alguna del lugar donde brotaban sus aguas. Mediado ya el siglo i, el emperador romano Nerón envió río arriba un nutrido destacamento de su guardia pretoriana que se internó en las vastas extensiones de Nubia, al sur de Egipto, pero se vio forzado a regresar, detenido por las impenetrables ciénagas del Sudd. Poco a poco, algún detalle más llegó a ser conocido

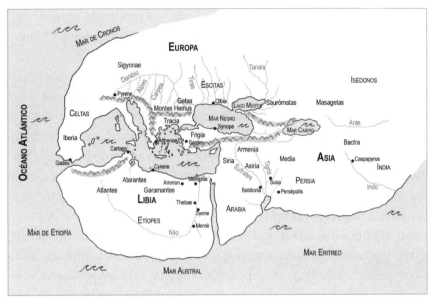

Mapa 12. El mundo según Heródoto (siglo v a. C.). Durante dos milenios, los
europeos ignoraron por completo el lugar donde nacía el Nilo.

por los europeos. En la misma centuria, el mercader griego Diógenes
aseguró haber viajado tierra adentro desde la costa oriental de África
durante veinticinco días. Entonces se topó con dos inmensos lagos y dos
montañas muy altas, y los habitantes de la región le aseguraron que de
ellas brotaban las aguas de la poderosa corriente que discurría hacia el
norte. Conociendo su relato a través del geógrafo sirio Marino de Tiro,
el gran Tolomeo dibujó de ese modo la zona en su célebre mapa del
siglo II, en el que hace nacer el Nilo en las llamadas montañas de la Luna,
en el centro del continente.

Esta imagen perduró en el imaginario colectivo de Occidente durante más de mil setecientos años, pues nadie fue capaz de confirmarla o
desmentirla. A finales del siglo XVIII, Egipto, tras más de medio siglo
en manos de los mamelucos, languidecía en medio de una rutina casi
medieval, cerrado al mundo y refractario a sus influencias. Del Sudán,
los europeos no habían oído siquiera hablar. Y Etiopía, un reino cristiano, continuaba siendo para muchos el mítico país del preste Juan, del
que nada cierto sabían. Ninguna de las grandes potencias occidentales

se interesó lo más mínimo en la exploración del misterioso interior del continente. Quizá las inmensas riquezas de América y el Extremo Oriente bastaban para ellas. Pero existían otras causas.[57]

La primera era la inmensidad misma de África, una gigantesca masa continental de más de treinta millones de kilómetros cuadrados y de forma tan regular y compacta que muchas de sus tierras se encuentran a más de 1.300 km del mar, donde habían por fuerza de comenzar su tarea los exploradores. La segunda residía en las características de su paisaje. Sus costas abruptas, con escasos refugios naturales; la desembocadura oculta por molestas barras de arena de muchos de sus ríos y la extrema dificultad de su navegación; el inmenso desierto que bloquea el acceso desde el norte, el punto más próximo a Europa... habían sin duda de desanimar al más aguerrido de los aventureros. No menos determinantes resultan, por supuesto, los climas propios del continente. El tiempo es extremadamente cálido y seco en el norte, con la relativa excepción de la franja costera, de siempre conocida por los europeos, y predomina en el resto un asfixiante calor húmedo que sirve de caldo de cultivo natural a graves infecciones, para las que misioneros y exploradores carecían de defensas naturales y de cura eficaz, al menos hasta que se descubrió la quinina, ya en la segunda mitad del siglo XIX. No cabe despreciar, por último, el efecto disuasorio que ejerció sobre la penetración europea en África la desconfiada actitud de sus pobladores hacia los visitantes extranjeros. Sus jefes, al contrario de lo que sucedió en América, donde muchos de ellos vieron en los españoles poderosos aliados de los que podían servirse en sus guerras intestinas, consideraron enseguida a los europeos potenciales rivales en su lucrativo comercio de esclavos, marfil y oro, una amenaza para sus creencias y tradiciones, y un reto para su misma autoridad. Por ello trataron siempre de contenerlos en la costa, sin permitir que penetraran hacia el interior.

Quizá por estas razones, aunque muy espaciados en el tiempo, los testimonios de misioneros o exploradores acerca de los misterios que

---

[57] Sanche de Gramont, *El dios indómito. La historia del río Níger,* Turner-FCE, Madrid y México DF, 2003, p. 39 y ss.

ocultaba aguas arriba el gran río de Egipto no dejaron de sucederse, pero ninguno de ellos resultó lo bastante concluyente para enervar la irrefutable autoridad de Tolomeo ni lo bastante seductor para despertar la curiosidad de quienes podían financiar su exploración. El Nilo Azul fue el primero en desvelar sus secretos. A principios del siglo XVII, dos misioneros portugueses provenientes de la costa del océano Índico, Pedro Páez y Jerónimo Lobo, alcanzaron la capital etíope y lograron convertir a los miembros de la corte del negus al catolicismo, pero no tardaron mucho en ser expulsados. Un siglo más tarde, el médico francés Charles Poncet repitió la gesta, e incluso llegó a tratar al mismo emperador de una rara dolencia que sus galenos se habían mostrado incapaces de curar. El lánguido goteo de misioneros, jesuitas o franciscanos, continuó a lo largo de la centuria, pero ninguno logró quedarse mucho tiempo.[58]

Todo cambia en la década de 1770. Es entonces cuando entra en escena una de esas figuras capaces de inaugurar por sí mismas toda una era, un individuo cuya sola voluntad le basta para triunfar allí donde los demás han fracasado. No es un filántropo, ni actúa movido por altos ideales, como harán después los grandes exploradores victorianos. No pretende abolir la esclavitud ni mostrar a los retrógrados pueblos africanos las presuntas ventajas de la civilización europea. En realidad se trata tan solo de un aristócrata acaudalado y soberbio que no tiene nada mejor que hacer. Le mueven únicamente una intensa curiosidad y un anhelo aún más intenso de fama y de aventuras. Pero es el primero en recorrer por completo el Nilo Azul desde su nacimiento, en el lago Tana, en tierras de Etiopía, hasta su unión con el Nilo Blanco en Sudán, y en regresar para contarlo, cinco años después de su partida, en 1773. Se trata de James Bruce de Kinnaird.

A pesar de su hazaña, Bruce no tuvo demasiada suerte. Su gesta fue recibida con absoluto desdén y los detalles de su viaje, descartados por increíbles. Las circunspectas sociedades eruditas y los formales salones de

---

[58] Alan Moorehead, *El Nilo Azul*, Ediciones del Serbal, Barcelona, 1986, p. 21. La gesta de Pedro Páez, en Javier Reverte, *Dios, el diablo y la aventura*, Random House Mondadori, Barcelona, 2003.

Londres no se hallaban aún preparados para dar por ciertas sus historias sobre monarcas entregados a una orgía continua de violencia y de sangre, y salvajes que comían carne recién cortada de vacas vivas. Sus miembros atendían, pues, sus apasionados discursos arqueando con incredulidad una ceja, con la misma gravedad que habrían oído al mismísimo barón de Münchhausen asegurar que había volado de verdad sobre una bala de cañón, y concediéndole igual crédito. Por el contrario, en Francia, su libro, que tituló *Travels to Discover the Sources of the Nile* («Viajes para descubrir las fuentes del Nilo»), publicado en 1790, fue un gran éxito y sus geógrafos dieron por bueno, sin mostrar reparo alguno, el dilatado conocimiento que aportaba sobre la región. Este conocimiento agudizó su interés por África y sin duda se halla en buena medida en la raíz de la campaña que Napoleón condujo contra los mamelucos entre 1798 y 1801. Pero esta gesta, tan productiva en lo que toca a la egiptología, no lo fue en absoluto en lo referente a la exploración del Nilo. A mediados del siglo XIX, el curso alto del río seguía siendo tan desconocido como en tiempos de Heródoto.

Es cierto que los testimonios de viajeros y misioneros no habían dejado de sucederse. En 1848, el misionero alemán Johannes Rebmann, que se internó en África oriental desde la costa del Índico, aseguró haber visto con sus propios ojos una montaña llamada Kilimanjaro, de cumbre tan elevada que la nieve no se derretía nunca en ella. Y un año más tarde, su colega y compatriota Johann Ludwig Krapf afirmó asimismo haber observado, no muy lejos en dirección norte, la cumbre nevada del monte Kenia. Los lagos de Tolomeo parecían ser también reales, o al menos así lo atestiguaron los mercaderes árabes que comerciaban en África oriental con esclavos y marfil. Estos negreros sin escrúpulos, que llevaban siglos recorriendo las rutas de África oriental, hablaban de dos grandes masas de agua que los nativos conocían con los nombres de Ujiji y Nyanza, e incluso de una tercera más al sur, el lago Nyasa.[59]

---

[59] Alan Moorehead, *El Nilo Blanco*, Alba editorial, Barcelona, 2004, p. 14. Para la exploración del Nilo, es también recomendable la lectura del reciente trabajo de Tim Jeal: *En busca de las fuentes del Nilo*, Crítica, Barcelona, 2014, así como sus biografías de Stanley y Livingstone citadas en la bibliografía.

Todo ello no hacía sino aumentar la curiosidad de los europeos, en especial los británicos, que, en los años posteriores al regreso de Bruce, habían cambiado notablemente su actitud hacia África. Poco a poco, fueron surgiendo sociedades privadas cuyos opulentos miembros, en su mayoría generales retirados, terratenientes y empresarios con estrechas relaciones con el Parlamento y la corte, comenzaron a interesarse por la exploración de otros continentes. En junio de 1788 nacía en Londres «para promover el descubrimiento del interior de esa cuarta parte del mundo»,[60] la *African Society*, a la que seguirían en años posteriores el *Raleigh Club*, originalmente una sociedad gastronómica, y la *Palestine Association*, fundada con la finalidad específica de promover el estudio de la geografía, la historia natural, las antigüedades y la antropología de Palestina y sus alrededores, «con miras a la ilustración de las Sagradas Escrituras».

En 1830 todas ellas fueron absorbidas por la flamante *Geographical Society of London*, que cambió su nombre en 1859 por el de *Royal Geographical Society*, pues fue entonces cuando logró el patrocinio oficial de la Corona. Esta sociedad sería en años posteriores la principal inspiradora del proceso de exploración del continente africano.

El contexto histórico era distinto al de unas décadas atrás. A finales del siglo XVIII las exploraciones se inspiraban en la curiosidad científica y el afán de conocimiento propios de la Ilustración. Ahora comenzaban a ganar protagonismo los intereses económicos. El Reino Unido había perdido sus colonias americanas en 1783 y necesitaba, en los inicios de su revolución industrial, nuevas fuentes de materias primas y mercados en los que colocar sus manufacturas. Ante la notoria falta de atención del Gobierno, no es de extrañar que fueran los propios empresarios, que nutrían en buen número las filas de las sociedades geográficas, quienes trataran de defender sus intereses. Las ideas también estaban cambiando. La abolición de la esclavitud en Inglaterra en 1770 había hecho pensar a muchos que su país no debía conformarse con liberar a cuantos esclavos recalaran en los puertos ingleses como se venía haciendo, sino que

---

[60] Sanche de Gramont, *El dios indómito... op. cit.*, p. 17.

había de adoptar un papel protagonista en la persecución del propio comercio esclavista, que tenía en África sus mercados más activos. Además, las otras grandes potencias europeas habían empezado a moverse. Francia ocupó Argel en 1830 con el pretexto de acabar con los piratas berberiscos. En 1847, los esclavos americanos liberados que la *American Colonization Society* llevaba treinta años enviando a la colonia que había establecido en la costa occidental de África proclamaron la República de Liberia. Los misioneros, por su parte, cada vez eran más activos al oriente del continente. Como había sucedido a finales del siglo xv, el caldo de cultivo para el inicio de una nueva era de descubrimientos geográficos estaba listo.

El objetivo inicial fue el Níger. Los primeros exploradores en busca de su nacimiento fueron enviados en las últimas décadas del siglo xviii, más o menos cuando Bruce hacía de las suyas en tierras de Etiopía. Las fuentes del Nilo hubieron de esperar. Quizá dos mil años de continuas frustraciones pesaban demasiado. La primera expedición seria que se organizó con el objetivo específico de encontrarlas no partiría hasta 1856. Fue entonces cuando dos voluntariosos exploradores, Richard Francis Burton y John Hanning Speke, se embarcaron en dirección a Zanzíbar para dar por fin respuesta a la gran pregunta que había estado flotando en la mente de los europeos cultos desde los tiempos de Heródoto.

Zanzíbar no parecía una elección obvia. Quizá lo más ortodoxo habría sido remontar el Nilo desde Asuán, donde la corriente supera su última catarata, siguiendo luego su curso hasta alcanzar su nacimiento. Pero ello suponía recorrer más de 6.800 kilómetros río arriba por unas aguas que, por lo que se sabía, no resultaban fácilmente navegables. Zanzíbar, una isla situada frente a las costas de la actual República de Tanzania, tenía sus ventajas. Se hallaba en una latitud no muy distante de la que se suponía que tendría el lugar donde nacía el Nilo, por lo que la distancia que habría que recorrer para alcanzarlo sería menor. Además, de allí partían las caravanas de esclavos y marfil que llevaban siglos recorriendo las mismas rutas hacia el interior de África. Sus jefes sin duda conocían mucho mejor el país que los europeos y quizá podrían facilitarles alguna información valiosa, e incluso permitirles que les acompañaran durante una parte del viaje.

La plaza del mercado de Zanzíbar en el siglo XIX. *Journal of Youth.*
Artista desconocido.

Es cierto que se trataba de un lugar exótico, infestado de enfermedades y dolor, de alcohol y drogas, de aromas extraños y gentes variopintas, donde el execrable comercio de carne humana seguía siendo próspero, por más que las fragatas británicas trataran de impedirlo patrullando sin cesar las aguas que rodeaban la isla. La vívida descripción del mercado de esclavos local que Burton recoge en su libro no tiene desperdicio:

> Los negros aguardaban en fila, como animales, mientras el vendedor gritaba «bazar jush»… y los rostros negros menos horribles, pues algunos apenas parecían humanos, iban tocados con un gorro rojo de dormir. Todos estaban espantosamente delgados, las costillas les sobresalían como aros de barril y no pocos tenían que acuclillarse, enfermos, en el suelo. Los más interesantes eran los niños, que sonreían como si les agradara el examen degradante e indecente al que eran sometidos ambos sexos y todas las edades. Las mujeres componían un espectáculo depauperado y mísero; solo había una muchacha presentable, con las cejas cuidadosamente delineadas en negro. Parecía pudorosa, y seguramente la exponían a la venta a causa de cualquier ofensa imperdonable contra el decoro. Por lo general, nadie compra esclavos domésticos adultos (en contraposición a los salvajes), ni

hembras ni varones, por la sencilla razón de que los amos jamás se deshacen de ellos a menos que resulten incorregibles… Los tratantes nos sonreían, estaban de buen humor.[61]

Pero aquella isla dominada por la degeneración moral, la violencia y la muerte tenía lo que Burton y Speke necesitaban. En ella encontraron el apoyo del cónsul británico en Zanzíbar, Atkins Hamerton, quien, pese a hallarse muy enfermo, se puso a su disposición en cuanto tocaron tierra y les ayudó a hacerse con todo lo que deseaban, que no era poco. Aunque Burton, designado jefe de la expedición por la *Geographical Society*, se conformó con 132 hombres, entre ellos solo una veintena de soldados, un número muy inferior al que llegaría a ser habitual en las expediciones posteriores, sus acémilas y porteadores iban cargados hasta el límite de su resistencia con una plétora de medicinas —entre ellas morfina y quinina—, instrumentos, armas, mantas, tiendas de campaña, sillas plegables, mosquiteras, almohadas hinchables, enseres domésticos y utensilios de cocina, una biblioteca de libros científicos, material de escritorio y de dibujo y pintura, e incluso un pequeño barco desmontado, sin que faltara ninguna de las *delicatessen* propias de la clase acomodada victoriana: botellas de brandi, cajas de puros, latas de té y café, y condimentos diversos que iban desde la pimienta al curri, pasando, claro está, por la sal y el azúcar. Y no habían olvidado los expedicionarios pertrecharse bien de abalorios, paños y alambre, que necesitarían para comerciar con los nativos, de los que esperaban obtener alimentos sobre la marcha, o pagar peajes si se veían obligados a ello.

Sobre el papel, todo parecía previsto. Pero había un factor con el que los exploradores no contaban: su propio carácter. Es difícil concebir dos personas más distintas que Burton y Speke. El primero, un hombre alto, robusto, atractivo, carismático y muy inteligente, era militar de carrera, pero poseía un espíritu en extremo inquieto y polifacético. Hablaba con fluidez varios idiomas; escribía con buen estilo; había traducido textos orientales, entre

---

[61] Alan Moorehead, *El Nilo Blanco…*, *op. cit.*, p.25. Una buena biografía de Richard Burton en Dan Kennedy, T*he Highly Civilized Man.: Richard Burton and the Victorian World*, Cambridge: Harvard United Press, 2005.

ellos el *Kama Sutra*; se desempeñaba con competencia como científico, y había ejercido también como diplomático e incluso agente secreto. Speke, por el contrario, era un hombre alto y delgado, de escasa cultura, que no leía nunca, quizá por las infecciones oculares que sufría desde la infancia, aunque dibujaba muy bien y era un observador minucioso. Como Burton, procedía del Ejército británico de la India, donde ambos se habían conocido, pero no tenía otra afición que la caza. Su espíritu también era inquieto, pero de otro modo: no tenía el afán de descubrir y conocer como Burton; tan solo le movía el deseo de aventura. Quizá los dos hombres podían haberse soportado si Speke, seis años más joven que Burton y mucho menos preparado que él, le hubiera aceptado como maestro y el propio Burton hubiera tenido en mayor consideración las opiniones de su compañero. Pero no sucedió así. Como escribió con acierto Alan Moorehead, «Burton necesitaba un discípulo, pero encontró un rival».[62] Cuando las dificultades arreciaran —y que ello sucediera en el contexto de una larga marcha a través de un territorio desconocido, inhóspito y potencialmente hostil era del todo inevitable— ambos tenían por fuerza que chocar, y entonces el éxito de la expedición llegaría a pender de un hilo.

Por suerte, el choque tardó mucho tiempo en producirse. Después de seis intensos meses de preparativos, una vez salvados los apenas 30 km de agua que separan Zanzíbar de la costa y tras haber llevado a cabo una caprichosa exploración preliminar de varias semanas por las regiones cercanas, la expedición partió al fin. Siguiendo las centenarias rutas de las caravanas árabes, el 27 de junio de 1857 Burton y Speke salían de la ciudad costera de Bagamoyo, donde se habían detenido otros diez días para reclutar más porteadores; tomaban dirección oeste, y enfilaban hacia Kazeh, a unos 800 km, junto al lago Tanganika, un neurálgico enclave comercial en el que confluían las caravanas de esclavos y marfil que recorrían la mitad del continente. Comenzaba así, en palabras de Javier Reverte, «uno de los viajes más ambiciosos de la Historia, una de las expediciones más románticas que ha emprendido el hombre».[63] La dirigían,

---

[62] Alan Moorehead, *El Nilo Blanco…*, *op. cit.*, p. 35.
[63] Javier Reverte, *El sueño de África*, Debolsillo, Barcelona, 2020, p. 35.

todavía, dos amigos; unos meses después se convertirían en enemigos irreconciliables.

Después de una marcha lenta y penosa de casi 150 días, golpeados una y otra vez por las deserciones de los porteadores, los chantajes de los jefes tribales, el agotamiento extremo y las enfermedades infecciosas, que en varias ocasiones estuvieron cerca de acabar con sus vidas, el 7 de noviembre de 1857, los exploradores llegaban al fin a Kazeh, la actual localidad tanzana de Tabora. Allí permanecieron casi un mes para restablecerse y curar sus maltrechos cuerpos, hasta que, a mediados de diciembre, se sintieron por fin capaces de reemprender el camino.

Transcurridas varias semanas de marcha incesante, no menos ardua que la anterior, entraban por fin, el 13 de febrero de 1858, en el emporio árabe de Ujiji, en la ribera del gran lago Tanganika, el mismo lugar donde, unos años después, tendría lugar el célebre encuentro entre Livingstone y Stanley. Aunque Speke, que sufría uno de sus habituales ataques de oftalmia, ni siquiera fue capaz de entrever sus aguas plateadas y Burton, que tenía la mandíbula ulcerada, tan solo ingería líquidos, ambos compartieron sin duda un momento de éxtasis. Pero en ese mismo instante empezaron las divergencias. Burton tuvo una inspiración y se mostró convencido de allí en adelante, aunque no tenía de ello prueba alguna, de que habían hallado las fuentes del Nilo; Speke, con más cordura, se permitió cuestionarlo. Su argumento, muy razonable, apuntaba a la necesidad de recorrer en canoa el lago para comprobar que en efecto salía de él algún río, pues por los nativos de la zona sabían que uno moría en él, pero nada les habían dicho de que otro naciera de sus aguas.

Agotados como estaban y temerosos de la reacción de las tribus hostiles que poblaban las riberas del Tanganika, acordaron regresar a Inglaterra sin haber llevado a cabo exploración alguna. De vuelta a Kazeh, donde hubieron de detenerse a descansar por algún tiempo, los indígenas de la región les hablaron de otro gran lago situado más al norte, al que llamaban Nyanza. Speke, seguro de que el Nilo no nacía del Tanganika y con poco que hacer en Kazeh, donde su políglota y cosmopolita compañero se encontraba a sus anchas entre sus amigos árabes, lo dejó allí sin objeción alguna y, el 9 de julio de 1858, partió en dirección norte, decidido a explorar él solo el nuevo lago. Para entonces, la relación entre ambos se había vuelto ya insufrible. Pero se agravó aún más cuando Speke alcanzó las orillas del Nyanza, al que rebautizó enseguida Victoria en honor de la reina, y llegó a la conclusión, no menos infundada que la de Burton, de que eran sus aguas, y no las del Tanganika, como suponía su colega, las que alimentaban las fuentes del Nilo. «No lo dudé más —escribiría más tarde—, el lago que tenía ante mí era el origen de ese río tan intrigante, era la fuente que había sido objeto de tanta especulación, la meta de tantos exploradores».[64] Contaba tan solo para respaldar su aserción con el incierto testimonio de un viajero árabe que le había contado que de su orilla septentrional nacía un poderoso río, «tan inconmensurable que, con toda probabilidad, podía extenderse, aunque nadie lo hubiera comprobado, hasta los confines del mundo».

Speke volvió a Kazeh a reunirse con Burton y enseguida iniciaron viaje de regreso hasta Zanzíbar. Para entonces apenas se hablaban y tan tensa era su relación que acordaron no pronunciar la palabra durante las semanas que habían por fuerza de permanecer juntos, ni hablar por separado del asunto a su llegada a Inglaterra. Alcanzaron la isla el 4 de marzo de 1859, casi dos años después de su partida, y apenas puso pie en ella, Speke, adelantándose a Burton, se embarcó en solitario hacia Gran Bretaña. Cuando llegó a Londres, el 8 de mayo, quebrantando el pacto de caballeros que había sellado con su compañero, se dirigió enseguida a sir Roderick Murchison, presidente de la ahora denominada *Royal Geographical Society*, al que participó su absoluta certeza sobre la ubicación de las fuentes del Nilo. Cuando desembarcó por fin Burton, el día 21, se encontró con que Speke se había convertido en un héroe nacional al que se atribuía la solución del misterio más grande de los últimos dos mil años: el lugar donde nacía el Nilo.[65]

Sin embargo, no todos compartían el entusiasmo de Murchison. No eran pocos, entre ellos geógrafos de notable prestigio, los que insistían en que la afirmación de Speke no se asentaba en prueba alguna. Por supues-

---

[64] Alan Moorehead, *El Nilo Blanco...*, *op. cit.*, p. 58.
[65] En 1990, Bob Rafelson dirigió un magnífico largometraje titulado *Las montañas de la luna* que narraba, sobre una novela de William Harrison, las vicisitudes de Burton y Speke en su expedición en busca de las fuentes del Nilo.

to, solo había una manera de comprobarlo: enviar una nueva expedición al lago Victoria y recorrer sus orillas en su totalidad. Pero para entonces el descubrimiento de las fuentes del río y el trazo preciso de su curso habían adquirido un sentido estratégico, comercial y militar para el Imperio, independiente de su mero valor geográfico. Por ello, aunque Speke fue de nuevo el elegido para encabezarla, su carácter oficial se reforzó con la financiación del *Foreign Office*, el Ministerio de Asuntos Exteriores británico, que se sumó a la de la *Royal Geographical Society*. James Augustus Grant, un dócil oficial del Ejército, dispuesto a obedecer sin chistar a Speke en todo cuanto le ordenara, fue elegido para acompañarle. Las áridas discrepancias del viaje anterior no debían repetirse, pues el éxito de la campaña podía depender de ello.

La ruta inicial de la nueva expedición fue similar a la seguida por Burton y Speke, pero al llegar a Kazeh, giró hacia el norte y enfiló directamente hacia el lago Victoria. Luego ascendió por su orilla occidental y, a finales de 1861, alcanzó el reino de Karagwe, cuyo soberano, el rey Rumanika, recibió a sus jefes con amabilidad. Allí se enteraron de la existencia de Buganda, el estado más poderoso de la zona, cuyo rey, Mutesa I, acababa de ascender al trono. Rumanika les aconsejó que se presentaran ante él, pero no sin antes avisarle de su intención por medio de una embajada. Fue todo un acierto, dado el carácter del personaje. Tras recibir a los emisarios enviados por Speke, el joven monarca le invitó a visitarle en su corte, a la que llegó en febrero de 1862, aunque Grant, que se hallaba demasiado enfermo para viajar, hubo de quedarse en Karagwe. Mutesa era un tirano sanguinario cuya mayor diversión era torturar a sus enemigos y condenar a la ejecución inmediata a quien le desairaba. Pero, cumplido el obligado intercambio de presentes, aseguró a Speke que no muy lejos de allí, hacia el este, un gran río fluía desde el lago en dirección norte para perderse en la distancia tras caer por una gran catarata. Speke esperó a Grant durante tres meses y cuando llegó, y el antojadizo rey se cansó por fin de retrasar su partida con los más diversos y ridículos pretextos, dejaron por fin Buganda en busca de su ansiado objetivo. Era el 7 de julio de 1862.

Antes de alcanzarlo, Speke, quizá temeroso de que su dócil compañero le arrebatara la gloria, como él mismo había hecho con Burton, o

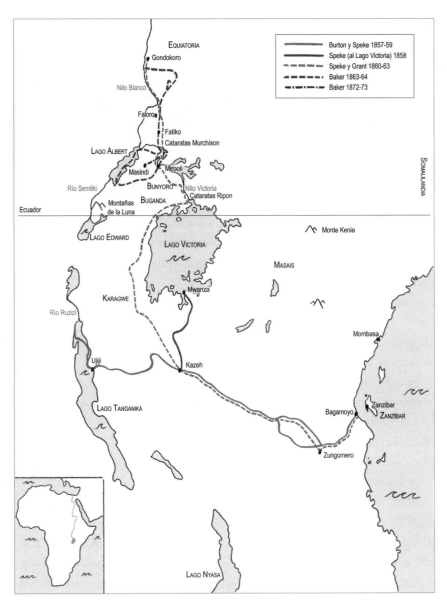

Mapa 13. Exploraciones en busca de las fuentes del Nilo. El lugar exacto del nacimiento del gran río africano exigió numerosas expediciones y fue objeto de polémica en Europa durante largo tiempo.

incapaz de esperar un minuto más antes de comprobar su teoría, decidió enviar a Grant, que no podía caminar deprisa porque tenía una herida en una pierna, a presentar sus respetos al rey de Bunyoro, otro estado de la zona. Mientras, él continuaría a toda velocidad en la dirección prevista hasta el nacimiento del río y, pasadas unas semanas, se reunirían corriente abajo. Pero los guías de Mutesa que iban con ellos los habían desviado un poco hacia el norte, por lo que Speke se topó con el río cuando este había dejado ya el lago Victoria y hubo de remontar su cauce 65 km hacia el sur. Por fin, el 28 de julio de 1862, llegó al lugar exacto en el que la corriente, tal como le habían dicho, se desbordaba desde el lago en un salto de agua de escasa altura. Lo bautizó como *Ripon Falls* (cataratas Ripon), en honor de uno de los miembros más destacados de la *Royal Geographical Society,* y se sentó satisfecho a paladear su magnífico triunfo. «Uno podía quedarse horas contemplando la estampa —escribió—, el rugido de las aguas, los miles de peces viajeros que saltaban en contra de la cascada con todas sus fuerzas, los pescadores de Wasoga y Waganda, que salían a pescar en barcas y se apostaban en todas las rocas con la caña y el anzuelo, los hipopótamos y los cocodrilos flotando, adormilados, en el agua…».[66] Había tenido razón desde el principio: el Nilo nacía en el lago Victoria.

Pasado un mes, Speke y Grant se reunieron y, tras una breve estancia en Bunyoro, partieron en dirección norte, hacia Gondokoro, en el Sudán, donde, aunque llegaban con un año de retraso sobre la fecha prevista, esperaban encontrarse, como se les había prometido, con una expedición de socorro que les facilitaría los recursos necesarios para su regreso Nilo abajo hasta El Cairo.

Al hacerlo, no caminaron siempre pegados a la orilla del río, sino que llegaron a separarse mucho en varias ocasiones, en una de ellas durante 80 km, perdiéndolo por completo de vista, un detalle que resultaría después muy relevante. El 3 de diciembre de 1862 entraban en Faloro, el destacamento más austral del Ejército egipcio, donde permanecieron descansando hasta el 10 de enero de 1863, y por fin, el 13 de febrero, casi dos años y cinco meses después de su partida, llegaban a Gondokoro. Sus penalidades habían terminado. Durante la travesía río abajo, Speke

---

[66] Alan Moorehead, *El Nilo Blanco…*, *op. cit.*, p. 82.

El *Stella Noviomagi,* la réplica en condiciones de navegar de un barco hallado en Trier, Alemania. Dedicado al transporte de vino, era uno de los muchos tipos de embarcaciones fluviales romanas, entre las que destacaban las destinadas a patrullar las aguas, que recorrían el Danubio y el Rin para preservar la seguridad del limes de los ataques bárbaros.

...uente romano de Alcántara. Construido en piedra sobre el río Tajo a unos 400 m al norte de ...cha localidad cacereña en las primeras décadas del Imperio, es un buen ejemplo de la solidez y durabilidad de las construcciones civiles romanas.

Vista de la ciudad de Sevilla, atribuido a Alonso Sánchez
Coello, finales del siglo XVI. Óleo sobre lienzo, Museo
del Prado, Madrid. La capital andaluza se convirtió, a raíz
del descubrimiento de América, en la más cosmopolita y
bulliciosa de las ciudades españolas.

Complejo arqueológico de Teotihuacán, a 42 km al norte de la actual ciudad de México. Aunque los aztecas la encontraron ya en ruinas, la urbe había alcanzado su máximo esplendor a mediados del primer milenio, cuando llegó a contar con más de 100.000 habitantes.

La presa Hoover, en el río Colorado, a 48 km al sureste de Las Vegas. Construida en la Gran Depresión, entre 1931 y 1936, es una de las obras hidráulicas más importantes del mundo, con 224 metros de altura y más de 379 de longitud.

Ruinas de Göbekli Tepe, en el sureste de Turquía. Erigido en el X milenio antes de nuestra era, el santuario es aún un misterio para los arqueólogos, que no han sido capaces de asociarlo a la presencia de una comunidad agrícola.

La torre de Babel, por Peter Brueghel el Viejo, 1563. Óleo sobre tabla, Museo de Historia del Arte, Viena. La torre, que según el Génesis la humanidad había construido para alcanzar el cielo, simboliza el orgullo humano, que Dios castigó confundiendo a los hombres al hacerles hablar lenguas distintas.

Gran baño de Mohenjo-Daro, Pakistán. Considerado el primer depósito público de agua de la historia, revela el nivel de vida alcanzado por los habitantes de la llamada Cultura del Indo, entre los años 2600 y 1800 a.C., a la que se asocian algunos de los núcleos urbanos más antiguos del mundo.

La cosecha del heno, por Peter Brueghel el Viejo, 1565. Óleo sobre tabla, palacio Lobkowicz, Praga. Ambientado en una época de veranos cortos y templados, la impresión de abundancia que provoca su contemplación no es tan rotunda como la que producían las pinturas medievales.

El Támesis helado, por Abraham Hondius, 1677. Óleo sobre lienzo, museo de Londres. El cuadro ofrece un ejemplo muy elocuente de los efectos de la denominada «Pequeña Edad de Hielo», que se extendió entre los siglos xiv y xix, con un momento de máxima intensidad en torno a 1650.

El último viaje del «Temerario», por William Turner, 1838. Óleo sobre lienzo, National Gallery, Londres. Las obras del pintor inglés ambientadas en la primera mitad del siglo xix reflejan con gran exactitud los cielos brumosos y las nubes amenazadoras de los últimos años de la Pequeña Edad de Hielo.

Representación idealizada de la vida a finales del Paleolítico. Los ríos proporcionaban a los grupos humanos que se asentaban en sus orillas todo cuanto necesitaban, desde caza y pesca a piedra para sus herramientas.

La presa de las Tres Gargantas, río Yangtsé, Hubei, China. Concluida en 2016, es la presa más grande del mundo, con 2.335 m de largo y 110 m de altura sobre el nivel del río. En su construcción se utilizaron 27,2 millones de metros cúbicos de hormigón y 463.000 toneladas de acero.

Pátera del tesoro de Pietroasa, Museo Nacional de Historia de Rumanía, Bucarest. Elaborada en el siglo IV por un orfebre visogodo, es una buena muestra del nivel de desarrollo económico alcanzado por los pueblos germanos durante el Bajo Imperio romano.

Estela de los buitres,
Museo del Louvre, París.
Tallada en piedra caliza
hacia el siglo XXV a.C.,
conmemora la victoria del
rey Eannatum de Lagash
sobre el rey de Unma.
La guerra entre ambas
ciudades es la primera de
la que tenemos constancia
en la historia y en ella
desempeñaron un papel
fundamental las aguas
del Éufrates.

Batalla del Puente Milvio, por Pieter Lastman, 1613. En la batalla, librada el 28 de octubre del
312 entre los emperadores Constantino y Majencio, la errónea disposición de las tropas del
segundo, de espaldas al Tíber, le costó la derrota.

Batalla de Empel, diciembre de 1585, Frans Hogenberg y Georg Braun. Biblioteca del Palacio Real, Madrid. Entre los días 7 y 8 de diciembre de 1585, los soldados del Tercio Viejo de Zamora hubieron de enfrentarse a la hábil treta del comandante enemigo, el almirante flamenco Filips van Hohenlohe-Neuenstein, que ordenó abrir los diques del Mosa y el Waal, aunque lograron escapar gracias a que un intenso frío heló sus aguas.

Cataratas Victoria, río Zambeze. Conocidas por los indígenas como «El humo de trueno», tienen una altura de 110 metros y una anchura de 1.700, lo que las conviert en unas de las más espectaculares del planet.

Gran Muralla china. Construida a partir del siglo III, protegía la frontera por excelencia del país, delimitada por el gran río Amarillo, como las romanas del Danubio y el Rin, era una frontera fluvial.

Dragón de cuera. Estos soldados de caballería eran el resultado de la adaptación de las unidades regulares del virreinato de Nueva España a las peculiares condiciones de su frontera septentrional, que protegía una línea de presidios guarnecida por estas versátiles tropas.

El río Ganges a su paso por Benarés, India. La gran corriente fluvial sigue siendo
en la actualidad parte inseparable de la vida de muchos hindúes y, de algún modo
del espíritu mismo de su cultura

Encontro das aguas, Manaos, Brasil. Durante seis kilómetros las oscuras aguas del río
Negro y las más amarillas del Solimoes corren juntas sin mezclarse en las cercanías
de Manaos.

Valle sagrado del río Urubamba, Perú. Centro neurálgico del Imperio inca y reflejo en la tierra de la Vía Láctea, se alzaban en sus riberas la capital, Cuzco, y un gran número de fortalezas que la protegían.

Río Oshun, Nigeria. En la mitología local, Oshun es una de las esposas de Changó, el espíritu del trueno, y, por tanto, uno de los más de 400 orishas, avatares o encarnaciones de la deidad suprema Olodumare, creador y esencia misma del universo.

Río Whanganui, Isla Norte, Nueva Zelanda. El 20 de marzo de 2017 una norma aprobada por el Parlamento declaró a este río ente vivo y sujeto de derechos y deberes amparados por la ley.

Río de estrellas. Aunque parece una metáfora, estos ríos existen en realidad. Se trata de corrientes de cientos de años luz de longitud formadas por millones de estrellas de parecida edad que se desplazan por el espacio siguiendo direcciones perfectamente identificables movidas por las fuerzas de marea que generan las galaxias cercanas.

CARRETERAS HACIA LO DESCONOCIDO • 161

envió un telegrama a sir Robert Murchison: «...el Nilo está resuelto», concluía. Pero no lo estaba.

Burton, que regresó de una expedición por el África occidental más o menos a la vez que Speke llegaba a Londres, en junio de 1863, ardía en deseos de vengarse de su antiguo compañero. Cuando se enteró de que su joven rival no había seguido el curso del Nilo en su totalidad, usó esta decisiva información como ariete para arrojar todo tipo de dudas sobre sus afirmaciones. Algunos geógrafos destacados apoyaron sus críticas y la *Royal Geographical Society*, y con ella la sociedad británica, se dividió en dos bandos. Por fin, en septiembre de 1864, se organizó en Bath un debate público en el que ambos exploradores tendrían ocasión de exponer cara a cara sus teorías. La expectación era enorme, pero pocas horas antes de que se iniciara la controversia, el 16 de aquel mes, Speke falleció en un trágico accidente de caza. La cuestión volvía al punto de partida. Sería necesaria una nueva expedición para zanjarla de una vez por todas.

Por entonces se hallaba en África Samuel Baker, que había coincidido con Speke y Grant en Gondokoro mientras dirigía su propia expedición río arriba y conocía perfectamente los términos del problema. Baker era un hombre acomodado, explorador por puro placer, que se pagaba sus propios gastos y no aceptaba órdenes de nadie. Pero también poseía un carácter lo bastante serio y concienzudo como para pasarse todo un año estudiando árabe antes de dar inicio a su viaje. Llevaba recorridos ya desde su salida de Jartum, meses atrás, 1.600 km y, cuando los exploradores se marcharon, decidió continuar hacia el sur para comprobar por sí mismo las teorías de Speke. Meses después, enfermo de paludismo y al borde de la extenuación, llegaba por fin a la corte de Bunyoro, donde fue recibido por el rey Kamrasi. Baker esperaba de este ayuda para proseguir su marcha, pero el monarca, caprichoso como todos los tiranos, se negó a facilitársela, forzándole a permanecer en su país. Por fin, en febrero de 1864, Kamrasi cedió y se avino a facilitarle porteadores. Gracias a ellos, Baker siguió su camino y en el mes de marzo alcanzaba la orilla de un lago al que puso el nombre de Albert en honor al esposo de la reina Victoria, que había fallecido poco tiempo antes. Además, con ayuda de toscas canoas compradas a los nativos, llevó a cabo una minuciosa exploración de sus orillas, comprobando que un río que parecía ser el Nilo entraba en el lago y volvía a salir a través de unas elevadas cataratas. Confirmado el descubrimiento, Baker regresó a Bunyoro y lo abandonó enseguida en dirección norte. En febrero de 1865 alcanzaba Gondokoro y meses después llegaba por fin a Suez, donde se embarcó rumbo a Inglaterra.

Pero la expedición de Baker, que desde entonces sería conocido como Baker del Nilo, tampoco resolvió nada. Como Speke, tampoco él había seguido palmo a palmo el curso del río que atravesaba el lago Albert, ni podía asegurar por tanto que fuera el Nilo. Y si se trataba de él, ¿cuál era su verdadera fuente, el lago Victoria o el Albert? Para dar una respuesta categórica y definitiva a la cuestión, que parecía realmente maldita, sir Robert Murchison anunció entonces que contrataría al que por entonces pasaba por ser el explorador más respetado del mundo: el doctor David Livingstone.

Livingstone aceptó. En realidad, no tenía nada mejor que hacer. En 1865 nada le retenía en Inglaterra. Era viudo y sus hijos pequeños estaban bien atendidos en Londres; vivía con holgura de los derechos de autor de sus libros, y, sobre todo, contaba 52 años, una edad avanzada para la época, pero en la que, a pesar de sus aventuras anteriores, el vigor aún no le había abandonado. Conseguida la financiación suficiente, en enero de 1866 llegaba a Zanzíbar, donde alquiló una casa y se dispuso a organizar una modesta expedición, no más de 60 hombres, amén de los consabidos animales de carga.

Fue el mayor y el último fracaso de su carrera. Durante siete años no hizo sino vagabundear por África central sin lograr ni una sola de sus metas. No resolvió el problema de las fuentes del Nilo, que buscó mucho más al sur de donde se encuentran en realidad, en el río Lualaba, que no es otro que el Congo. Fue dado por perdido durante casi seis años, hasta que el joven norteamericano Henry Morton Stanley, que había sido enviado en su busca, dio con él en Ujiji el 10 de noviembre de 1871, aunque no consiguió que se aviniera a regresar con él a Europa. No hizo avance alguno en su obsesiva lucha contra el tráfico de esclavos, que permaneció tras su muerte tan activo como antes. Y, por si todo ello fuera poco, ni siquiera logró salir vivo de su hazaña, pues falleció en Chitambo, en la actual Zambia, el 1 de mayo de 1873, cuando contaba ya 60 años. Pero su encuentro con Stanley proporcionó a este la fama suficiente para

Henry Morton Stanley (1841-1904). Aunque no era sino un joven
periodista cuando inició su carrera, se convertiría en el más célebre
de los exploradores del continente africano.

que fuera él el siguiente elegido para resolver el obsesivo problema de
las fuentes del Nilo. Y, contra todo pronóstico, sería él quien lo zanjara
por fin sin apelación alguna.

Stanley, un audaz periodista norteamericano, no se parecía en nada
a sus predecesores victorianos. No le movía en modo alguno el deseo
de conocimiento, ni tampoco el afán de liberar de su atraso a las tribus
africanas; menos aún la voluntad de fundar un imperio. Había sufrido
mucho en su juventud y tan solo aspiraba a resarcirse a través de la fama.
Y la logró. Se convirtió, de hecho, en el explorador africano más famoso
de todos los tiempos. Nada en el mundo parecía tener fuerza suficiente

para detenerlo. Con razón fue apodado por Jean-Jacques Lafeur, uno de sus biógrafos, *le briseur d'obstacles*, el destructor de obstáculos.

Lo fue. En su viaje más importante, entre 1874 y 1877, dio respuesta cumplida a los tres grandes interrogantes que habían dejado sin resolver las expediciones anteriores. Circunnavegó el lago Victoria y demostró que el río que nacía de él era el Nilo. Exploró el Tanganika y probó que ningún río de importancia surgía de sus aguas, por lo que, en contra de las peregrinas teorías de Burton, no podía ser el origen de aquel. Y, como luego tendremos ocasión de explicar, navegó el Lualaba y después el Congo hasta su desembocadura en el océano Atlántico, probando sin lugar a duda que se trataba del mismo río y que nada tenía que ver con el Nilo. Este nace en el lago Victoria, se dirige hacia el norte cruzando el lago Kyoga, continúa después hasta el Albert, enfila de nuevo hacia el norte hasta el Sudd y se une con el Nilo Azul en Jartum. Cuando Stanley lo afirmó así tras su regreso a Zanzíbar en 1877, lo que estaba haciendo era dar por concluida oficialmente la exploración del Nilo. Ahora tocaba explotarlo.

La historia de la explotación del Nilo no es menos apasionante que la de su descubrimiento, pero sí muy distinta. Escasean en ella los hombres movidos por el afán de conocer, el ansia de mejorar la vida de los demás o, en el peor de los casos, el mero deseo de alcanzar la admiración de sus semejantes. Predominan, por el contrario, los aventureros sin escrúpulos y los despiadados buscadores de fama y fortuna, los fríos constructores de imperios y los simples asesinos. Pero si esa historia hubiera sido distinta, no lo habría sido menos la faz que hoy, libres por fin de la tutela de las grandes potencias europeas, nos muestran los países que recorren sus aguas. Es, pues, conveniente que la conozcamos.

Todo dio comienzo, una vez más, en Egipto. Gobernaba el país del Nilo en la década de 1860 un hombre mediocre, movido, sobre todo, por la búsqueda del placer, pero dotado de cierta capacidad para los asuntos de gobierno. Sus designios no eran del todo hedonistas; deseaba también atraer los capitales europeos, modernizar su país y situarlo, en la medida de lo posible, en el concierto internacional, pues aunque era, sobre el papel, vasallo del sultán de Constantinopla, dado que el valle del Nilo era parte del Imperio otomano, lo dirigía a su antojo, como un monarca absoluto. Se trataba del jedive Ismail.

Había logrado ya mucho a finales de la década. Sus obras hidráulicas, sus mejoras en los sistemas de correos y aduanas, su reforma militar y la decidida remodelación de la capital que había impulsado habían sacado a Egipto del marasmo medieval de la época de los mamelucos, haciendo de él un país mucho más moderno que el que había recibido a su acceso al cargo, en 1863. La inauguración del estratégico canal de Suez, que redujo a la mitad la distancia y la duración del viaje entre Europa y la India, el 17 de noviembre de 1869, bien podía servir de colofón a sus afanes. Pero Ismail no tenía bastante. Aspiraba a que Egipto figurara por derecho propio entre las grandes potencias, y ello exigía dotarlo de su propio imperio, aunque fuera bajo la soberanía nominal de la Sublime Puerta. Por ello fijó sus ojos en el sur y resolvió conquistarlo. El Sudán, los pobres y atrasados reinos que bordeaban el lago Victoria e incluso el antiquísimo Imperio del negus etíope debían incorporarse a Egipto. Pero como no se fiaba demasiado de sus propios jefes militares y, después de todo, habían sido los europeos quienes habían explorado el curso alto del Nilo, entendió que los necesitaba para hacer efectivos sus planes.

El elegido para ejecutarlos no fue otro que Samuel Baker. Para Ismail, se trataba del mejor candidato. Hablaba árabe, era firme y resuelto y conocía el territorio. De modo que, en el baile de disfraces que Lesseps, el artífice del canal de Suez, organizó en El Cairo para celebrar su inauguración, Ismail se lo llevó aparte y le encomendó como si nada la difícil misión de conquistar para Egipto el curso alto del Nilo. A cambio se le nombraría general de división y gobernador general de Ecuatoria, el nombre que se había dado a la nueva provincia, que se extendía desde Gondokoro a los Grandes Lagos; se convertiría en bajá del Imperio, y la considerable cifra de 40.000 libras le estaría esperando en su banco de Londres al cabo de cuatro años.

Baker aceptó. Aunque sus éxitos anteriores le habían granjeado fama y reconocimiento, e incluso un título de caballero, su deseo de aventura no se había extinguido y el desprecio que sentía hacia los africanos no era menor que antes. En febrero de 1870, cuando la cuestión del Nilo estaba aún lejos de resolverse y sin ningún interés en hacerlo, se hallaba ya en Jartum a mando de un contingente de un par de miles de soldados y dispuesto a partir hacia el sur. La tarea que tenía por delante no era sencilla.

La región estaba arrasada. La corrupción de los funcionarios egipcios del Sudán y los abusos de los traficantes de esclavos habían aniquilado su economía. Si el nuevo bajá trataba de poner orden, ambos se alinearían enseguida contra él y no se detendrían ante nada para hacerle fracasar. Y eso fue lo que sucedió: simplemente, Baker trató de poner orden.

Tras un viaje espantoso en el que a punto estuvo de quedarse atrapado en los pantanos del Sudd, pudo al fin alcanzar Gondokoro, su teórica capital, en abril de 1871. Por el camino apresó barcos dedicados al comercio de esclavos y se hizo muchos enemigos. Las tribus locales rechazaban a los extranjeros porque pensaban que todos ellos eran traficantes; los árabes no podían sino volverse contra el que trataba de arrebatarles su lucrativo negocio; los funcionarios egipcios le odiaron en cuanto comprendieron que su llegada suponía el fin de sus abusos. A pesar de ello, siguió río arriba hasta llegar a Bunyoro y se lo anexionó después de una guerra breve pero terrible en la que perdieron la vida miles de africanos. Era mucho lo que había logrado, pero aún más lo que le quedaba por hacer cuando expiró su contrato, en la primavera de 1873. Había paz, pero el comercio de esclavos persistía y la mayor parte del territorio de Ecuatoria permanecía inexplorado. Se necesitaba un relevo que continuara la tarea, e incluso en aquella era gloriosa, pletórica de aventureros, no sería nada fácil encontrarlo.

Pero Ismail lo encontró, y lo hizo enseguida. El elegido fue el coronel británico Charles George Gordon, un veterano de las guerras de Crimea y de China, con fama de trotamundos excéntrico, que no había dudado ni un segundo en postularse a sí mismo para el puesto vacante cuando supo de su existencia. Incluso más resuelto que Baker, llegaba a El Cairo el 7 de febrero de 1874, tan dispuesto a asumir su nuevo cargo como lo había estado a hacerlo con sus mandos anteriores.

En su primer encuentro, que tuvo lugar de inmediato, el jedive encargó a Gordon establecer una cadena de puestos militares a lo largo del Nilo, desde Gondokoro a Buganda, que debía anexionar a Egipto, y abolir de forma efectiva el comercio de esclavos, una concesión en la que tenía escaso interés, pero que hacía a los gobiernos europeos para conservar sus simpatías. Pero cuando llegó a Gondokoro, un año después de que se marchara Baker, la encontró en una situación caótica. La guarnición se mostraba díscola; los funcionarios, corruptos, y el tráfico de esclavos, boyante. Cinco días le bastaron para poner orden. Separó Ecuatoria del resto de Sudán; echó a los burócratas deshonestos; se hizo con dinero para pagar puntualmente a los suyos, y se puso de inmediato en marcha hacia Buganda con intención de anexionarla a su flamante provincia. Pero no tardaría en comprender que el encargo del jedive no era fácil de cumplir.

Cuando llevaba ya dos años y medio en su destino, a finales de 1876, mientras Stanley, a solo unos mil kilómetros al sur, se afanaba en descubrir las fuentes del Nilo, no había logrado la sumisión de Mutesa ni los barcos de vapor navegaban sin obstáculos por los Grandes Lagos, como soñaba el jedive. Esto no quiere decir que hubiera fracasado por completo. El comercio de esclavos había terminado. Los negreros árabes habían sido expulsados. Una larga cadena de fortines aseguraba el control del Nilo desde Jartum. Las tribus se mostraban dóciles y los saqueos de los funcionarios eran solo un recuerdo. Pero Gordon no estaba demasiado contento. Sabía que lo que había logrado era poco en comparación con lo que quedaba por hacer y que mientras la endémica corrupción de la Administración egipcia no fuera extirpada de Jartum, todo lo que había levantado sería como construir sobre barro. Por eso dimitió y regresó a Inglaterra a finales de 1876. Pronto tendría que regresar.

Lo haría porque el jedive sabía que no encontraría a nadie capaz de igualar su gesta. Gordon era incorruptible, eficiente y perseverante. Si alguien podía someter Sudán al control de El Cairo era él y solo él. Pero cuando Ismail insistió, el coronel puso condiciones. Debía ser nombrado gobernador general de todo el Sudán, con poder absoluto, y sin cortapisa alguna para extirpar de una vez por todas el tráfico de esclavos. En febrero de 1877, el jedive aceptó y le proporcionó todos los soldados y las armas que quiso.

Gordon se entrega entonces a una actividad frenética. Viaja sin cesar por el Sudán; depura su Administración; abre un canal en el Sudd; hace de Jartum, por entonces un infecto montón de casuchas de barro y madera, una ciudad moderna, y extiende sin cesar su control efectivo sobre el inmenso territorio que se extiende entre el mar Rojo, al este, y Darfur, al oeste, levantando un fortín tras otro y trazando nuevas rutas comerciales. Todo parece ir bien para Gordon cuando, en 1879, sucede lo impensable: Ismail, su amigo, que ha confiado ciegamente en él, es depuesto. Las potencias europeas, hartas de su despilfarro y sus deudas, han decidido por fin quitárselo de en medio. Gordon se siente asqueado y decide dimitir. «Puedo decir de verdad —escribe— que he perdido hasta el último deseo de las cosas de esta vida en el sentido material. No tengo ganas de comer, beber ni procurarme comodidades. Si algo deseara, sería dormir sin sueños».[67]

Pero la diosa de la Historia no parecía dispuesta a permitirle abandonar Sudán. El estallido de una revolución en Egipto en septiembre de 1881 provocó una airada respuesta de Gran Bretaña, que por entonces tenía ya demasiados intereses en el país para arriesgarse a que el nuevo gobierno nacionalista de El Cairo los pusiera en peligro. De este modo, el primer ministro, a la sazón el liberal William Gladstone, del todo reacio a la intervención militar, que sabía perjudicial para sus relaciones diplomáticas con Francia, se vio forzado a ocupar Egipto y a colocarlo bajo el mando de un gobernador británico. Ocupar Sudán era otra cosa. Era enorme y muy pobre, y la población local odiaba a los egipcios, por lo que nadie pensó en enviar tropas allí. Sin embargo, fue en Sudán donde surgió el problema.

Si Gordon hubiera seguido en Jartum, quizá habría podido controlar la situación antes de que se desbordara. Pero era un gobernador egipcio el que mandaba en la capital y los abusos de los soldados y funcionarios habían regresado. El odio que inspiraban, mucho más intenso ahora, puesto que todo había vuelto a ser como antes cuando parecía que las cosas habían cambiado, favoreció la rápida difusión de la sublevación. No se trataba de un movimiento político; el país se hallaba demasiado atrasado para eso. Era una genuina explosión de fervor religioso que se alimentaba de los mitos islámicos más arraigados. Uno de ellos, el del *Mahdi* (el redentor), se ajustaba como un guante a la situación del Sudán, pues profetizaba que, cerca del fin de los tiempos, surgiría un líder que gobernaría el mundo, liberándolo del mal y restaurando la fe verdadera. De ahí que cuando comenzó a correrse la noticia de que, en la isla de

[67] Alan Moorehead, *El Nilo Blanco...*, *op. cit.*, p. 265.

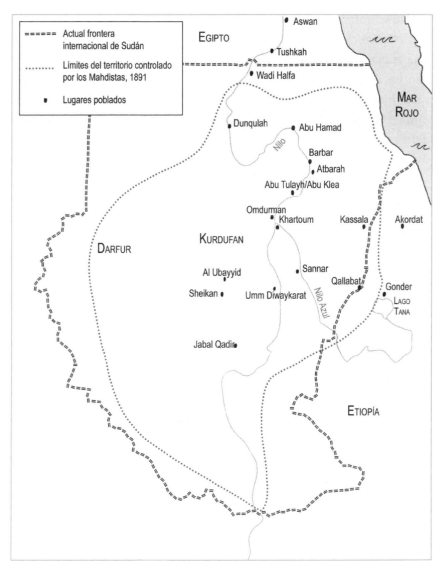

Mapa 14. El Imperio del Mahdi (1881-1898). La sublevación fundamentalista
obligó al reino Unido a intervenir en Sudán.

Ada, en el Nilo, tan solo unos 250 km al norte de Jartum, había aparecido
un hombre excepcional que predicaba la *yihad*, la guerra santa, muchos
estuvieran dispuestos a creer que la era del *Mahdi* había llegado y a tomar
las armas para seguirle.

No se trataba de una banda de desharrapados. El flamante ejército del *Mahdi* merecía el nombre. Disciplinado, fervoroso y austero, constituía una eficaz máquina de combate que en poco más de un año amenazó con hacerse con el control del país. Había que detenerlo, pues nadie sabía hasta dónde podía llegar un iluminado que conducía una guerra santa. Pero era evidente que los egipcios, que habían caído una y otra vez derrotados por él, eran incapaces de hacerlo. Gladstone tenía que enviar un ejército al Sudán.

Lo hizo. Pero no fueron soldados británicos los que envió, sino reclutas egipcios mal entrenados y poco disciplinados al mando de un británico que había entrado al servicio de Egipto, el coronel Hicks. Era obvio que Londres subestimaba al *Mahdi*. Y pagó su error. El 5 de noviembre de 1883, 50.000 guerreros árabes cayeron sobre la errática columna egipcia y la destrozaron por completo. Ahora la derrota de los rebeldes era ya una cuestión de honor. La opinión pública británica clamaba venganza y Gladstone no podía negársela. Sin embargo, solo había un hombre en todo el Imperio capaz de afrontar con éxito aquella tarea. Había que llamar a Gordon.

Pero no fue llamado como militar, sino como diplomático. Aunque se le nombró de nuevo gobernador general del Sudán, la misión que se le encomendó no era derrotar al *Mahdi*, objetivo que habría requerido de un ejército que Gladstone no estaba dispuesto a enviar, sino negociar con él, evacuar las guarniciones egipcias, en especial la de Jartum, antes de que fueran masacradas por el enemigo y organizar en el país algún tipo de régimen independiente bajo el liderazgo de un jefe local. En enero de 1884 ya estaba en El Cairo y partía de inmediato para Jartum.

Cuando llegó, comprendió enseguida que su misión era inviable. Las guarniciones egipcias eran numerosas, estaban dispersas y muchas de ellas sufrían asedio. Solo en Jartum, la población que había de evacuar superaba las 30.000 personas. Y si no podía salvar a todas, no salvaría a ninguna. Por otra parte, quizá no resultara útil abandonar Sudán a su suerte, pues nada garantizaba que el *Mahdi* no siguiera avanzando hacia el norte, hacia Egipto, cuando lo hubiera conquistado. Aunque esto no deja de ser una especulación gratuita, es probable que decidiera quedarse en Jartum no solo porque su acendrado sentido del honor se lo imponía, sino porque cuando fuera sitiado por los rebeldes, algo que sabía que sucedería, la opinión pública británica clamaría unánime en favor de que se enviara a Sudán un ejército de rescate.

Pero las cosas no salieron como esperaba el ahora general. El *Mahdi*, en efecto, sitió Jartum. En marzo de 1884, unos 30.000 guerreros árabes rodeaban la ciudad. Gordon les ofreció la paz, pero rehusaron. La suerte estaba echada. Los sitiados podían defenderse, quizá durante mucho tiempo, pues contaban con provisiones, armas y municiones suficientes. Pero si no se les socorría, acabarían cayendo. Había que elegir: o se dejaba morir a Gordon en Jartum o se le enviaba un ejército, y esta vez tenía que ser un ejército británico, pues los egipcios ya se habían revelado incapaces de derrotar al *Mahdi*. La presión de la opinión pública en las islas se hizo insoportable; incluso la reina Victoria recriminó a Gladstone su fría indolencia. Pero el primer ministro se resistía con firmeza. Ya se había visto forzado a involucrarse en Egipto y no deseaba implicarse también en Sudán. No pudo hacerlo mucho tiempo. La indignación popular iba en aumento y parecía decidida a derribar el Gobierno. El 8 de agosto anunció al fin que enviaría una expedición a Jartum. La comandaría Garnet Wolseley, el artífice de la victoria británica en Egipto dos años antes. Pero sus órdenes no eran rescatar Sudán; se limitaban a rescatar a Gordon.

Wolseley llegó a El Cairo el 9 de septiembre y, después de una penosa marcha hacia el norte de más de 2.400 km, cayó sobre las tropas del *Mahdi* en Abu Klea, aún lejos de Jartum, y las derrotó el 17 de enero de 1885. Había llegado tarde. Su vanguardia no alcanzó la ciudad hasta el 28, dos días después de que cayera en manos de los rebeldes. Gordon había muerto y con él, la esperanza de quienes deseaban que el Gobierno británico tomara el control de Sudán. Tan pronto como la mala noticia llegó a Londres, el general Wolseley recibió la orden taxativa de regresar de inmediato. Durante varias semanas, una multitud congregada a las puertas del 10 de Downing Street abucheaba a diario a Gladstone. En junio, los conservadores ganaron las elecciones y Lord Salisbury se convirtió en primer ministro. Pero su política respecto al Sudán fue la misma. Aunque todavía quedaban británicos más al sur, en la región de los Grandes Lagos, no manifestó deseo alguno de rescatarlos. Así que cuando el *Mahdi* murió poco después, sus seguidores quedaron dueños del país, imponiendo sin reparo alguno a sus habitantes, que no parecían descontentos por ello, una verdadera teocracia medieval. El Nilo Blanco había retornado a la terrible barbarie en la que lo habían encontrado Speke y Grant treinta años antes y a nadie parecía importarle demasiado. Los británicos tardarían trece años en regresar.

Para entonces, los parámetros que definían las relaciones internacionales habían cambiado. En plena era del imperialismo, los gobiernos europeos no estaban dispuestos ya a dejar un metro cuadrado de tierra africana sin repartirse, tan ansiosos estaban de asegurarse materias primas, mercados y lugares donde invertir su creciente exceso de capitales. Alemania, por entonces el estado más pujante de Europa, empezaba a edificar su propio imperio africano mientras Gran Bretaña asumía que debía detenerla antes de que fuera demasiado tarde. En un principio, las encontradas ambiciones de ambas potencias se resolvieron mediante un acuerdo sellado en 1890. Sudán, Kenia y Uganda serían británicas mientras los alemanes debían conformarse con Tanganika.

Pero trazar líneas sobre un mapa no era suficiente; el territorio asignado debía ocuparse de forma efectiva. Un joven capitán del Ejército británico, que había participado como oficial en la fallida expedición de rescate de Gordon, Frederick Lugard, sería el encargado de hacerlo. Genuino constructor de imperios, llegó a Uganda a finales de 1890 como simple empleado de la *British East Africa Company* y dos años después había creado ya una cadena de puestos comerciales entre Mombasa, en la costa del Índico, y el Nilo. Un par de años más, y Uganda se convirtió en protectorado británico.

Para entonces, Sudán había sido pacificado ya por completo. Londres recelaba de los alemanes, pero también de una posible expansión del integrismo musulmán que pusiera en peligro sus intereses en Egipto y, a la larga, incluso en los Grandes Lagos, así como de la evidente expansión norteafricana de los franceses, que aspiraban a unir sus territorios de Yibuti, en el este, y Brazzaville, en el oeste, y de la posible caída de las posiciones de Italia, muy debilitada tras su derrota en Adúa ante los etíopes (1896), en manos mahdistas. Pero como no quería implicarse de forma directa en un territorio tan pobre, hubo de hacerlo de manera

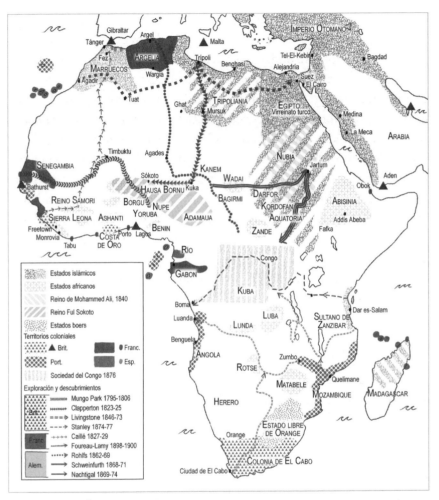

Mapa 15. África antes del reparto. El imperialismo del siglo XIX era distinto al de la Edad Moderna. Las materias primas y los mercados primaban sobre cualquier otra consideración.

indirecta. Reconoció las aspiraciones de El Cairo sobre Sudán y ayudó al Gobierno egipcio a modernizar su economía y su Ejército, al que proporcionó oficiales y suboficiales británicos. Cuando la tarea quedó completada, llegó la hora de actuar.

En marzo de 1896, un moderno ejército anglo-egipcio de 11.000 hombres al mando de Horatio H. Kitchener inició su avance Nilo arriba.

La campaña se prolongó hasta 1898. En septiembre de ese año, Omdurmán, la capital de los rebeldes, cayó en manos de los expedicionarios y su régimen se desmoronó. Sudán se convirtió en un territorio administrado conjuntamente por Egipto y Gran Bretaña, que aseguró así su posición en la zona. Francia tuvo que aceptar la situación. Serían los ingleses los que unirían sus territorios del norte con los del sur —una línea férrea entre El Cairo y El Cabo era el sueño de Cecil Rhodes, el gran ideólogo del imperialismo británico en África—. El encuentro de Fachoda, un pequeño lugar a orillas del Nilo, al sur de Sudán, entre Kitchener, que perseguía río arriba los restos del ejército mahdista, y Marchand, un comandante francés procedente de Brazzaville que había establecido un puesto allí en su marcha hacia el este, se convirtió en el símbolo de la derrota gala. En diciembre de 1898 los franceses, cuyo Gobierno no deseaba provocar al de Londres, arriaron la bandera y se retiraron. El Nilo sería, en toda la inmensidad de su curso, para los ingleses.

EL DIOS INDÓMITO

La historia de la exploración del Níger, el otro gran río norteafricano, es bien distinta. En sus orígenes se halla, asimismo, la mencionada *African Association*, pues fue este río, y no el Nilo, el primero que atrajo, aunque con muy poco éxito, el interés de sus inquietos y opulentos miembros. Como se trataba de un empeño de diletantes, no repararon en el perfil más adecuado de la persona a la que encargarían el trabajo, ni dedicaron demasiado tiempo a reflexionar sobre la naturaleza y el volumen de los recursos que necesitaría. Simplemente se pusieron manos a la obra y, tan solo un mes después de fundar la asociación, en junio de 1788, habían escogido ya su primer explorador.

Es evidente que no se trató de una buena elección. John Ledyard era un aventurero sin formación alguna cuyo único mérito residía en haber acompañado al capitán Cook en alguna de sus expediciones. No sabía nada de África ni hablaba una palabra de árabe. No recibió tampoco dinero suficiente para adquirir animales de carga, provisiones o armas ni contratar porteadores. Tan solo se le dieron 100 libras y unas cuantas instrucciones absurdas. Debía viajar, él solo, desde El

Cairo a La Meca, cruzar el mar Rojo, atravesar el continente en dirección oeste hasta toparse con el Níger y seguir después su curso hasta la desembocadura.

Pero no bien hubo partido Ledyard cuando sus jefes estaban ya pensando en buscarle un *alter ego*. Por lo menos, el segundo explorador de la *African Association* sí poseía alguna cualificación para el puesto. Simon Lucas dominaba el árabe y, en su condición de vicecónsul inglés en Marruecos, había entablado estrecha amistad con el embajador de Trípoli, lo que le permitiría contar con cierta ayuda al inicio de su periplo. También era más razonable la ruta que se le encargó seguir, de norte a sur, pero no el dinero, una suma idéntica a la que recibió Ledyard.

Que ambas expediciones terminaran en fracaso no debería sorprender a nadie. Ledyard murió en El Cairo de una extraña afección biliar sin haber iniciado siquiera su viaje a La Meca. Lucas, más resuelto, dejaba Trípoli en febrero de 1789 en dirección a Fezzan, al sur de la actual Libia, vestido a la turca y cargado de presentes para su rey, pero se dio la vuelta poco después, atemorizado por la violencia de las tribus de la región.

Los inquietos miembros de la Asociación Africana no se desanimaron por ello. El Níger parecía atraerles con fuerza invencible. Los europeos lo conocían desde hacía dos milenios y seguían envueltos en el misterio su desembocadura y la mayor parte de su curso. Al contrario del Nilo, cuya exploración parecía abandonada tras el viaje pionero de Bruce, dos décadas atrás, se sabía dónde estaban sus fuentes, pero no dónde moría. ¿En el océano, como sostenían algunos? ¿En un gran lago salado perdido en el Sahara? ¿O quizá en el Mediterráneo?

Como en el caso de su hermano oriental, la falta de respuestas ciertas a estas preguntas había torturado durante siglos a los geógrafos. Heródoto lo describió como «…un río violento y rápido, que fluía de Occidente hacia el sol naciente, y en el que podían verse terribles y espantosas serpientes llamadas cocodrilos», y lo consideró un ramal del Nilo. El rey de Numidia Juba II lo llamó ya Níger, literalmente «río de ríos», en un tratado escrito en el siglo I a. C. en el que aseguraba que discurre hacia el este desde el sur de Mauritania y se hunde bajo tierra para salir luego a la superficie poco antes de unirse al Nilo. Plinio, un siglo más tarde, afirmaba, sin revelar su fuente, que se trataba de un río muy parecido al que bañaba Egipto, con sus orillas repletas de juncos y papiros, una fauna similar y un caudal por igual caprichoso.[68]

Ptolomeo pareció dejar zanjada la cuestión al dibujar en su célebre mapa del siglo II un río que nace en un lago en el interior del Sahara y corre entre sus arenas hasta morir en el Atlántico, frente a las islas Canarias. Tal sería, como en el caso del Nilo, la imagen que los europeos tendrían del Níger hasta finales de la Edad Moderna, aunque en esta ocasión no todos los geógrafos posteriores al gran sabio griego se avinieron a aceptar sin más su autoridad. Al-Idrisi, un cartógrafo musulmán del siglo XII nacido en Ceuta, por entonces parte del efímero Imperio almorávide, lo llama el «Nilo de los negros» y asegura que comparte fuentes con su hermano, si bien, a diferencia de él, fluye hacia el oeste hasta desembocar en el Atlántico.

Era evidente que solo una investigación sobre el terreno podía despejar la incógnita de una vez por todas. Pero si en el caso del Nilo bastaba, sobre el papel, con remontar su curso desde el delta, en el del Níger ni siquiera era posible actuar así, dado que sus bocas se desconocían por completo. La exploración se veía, además, estorbada por los constantes vientos del norte que azotaban el océano al este de África y la extrema aridez del interior del continente. Los primeros hacían muy dificultoso el regreso a los navíos que se aventurasen hacia el sur siguiendo la costa, única forma de navegar accesible para las embarcaciones de escaso calado y bajo bordo que usaban los árabes; el segundo convertía en tarea imposible el aprovisionamiento frecuente de alimentos y agua que ese tipo de barcos necesitaba.

No por ello se arredraron los árabes, que, poco a poco, a partir del siglo VIII, comenzaron a cruzar el desierto con sus caravanas en busca del oro que sabían abundante al otro lado de sus arenas. Allí se encontraron con verdaderos imperios como el de Ghana, el de Mali o el Songhai, que se fueron sucediendo en la región entre los siglos IV y XVI, sosteniendo una estable pauta comercial que tenía como base los enclaves del Níger, Tombuctú y Gao sobre todo, y como contenido el oro, los esclavos y el

---

[68] Sanche de Gramont, *El dios indómito* …, *op. cit.*, p. 44.

marfil. Pero ni siquiera un intercambio tan intenso alteró la idea que los habitantes del Mediterráneo tenían del misterioso río. El célebre viajero granadino León el Africano, que se topó con sus aguas a comienzos del siglo XVI en el transcurso de su periplo por el Sudán occidental, afirma que «surge de un gran lago del desierto de Seu, en el este, y corre hacia el oeste hasta el océano», confirmando así las versiones de Ptolomeo y de al-Idrisi.

Los siglos posteriores no supusieron avance alguno en la exploración de la zona. Después de que los musulmanes, tras ser expulsados de España, cerrasen a los europeos el paso hacia el sur, fueron los portugueses los que hallaron una ruta alternativa. Navegando por la costa en dirección al Ecuador, retornaban cruzando mar abierto, evitando así los vientos del norte, gracias a sus carabelas, navíos de mayor calado y bordas más altas, con velas latinas y timón de codaste, que permitían atrapar mejor el viento, superar el oleaje del océano y mantener el rumbo con mayor precisión. Pero sus marinos no se adentraron en el continente; tan solo siguieron sus costas hasta circunnavegarlo. En 1488 Bartolomé Díaz dobló al fin el cabo de Buena Esperanza, y diez años más tarde Vasco de Gama tocaba tierra en Calcuta.

Fueron, pues, los navegantes lusos los primeros europeos que llegaron al delta del Níger, estación de paso obligada en su marcha continua hacia el sur, pero nunca supieron que desembocaba allí, pues su extensión era tal que parecía una bahía y las aguas del río permanecían ocultas por impenetrables manglares. Más tarde, cuando otras potencias europeas llegaron a la zona e inundaron sus costas de factorías dedicadas al tráfico de esclavos, animado por la fuerte demanda de mano de obra del Nuevo Mundo, sus gobiernos rehusaron también arriesgarse a penetrar hacia el interior. Eran los reyezuelos locales quienes los capturaban para ellos a cambio de armas y abalorios. Respecto al oro, antes tan deseado, había perdido interés frente a la plata de las minas americanas y el cacao, el azúcar y el algodón de sus plantaciones.

Esta larga historia explica, junto a la ilimitada ansia de saber propia de la Ilustración, que los fracasos de sus exploradores no desalentaran a los caballeros de la *African Association*. Simplemente, probaron otras rutas, por suerte más razonables. En noviembre de 1790 llegaba a Gambia,

bajo los auspicios de la Asociación, Daniel Houghton, un mayor retirado del Ejército británico que había servido frente a la costa de Senegal
y hablaba la lengua mandinga. Aunque solo le habían dado 300 libras
para gastos, sus posibilidades de éxito parecían mayores. Debía remontar
el curso del Gambia, alcanzar el Níger, llegar hasta Tombuctú y regresar
con toda la información de que fuera capaz. Sin embargo, fracasó. En
septiembre de 1791, cuando se hallaba en la localidad de Simbing, a
unos 250 km al norte de la actual Bamako y muy cerca ya del Níger, se
perdió todo contacto con él. Como luego se sabría, había sido asesinado
por unos ladrones. Para entonces ya estaba seguro de que el río nacía en
las montañas del sur del río Gambia y su curso tomaba dirección este,
pero murió antes de demostrarlo. Como más tarde reconocerían sus jefes
de la *African Association*, «había traspasado ya los antiguos límites del
descubrimiento europeo».

Sería, sin embargo, otro explorador el que se llevaría los laureles. En
1794 ofrecía sus servicios a la Asociación un médico escocés de tan solo
veinticuatro años llamado Mungo Park, cuya única experiencia en viajes
se limitaba a un breve empleo como cirujano en un buque de la *East India
Company* que hacía la ruta de Sumatra. No eran, sin duda, las mejores
credenciales posibles para una misión tan compleja como la exploración
del Níger, pero la tranquila resolución del joven y su extraordinario porte
—era robusto y superaba el metro ochenta— sin duda cautivaron a sus
interlocutores. Así que le contrataron y enviaron de inmediato a Gambia
a bordo de un mercante que partía hacia allí, sin más pertrechos que una
carta de crédito por 200 libras y otra de presentación para un compatriota
y colega suyo, el doctor John Laidley, que dirigía un puesto comercial
en Pisania, la actual localidad de Karantaba Tenda, en el curso alto del
río Gambia.

Allí llegó Park en el verano del año 1795 y permaneció hasta diciembre, aprendiendo la lengua mandinga y recuperándose de unas fiebres que
contrajo nada más llegar. Cuando por fin partió a lomos de su caballo, lo
hizo tan solo acompañado de un guía local y un esclavo que tiraban de
un par de asnos cargados de comida, sin otra impedimenta que un par
de escopetas y dos pistolas, escasas municiones y un sextante, un compás
y un termómetro como únicos instrumentos de medición.

Durante más de seis meses, vagó por tierra hostil, enfermo las más de las veces, hambriento casi todas; sufriendo robos y violencias diversas de las tribus locales, y poniendo a menudo en peligro su vida. Pero por fin, el 20 de julio de 1796, lograba alcanzar las aguas del Níger a la altura de Segou. Lo encontró, según sus propias palabras, majestuoso, brillando al sol de la mañana, tan ancho «como el Támesis en Westminster» y fluyendo lentamente hacia el este. Había confirmado la genial intuición de Houghton. El Africano estaba equivocado: el Níger fluía en dirección al sol naciente, no hacia poniente.

Le quedaban todavía más de 600 kilómetros para llegar a Tombuctú, como se le había ordenado. Pero estaba exhausto y andrajoso; no tenía dinero ni aun para alquilar una miserable canoa que lo llevara río arriba, y las lluvias habían convertido la tierra en un cenagal por el que nadie en su sano juicio se aventuraría en aquella época del año. Cuando, el 16 de septiembre, llegó a Kamalia, tras pasar varios días entre la vida y la muerte, hubo de emplear seis meses en recuperarse, y cuando lo logró, sin dinero ni fuerzas, decidió regresar, sintiéndose ya incapaz de proseguir su tarea. En abril de 1797 partía en dirección a Pisania en la caravana de un mercader de esclavos que le había ayudado. Llegó allí a comienzos de junio y poco después se embarcó en calidad de médico en un barco esclavista norteamericano que zarpaba hacia Virginia, pero el buque se vio obligado a hacer escala en Antigua para hacer reparaciones y en esa isla tomó Park un paquebote que lo llevó a Inglaterra. Llegó allí el 22 de diciembre de 1797.

Durante el año siguiente, el explorador se entregó por completo a la redacción de un libro en el que narraba sus aventuras en África. Cuando por fin vio la luz, ya en 1799, se agotó en tan solo una semana. Pero Park no tenía fuerzas para volver al Níger y terminar lo que había empezado. En lugar de hacerlo, regresó a su Escocia natal, contrajo matrimonio y se embarcó en una vida monótona y previsible como médico rural.

Mientras, la *African Association* había vuelto a las andadas, enviando a un nuevo explorador por la ruta septentrional con la vana esperanza de que completara la tarea. El elegido fue Friedrich Hornemann, otro joven sin formación alguna al que se encargó dirigirse a Fezzan desde El Cairo, seguir luego hacia el sur y llegar al Níger. No le fue mal. En la capital de Egipto logró que Bonaparte le ayudara con los gastos y, tras no pocas vicisitudes, alcanzó el Níger a la altura del reino de Nupe, a menos de 500 kilómetros de su delta, más de lo que Park había logrado. Allí murió de disentería, antes de completar el descenso del río, sin tiempo para narrar su descubrimiento, que fue conocido por medio de terceros.

Por entonces Park volvía a sentir la comezón de lo desconocido y se planteaba regresar a África. Pero no era un buen momento. Las guerras entre Gran Bretaña y la Francia napoleónica se sucedían sin apenas solución de continuidad y el Gobierno de Londres tenía cosas mejores que hacer que escuchar sus argumentos. Park se había convencido de que el Níger iba a morir en el río Congo, por lo que se proponía seguir el curso del primero, continuar después por el del segundo hasta sus bocas y partir desde allí hacia las Indias occidentales. Por supuesto, se trataba de una mera especulación sin fundamento alguno, pero en 1804, Lord Camden, designado responsable de la *Colonial Office* en el nuevo gobierno de William Pitt, se mostró por fin receptivo a los argumentos de Park y aceptó financiar su nueva aventura con la suma de 5.000 libras, una verdadera fortuna para la época.

La expedición partió de Portsmouth el 31 de enero de 1805 y alcanzó la isla de Goree, en la desembocadura del río Gambia, dos meses después. Con cierto trabajo, Park logró reunir 43 hombres, todos ellos europeos, pues ningún africano quiso acompañarle, y cargar sus pertrechos en una recua de asnos. Pero ya era tarde. La estación de las lluvias estaba a punto de comenzar y cuando lo hiciera todo el país se convertiría en un inmenso lodazal por el que la marcha resultaría en extremo penosa. Los hombres sufrirían de calor extremo, se verían afectados por las fiebres y tendrían que avanzar muy despacio, tratando de no hundirse en el barro. A pesar de ello, Park no retrasó la partida. Remontó el Gambia hasta Pisania en el mismo barco que le había traído y allí los expedicionarios comenzaron a marchar a pie en dirección a Segou.

Cuando alcanzaron el Níger, el 19 de agosto, tres de cada cuatro habían muerto y no les quedaba un solo asno. Con todo, entraron en Segou un mes después. Necesitaban una canoa para seguir viaje por el río, pero también el permiso para hacerlo, que solo el monarca local podía darles. Solicitaron su ayuda, pero se mostró renuente y les hizo perder mucho tiempo. Terminaba ya el mes de noviembre cuando la expedición dejaba por fin la ciudad en dirección a Tombuctú. Los meses siguientes fueron muy duros. Park se negaba a pagar peaje a los reyezuelos locales, por lo que su canoa sufría continuos ataques y la hostilidad con que era recibido aumentaba a cada recodo del río. A pesar de las dificultades, hacia el mes de abril de 1806 lograba llegar a Yauri, uno de los reinos hausas, en la actual república de Nigeria. Fue entonces cuanto hubo de pagar con intereses crecidos el precio de su desprecio hacia las costumbres locales. Cuando dejaba el país, fue objeto de una emboscada en el río y murió. El curso del Níger hasta el mar seguía envuelto en el misterio.

Lo estaría aún durante un tiempo. Tras un parón de diez años en los que todas las energías del Reino Unido se dedicaron a combatir a Napoleón, la derrota definitiva de este en 1815 permitió a su gobierno retomar el asunto donde lo había dejado. La cosa no empezó con buen pie. Dos expediciones, auspiciadas, respectivamente, por la *Colonial Office* y la *Royal Navy*, terminaron en fracasos estrepitosos, víctimas de la acción combinada de las fiebres y las tribus hostiles. Luego el Gobierno volvió a acordarse de la ruta de Trípoli, que copó todo el protagonismo de las expediciones durante mucho tiempo.

Las ventajas de este itinerario, menos lógico porque era mucho más largo y obligaba a cruzar el Sahara, no podían obviarse. Trípoli era una ciudad mundana y abierta, un puerto dinámico en el que convivían gentes de diferentes culturas, con larga tradición comercial, desde el que siempre habían partido las rutas caravaneras que cruzaban el desierto. A ello se añadía la buena disposición del cónsul británico Hammer Warrington, que miraba con simpatía a los aventureros, y del propio bajá de la ciudad, Yusuf Karamanli, que les ofrecía facilidades para proveerse de cuanto necesitaban. Así las cosas, las expediciones se sucedieron, siempre con instrucciones similares: partir hacia el Níger a través de Fezzan; llegar a Tombuctú, y seguir el curso del río hasta alcanzar su desembocadura. Todas ellas fracasaron. Algunas lo hicieron por la ineptitud o la debilidad de sus jefes; otras por su autoritarismo; no faltaron las que se basaron en una información errónea, y, desde luego, desde la primera a la última hubieron de arrostrar, con mejor o peor suerte, la hostilidad de las tribus y la inmensidad del desierto.

Richard Lander explorando el Níger en un grabado de la época.
Por primera vez, un hombre de origen humilde recibía el encargo de explorar
el continente africano.

Al menos el perfil de los exploradores había mejorado mucho desde los temerarios pioneros enviados por la *African Association* a finales del siglo XVIII. La mayoría eran ahora oficiales del Ejército o la Armada; unos pocos ejercían la medicina; algunos de ellos gozaban incluso de una notable formación. Pero no sería un hombre culto ni un militar el que despejaría la incógnita del Níger, sino un sencillo hombre del pueblo.

Richard Lander era el cuarto de los seis hijos de un tabernero. Dejó su casa a los nueve años por razones que nunca reveló y entró al servicio de un comerciante al que acompañó en sus viajes. Con él se avivó su deseo de aventura, que nunca le abandonaría. Su contacto con el Níger no fue casual. Se enteró de que un comandante del Ejército, Hugh Clapperton, preparaba su segundo viaje al gran río africano, que no había alcanzado a ver en el primero, orientado por error hacia el lago Chad, y se presentó ante él para ofrecerle sus servicios como asistente personal. Contra todo pronóstico, llegaron a ser grandes amigos. Fueron tan penosas las condiciones que hubieron de afrontar juntos y tan graves y prolongadas las dolencias de Clapperton, que Lander llegó a actuar *de facto* antes como su compañero que como su sirviente, intimidad que creó fuertes lazos entre ellos. Pero tantas desdichas tuvieron un efecto más relevante aún sobre el antiguo hijo del tabernero, que aprendió de ellas lo suficiente para afrontar después con éxito su propia expedición. Cuando, tras la muerte de su jefe, en abril de 1827, hubo de regresar a Inglaterra, enfermo y solo en medio de un país hostil, su entrenamiento alcanzó niveles que ningún explorador logró jamás antes de dar comienzo a su aventura en solitario. En la práctica, fue el único que tuvo la ocasión de preparase para una tarea que no podía aprenderse en la universidad ni contaba con maestros dispuestos a enseñarla.

Lander llegó a Londres en febrero de 1828, tres años después de su partida. Había dejado su país como criado y regresaba como un héroe. En cuanto pudo, se hizo recibir por John Barrow, segundo secretario del Almirantazgo y fundador de la *Royal Geographical Society*, que había impulsado la expedición de Clapperton, y le hizo entrega de su diario. A cambio recibió tan solo los estipendios establecidos en su contrato, tan altos eran los muros que la diferencia de clase levantaba entre los hombres en la rígida sociedad británica a comienzos del siglo xix. Sin embargo, su suerte no tardaría en cambiar.

Empleado como funcionario en su pueblo natal, contrajo matrimonio y tuvo una hija, pero pronto comprendió que aquella vida monótona y previsible no estaba hecha para él. Apenas transcurrido un año desde su regreso, ya estaba otra vez en Londres presentándose voluntario para una nueva misión a África. En diciembre de 1829, la *Colonial Office* los contrataba a él y a su hermano menor, John, condición que había sido impuesta por el propio Lander, con instrucciones de «indagar el curso del gran río que cruzó el finado capitán Clapperton» y seguir su corriente hasta el mar. A cambio se le pagarían tan solo 100 libras, una cantidad tan insultante como elocuente, pero al menos se preveía dotarle con los recursos suficientes para comerciar y pagar peajes a lo largo de su viaje, entre ellos telas, espejos, peines, agujas y otros abalorios que se sabían apreciados por los reyezuelos locales.

El 22 de febrero de 1830, los Lander llegaban a la costa africana y se trasladaban enseguida a Badagri, en la bahía de Benin, desde donde, el 31 de marzo, partieron hacia el norte en busca del curso del Níger, no sin antes haber pagado el consabido tributo al rey. John, como era de esperar, enfermó enseguida, lo que les obligó a avanzar despacio. En mayo llegaban a Katunga, a medio camino, y en junio a Bussa, donde vieron por primera vez el Níger. Lo lógico habría sido hacerse entonces con canoas y emprender la navegación río abajo hasta alcanzar el delta, pero tenían instrucciones de dirigirse antes a Yauri, 60 kilómetros al norte, e indagar allí si el sultán conservaba alguno de los papeles de Mungo Park. Permanecerían en la ciudad hasta principios de agosto, pues solo entonces, como era habitual entre los veleidosos reyezuelos africanos, les dejaría partir el soberano.

Por fin pudieron los exploradores dedicar su atención a la verdadera meta de su expedición: seguir el curso del río hasta su desembocadura. Tenían por delante 1.000 kilómetros de tierra desconocida, donde ningún europeo se había aventurado hasta entonces, pues Park había muerto veinticinco años antes no muy lejos de donde se hallaban. Remaron río abajo, entre fuertes tormentas y peligrosos remolinos, acosados sin tregua por cocodrilos e hipopótamos, jornada tras jornada, hasta que, el 22 de octubre, avistaron una gaviota y media docena de pelícanos, señal inequívoca de que se acercaban a la costa. Pero todavía quedaba mucho por hacer.

Tres días más tarde, alcanzaron la confluencia del Níger con el Benue, su principal afluente, entraron por error en sus aguas y se encontraron de repente navegando en sentido contrario. Cuando regresaron al Níger, estuvieron a punto de ser atacados por un grupo de hausas, a los que Richard Lander logró calmar con habilidad sin recurrir a las armas. Llegaron por fin a la cabeza del delta y enseguida se vieron envueltos por una vegetación exuberante, pero aquel tramo del río, donde la influencia europea empezaba ya a resultar visible, estaba dominado por los piratas ibos, que asaltaban cuantas embarcaciones se ponían a su alcance. Las toscas canoas de los Lander no fueron una excepción y el 5 de noviembre avistaron una flotilla de cincuenta grandes embarcaciones armadas con cañones que se les acercaba a toda velocidad. Con tan solo pistolas y escopetas para defenderse, fueron enseguida abordados por los piratas, que les robaron cuanto tenían y les llevaron prisioneros a su poblado.

Allí se les informó de que iban a ser conducidos río abajo hasta la corte del rey de Ibo, que resolvería sobre su destino. Fue la única suerte que tuvieron, pues al menos no iban a desviarse de su curso. Navegaron tres días por el Nun, el principal ramal del delta, y cuando llegaron a Ibo, supieron que su destino era ser llevados a Brass, un puerto de la desembocadura, donde serían recogidos por un bergantín inglés cuyo capitán sin duda pagaría el rescate que exigía el rey. En los días siguientes, aun sin dejar de temer por su vida, sintieron cómo el júbilo les embargaba. Milla a milla, río abajo, mientras surcaban por estrechos canales las aguas envueltas en manglares, la brisa salada del mar inundaba sus pulmones, haciéndoles saber que estaban a punto de culminar con éxito su aventura. El 18 de noviembre de 1830, alcanzaban por fin el océano en Brass. Lo habían logrado. Ahora solo les quedaba regresar para contarlo.

Lo hicieron. El capitán del bergantín logró sacarles de allí sin pagar una libra por su rescate y los dejó en la isla de Fernando Poo, bajo soberanía española, donde tomaron un barco a Río de Janeiro. En la ciudad brasileña embarcaron en otro buque que regresaba a Inglaterra y, por fin, llegaron a Portsmouth el 9 de junio de 1831. Ahora sí podían sentirse a salvo. Eran héroes. Sus méritos no podían discutirse, pues a ellos se debía la solución a un problema que, como el de las fuentes del Nilo, había obsesionado a los pobladores del Viejo Mundo desde tiempo inmemorial. Sin embargo, la *Colonial Office*, contumaz en su clasismo, ni siquiera se lo agradeció. Pero al menos sí lo hizo la *Royal Geographical Society*, que concedió a Lander su medalla de oro, la primera que otorgaba.

Una vez más, la puerta de África se había abierto. Tras los exploradores habían de llegar los comerciantes y los misioneros, y con ellos, los despiadados constructores de imperios. Las belicosas tribus del interior fueron pacificadas y sometidas. El uso de la quinina permitió derrotar por fin al mosquito transmisor de las fiebres que mataban a muchos más europeos que las propias tribus. Los británicos levantaron a orillas del Níger factorías comerciales, firmaron tratados con los reyezuelos locales y convirtieron a sus sufridos súbditos en hacendosos cultivadores de aceite de palma, un producto cada vez más demandado por una sociedad que había descubierto la utilidad del jabón y se valía también de aquel para lubricar la maquinaria que nutría su pujante industria. El comercio de esclavos se extinguió, pues Europa hallaba ahora más utilidad en valerse de los africanos como mano de obra local que en venderlos a los voraces plantadores americanos. La presencia británica se hizo cada vez más intensa y pronto trascendió lo económico para extenderse a lo político.

El Níger era, pues, un río británico, pues súbditos británicos o, en su defecto, extranjeros al servicio de Gran Bretaña, habían sido los aventureros que exploraron sus aguas y eran ahora los comerciantes que explotaban sus riquezas, aunque sin ir más allá de su curso bajo, pues era allí donde se extraía el aceite de palma y poco podía ganarse con navegar más arriba. Los franceses, sus ubicuos rivales, les dejaron hacer porque estaban ocupados en otros asuntos, en Argelia o Senegal. Pero cuando supieron de los beneficios que sus competidores obtenían del Níger, comenzaron a interesarse por él. No fueron comerciantes ni misioneros los que lo hicieron, sino militares agresivos y resueltos como Louis Faidherbe, Joseph-Simon Gallieni, Gustave Borgnis-Desbordes o Louis Archinard. Procedentes de Senegal, a menudo por iniciativa propia e incluso ignorando a su gobierno, estos hombres decididos y carentes de escrúpulos se adentraron poco a poco en el continente, ampliando *de facto* los límites de su territorio a costa de los correosos reinos autóctonos del alto Níger.

Al principio, no hubo motivo alguno de fricción. Mientras los británicos erradicaban en el curso bajo a los intermediarios locales y sus compañías se hacían con el monopolio del comercio del preciado aceite de palma, los franceses ocupaban el curso alto y sometían a su control una ciudad tras otra en una guerra durísima que se prolongó durante casi medio siglo, hasta el final mismo de la centuria. Pero el conflicto acabó por estallar, añadiendo una pieza separada más al pleito interminable que enfrentaba a ambas potencias por la hegemonía sobre el continente. Los comerciantes ingleses no podían bastarse solos. Sus crecientes abusos irritaban a las tribus y las volvían cada vez más agresivas. Los ataques a sus vapores arreciaron. Su única salvación era comprometer al Gobierno en su defensa. Así, como había ocurrido en la India, una sola compañía terminó por obtener el monopolio del comercio y recibió a su vez la potestad de administrar la zona. Pero cuando los abusos crecieron aún más, Londres comprendió enseguida que el gobierno por delegación no

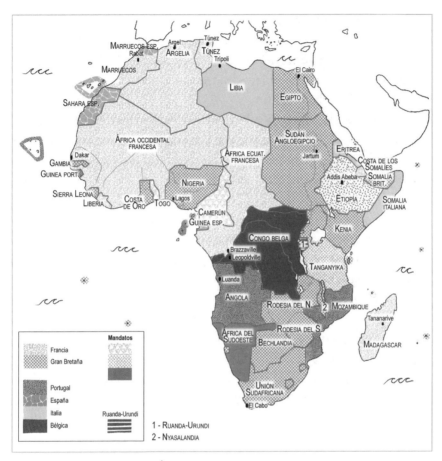

Mapa 16. El reparto de África. La competencia entre las grandes potencias
dio lugar a un reparto entre ellas de los territorios que permanecían libres.
Tras la Conferencia de Berlín (1873-1874), solo dos estados, Liberia y Etiopía,
quedaron sin dueño europeo.

funcionaba y tuvo que asumir el gobierno directo. Entonces hubo que
trazar fronteras.

En 1890, Francia y Gran Bretaña pactaron una línea que se extendía a
lo largo de más de 2.400 kilómetros, separando sus respectivos dominios.
Los franceses salieron perdiendo, pues el trazado dejaba bajo soberanía
británica territorios donde nunca había pisado un súbdito de Su Graciosa
Majestad. Cuando repararon en ello, trataron de rectificar. Fundaron

Dahomey, una colonia en el golfo de Guinea que ocupaba la región que quedaba libre entre el Togo alemán y el Lagos británico, y trataron de unirlo con sus posesiones del Níger. Comenzaron así las incursiones y las ocupaciones *de facto* con objeto de arrancar, pedazo a pedazo, territorios ingleses del curso bajo del río.

Al principio, la estrategia gala funcionó. Pero cuando llegó al gobierno de Londres la facción más proclive al imperialismo, encarnada en Joseph Chamberlain, que ocupó el puesto de secretario para las colonias entre 1895 y 1903, la paciencia británica llegó a su fin. En 1898, la Convención sobre el Níger revisaba el acuerdo firmado ocho años antes, pero París hubo de dar marcha atrás en sus pretensiones. Logró unir en dos grandes federaciones, que luego se llamarían África Occidental francesa y África Ecuatorial francesa, sus respectivos territorios de Argelia a Dahomey y de Mauritania al Congo, pero ambas quedarían separadas para siempre, mientras los británicos lograban unir sus posesiones. La orgullosa *Union Jack* ondearía por décadas sobre un imperio continuo que se extendía entre El Cairo, al norte, y El Cabo, al sur. Lo que Joseph Conrad llamó «la alegre danza de la muerte y el comercio» continuaría desenvolviéndose como si nada, «en una atmósfera tranquila y terrenal, como en una catacumba ardiente».[69] El Níger quedó en manos francesas en dos tercios de su longitud, pero no eran los más apetecibles. El sur, donde se hallaba la mayor parte de su riqueza, siguió siendo británico.

El corazón de las tinieblas

La historia de la exploración del Congo no se parece en nada a la del Nilo; tampoco a la del Níger. Los europeos de la Antigüedad y los del Medievo desconocían todo sobre este río, cuyas aguas permanecían ocultas en el misterioso y terrible interior de África, tierra de monstruos y leyendas. Se toparon con él por mera casualidad, a finales del siglo xv, cuando los navegantes lusos buscaban una ruta hacia la India bordeando hacia el sur las costas del continente, y tardarían aún mucho tiempo en mostrar interés por remontar su curso. En el golfo de Guinea, al norte

---

[69] Joseph Conrad, *El corazón de las tinieblas*, Lumen, Madrid, 2002, p. 26.

de sus bocas, los portugueses habían comenzado a comerciar con los jefes tribales de la costa, que les proveían de oro, marfil y esclavos. Sabían que ellos obtenían estos productos en las tierras del interior. Pero cuando trataron de internarse en ellas, buscando librarse de sus intermediarios, se toparon con un verdadero infierno. Pantanos impenetrables y pestilentes, un calor húmedo y asfixiante y fiebres mortíferas para las que no había cura les disuadieron de seguir intentándolo. En realidad, lo abultado de sus márgenes comerciales lo hacía innecesario.[70]

El descubridor de las bocas del Congo fue un marino luso llamado Diogo Cao. Había zarpado de Lisboa en la primavera de 1482 con la misión habitual de los descubridores portugueses de la época: explorar la costa africana, llegando lo más al sur que le fuera posible. Así lo hizo. En ese instante, lo más lejos que habían navegado los barcos de su país era al cabo de Santa Catalina, en la actual República de Gabón, unos 2º al sur del Ecuador. Cao debió de llegar allí a principios de agosto. Entonces comenzaron las dificultades.

La corriente le empujaba hacia el norte; las tormentas arreciaban, y junto a las costas, que carecían de fondeaderos seguros, las aguas eran demasiado someras para navegar por ellas. Siguió avanzando lentamente, alejándose del traicionero litoral, pero sin perderlo de vista. Entonces, de repente, se topó con una inmensa bahía enmarcada en dos lenguas de tierra que se arqueaban como las pinzas de un cangrejo. La costa era llana y las estrechas playas dejaban paso enseguida a una espesa vegetación de manglares, antesala de una selva impenetrable. Pero lo más asombroso eran las aguas. Su color era rojizo y la fuerza con la que penetraban en el mar, irresistible. Cuando ordenó tomar una muestra, descubrió que su sabor era dulce. Aquello solo podía tener una explicación: se hallaban frente a la desembocadura de un río. Diogo Cao había descubierto el Congo.

Cuando desembarcaron, se vieron rodeados por indígenas que jamás habían visto a un europeo. Superado su estupor inicial, intercambiaron regalos e informaron a Cao de que se hallaba en las bocas del *Nzere*, que

---

[70] Peter Forbath, *El río Congo*, Turner, Madrid, 2021, pp. 93 y ss.

en su lengua significaba «el río que se traga a los demás ríos», pero todo lo que alcanzó a pronunciar el portugués fue *Zaire*. Con ese nombre sería conocido durante siglos. También supo el capitán que aquel territorio pertenecía a un gran reino llamado Kongo, cuyo rey, el *manikongo*, vivía tierra adentro, en una gran ciudad construida sobre una montaña.

Como no podía quedarse mucho tiempo, atavió con lujosas vestiduras a cuatro de los esclavos guineanos que le acompañaban, les dio regalos y los envió como embajadores al monarca. Al cabo de un mes, volvió a embarcarse para proseguir con la exploración de la costa, que recorrió hasta el cabo de Santa María, en la actual Angola, unos 800 kilómetros al sur. Luego regresó al Congo para encontrarse con que sus emisarios no habían vuelto. Creyéndolos secuestrados, tomó cuatro rehenes y enseguida puso proa hacia Lisboa, donde llegó en la primavera de 1484.

Juan II recibió con entusiasmo a los rehenes, tratándolos como emisarios de su rey, y se interesó mucho por lo que le contó Cao. Un río como aquel sin duda era una puerta abierta hacia el interior de África y sus inmensas riquezas. Convenía, pues, sellar una alianza con el *manikongo* y comerciar activamente con él. A finales de 1485, Cao partía de nuevo al frente de tres barcos. Sus órdenes seguían siendo navegar más y más hacia el sur por la costa africana, y lo hizo. En esta ocasión alcanzó los 22° sur, el cabo Cross, en la costa de Namibia. Pero también volvió a desembarcar en el Congo; envío a la corte a sus cuatro rehenes, ahora en calidad de embajadores del rey Juan, y mientras esperaba su regreso, se dedicó a explorar el curso del río. Remontó sus aguas 150 kilómetros hasta toparse con las montañas de Cristal, donde los rápidos del llamado Caldero del Infierno impiden la navegación, y regresó.

No sabemos nada más de él. Los suyos volvieron a Lisboa, y con ellos los embajadores del *manikongo*, pero ignoramos de qué modo. Quizá los llevara Bartolomé Díaz, que tocó tierra allí en su regreso después de descubrir el cabo de Buena Esperanza, en 1488. Se había abierto por fin la ruta hacia la India, que Vasco de Gama culminaría con su viaje a Calcuta diez años después. Pero Juan II no se olvidó del Congo.

Aunque aún lo ignoraba todo sobre él, el rey suponía que, a juzgar por la amplitud de su desembocadura y la fuerza de su corriente, se trataba de un gran río, quizá lo bastante largo para llegar remontando su curso al otro extremo de África, acortando así en gran medida el viaje hacia la India. Por ello, antes de que Vasco de Gama partiera hacia el Índico, Juan II envió una expedición al Congo. En diciembre de 1490 zarpaba de Lisboa, al mando de tres carabelas cargadas de colonos, Gonzalo de Sousa. Su misión era firmar un tratado con el *manikongo* y fundar un asentamiento en la desembocadura del río.

Aunque la peste hizo estragos en la expedición, que perdió incluso a su jefe, esta logró alcanzar su destino en marzo de 1491. Los portugueses desembarcaron en Mpinda, no muy lejos de donde lo hiciera Cao, y su nuevo capitán, Rui de Sousa, sobrino del fallecido, fue conducido enseguida a la corte, cien kilómetros tierra adentro. Allí lo recibió el *manikongo* en persona. Aparentaba unos sesenta años, respondía al nombre de Nzinga a Nkuwu y, por suerte, enseguida pareció dispuesto a avenirse a los deseos de los extranjeros. No solo les permitiría asentarse en sus tierras y levantar una iglesia, sino que él mismo se convertiría al catolicismo.

Tanta premura provocó una rebelión, pues no todos los notables del reino estaban de acuerdo con la decisión de su rey. Pero las armas portuguesas decidieron enseguida la cuestión. La batalla decisiva se libró aguas arriba y para triunfar, las tropas lusas hubieron de traspasar los límites del Caldero del Infierno, el lugar donde se había detenido Cao. Sin embargo, no mostraron interés en ir más allá. En los años siguientes, pusieron su empeño en construir casas en un barrio propio que el rey les cedió en la misma capital, proseguir la evangelización de sus habitantes, llegando incluso a la fuerza, y atacar con firmeza la costumbre local que más les horrorizaba: la poligamia.

Este celo excesivo no podía sino provocar conflictos. La vistosa liturgia católica atrajo enseguida a los indígenas, pero no así las rígidas reglas que la acompañaban. La poligamia no era solo una manera de regular la estructura familiar, sino un verdadero pilar de la organización social que permitía sellar alianzas y cimentaba el prestigio de los hombres más poderosos. En 1495, los díscolos, cada vez más numerosos, triunfaron y los portugueses fueron expulsados de la capital. Ese mismo año murió Juan II y su sucesor, su primo Manuel I el Afortunado, prefirió orientar sus desvelos a la India, la costa malabar e incluso el Brasil, que Pedro

Álvares Cabral había descubierto en 1500. Pero en el Congo la presencia portuguesa iba a rendir enseguida un fruto inesperado.

A la muerte de Nzinga a Nkuwu heredó el trono su hijo, un príncipe converso que había tomado el nombre de Alfonso. Hubo guerra, pero, una vez más, las armas lusas la decidieron. A los portugueses sin duda les convenía que el nuevo monarca se consolidara en el poder. Alfonso era sincero en su fe y, sobre todo, veía en su presencia una oportunidad de oro para modernizar su reino y asegurar a su pueblo las ventajas de la civilización occidental. Así que, deseosos de aprovecharse de la buena disposición del *manikongo*, le animaron a enviar al rey Manuel una sentida petición de amistad y ayuda.

El Afortunado no compartía el entusiasmo de su primo hacia el Congo, pero respondió enviándole una carabela cargada de maestros, técnicos y sacerdotes. Con su apoyo, Alfonso se embarcó en una decidida política de evangelización y modernización de su país. La corte adoptó la moda y las costumbres de la aristocracia portuguesa. Muchos nobles tomaron nombres lusos. La capital fue cobrando apariencia europea. El ritmo de las conversiones creció con rapidez. La economía, antes tan solo un poco por encima de la agricultura de subsistencia, se diversificó y se hizo más productiva. Un peculiar colonialismo, libremente aceptado por el pueblo que lo sufría, parecía abrirse paso con decisión. Pero se trataba de una quimera. La tentación que suponía aquel país ignorante de cuanto los europeos pensaban y pretendían por entonces era demasiado poderosa para que los portugueses pudieran resistirla. Como cabía esperar, terminaron por caer en ella.

Esa tentación se llamaba comercio de esclavos. En el Congo no existía la esclavitud en el sentido romano del término. Había siervos, pero no se los consideraba meras herramientas parlantes, y su condición rara vez era permanente. No se trataba, en fin, de una institución nuclear de la sociedad local, ni de nada semejante al concepto de esclavitud que poseían los árabes o, por supuesto, los portugueses. Los primeros tenían muchos esclavos; los segundos, no. Pero para ambos constituían meros activos, sin derecho alguno, en el negocio más fructífero que se conocía: la trata. Que los capitanes de las carabelas lusas decidieran llevarlo al Congo era cuestión de tiempo.

Al principio, se atuvieron a las reglas. Adquirían esclavos a los tratantes locales y los embarcaban rumbo a Portugal para venderlos allí a mayor precio. Pero la explotación de los nuevos territorios americanos, donde la mano de obra indígena pronto se reveló insuficiente para satisfacer las necesidades de los colonos europeos, cambió por completo las reglas de juego. La demanda internacional de esclavos y su precio se dispararon. Los portugueses decidieron prescindir de intermediarios; se convirtieron ellos mismos en negreros; armaron a los jefes del interior, y fomentaron las guerras entre ellos para obtener prisioneros que compraban después a cambio de armas, municiones y otros bienes de poco valor. El negocio prosperó con tal rapidez que se convirtió en la única actividad del país.

Alfonso, consternado, pidió ingenuamente ayuda a Manuel I. Pero el gobierno de Lisboa no quería acabar con la trata, sino participar en sus beneficios. El Congo luso se convirtió en un infierno. Durante décadas, su territorio se sumió en el sangriento caos de una feroz guerra civil. Los pretendientes al trono luchaban entre sí. Las aldeas y pueblos luchaban entre sí. Conversos y no conversos luchaban entre sí. Las matanzas se sucedieron. Solo ganaban los mercaderes de ébano. Sus carabelas partían hacia Europa cargadas de esclavos, hombres, mujeres y niños, estibados en sus bodegas como simples mercancías. Todo cuanto Alfonso había logrado se perdió. Su sueño moriría con él, en 1542. Y, entretanto, el misterioso Nzere permanecía sin explorar. Los portugueses, cegados por el afán de riqueza, se habían olvidado de él por completo.[71]

Más tarde llegaron otros europeos. El pastel de la trata era demasiado grande y sabroso para un solo país. Ingleses, franceses, daneses, suecos, prusianos y, sobre todo, holandeses, establecieron factorías en las costas y cargaron en ellas sus barcos con carne humana. Ninguno de ellos pensó siquiera en explorar el Congo. A finales del siglo XVII, solo se conocían sus últimos 150 kilómetros, y no demasiado bien. Río arriba, se sabía de

---

[71] Además del libro que nos sirve de guía principal de este epígrafe, Perter Forbath es autor de una novela, *Congo luso*, que aporta una vívida descripción de la caída del país en el caos como resultado del tráfico de esclavos (Peter Forbath, *Congo luso*, Edhasa, Madrid, 2000).

la existencia del Caldero del Infierno, pero no de su naturaleza, y el más absoluto misterio envolvía su curso más allá de ese punto. Las cosas cambiarían poco a lo largo de la centuria siguiente. Mientras el preciado ébano humano siguiera afluyendo a buen ritmo hacia la costa, los europeos tendrían poco interés en penetrar hacia el interior. Solo cuando comenzó la persecución de la trata, a comienzos del siglo XIX, las cosas empezaron a cambiar, pero en un sentido por completo distinto al que cabía esperar. En teoría, si el interés por los esclavos disminuía, también lo haría el interés por África, pues esclavos era lo único valioso que los europeos obtenían de ella. Pero sucedió todo lo contrario. El fin de la esclavitud coincidió en el tiempo con el comienzo de la revolución industrial, y la industria emergente demandaba materias primas y mercados donde colocar las manufacturas que producían a ritmo creciente las fábricas, primero inglesas, luego también de otros países. A ello se sumó el afán de conocimiento, que la Ilustración había despertado, y las ideas acerca de la superioridad de la civilización europea y su responsabilidad —la «carga del hombre blanco», la denominaría Rudyard Kipling— sobre la evangelización y el progreso de los pueblos más atrasados.

Todos estos ingredientes se mezclaron, en proporciones diversas según los estados, para producir un cóctel de gran poder explosivo: el imperialismo, muy distinto en sus presupuestos y su intensidad del colonialismo que los europeos habían practicado antes de la revolución industrial. Los primeros pasos se dieron cuando el Siglo de las Luces estaba a punto de expirar. Las sociedades misioneras abrieron el camino; las siguieron las sociedades geográficas y a estas, las empresas comerciales, pero la ruta estaba trazada. Europa se disponía, a finales del siglo XVIII, a penetrar por fin en el interior de África.

Como sabemos, los caminos que siguieron los europeos fueron primero los más evidentes, los que se conocían tiempo atrás, como el Nilo o el Níger. El Congo hubo de esperar un poco más y cuando le llegó el turno fue de forma colateral, como derivación imprevista de la exploración del Níger, pues Mungo Park, el abnegado explorador que había desvelado el extraño sentido que seguía su corriente, había muerto antes de probar que, como él suponía, iba a desaguar al Congo. Así, una de las primeras expediciones que se enviaron al Níger en 1815, al término de las guerras napoleónicas, se encaminó directamente al estuario de este río con el encargo específico de remontar su curso para comprobar si, de hecho, se encontraba con el del Níger. Patrocinada por el Almirantazgo de la *Royal Navy*, fue el primer intento europeo de explorar el Congo.

A diferencia de las anteriores, fue una expedición preparada de forma concienzuda y financiada con generosidad. Y no menos interés se puso en la elección del explorador que había de encabezarla. El escogido, James Kingston Tuckey, era un veterano oficial de la Armada británica que poco antes había dado a la prensa una voluminosa obra de carácter descriptivo sobre los océanos y la navegación. No era un hombre sano ni demasiado robusto, pero ese detalle se pasó por alto. En esta ocasión, lo que parecía preocupar a los patrocinadores era la preparación.

Fue un error. Cuando partió de Deptford, el 16 de febrero de 1816, la expedición debía de ofrecer un aspecto impresionante. Sus dos barcos zarparon cargados hasta los topes de provisiones, armas, equipos, una buena reserva de telas y abalorios, y dos botes de fondo plano y escaso calado diseñados especialmente para la navegación fluvial, pero que, gracias a su ligereza, podían ser transportados por tierra sin dificultad en los tramos no navegables. Acompañaban a Tuckey cinco científicos de especialidades diversas, cinco oficiales y ocho suboficiales de la *Royal Navy*, catorce infantes de marina y otros tantos marineros, dos herreros, cuatro carpinteros y dos libertos congoleños que habían de servir como guías e intérpretes. Pero de poco había de servir semejante despliegue si el jefe flaqueaba o carecía de criterios claros sobre cómo dirigir una expedición. Tuckey era un militar mojigato que carecía de imaginación y de encanto. Su salud era débil y su espíritu incapaz de concebir un mundo distinto del que conocía y más aún de manejarse con habilidad en él. No tenía madera de explorador.

El plan era que ambos barcos llegaran a la desembocadura del Congo y luego solo uno de ellos, el más ligero, remontara su curso hasta alcanzar los rápidos. Allí se transportaría todo a los botes y la expedición seguiría río arriba, navegando donde fuera posible y caminando cerca de la orilla, con los botes a cuestas, donde no lo fuera. Al principio todo fue según lo previsto. Los barcos llegaron a su destino el 5 de julio y el 1 de agosto, tras pasar unos días en el mercado de Embomma, los expedicionarios abordaban ya el cruce del Caldero del Infierno. Fue una tarea difícil. Avanzaron durante días remontando la fuerte corriente, a veces con la ayuda de sogas, a veces con los botes desmontados a cuestas, caminado por la orilla pedregosa, en medio de un calor pegajoso que crispaba los nervios de los europeos. Enseguida comenzaron las enfermedades y las deserciones, mientras la moral del grupo se hundía y disminuía la ayuda de la población local, cada vez menos acostumbrada a la presencia de extranjeros.

Entonces, en los primeros días del mes de septiembre, cuando la expedición parecía abocada al fracaso, se topó de repente con un nuevo tramo navegable del río. Las cosas parecían mejorar por fin. Quizá lo peor había pasado. Pero, de forma por completo inexplicable, Tuckey se rindió; decidió dar media vuelta, y regresó a Inglaterra. Quizá se sabía al límite de su resistencia. Moriría el 4 de octubre, y lo haría con el único logro de haber remontado 240 kilómetros más del curso del río, sin dar respuesta alguna al enigma que le había llevado allí.

Una vez más, la exploración del Congo tendría que esperar. Los británicos estaban por entonces obsesionados con las fuentes del Nilo y las bocas del Níger, y el Congo no atraía lo bastante su atención. Si se habían animado a enviar allí una expedición, había sido en busca del Níger, no del propio Congo. Fueron años apasionantes en los que la opinión del Reino Unido y de media Europa seguía con interés las aventuras africanas de Lander, de Burton, Speke y Grant, de Baker y Livingstone, mientras veía la luz un nuevo género literario que hacía furor entre las masas cada vez más alfabetizadas: el libro de viajes. Poco a poco, los grandes vacíos del mapa de África se fueron llenando con nuevos nombres, europeos por supuesto, que no hacían sino azuzar la inagotable curiosidad, despierta ya sin remedio, de quienes los escogían.

Fue hacia los años sesenta del siglo XIX cuando la casualidad volvió a poner al Congo en el punto de mira de los británicos. Livingstone, por entonces el explorador más famoso del mundo, se había convencido de que el Nilo nacía en los grandes lagos africanos, mucho más al sur de lo que se pensaba, y, movido por un fervor casi religioso, se decía dispuesto a encabezar allí una expedición. Obtenidos los fondos, el 28 de enero de 1866 llegaba a Zanzíbar. La historia de su aventura ya la hemos contado.

Sufrió los habituales problemas relacionados con el calor, la enfermedad y las deserciones, aunque estas últimas en un grado mucho más intenso que en otras ocasiones. Anduvo y anduvo, un mes tras otro, hasta que, el 24 de noviembre de 1867, alcanzó el Chambezi, el nacimiento del Congo. Sin embargo, no fue consciente de ello. Lejos de comprender el alcance de su descubrimiento, pensó que lo que había hallado por fin eran las fuentes del Nilo y siguió hacia el norte, en dirección al lago Tanganika, suponiendo que el río que había encontrado desaguaba allí, lo cruzaba y continuaba su curso hacia Egipto. Cuando lo alcanzó, unos meses después, comprendió que se había equivocado. El Chambezi no desembocaba allí, como había supuesto, de modo que no podía ser el Nilo. Entonces supo de otro río, el Lualaba, que sí seguía la dirección correcta, y pensó que podía ser el que buscaba.

En los meses siguientes anduvo sin cesar, yendo y viniendo, siguiendo direcciones opuestas, tratando de huir de las guerras y buscando, contra su voluntad, el amparo de las caravanas árabes que cruzaban la zona en busca de esclavos. Cuando por fin llegó a Ujiji, en marzo de 1869, había recorrido más de 3.000 kilómetros, pero su conocimiento de las fuentes del Nilo era el mismo que tres años antes y ni siquiera se había percatado de que había descubierto el lugar donde nacía el Congo.

En julio volvió a sumarse a una caravana árabe que se disponía a remontar la ribera del Lualaba en busca de marfil y esclavos. Planeaba regresar en cuatro o cinco meses, pues había escrito a Londres pidiendo suministros y creía que para entonces podrían haber llegado. Estuvo fuera dos años y no logró nada; ni siquiera fue capaz de confirmar hacia dónde corrían las aguas del Lualaba. Poco a poco, su cuerpo y su mente se deterioraban. Se hacía mayor y los padecimientos de los últimos años empezaban a pasarle factura. Se obsesionó con la Biblia, que leía una y otra vez, y llegó a considerar el hallazgo de las fuentes del Nilo como una misión divina. Cuando, por fin, en febrero de 1871, llegó desde Ujiji una parte de las ansiadas provisiones, volvió a partir hacia el Lualaba.

Llegó a sus orillas el 30 de marzo, en el poblado árabe de Nyangwe, un importante mercado de esclavos, y empezó a buscar canoas para navegar sus aguas. No logró que se las vendieran y, horrorizado por las escenas de barbarie que había presenciado en aquel lugar maldito, tras pasar allí varios meses, cada vez más desesperado, resolvió regresar a Ujiji. Alcanzó su destino el 23 de octubre, convertido en un montón de huesos, tan solo para descubrir que le habían robado las provisiones allí almacenadas para él.

Para entonces, Europa parecía haberse olvidado por completo del célebre explorador. Muchos le daban por muerto, pero no rebrotó entre las masas la angustia sentida años atrás, en 1867, cuando le dieron por perdido la primera vez, antes de que se recibiera en Londres su petición de suministros. Ahora era distinto. Solo un hombre, James Gordon Bennett, director general del diario *New York Herald*, se interesaba por la suerte de Livingstone. Y lo hacía con tanta intensidad que llegó a publicar un anuncio en su periódico solicitando un hombre dispuesto a encabezar una expedición en su busca. El elegido fue, como sabemos, Henry Morton Stanley.

Stanley era un hombre peculiar. Reportero del *Herald* en el extranjero, carecía de experiencia alguna como explorador, tenía 28 años y medía tan solo un metro y medio de altura. Pero era de complexión fuerte, muy resuelto, arrogante y, sobre todo, actuaba movido por una ambición irrefrenable. Ni siquiera se planteó por un solo instante rechazar la invitación. El 6 de enero de 1871 llegaba a la isla de Zanzíbar dispuesto a emprender la mayor aventura de su vida.

Lo cierto es que partía con ventaja. A su juventud y su carácter decidido se sumaba el dinero casi ilimitado de un millonario norteamericano que parecía dispuesto a todo por publicar la noticia del siglo. Por esta razón, su expedición fue la mejor dotada que nunca partiera hacia el interior de África, aunque la que encabezó el mismo Stanley tres años más tarde habría de superarla con creces. Sus suministros, estudiados con cuidado para asegurar el éxito de la empresa y la comodidad de quien había de dirigirla, pesaban seis toneladas y requirieron de casi 200 porteadores para transportarlos. Cuando lo hubo organizado todo, partió en dirección a Ujiji, donde creía que encontraría a Livingstone, y no se detuvo hasta llegar allí, el 10 de noviembre de 1871. Por el camino sufrió las mismas penalidades que sus predecesores. La malaria, las deserciones, el calor asfixiante, las guerras locales, las muertes… los cuatro jinetes del Apocalipsis se cebaron con él. Pero solo tardó 236 días en alcanzar su objetivo. Una verdadera hazaña para un explorador del todo inexperto.

Stanley se encuentra con Livingstone. La fecha exacta del encuentro
se desconoce y también la literalidad de las palabras que pronunció
el norteamericano. Sin embargo, fue el encuentro entre exploradores
más famoso de la historia.

No cabe duda de que lo merecía, pero tampoco de que la suerte se alió
con él. En Ujiji estaba Livingstone, que podía haber estado en cualquier
otro sitio, y nada más llegar se topó con su sirviente, que enseguida le
condujo hasta él. Entonces tuvo lugar la conversación más famosa de
la historia de las exploraciones. Stanley dijo: «El doctor Livingstone,
supongo», y el aludido le saludó con efusividad, contento de ver que
no le habían olvidado por completo. Quizá se trató de un invento del
joven periodista. Después de todo, en su trabajo, elegir un buen gancho
para atraer a los lectores era algo imprescindible. Tampoco sabemos muy
bien la fecha exacta del encuentro, pues las que ambos anotaron en sus
respectivos diarios no coinciden. Pero es lo de menos. Lo relevante es
que los dos hombres, separados por casi treinta años de edad, se hicieron
amigos enseguida. El joven encontró en el anciano el padre que nunca
había tenido, y este le respondió con comprensión y cariño. Exploraron
juntos durante unas semanas y luego Stanley regresó a Inglaterra, donde
llegó el 1 de agosto de 1872. Livingstone se quedó en África y murió allí,
como sabemos, menos de un año después.

Después de tanto tiempo, el Congo seguía siendo un misterio, pero, al menos, eran cada vez más los geógrafos que, en contra de la convicción de Livingstone, empezaban a considerar que el sistema de lagos y ríos de África central en el que había pasado sus últimos años era el origen de ese río y no del Nilo, cuyas fuentes continuaban también sumidas en la incertidumbre. Era necesario resolver de una vez por todas la incógnita y Stanley fue, como sabemos, el encargado de hacerlo. Como decíamos más arriba, en este viaje, al que dedicó tres largos años, entre 1874 y 1877, dio respuesta a los interrogantes que habían dejado sin resolver las expediciones anteriores. Circunnavegó el lago Victoria y demostró que el Nilo nacía de él; navegó el Lualaba, y luego siguió el Congo hasta su desembocadura en el Atlántico, probando sin lugar a duda que se trataba del mismo río y que nada tenía que ver con el Nilo. Pero, resumido así, su periplo parece todo menos extraordinario, y lo fue en gran medida.

Cuando partió una vez más de Zanzíbar, a mediados de noviembre de 1874, iban con él 356 porteadores y soldados, y el peso de sus suministros frisaba las ocho toneladas.[72] Además de numerosos lujos, inconcebibles para los primeros exploradores africanos, por vez primera llevaba consigo equipo fotográfico, y se había provisto de un bote desmontable de 12 metros de eslora y dos de manga, en modo alguno un frágil esquife. Con todo, sufrió las mismas penalidades y hubo de afrontar los mismos riesgos que cualquier otro explorador. Su actitud, sin embargo, era muy distinta. Impuso a los suyos un régimen draconiano, hecho de marchas forzadas y disciplina inflexible, que condujo a la muerte a muchos de ellos, y así avanzó más aprisa que ningún otro antes que él. Cuando llegó al lago Victoria, el 27 de enero de 1875, había recorrido 1.150 km en tan solo 103 días, un verdadero récord.

Pero, no contento con ello, descansó tan solo una semana y se dispuso a circunnavegar el lago. Repuso las pérdidas, compró provisiones y enseguida mandó botar su barca. Partiendo del poblado de Kagheyi, en la orilla oriental, donde había montado su campamento, se lanzó a recorrer

---

[72] Peter Forbath, *El río Congo...*, *op cit.*, p. 307.

las riberas de la gran masa de agua en el sentido contrario al de las agujas del reloj. Pronto alcanzó el reino de Buganda, pero permaneció en él tan solo un par de semanas antes de continuar su viaje. El 15 de abril partía de nuevo y el 6 de mayo, sin excesivos contratiempos, estaba de vuelta en Kagheyi. Había demostrado que el Victoria era un solo lago.

Su siguiente objetivo era el Albert. Hacia el 14 de agosto se hallaba de nuevo en el reino de Buganda, ahora con toda su caravana, dispuesto a partir desde allí sin perder un instante, como era su costumbre. Pero las circunstancias se lo impidieron. Entre ambos lagos habitaban tribus belicosas que se habían sublevado contra Mutesa, y cruzar la zona no le sería posible si el rey no le proporcionaba una nutrida escolta. Stanley trató de acelerar las cosas aliándose con él y sumando a su ejército el poder devastador de sus armas de fuego. Aun así, la guerra duró dos meses, y le costó un mes más convencer al veleidoso monarca de que le proporcionara la escolta. Cuando partió se acercaba ya a su fin el mes de noviembre.

Nunca llegaría al lago Albert. La hostilidad de las tribus, sumada a la ineptitud del comandante de su escolta, le forzaron a regresar sin haber alcanzado su objetivo. En febrero de 1876 estaba de nuevo en Buganda y, sin visitar a su rey para ganar tiempo, se dirigía hacia el otro gran lago de la región, el Tanganica. El 27 de mayo entraba en el pueblo de Ujiji y enseguida daba comienzo a la exploración de sus orillas, que completó en tan solo 51 días. Estaba claro que el Albert no tenía nada que ver con el Nilo. Solo le quedaba explorar el Lualaba para ver si su añorado Livingstone tenía razón y se trataba del gran río, y ardía en deseos de ponerse a ello. Llevaba más de dos años fuera de Inglaterra, pero ni por asomo se planteaba regresar sin haber dado cumplida respuesta a los grandes interrogantes que planeaban aún sobre el conocimiento europeo del interior de África. Debía ser él, y no otro, quien lo hiciera, y nada sería capaz de detenerle. Con razón lo bautizaron los nativos congoleños *Bula Matari*, que significa «rompedor de rocas».[73] Ni siquiera las rocas podían con él. En octubre de 1876 avanzaba ya por las orillas del Lualaba.

---

[73] Javier Reverte, *El sueño...*, *op. cit.*, p. 100.

Por entonces sabía ya que Cameron, el explorador británico que le había precedido, había tirado la toalla meses antes, vencido por la hostilidad de las tribus ribereñas, la falta de canoas y la negativa de los mercaderes árabes a proporcionarle ayuda. Pero él no iba a hacer lo mismo. Si no podía conseguir canoas, y no pudo conseguirlas, iría por tierra hasta que las tuviera. Si no podía defenderse solo de las tribus, encontraría quien le ayudara a hacerlo. Lo único que importaba era avanzar y avanzar, sin detenerse nunca más de lo imprescindible. Sin duda merecía su apelativo.

La escolta se la proporcionó Tippu Tib, el mayor tratante árabe de esclavos de África central. A cambio de la desorbitada cifra de 5.000 dólares, el negrero se comprometió a viajar junto a él durante 60 días y a proporcionarle 200 soldados armados y 200 porteadores que se sumarían a los 150 hombres de Stanley, de los cuales 60 iban también armados. El 5 de noviembre de 1876 Stanley partía de Nyangwe. Frente a él, según sus propias palabras, se alzaba «la pared negra y curva de la selva».[74]

Pero la pared se abrió para él. Dos semanas más tarde, el 19 de noviembre, llegaba a las orillas del Lualaba. Carecía de canoas, así que ordenó ensamblar el barco y se embarcó en él con 30 personas mientras el resto continuaba avanzando por la orilla a las órdenes de Tippu Tib. No fue una tarea sencilla. A las penurias habituales, el calor húmedo, la disentería, las llagas…, y la creciente velocidad de la corriente, se sumó bien pronto el profundo terror que hizo nacer en el ánimo de los expedicionarios el incesante sonido de los tambores de guerra, preludio de ataques casi continuos de los feroces nativos de las orillas. Y todo empeoró aún más cuando los árabes, cuando aún les faltaban ocho jornadas para dar por cumplido su contrato, decidieron abandonarlos a su suerte. Pero Stanley no se amilanó. Para entonces había arrebatado a los indígenas unas 20 canoas, de modo que todos los suyos podían viajar ya por el río, lejos de las peligrosas orillas. Los ominosos tambores y los horrísonos cuernos de guerra seguían atronando sus oídos a todas horas; nubes de lanzas y flechas caían sobre ellos mientras navegaban, y no había una sola noche en la que no se vieran obligados a fortificar su campamento

---

[74] Peter Forbath, *El río Congo…, op. cit.*, p. 335.

para repeler los ataques. Pero siguieron adelante. Por fin, el 4 de enero de 1877 alcanzaban el primero de los siete saltos de agua que conforman las cataratas a las que el aguerrido explorador daría su nombre.

Entonces hubieron de enfrentarse a nuevos padecimientos. Una y otra vez, botaron y sacaron del agua las canoas, navegando allí donde era posible y acarreándolas sobre los hombros por la orilla donde no lo era, abriéndose paso con hachas y machetes a través de la espesura mientras repelían los incesantes ataques de los indígenas. El 28 de enero, dejaban por fin atrás el último de los saltos y entraban en un tramo muy ancho, de aguas tranquilas y profundas. Les había llevado tan solo tres semanas sortearlos, una hazaña increíble si se tiene en cuenta las condiciones que hubieron de soportar. Pero había valido la pena. Para entonces, Stanley sabía ya que el Lualaba no era el Nilo. Se hallaban a 60 km al norte del Ecuador y la altitud era de 460 metros sobre el nivel del mar, 6 metros menos de la que alcanzaba el viejo padre de Egipto en Gondokoro, algo imposible, pues ningún río asciende en lugar de bajar camino de su desembocadura. Y si no era el Nilo, debía tratarse del Congo.

Durante siete semanas, la expedición siguió navegando aguas abajo; otros 1.500 km le lleva al río trazar un amplio arco en dirección nordeste que gira luego al oeste para descender después hacia el sur hasta cruzar de nuevo el Ecuador. Se trata de una navegación sencilla, pues sus aguas son en este tramo profundas y tranquilas, pero no lo fue para Stanley, que hubo de enfrentarse una y otra vez a los ataques de los nativos. Entonces sucedió algo por lo que sería criticado después, una y otra vez, a lo largo de su vida.

Atacado en la confluencia del Aruwimi por un ejército de 2.000 indígenas a bordo de más de 50 canoas, Stanley se dejó llevar por sus instintos más salvajes y ordenó disparar sobre ellos hasta que no quedase uno vivo. «Nos hierve la sangre —escribiría después—. Este es un mundo asesino, y por vez primera comprendemos el odio que sentimos hacia los demonios mugrientos y carroñeros que lo habitan».[75] No fue la última batalla contra los caníbales que poblaban las riberas inexploradas del Congo; aún habría

---

[75] Peter Forbath, *El río Congo...*, *op. cit.*, p. 347.

de librar siete más. Pero fue la que más le enseñó sobre sí mismo, la que le obligó a mirar en su interior para comprobar que, en lo más profundo de nuestro cerebro, seguimos siendo al menos tan salvajes como aquellos a los que el explorador, y todos los europeos de su época, despreciaban por serlo. La forma en que los sucesores de Stanley en aquellas tierras tratarían después a los nativos ofrecería una prueba incontestable de ello.

Hacia mediados de marzo, el río se ensanchaba formando una especie de lago, al que los exploradores dieron el nombre de Stanley Pool. Se hallaban ya en las fronteras del antiguo reino del Kongo, a menos de 600 km del océano. Pero alcanzarlo no sería tan fácil, pues debía atravesar, desde el otro lado, los terribles rápidos que habían frenado a los europeos durante siglos en su ascenso aguas arriba. Lo hizo, pero no fue fácil. Los accidentes se sucedieron; a menudo se vieron forzados a sacar del agua los botes y llevarlos a hombros por la orilla, y no eran raras las ocasiones en que tenían que alejarse mucho por ser aquella intransitable. Las enfermedades y las heridas no les dieron tregua, y el suministro de alimentos se hacía a cada paso más difícil, pues los poblados que hallaban estaban ya repletos de productos europeos. Por fin, dejaron los botes y se resignaron a terminar su camino a pie.

Cuando llegaron a Boma, a 11.000 km de su punto de partida, Stanley tenía que ser llevado en andas. Dos días después estaban en Cabinda, la factoría portuguesa más importante de la zona, y de allí una cañonera les llevó hasta Luanda, de donde partieron rumbo a la colonia británica de El Cabo. Cuando por fin regresó a Europa, en enero de 1878, el joven periodista norteamericano, un completo desconocido unos pocos años antes, se había convertido en el mayor de los exploradores de África. No en vano, había rellenado todos los huecos que quedaban en el mapa del continente.

Que fuera para bien de los africanos es más que discutible, al menos a corto plazo. Stanley, sin embargo, estaba convencido de ello. En su opinión, el río Congo era el camino ideal para llevar la civilización europea al centro de África y el comercio, el instrumento perfecto para lograrlo. Las cataratas Livingstone suponían un obstáculo innegable, pero se superaría mediante la construcción de carreteras y líneas de ferrocarril. El proyecto se convirtió en su obsesión y, enseguida, en su principal ocupación. Su

Viñetas de la edición original del cómic *Tintín en el Congo* (1931), obra del artista belga Hergé. En él, de acuerdo con las ideas dominantes de la época, se describe a los africanos como niños grandes que solo podrán alcanzar la civilización de la mano de los europeos. En la versión de 1946, más crítica con el colonialismo, la clase que imparte Tintín a los niños africanos es de Matemáticas.

prestigio era tan grande que no había político o financiero que rechazara recibirle. Sin embargo, ningún británico quiso arriesgarse; la idea parecía a todos irrealizable. Pero la cuestión, en realidad, no era esa. Se trataba de otra bien distinta: la rentabilidad del proyecto. ¿Qué podía ofrecer el interior del continente a cambio de las enormes inversiones que harían falta para acometerlo? Nadie en Gran Bretaña parecía capaz de responder a esa pregunta. Pero un extranjero, un belga, sí lo hizo. Se trataba nada menos que del mismo rey de Bélgica: Leopoldo II.

El monarca era un hombre poco común. Inteligente, ambicioso, del todo carente de escrúpulos y obsesionado con la idea de incorporar a su pequeña nación a la selecta nómina de las grandes potencias, estaba convencido de que la única manera de lograr su propósito era ganar para ella colonias fuera de sus estrechas fronteras europeas. Buscó en Asia, en Oceanía incluso. Llegó a ofrecerle a España alquilarle las Filipinas. Pero no tuvo éxito. Solo le restaba África, la única parte del mundo en la que aún quedaban tierras sin dueño —sin dueño europeo, claro está— porque ninguna potencia se había interesado aún por ellas. El gobierno belga, sin embargo, no quiso involucrarse y hubo de hacerlo solo, como particular, no como monarca. Convocó en Bruselas una conferencia geográfica internacional sobre África y luego auspició la fundación de una nueva asociación, a la que quiso dar un carácter científico y filantrópico en la esperanza de que, de ese modo, atraería las inversiones necesarias para poner en marcha su proyecto colonial. La Asociación Internacional Africana, llamada en realidad *Association Internationale pour l'Exploration et la Civilization de l'Afrique Centrale*, fundada en 1876, estaba presidida por el propio rey y no era sino una pantalla que ocultaba sus verdaderas intenciones. Y estas no eran en absoluto filantrópicas ni humanitarias.

Fue una buena idea. Bajo su manto, Leopoldo hizo llamar a Stanley, cuyas ideas conocía muy bien, y le ofreció financiar su proyecto. Para ello, creó dentro de la asociación una nueva institución de capital privado del que se convirtió en único accionista, y fue esta la que encargó al célebre explorador que encabezara una nueva expedición. El objetivo estaba claro: no se trataba de ayudar a los africanos, sino de preparar, por medio de tratados con los jefes locales y la creación de una cadena de puestos río arriba, la construcción del ferrocarril que haría posible la ocupación y ulterior explotación del recóndito interior de África.

Pero mientras Stanley se ponía manos a la obra, otro explorador hacía lo mismo, aunque bajo los auspicios del Gobierno francés que, como sabemos, había por entonces empezado a reaccionar frente a la sigilosa expansión británica en el continente. Se trataba del conde Pierre Savorgnan de Brazza, un joven oficial de la Marina francesa de tan solo 26 años, pero no menos resuelto que el norteamericano. Antes de que él regresara, se había internado en África desde la colonia francesa de Gabón, remontando el Ogowe hacia el este con ánimo de alcanzar los grandes lagos; lo había superado, y había seguido avanzando hacia el este por el Alima, un afluente del Congo. Pero, atemorizado por los nativos, se dio la vuelta antes de alcanzar el gran río, con lo que quedó a las puertas de alcanzar su meta. Luego, cuando regresó a Europa, poco después de que lo hiciera Stanley, y supo de su hazaña, comprendió el potencial de su propio descubrimiento: un camino hacia el Congo que permitía alcanzar su cauce más abajo de las cataratas Livingstone, donde era ya navegable sin dificultad; una vía, en fin, hacia el interior de África: Francia debía hacerse con ella.

IN THE RUBBER COILS.

Scene:— *The Congo "Free" State.*

Viñeta satírica contemporánea que denuncia la explotación sufrida
por el Congo a manos de Leopoldo II. Fue el capítulo más inhumano
de la larga historia del imperialismo europeo.

La historia de los años posteriores es la saga de la lucha de dos hombres
por alcanzar sus metas. Stanley trabajó para Leopoldo y, sin saberlo del
todo, se convirtió en el instrumento indispensable de su posterior control
sobre el Congo y, con él, de la construcción del imperio más cruel y des-
piadado erigido jamás por los europeos más allá de sus fronteras. Brazza
sirvió a su país y ganó para él el territorio que luego se llamaría Congo
francés, en torno a la ciudad que llevaría su nombre, fundada en 1881.
Pero ambos, cada uno por su lado, desbrozaron el camino que condujo
a Europa a la era del imperialismo.

Ninguna gran potencia deseaba quedar fuera del reparto de África, y la pugna entre ellas podía conducir a una guerra general. Para evitarlo, la Conferencia de Berlín, celebrada entre los años 1884 y 1885, sancionó la partición del continente y le puso reglas. Gran Bretaña y Francia se llevaron la parte del león; Alemania, Italia, Portugal y España hubieron de consolarse con sobras más o menos jugosas. El Congo quedó en manos de Leopoldo.

Durante los veinte años que lo gobernó, como una propiedad personal de la que nadie podía obligarle a rendir cuentas, murieron allí más de cinco millones de personas, víctimas de la explotación más brutal, las torturas más crueles o, simplemente, de los más caprichosos asesinatos. En la historia del imperialismo europeo, el rey belga escribió sin duda el capítulo más vergonzante. Pero la opinión pública del continente tardó mucho en empezar a reaccionar contra los abusos, y solo lo hizo, como casi siempre sucede, gracias al empeño personal de unos pocos, que se empeñaron en dar a conocer al mundo la barbarie. Pero fue Joseph Conrad, un novelista polaco que escribía en inglés, que publicó, en 1902, *El corazón de las Tinieblas*, el autor del alegato más eficaz contra la diabólica gestión del soberano belga en el Congo. Su descarnada prosa lograría mover por fin la conciencia de los europeos y terminar, tan solo siete años después, en 1908, cuando sus gobiernos decidieron por fin quitarle el Congo, con la ignominia. Su protagonista, el señor Kurtz, bien podría pasar por *alter ego* del propio Leopoldo II:

> Debían oírlo, cuando decía mi marfil. Oh, sí, yo pude oírlo: Mi marfil, mi prometida, mi estación, mi río, mi... Todo le pertenecía. Aquello me hizo retener el aliento en espera de que la barbarie estallara en una prodigiosa carcajada que llegara a sacudir hasta las estrellas. Todo le pertenecía... pero aquello no significaba nada. Lo importante era saber a quién pertenecía él, cuántos poderes de las tinieblas lo reclamaban como suyo. Aquella reflexión producía escalofríos. Era imposible, y además a nadie beneficiaría, tratar de imaginarlo. Había ocupado un alto sitial entre los demonios de la tierra... lo digo literalmente. Nunca lo entenderéis.

CAPÍTULO 4

TRENES QUE NADIE CONDUCE

TRONCOS FLOTANTES

No menos relevante en nuestra historia ha sido el uso de las corrientes fluviales como vías de comunicación. El hombre, contemplando sus aguas en continuo movimiento, hubo pronto de comprender que dejarse llevar por ellas era igual que marchar por un camino que se movía a su vez, como los rápidos pasillos mecánicos de nuestros aeropuertos, a mayor velocidad y con menos esfuerzo. Pero aprovechar sus ventajas exigía disponer de una embarcación, por rudimentaria que fuera. Con toda seguridad, el primer barco no fue sino un simple tronco que algún sagaz observador descubrió flotando con placidez sobre las aguas de un río. Luego, mucho más tarde, nacería la idea de ahuecarlo, quizá usando fuego y hachas de piedra, y sentarse en la cavidad resultante.

Por supuesto, ignoramos el momento concreto en que esto sucedió. El barco más antiguo que conocemos hasta la fecha es la llamada canoa de Pesse, descubierta en agosto de 1955 al sur del pueblo holandés del mismo nombre, durante las obras de construcción de una autopista. Se trata de un humilde tronco de pino de unos tres metros de longitud, pero ofrece ya evidencias de haber sido vaciado de forma artificial, y las pruebas de carbono-14 a las que fue sometido sitúan su fabricación en torno a unos 8.000 años a. C., en el período mesolítico temprano. Un poco más reciente, con una antigüedad de 8.500 a 8.000 años, es la canoa de Dufuna, de unos ocho metros de longitud, descubierta en 1987 por un ganadero *fulani* a pocos kilómetros de dicha aldea, en el estado nigeriano de Yobe.

Pero que no hayamos encontrado embarcaciones de una antigüedad mayor no significa que no estén ahí, enterradas bajo tierra, a la espera de que una feliz casualidad, tan frecuente en la historia de la arqueología, las saque a la luz. La tecnología necesaria para vaciar troncos es muy elemental y la humanidad disponía de ella desde mucho tiempo antes. La casualidad puede, por tanto, producirse en cualquier momento. Las representaciones de barcos más antiguas conocidas en el norte de Europa se remontaban hasta hace poco tiempo a unos 7.000 o 7.500 años antes del presente, pero en 2017 se encontró tallada en una roca del fiordo Efjorden, en el condado noruego de Nordland, una imagen a tamaño real de un barco confeccionado con piel de foca a la que se ha atribuido una antigüedad de 11.000 años. Nada impide, pues, que futuros hallazgos arqueológicos nos permitan adelantar aún más la fecha de aparición de las primeras embarcaciones fabricadas por nuestra especie.[76]

Pero de lo que sí podemos estar seguros es de que la navegación surgió a orillas de los ríos, en los primeros asentamientos humanos estables del Paleolítico tardío, pues el escaso calado de barcas monóxilas como las de Pesse y Dufuna, sus bordas bajas y su carencia de quilla no les habrían permitido en ningún caso aventurarse en el mar. Sin duda fueron sus habitantes los que comprendieron que los barcos, incluso los más toscos, podían servir para transportar con menor esfuerzo y mayor rapidez bienes y personas. Cabe pensar, sin embargo, que no fue ese su destino originario, pues poco tenían que acarrear nuestros ancestros, dueños tan solo de unas pocas herramientas, adornos y armas, sino otro bien distinto y de mucha mayor urgencia: ayudarles a procurarse alimento.[77]

Gracias a sus bastas, pero funcionales embarcaciones, a fuerza primero de brazos, luego de rudimentarios remos, aquellos hombres y mujeres, siempre dispuestos a aprovechar cualquier fuente de nutrientes, podían adentrarse en las aguas de los ríos y lagos, en zonas donde los peces eran

---

[76] Un breve resumen de los primeros progresos de la navegación fluvial en Javier Peláez, *Planeta Océano. Las expediciones que descubrieron el mundo*, Crítica, Barcelona, 2022, pp. 22 y ss.

[77] Víctor M. Guerrero Ayuso, «Comer antes que viajar. Pesca y barcas de base monóxila en la prehistoria occidental», *Mayurqa*, 2006, 31, pp. 7-56.

más abundantes que en las orillas, y atraparlos con mayor facilidad. Que llevaban mucho tiempo pescando en la época en que los barcos de Pesse y Dufuna fueron construidos es un hecho probado. En 2011, un equipo de expertos de la Universidad de Camberra descubrió en un yacimiento arqueológico de Timor oriental un gran conjunto de anzuelos elaborados a partir de huesos y conchas de tortuga que contaban con unos 42.000 años de antigüedad, una época en la que la navegación marítima, por lo que hasta ahora sabemos, era todavía impensable.[78]

En el Neolítico la navegación fluvial experimentó notables progresos, o así cabe deducirlo de la naturaleza de las embarcaciones que, de un modo u otro, han llegado hasta nosotros. En Dispilió, junto al lago Kastoría, en Macedonia occidental, se ha hallado una barca compleja construida con tablas y probablemente incluso cuadernas que data del sexto milenio a. C. En la aldea palafítica neolítica de lago Bracciano fue encontrada una embarcación monóxila también de cierta complejidad, quizá parte de un antiguo catamarán, que ha sido datada en fechas similares. Habituales en la navegación fluvial del período habían de ser también las barcas del tipo cesto cuyo casco estaba formado por un trenzado de mimbre o una planta fluvial similar, como el junco o el carrizo, forrado o no de cuero, y de formas diversas, tanto alargadas, similares a los *kayaks* y *umiaks*, como oblongas e incluso circulares, como las *guffas*, que usaban hasta hace poco los campesinos del Éufrates y el Tigris para llevar sus productos a los mercados. La documentación más precisa de una nave de este tipo en el período neolítico procede de un grafito contenido en un fragmento cerámico de la gruta croata de Grapce, en la isla de Hvar, en el que puede apreciarse no solo el exterior de la nave, sino también su interior, que muestra un armazón de varillas entrecruzadas recubierto de piel.[79]

---

[78]   Javier Peláez, *Planeta Océano...*, *op. cit.*, p. 19.
[79]   Vid. Víctor M. Guerrero Ayuso, «Prehistoria de la navegación. Origen y desarrollo de la arquitectura naval primigenia», *British Archaeological Reports*, Oxford Ltd., junio 2009, y Julián Moyano Di Carlo, «Mucho más que barcos: Una aproximación teórica a las funciones, capacidades náuticas, bases materiales y dimensión social de la tecnología naval prehistórica», *British Archaeological Reports*, Oxford Ltd., 2018.

Vaciado de un tronco para la construcción de una embarcación monóxila.
La técnica de vaciado al fuego hubo de desarrollarse muy pronto, aunque aún
no podemos precisar el momento.

En cualquier caso, aunque la humanidad no fuera del todo consciente de ello, poco a poco estaba poniendo a punto una herramienta de la que había de obtener enormes beneficios futuros: el transporte fluvial; transporte, desde luego, de personas, pero, sobre todo, de mercancías. Para ello era necesario, por supuesto, que existieran esas mercancías que transportar, y no tardaron mucho en hacer su aparición. El comercio, en forma de simple trueque, nació en el momento mismo, que varió en función de los condicionantes medioambientales de cada región, en el que dos grupos humanos próximos entre sí empezaron a poseer pequeños excedentes de bienes que les interesaban mutuamente, fueran o no fruto del desarrollo de la economía productora que habría de difundirse más tarde, durante el Neolítico. Las bandas de la montaña podían comerciar con las del valle; las de la costa, con las del interior. Sus economías, basadas en la explotación preferente de recursos de distinta índole, resultaban complementarias entre sí. Pero la magnitud de estos primeros intercambios fue siempre tan escasa como escasos eran los excedentes disponibles para intercambiar y exigua su diversidad en el contexto de una economía depredadora de amplio espectro, como era la del Mesolítico, o de una productividad muy escasa, como lo sería la neolítica. Cuando la producción se fue diversificando y los excedentes se incrementaron, el volumen del comercio comenzó a crecer también. Entonces llegó el momento de los ríos.

En realidad, las corrientes fluviales estaban llamadas desde el principio a desempeñar un papel esencial en el comercio antiguo, pues, aun siendo rudimentaria la tecnología usada en la construcción de las primeras embarcaciones, lo era mucho más la empleada en el transporte terrestre, más lento y con menor capacidad de carga. Sin embargo, los retos que las primeras sociedades humanas hubieron de superar para hacer de los ríos verdaderos caminos de agua fueron inmensos.

Como pronto descubrirían, no todos ellos sirven para la navegación, ni los que lo hacen resultan navegables durante todo el año ni en todo su cauce. Muchos se hielan en invierno, algunos incluso durante largos períodos, como el San Lorenzo, en América del norte, o los ríos rusos, mientras otros sufren en verano estiajes severos que harían encallar incluso a las embarcaciones de menor calado, un problema frecuente en la cuenca mediterránea. No faltan los que experimentan crecidas tan grandes que ninguna nave, grande o pequeña, podría mantener el control de su rumbo río abajo, entre las aguas desbocadas, y menos aún remontarlas. Tampoco son raros, en especial en África, los que presentan a lo largo de su recorrido rápidos o cataratas, o, por el contrario, se ralentizan de tal modo en algunos tramos que sus aguas forman traicioneros depósitos aluviales que impiden la navegación. La dirección que sigue su curso también es relevante. Algunos ríos, como el Rin o el Dniéper, unen regiones con economías diferentes y, por ende, complementarias, por lo que fueron desde el principio vías de penetración de comerciantes y guerreros. Pero otros, como los siberianos, poseen una orientación en nada conveniente a la dirección que siguió la penetración humana en el territorio, por lo que no desempeñaron papel alguno en ella.

ARTERIAS DE LA CIVILIZACIÓN

Por suerte, no fue el caso de los grandes ríos del Creciente Fértil. El Nilo, el Éufrates y, con mayor dificultad por la rapidez de su corriente, el Tigris, permitían a los hombres navegar por sus aguas durante buena parte de su recorrido. Sin embargo, paradójicamente, fueron las limitaciones del territorio que atravesaban, más que sus ventajas, las que impulsaron la navegación y el comercio a través de su curso y los convirtieron, por vez primera, en verdaderos caminos de agua.

Los grandes valles del próximo oriente asiático, excelentes sin duda para el cultivo de la tierra, no eran abundantes en materias primas. Muchos elementos imprescindibles para el desarrollo de la civilización urbana escaseaban tanto en sus orillas que se hacía necesario traerlos incluso desde grandes distancias, y faltaron aún más cuando el paisaje natural dejó paso a un denso entramado de presas, canales, acequias y campos cultivados, ganados con frecuencia a las zonas pantanosas de las orillas, pobladas de arbustos y pequeños bosquecillos que ofrecían el único, y exiguo, suministro de madera en estas regiones, pobres en masas forestales de cierta envergadura. Las vitales células que iban formando el cuerpo en crecimiento constante de las ciudades, la madera para la construcción y el fuego, la piedra para los templos, las tumbas y los palacios, y los metales para las armas y las herramientas, habían de venir de lejos.

Pero la distancia era un enorme impedimento. El transporte por tierra adolecía, y seguiría haciéndolo hasta la invención del ferrocarril, miles de años más tarde, de una notoria precariedad. Al principio, las ciudades emergentes solo podían contar con animales como el onagro o el burro, débiles, lentos y poco aptos para al transporte de mercancías pesadas y voluminosas, o toscos trineos que no mejoraban demasiado su capacidad de carga y ralentizaban aún más su velocidad. Un avance importante se produjo hacia el 3.400 a. C. con la invención de la rueda, que permitió la construcción de los primeros carros y carretas. Pero tales medios seguían siendo poco adecuados para acarrear la madera, el metal y la piedra, materiales todos ellos muy pesados, que requerían las ciudades en crecimiento. Además, los caminos por los que habían de transitar atravesaban desiertos y montañas, se hallaban casi siempre en muy mal estado y solían estar infestados de bandidos que atacaban las caravanas, forzando a los incipientes gobiernos a destinar grandes sumas a su protección. Solo el transporte fluvial podía ofrecer una solución a las necesidades de las primeras civilizaciones estatales. Como ha escrito James C. Scott, «sin transporte por barco no hay estado; es solo una ligera exageración».[80]

Pero para que esto fuera posible debían cumplirse dos requisitos básicos. El primero era que el curso de los ríos siguiera la dirección adecuada, acercándose lo más posible a las regiones en que abundaban las materias primas que los estados emergentes necesitaban, y el segundo, que las embarcaciones fluviales se desarrollaran lo suficiente para transportarlas con eficacia. La primera condición, por suerte, se cumplía. Mesopotamia podía comprar su madera en Siria, traer su piedra desde las montañas del norte y hacerse con el cobre de Armenia y de Asia Menor y el estaño del Cáucaso. Egipto contaba con los metales de la península del Sinaí, que se anexionó muy pronto, ya en el tercer milenio, la piedra de sus canteras del sur y la madera del Líbano, aunque esta debía llegar antes por mar. El segundo requisito no tardaría mucho en hacerlo.

Los primeros barcos eran muy toscos, pero resultaron útiles casi desde el primer momento. Al principio no eran sino groseras balsas de troncos unidos entre sí por lianas o cuerdas, frágiles almadías que solo podían navegar río abajo, sin controlar su rumbo ni su velocidad. Pero, incluso entonces, esta y, desde luego, su capacidad de carga, eran muy superiores a las que podían alcanzar los asnos, los bueyes y los carros.

Algunas de estas primeras embarcaciones sorprenden además por su ingenio. Los asirios, cuya civilización, poco proclive a la navegación, se desarrolló en el curso alto de los ríos Tigris y Éufrates, idearon curiosas barcas de forma circular u oblonga que no eran en realidad sino grandes cestas de mimbre cubiertas de cuero impermeabilizado con betún que se lanzaban corriente abajo, en pos de las ricas ciudades del sur, cargadas de mercancías, heno y unos pocos onagros. Cuando todos los géneros se habían vendido, sus tripulantes desmontaban la nave; cargaban el mimbre y el cuero en sus asnos, y remontaban el curso del río caminado junto

---

[80] James C. Scott, *Contra el Estado...*, *op. cit.*, p. 122.

a sus orillas, pues no sabían aún navegar contracorriente. Un célebre texto de Heródoto describe embarcaciones de este tipo, que seguían usándose todavía unos milenios más tarde en Mesopotamia:

> Los barcos en que navegan río abajo a Babilonia son redondos y todos de cuero. En la región de Armenia situada río arriba con respecto a Asiria, cortan sauces y fabrican las costillas del barco; por fuera extienden sobre ellas para cubrirlas unas pieles, a modo de suelo, sin separar las costillas para formar la popa ni juntarlas para formar la proa, antes bien, lo hacen redondo como un escudo; rellenan toda esta embarcación de paja, la cargan de mercadería y la botan para que la lleve el río. Transportan sobre todo tinajas de vino de palma. Dos hombres en pie gobiernan el barco por medio de dos remos a manera de palas; el uno empuja el remo hacia dentro y el otro hacia fuera. Estos barcos se construyen unos muy grandes y otros menores; los más grandes llevan una carga de hasta cinco mil talentos. En cada barco va un asno vivo, y en los más grandes van muchos. Luego que han llegado a Babilonia y despachado la carga, venden en almoneda las costillas y toda la paja del barco. Cargan después en sus asnos los cueros, y parten para la Armenia, porque es del todo imposible navegar río arriba, a causa de la rapidez de su corriente. Y por eso también no fabrican los barcos de maderas, sino de cueros. Cuando arreando sus asnos, llegan a la Armenia, hacen del mismo modo otros barcos.[81]

No menos ingeniosos se revelaron los egipcios, cuyos primeros navíos, por lo que podemos deducir de la abundante iconografía de las tumbas de las primeras dinastías, no eran sino grandes haces de tallos de papiro ahuecados en su centro para dar forma al casco y asegurados luego mediante cuerdas anudadas en sus extremos, con una proa y una popa muy elevadas, sin quilla, de poco calado y dotados de toscos remos para desplazarse y controlar el rumbo. Barcos de este tipo, con muchos remos, aparecen representados ya en las cerámicas del período predinástico, dentro de la cultura Amratiense o Nagada I (4.000-3.500 a. C.), aunque no resultan frecuentes. Por fin, cuando, hacia el 3.500 a. C., alguien tuvo la idea de fijar mástiles al casco y colocar una vela ancha y corta sobre una larga verga horizontal, desató una auténtica revolución, pues los barcos empezaron a navegar también río arriba, remontando la corriente.

---

[81] Heródoto, *Historias*, I, 94.

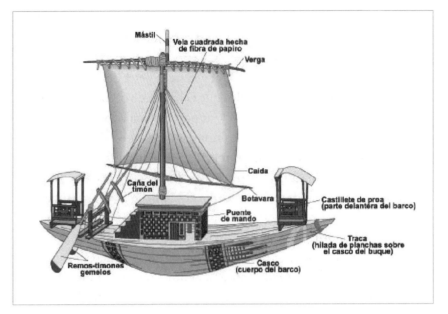

Embarcación egipcia. El uso de la vela permitió la navegación río arriba
y revolucionó el transporte fluvial.

Las técnicas de construcción naval evolucionaron lentamente. El
barco egipcio tradicional del Imperio antiguo, entre los años 2.700 y
2.200 a. C., caracterizado por su timón de doble remo en popa y su
mástil de doble palo con una pieza semicircular fija en el tope para hacer
posible el izado y arriado del velamen, solo dejó paso a otro más moderno
en el Imperio medio, entre el 2.040 y el 1.782 a. C., cuando por fin se
generalizaron el timón de un solo remo o espadilla y el mástil simple.
Respecto a los materiales, la importación de maderas más sólidas, como
el famoso cedro del Líbano, era costosa, por lo que debía reservarse para
la construcción de barcos ceremoniales o destinados al recreo personal
del faraón.

La preciosa barca funeraria de Keops, un rey del siglo XXVI a. C. perteneciente a la cuarta dinastía, que surcó en una única ocasión las aguas del
Nilo, en dirección a la tumba del monarca, nos ofrece un buen ejemplo
de ello, pero no es el único. Cerca del actual emplazamiento de uno de
los obeliscos de la reina Hatshepsut, en el templo de Karnak, residencia

del dios Amón, un gran bajorrelieve representa a *Userhat* («proa poderosa»), la gran barca del dios. En esta lujosa nave se alojaba la capilla con su
estatua, que salía del templo dos veces al año, con motivo de dos grandes
festividades religiosas: la fiesta de Opet y la Bella fiesta del valle. Una estela erigida por Amenhotep III explica que el barco, de 68 metros de eslora,
se construyó con cedro del Líbano y su popa estaba adornada con plata
trabajada y oro, mientras que su cabina y su mástil estaban recubiertos
de electro, una aleación de ambos metales, «que llenaba la tierra con su
brillo». Se trataba de casos excepcionales. El resto de los barcos tenían
que seguir conformándose con utilizar el papiro o las escasas maderas
locales, de mucha menor calidad y resistencia, como el tamarindo, la
acacia o el sicomoro.

Respecto a Mesopotamia, los documentos iconográficos que nos han
dejado las comunidades predinásticas son mucho menos numerosos que
los egipcios, pero suficientes para deducir a partir de ellos la forma de
sus embarcaciones y los materiales usados para construirlas. Por suerte,
comienzan también a aparecer algunos restos, como los hallados en 2006
en el yacimiento kuwaití de As-Sabiyah, que nos permiten estar seguros
de la existencia de embarcaciones de juncos ya en la segunda mitad del
sexto milenio a. C.[82] Respecto al uso de la vela, una terracota hallada
en Eridú, una antigua ciudad sumeria cercana a Ur, datada en torno al
5.000 a. C., nos ofrece una representación muy realista de una nave alar-
gada, de bordas altas, en la que puede apreciarse ya con toda claridad un
mástil e incluso muescas laterales para la fijación de los obenques, lo que
atestigua que los sumerios conocían la navegación a vela ya en la época
de la cultura de Ubaid, antes de la aparición de las primeras ciudades
estado. Más difícil de interpretar es el material del que estaría hecha la
embarcación, pues el detalle de la terracota no permite deducirlo, aunque
cabe suponer que fuera de tablazón, pues las naves de juncos o papiros,
por su propia naturaleza, debían tener muy altas la proa y la popa, y no
es el caso de la embarcación que nos ocupa. El debate, sin embargo, sigue

---

[82] Víctor M. Guerrero Ayuso, «Barcas de Ubaid. Navegaciones predinásticas en el Golfo
Pérsico», *Complutum*, 2007, Vol. 18, pp. 61-78, p. 63.

abierto, pues el año 5.000 a. C. les parece a muchos expertos una fecha demasiado precoz para la aparición de la navegación a vela.

En cualquier caso, estas primeras naves, por rudimentarias que fueran, permitían ya el transporte a larga distancia y, por ende, el comercio. Y este, una vez iniciado, favoreció el aumento de la complejidad social, que enseguida favoreció el desarrollo de un comercio más complejo. Las élites, cada vez más poderosas, pronto ansiaron símbolos exclusivos con los que remarcar su condición. Los productos de lujo se sumaron así a las materias primas en las panzudas bodegas de los barcos y las rutas comerciales se alargaron hasta alcanzar países que distaban miles de kilómetros de los pujantes estados del Creciente Fértil. Sin embargo, sería impreciso hacer extensiva esta afirmación al conjunto de la región. Mesopotamia y Egipto constituyeron, en lo que se refiere al comercio, dos mundos bien distintos.

El país del Nilo fue, durante milenios, una tierra orgullosa y replegada sobre sí misma que recelaba de las influencias extranjeras. El comercio exterior no era, así las cosas, sino una empresa estatal, practicada con escasa frecuencia, que cobraba el aspecto de una nutrida expedición militar integrada por miles de hombres bajo control directo del rey y con el solo objeto de procurarle las materias primas o los metales preciosos que necesitaban los templos, principal destino del gasto suntuario de Egipto, o su propio palacio. En realidad, solo él podía aportar las tropas y los sólidos navíos que requerían esas expediciones llamadas a cruzar el «Gran Verde», como los egipcios llamaban al mar, ya fuera el Rojo o el Mediterráneo. Y no se trataba de una práctica arcaica. Incluso en fecha tan reciente como el reinado de Hatshepsut, a caballo entre los siglos XVI y XV a. C., se organizó una expedición comercial al Punt, un país situado probablemente en la región del cuerno de África, en busca de incienso y mirra. Comandada por Nehesi, el portador del sello real, la delegación egipcia no solo firmó acuerdos comerciales, sino que también realizó un minucioso estudio geográfico del país y de su organización política y social, prueba evidente de su carácter oficial. A la vuelta, los barcos de Nehesi venían cargados de árboles de incienso, mirra, oro, marfil, ébano y otras valiosas maderas, así como de numerosos animales desconocidos en Egipto.

El verdadero comercio no llegó hasta más tarde, cuando, en el reinado del sucesor de Hatshepsut, Tutmosis III, el régimen tebano se embarcó en una nítida política imperialista orientada a asegurar su hegemonía sobre los pequeños estados de Siria. Entonces el país de la tierra negra se abrió por fin a las relaciones con el extranjero y comenzaron a llegar a sus puertos el incienso, el marfil, el ébano y los esclavos de Nubia y del Punt, la goma arábiga, el almizcle y el áloe del Ganges, el nardo del Hindu-Kush, la pimienta de Insulindia, las perlas de la costa malabar y los diamantes, los zafiros y las esmeraldas de la India. Se comerciaba también con el Próximo Oriente, de donde provenían productos menos exóticos, como el aceite, el vino, el plomo o la plata, con Asia Menor y los países del Egeo. Pero como la ruta más natural era la del mar Rojo, los faraones de la dinastía XIX, ya hacia el siglo XIII a. C., impulsaron la construcción de un canal entre este mar y el Nilo, cruzando el lago Amer y el golfo de Suez. La gran obra hidráulica permitía a los barcos, cuando no estaba bloqueado por los depósitos de sedimentos, internarse en el río para transportar sus mercancías hasta Tebas y las otras ciudades egipcias sin verse forzados a descargarlas antes para transportarlas por tierra hasta el Nilo.

Pero ni siquiera entonces vino a resultar el comercio una actividad muy seductora para la población autóctona. El Nilo era navegable, pero los egipcios navegaban poco. Sus canales habían sido ideados, a diferencia de los mesopotámicos, tan solo pensando en el riego; eran más cortos, y entorpecían la circulación por ellos las frecuentes esclusas y diques. La población seguía comprando productos locales en mercados de aldea o recibiendo cuanto necesitaban de los almacenes públicos y aunque para ello cruzaran con frecuencia el río en pequeñas barcas, rara vez lo hacían para cubrir largas distancias. La inmensa mayoría de los mercaderes eran extranjeros que llegaban al delta con sus grandes barcos y hacían allí sus negocios, o remontaban el Nilo hasta la misma Tebas u otras ciudades de menor importancia. Los relieves de los templos los representan así, griegos o asiáticos de ropajes extraños sorprendidos en el momento de intercambiar sus mercancías mientras rinden homenaje al faraón que, en un acto de generosidad, se aviene a recibirlos en su país. Incluso estas relaciones fueron episódicas hasta el siglo VIII a. C., cuando la dinastía saíta, que habría de ser la última de origen autóctono, abrió por fin Egipto a los mercaderes griegos, aunque el rechazo que inspiraban a la población aconsejó pronto su reclusión en Naucratis, una colonia helena levantada en uno de los brazos del delta. Egipto tan solo empezaba a ser permeable a las influencias extranjeras cuando Alejandro Magno, tras conquistarlo en el siglo IV a. C., fundaba Alejandría del Nilo, el futuro gran emporio comercial del país. Pero para entonces no eran ya egipcios, sino los propios griegos, los que gobernaban sobre la tierra negra.

Bien distinto es el panorama que ofrece Mesopotamia. Desde el cuarto milenio, sus ciudades funcionaron como activos centros comerciales en los que se intercambiaban los productos de su entorno, buena parte de los cuales llegaban hasta sus muelles a través de los ríos o, en el caso de las ciudades más alejadas, de los numerosos canales que enseguida se construyeron para hacer posible la ampliación del área de cultivo y la propia comunicación entre los centros urbanos. La construcción de estos canales tuvo siempre una gran importancia, hasta el punto en que la fecha de su inauguración llegó a servir de epónimo, como el año en el que ascendía al trono un soberano. Cuando Hammurabi, a mediados del siglo XVIII a. C., logró unificar la mayor parte del territorio, más de 2.000 kilómetros de valle regados por el Tigris y el Éufrates estaban vinculados ya por una densa red de canales que hacía posibles las comunicaciones y el comercio entre las numerosas ciudades de Mesopotamia.

Las relaciones del país con otras regiones, incluso muy lejanas, como el Cáucaso o el valle del Indo, se iniciaron también muy pronto, en los comienzos mismos del proceso de urbanización, y se mantuvieron en el tiempo. Los comerciantes mesopotámicos no se limitaron, además, a negociar con extranjeros en su propia tierra; ni siquiera se conformaron con recorrer grandes distancias en busca de buenos negocios. También fundaron colonias allende sus fronteras. Las denominadas «Tabletas Capadocias» describen la existencia a finales del tercer milenio en un suburbio de la ciudad capadocia de Kanis, próxima a la actual localidad turca de Kayseri, de un *karum* regentado por mercaderes asirios.[83] El

---

[83] El mejor estudio de esta original institución asiria, en Karl Polanyi, *Comercio y mercado en los imperios antiguos*, Labor, Barcelona, 1976.

karum, cuya traducción más aproximada sería la de «puerto seco», no era sino un mercado protegido por murallas, libre de impuestos y dotado de autogobierno en el que los comerciantes procedentes de Asur realizaban sus transacciones comerciales de acuerdo con normas establecidas, y sin duda hubo de extenderse a otras regiones con las que aquellos mantenían intercambios regulares. No se trataba, pues, de una excepción, sino de la norma.

Esta dilatada tradición comercial se vio favorecida por una minuciosa regulación legal desde tiempos remotos. El *Código de Hammurabi*, promulgado en torno al 1750 a. C., regula con admirable detalle en varios de sus 262 artículos aspectos tan diversos como los costes autorizados para el flete de las naves, su calafateo y sus reparaciones, así como la responsabilidad en caso de naufragio y la indemnización que tenían derecho a percibir los cargadores. Pero sorprende aún más la moderna precisión con la que regula las distintas formas jurídicas de sociedad mercantil, desde la comanditaria, en la que un socio capitalista financia una expedición a cambio de una parte de los beneficios, a la contratación de un individuo que recibe fondos de otro para adquirir mercancías en el extranjero y venderlas a su regreso en el país. Los capitales invertidos en tales operaciones eran descomunales y casi siempre prohibitivos para los empresarios privados, habida cuenta de los elevados precios que podían alcanzar productos de lujo como el incienso, las piedras preciosas o las apreciadas maderas exóticas, y el colosal beneficio que podía obtenerse de su venta. Por ello eran a menudo los templos quienes las financiaban o, con menor frecuencia, consorcios de mercaderes constituidos a tal efecto.[84]

El comercio fluvial aceleró el progreso de la civilización. La mayoría de los sustanciales avances técnicos introducidos por los pueblos ribereños de los grandes ríos del Creciente Fértil, así como el impulso inicial de las disciplinas necesarias para su desarrollo, fueron posibles, en mayor o menor grado, gracias a los ríos, verdaderas arterias por las que circulaba

---

[84] Jacques Lacour-Gayet (dir.), *Historia del comercio*, Vergara Editorial, Barcelona, 1958, Tomo I, pp. 378-387.

el preciado fluido vital que nutría sus culturas. Fue el comercio fluvial el que impulsó en Mesopotamia la invención de la escritura cuneiforme, la numeración y el desarrollo del cálculo matemático elemental, todos ellos imprescindibles para hacer posible el registro y la contabilidad de las entradas y salidas de productos de los almacenes de los templos. Incluso las humildes tablillas de arcilla sobre las que se escribían aquellos raros signos con inconfundible forma de cuña que dieron nombre a la escritura sumeria, extendida luego a todo el país, existieron gracias al agua que las humedecía, permitiendo grabarlas con una caña afilada antes de que se secaran. Mesopotamia misma rinde con su nombre griego, «el país entre ríos», un merecido tributo a las corrientes fluviales a las que debió su esplendor.

Y no fue menor la deuda contraída con el Nilo por el pueblo egipcio. El papiro que sus escribas usaban como soporte de su escritura, sin la cual no habría sido posible un comercio a gran escala, no era sino una planta fluvial, un regalo más del río, cuyo tallo, cortado en tiras entrecruzadas que al secarse quedaban adheridas entre sí por la goma natural que poseían, permitía elaborar duraderas láminas sobre las que la tinta, negra o de colores diversos, permanecía mucho tiempo sin decolorarse. Sin la urgencia de predecir y controlar sus caprichosas crecidas, de las que se obtenía un gran excedente que podía luego intercambiarse, no habrían desarrollado sus sacerdotes la astronomía ni concebido el calendario, y tampoco la geometría habría avanzado como lo hizo sin la necesidad, impuesta por esas mismas crecidas, de redibujar los límites entre las parcelas cuando las aguas se retiraban. Y, en fin, sin la proximidad del río, mayor entonces que en la actualidad, que permitió el traslado de los bloques de piedra utilizados en las grandiosas pirámides de Giza, su construcción habría resultado casi imposible, incluso para los hábiles arquitectos egipcios, pues los 800 kilómetros que separan las canteras de granito y sienita meridionales de las que se extrajeron de la llanura donde se elevan las pirámides —las de la piedra caliza usada en el revestimiento están mucho más cerca— jamás podrían haber sido salvados por tierra. No erraba en absoluto el historiador griego Heródoto cuando consideró a Egipto un «don del Nilo». Si su civilización existió, fue, sencillamente, porque su río la hizo posible.

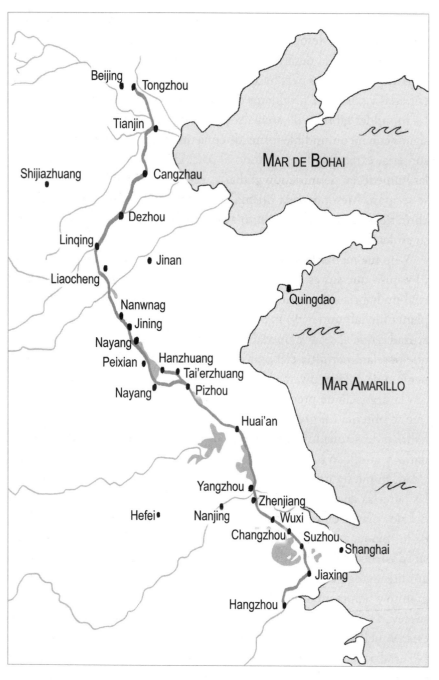

Mapa 17. El Gran Canal de China. Concluido a principios del siglo xiv, recorría casi 1.800 km entre Hangzhou y Pekín.

Las cosas no transcurrieron de forma muy distinta en los valles fluviales de Extremo Oriente, aunque sí algo más tarde. Los canales navegables, en la práctica verdaderos ríos artificiales excavados para facilitar el transporte de mercancías, fueron importantes en China a partir de la dinastía Han, entre el 206 a. C. y el 220 de nuestra era, que inició su construcción en la zona central del país, entre la cuenca inferior del Huang-he, el río Amarillo, y la llanura septentrional. Pero la mayor de estas obras, el Gran Canal, no se inició hasta el siglo VII y tardó casi setecientos años en terminarse. Cuando lo hizo, hacia 1327, recorría, entre Hangzhou y Pekín, una distancia de 1.800 kilómetros, salvando mediante ingeniosas esclusas frecuentes desniveles y haciendo posible un intenso tráfico de barcazas que se desplazaban arrastradas desde la orilla por búfalos de agua, bueyes o trabajadores contratados al efecto que se movían por caminos de sirga paralelos a los canales. Sus ventajas eran inmensas. Incluso un solo caballo, si era fuerte y robusto, podía tirar de una barcaza cargada con unas cincuenta toneladas de carga, diez veces más de lo que habría podido arrastrar por tierra, y ello siempre que circulara por una carretera bien cuidada y perfectamente llana, algo poco frecuente antes del siglo XIX. También en el Celeste Imperio los ríos terminaron por convertirse en las arterias por las que circulaba el progreso.

CALZADAS DE AGUA

Los romanos, a pesar de su avanzada ingeniería civil, no construyeron canales de tal magnitud, pero no por ello despreciaron las evidentes ventajas del transporte fluvial. Hacia el siglo I de nuestra era, tras siglos de continua expansión territorial, el imperio de la ciudad del Tíber incluía la práctica totalidad de los grandes ríos europeos. Buen número de ellos comunicaban regiones de economías complementarias y poseían la profundidad, la longitud y la anchura suficientes para hacer posible su navegación a gran escala, como el Po, el Rin, el Danubio, el Sena. En algunos casos, incluso habían sido ya ampliamente utilizados en época anterior a la conquista, de modo que era cuestión de tiempo que una economía tan compleja y diversificada como la romana se sirviera de las posibilidades que ofrecían.

La arqueología ofrece profusas muestras de la importancia económica de estas vías fluviales, quizá inferior a la de las calzadas terrestres, pero en modo alguno insignificante. Puede afirmarse que, junto a ellas y a las cruciales rutas marítimas, conformaban un verdadero sistema integrado de transporte de ámbito global que sorprende por su eficacia y amplitud. Prueba de ello es que la *Tabula Peutingeriana*, el itinerario conocido más antiguo del mundo romano, que ha llegado hasta nosotros gracias a una copia del documento original del siglo IV realizada en la Edad Media, representa, mediante líneas rojas, no solo las principales calzadas del Imperio, sino también los grandes ríos navegables, certificando así su relevancia como vías de comunicación a larga distancia.

Una minuciosa legislación lo hizo posible. Durante la Monarquía y los primeros siglos de la República, antes del siglo III a. C., los ríos eran propiedad privada, y se los consideraba, sin más, parte de las fincas que atravesaban. De haber continuado así las cosas, su utilidad como vías navegables habría sido escasa, pues cualquier propietario podría haber impedido el paso de naves por sus aguas o haberlo cargado con tasas tan elevadas que habrían hecho inviable, por ruinoso, el comercio fluvial. Por suerte, tras el fin de la Segunda Guerra Púnica (202 a. C.), los ríos, aunque al principio solo los que se reputaban útiles para la navegación, fueron declarados públicos y, práctica como era la mentalidad romana, pronto quedaron regulados aspectos tan diversos como la organización de la empresa naval, el ámbito de sus actividades, las facultades y la responsabilidad de sus gestores e incluso asuntos de carácter técnico, como el aparejo o, en su caso, el armamento de las embarcaciones.[85] El *Digesto*,

---

[85] María de las Mercedes García Quintas, «La importancia comercial de los ríos», *El derecho comercial, de Roma al derecho moderno: IX Congreso Internacional, XII Iberoamericano de Derecho Romano. Las Palmas de Gran Canaria 1, 2 y 3 de febrero de 2006*, Universidad de Las Palmas de Gran Canaria, Servicio de Publicaciones, 2007, pp. 333-344. Véase también Oliva Rodríguez, Salvador Ordóñez y Carlos Cabrera, «De perdidos... al río. En torno a las evidencias de transporte y comercio de materias primas no perecederas por vía fluvial en el Occidente romano», en Didier Boisseuil, Christian Rico y Sauro Gelichi (dirs.), *Le marché des matières premières dans l'Antiquité et au Moyen Âge*, Publications de l'École française de Rome, Roma, 2021, pp. 33-63.

recopilado en el año 533 por el emperador Justiniano, contiene buen número de disposiciones reguladoras de la navegación fluvial. La empresa naval, a imagen de la mesopotámica, podía adoptar diversas formas jurídicas. La costumbre habitual en los tiempos más antiguos era el gobierno y la conducción de la nave por su propietario y armador, en el caso de que poseyera la pericia náutica suficiente para ello. Pero esta práctica, aunque no llegó a desaparecer nunca del todo, dejó paso más tarde a la contratación por parte de aquel de un marino profesional capaz de desempeñarse a un tiempo como *gubernator* (piloto) y *magister navis* (capitán), o bien a la cesión de la autoridad sobre la nave a un *magister*, auxiliado en los aspectos más técnicos de la navegación por un *gubernator*. En cualquier caso, el armador era un empresario privado que arriesgaba su capital fletando un barco, ya fuera suyo o arrendado a otro, y lo usaba como instrumento en un negocio comercial. Estos negociantes, llamados con carácter general *navicularii amnici* o *nautae* para distinguirlos de los *navicularii marini*, que comerciaban por mar, no operaban libremente, sino que, como muchos otros empresarios de época romana, se agrupaban en colegios que se dotaban de su propia regulación y disfrutaban de privilegios amparados por la ley.

Pero libertad de navegación por los ríos no significaba gratuidad. El comercio, ya fuera marítimo, terrestre o fluvial, estaba sometido al pago de tasas. Estas eran de tres tipos: la aduana, el arbitrio y el peaje, que recibían en conjunto el nombre de *portorium* y, al sumar su importe al precio de las mercancías, lo incrementaban de forma notable, aunque nunca lo bastante para anular su rentabilidad. El importante porcentaje que suponía el *portorium* en los ingresos fiscales del Estado proporciona a los historiadores una prueba indirecta, pero cierta, del gran volumen que llegó a alcanzar el comercio durante la época imperial. Más difícil resulta, sin embargo, precisar el peso relativo del tráfico fluvial, ya que, hasta el momento, la arqueología ha mostrado mayor interés por los pecios marítimos, muy abundantes en las costas del Mediterráneo, en menoscabo de los fluviales, relativamente cuantiosos solo en los ríos franceses y centroeuropeos, y de los importantes restos de almacenes y otras instalaciones portuarias que se han hallado por todo el territorio del antiguo Imperio romano.

Por supuesto, nos es bien conocido el *Emporium*, situado en la orilla izquierda del Tíber, no muy lejos de las estribaciones del Aventino. Allí llegaba, además de la imprescindible *annona frumentaria*, los cereales que alimentaban a Roma, una gran parte de las mercancías procedentes de las diversas regiones del Imperio, transbordadas en Ostia desde las naves marítimas de gran tonelaje, como las que traían el grano desde Egipto, a barcazas y gabarras capaces de remontar el río. Es evidente que este gran puerto, ajustado a las necesidades de una metrópoli de casi un millón de habitantes, no puede considerarse representativo del fondeadero fluvial medio, de dimensiones mucho más reducidas y de menor complejidad, aunque elementos como los almacenes y los muelles de atraque habían de estar presentes también en él. Pero no debían de ser infrecuentes, a la luz del registro arqueológico, las infraestructuras asociadas al transporte fluvial, como los canales, los caminos de sirga, las presas, los diques o los vados, prueba evidente de la relevancia que hubo de adquirir el tráfico comercial en los ríos de buena parte del mundo romano. Aunque muchas de esas obras hubieron de contar con la oposición del pueblo llano, que las consideraba impías, por atentar contra las divinidades de los ríos o incapacitarlos para su tradicional función oracular, no cabe duda de que la necesidad se impuso casi siempre sobre la fe.

Apoya esta conclusión la existencia de administradores nombrados por el Estado para ocuparse del drenaje y la limpieza de los lechos fluviales, el buen estado de los diques y, en general, el mantenimiento de las obras hidráulicas. En los últimos años de la República esta función parece haber sido responsabilidad de los censores, pues fueron ellos los que ordenaron el amojonamiento del Tíber en el año 56 a. C. para evitar la apropiación de sus orillas por particulares. Pero en época imperial fue el emperador mismo el que asumió la tarea. El río que atravesaba Roma contaba con los denominados *curatores riparum et alvei Tiberis*, nombrados por el soberano y que actuaban bajo su autoridad directa. Algunos otros ríos disponían de funcionarios similares, como es el caso del Guadalquivir, que era responsabilidad de un *procurator ad ripam Baetis*, por lo que es legítimo pensar que se trataba de una práctica habitual que, por su importancia, recaía en funcionarios imperiales, no nombrados por las

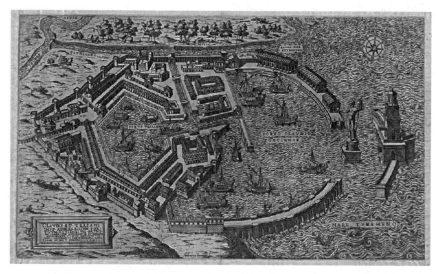

Reconstrucción del antiguo puerto romano de Ostia, construido
en el siglo I durante los reinados de Tiberio y Claudio, según Giovanni
Ambrogio Bambilla, 1581.

ciudades, como solía suceder en la mayoría de los asuntos públicos.[86]
No debe extrañarnos. La finalidad principal de estos funcionarios era
asegurar que los ríos se conservaran en buen estado, sin malas hierbas o
sedimentos que dificultaran la navegación, pues si no era así, las barcazas cargadas de cereales que abastecían las ciudades del Imperio podían
retrasarse, enervando a la numerosa población que dependía de ellas y
agravando el riesgo de rebeliones. Pero tampoco era baladí la necesidad
de prevenir los devastadores efectos de las riadas, que se producían con
relativa frecuencia en algunas regiones del Imperio, o reparar los daños
causados por ellas.

En cuanto a las embarcaciones, que conocemos mejor por mosaicos o
relieves que por los propios pecios, más escasos que los hallados en el mar,
eran de factura y tamaño muy diverso. Variaba su morfología desde las
sencillas balsas o almadías utilizadas para el transporte de madera y otros

---

[86] Santiago Montero, *El emperador y los ríos. Religión, ingeniería y política en el Imperio romano*, UNED, Madrid, 2012, pp. 150-151.

materiales pesados, como la piedra o el mármol, a las versátiles naves de mástil plegable que podían, en caso de necesidad, abandonar las aguas del río para costear sus bocas, donde recogían la carga de las enormes naves onerarias sin necesidad de desembarcarla antes en los muelles. Las más frecuentes, no obstante, eran las embarcaciones de casco ancho, fondo plano y sin quilla, roda ni codaste, con una cubierta amplia, lisa y despejada, de gran capacidad de carga, que se movían mediante pértigas, remos, velas o, en su caso, remolque a la sirga. Se trataba de naves ideadas en todos sus elementos para el acarreo a larga distancia de materiales pesados, sector en el que el transporte fluvial era mucho más competitivo, a través de aguas a veces someras y a menudo sembradas de bancos de arena o sedimentos que habrían hecho encallar a naves de otras características. Entre los productos transportados los más habituales eran la piedra, el mármol, la madera (casi siempre en troncos sin desbastar, por flotación), los metales (excepto los preciosos, que se transportaban escoltados por tierra), la pez y el betún, aunque, cuando se trataba de comercio a larga distancia, cualquier producto podía ser objeto de transporte fluvial, ya que sus costes eran mucho más reducidos que en el terrestre. En cualquier caso, aunque en menor medida que los del Creciente Fértil, los ríos desempeñaron también un importante papel en el comercio y, por ende, el progreso de la civilización romana.

El país de las ciénagas

Las cosas empezaron a cambiar en el siglo III de nuestra era. Entonces, como es bien sabido, la economía romana sufrió una importante crisis de la que, al menos en lo que se refiere a la parte occidental del Imperio, nunca se recuperaría del todo. Durante el siglo IV, el comercio a gran escala disfrutó aún de cierta importancia. A finales de la centuria, la flota comercial que transportaba de Cartago a Roma el grano, el aceite y las salazones que alimentaban la gran urbe sumaba 3.700 barcos mercantes. Pero se trataba ya de un comercio bastante desequilibrado. La mitad oriental, cuyos talleres volvían a ser pujantes, exportaba hacia el oeste mucho más de lo que recibía, y la diferencia se cubría con un flujo creciente de metal precioso hacia sus mercados. Solo la magnitud de la demanda estatal de bienes y servicios impedía que el desequilibrio fuera todavía mayor. De los 35 grandes arsenales o *fabricae* dedicadas a la producción de armas y pertrechos para el Ejército, 20 se ubicaban en la parte occidental.[87] Luego, iniciado el siglo v, sobrevino el desastre. Una provincia occidental tras otra fueron cayendo, por fuerza o de grado, en manos de los pueblos germanos; las calzadas dejaron de ser seguras y su mantenimiento se hizo deficiente, y el tráfico de personas y bienes empezó a disminuir por doquier de forma drástica. Por supuesto, el comercio fluvial también se vio perjudicado, y sufriría aún más tras la caída del Imperio romano de Occidente, en el 476. La fecha sirve tan solo para constatar el final oficial de una ficción, pues los diversos reyes germanos que reclamaron para sí mismos el poder de Roma en sus respectivos territorios eran ya independientes *de facto* desde hacía mucho tiempo. Pero en el caso de los ríos, no fue del todo baladí.

En Italia, por ejemplo, el dominio ostrogodo impuesto por Teodorico a finales del siglo v redujo a un mínimo flujo de barcazas el transporte de mercancías por el Po; los nuevos señores de la península carecían de flota propia y la navegación fluvial les interesaba muy poco. Aunque los ejércitos bizantinos de Belisario y Narsés recuperaron, por orden del emperador Justiniano, el control del país a medidados de la centuria siguiente, la larga duración de las llamadas guerras góticas y su extrema crudeza devastaron sus campos y asolaron sus ciudades, lo que impidió la recuperación de los intercambios. La invasión de los lombardos, que tuvo lugar poco después, empeoró aún más las cosas. El primer código legislativo promulgado por los nuevos señores de Italia, el *Edicto de Rotario*, del siglo vii, ni siquiera menciona los ríos.[88]

El panorama no era muy distinto en el resto de la fachada occidental del continente. La economía languidecía, incapaz aún de recobrarse. Los campos, azotados en las regiones del norte por heladas más prolongadas y veranos más cortos y fríos, y angostados en las comarcas del sur por

---

[87] Una buena descripción del estado de la economía imperial en el siglo IV, en el reciente trabajo de José Soto Chica: *El águila y los cuervos: la caída del Imperio romano*, Desperta Ferro, Madrid, 2022, pp. 19-104.
[88] Giulio Boccaletti, *Agua…*, *op. cit.*, p. 128.

repetidas y pertinaces sequías, rendían cosechas exiguas. Las hambrunas eran frecuentes; los excedentes, escasos. La artesanía, el comercio y la moneda mantenían una actividad mortecina, a tono con la postración de la vida urbana. La propensión del clima al enfriamiento, que se extendió por Europa entre los siglos III y VIII, produjo crecidas mayores y más frecuentes. Los desbordamientos catastróficos afectaron a muchos ríos, lo que redujo aún más la ya exigua intensidad del tráfico fluvial. La política tampoco ayudaba. Después del año 800, el Imperio carolingio, soberano eminente de buena parte de Europa occidental, apenas logró imponerse sobre los potentados locales. La fragmentación del Estado, roto en una pléyade de señoríos, laicos y eclesiásticos, que detentaban el dominio efectivo sobre la tierra, y la de la economía, replegada sobre sí misma bajo la forma de explotaciones rurales autosuficientes a las que nada sobraba ni nada podían comprar, facilitó la aparición de un sinfín de peajes que gravaban un comercio ya exangüe.

Los síntomas del declive son alarmantes y generalizados. Las iglesias, privadas de aceite, queman cera para iluminar la liturgia; las cartas, olvidado ya el papiro que antes llegaba de Oriente, se escriben sobre pergamino. Solo los poderosos disfrutan de las sedas, los brocados, las joyas y las especias que desembarcan con cuentagotas en los puertos italianos bajo control bizantino. Pero se trata de un tráfico esporádico, anormal, que se reducirá aún más cuando los ubicuos sucesores de Mahoma conviertan el Mediterráneo, antes un mar romano, en un lago musulmán,[89] y sus mercancías, muy valiosas y de escaso peso, se transportan en caravanas escoltadas que cruzan los Alpes hacia el interior. Los ríos, sin tráfico que anime sus asilvestradas aguas, han vuelto a convertirse en una parte del paisaje natural. Las ciénagas son una vez más, en buena parte de Europa, sus dueñas indiscutibles.

Pero no en toda. En algunas regiones del continente, el comercio sobrevive, y allí donde lo hace, las corrientes fluviales conservan en él un protagonismo incluso mayor del que nunca han disfrutado. El Atlántico

---

[89] Henri Pirenne, *Mahoma y Carlomagno*, Altaya, Barcelona, 1996, *passim*. La edición original de la obra, un verdadero clásico de la historiografía occidental, es de 1935.

septentrional y, sobre todo, el mar del Norte, cegada la ruta mediterránea, mantienen vivos los intercambios, que adoptan la forma de un tráfico costero. Pero las mercancías que llegan a los puertos a menudo siguen ruta hacia el interior remontando el curso de los ríos. En los deltas del Rin y el Mosa, a despecho de las razias normandas, cada vez más frecuentes desde el siglo IX, florecen enclaves como Duurstede, donde se concentra el comercio de los frisones; Boulogne, el antiguo gran puerto romano fortificado, luego reconstruido por Carlomagno, o Quentovic, en la desembocadura del Canche. Algunos barcos marchan incluso hacia las brumosas costas inglesas. Otros, navegando corriente arriba las aguas del Rin, el Escalda, el Mosa y el Sena, buscan sus clientes en el interior, en ciudades como Aquisgrán, sede de la corte carolingia, donde residen los reyes junto a sus nobles más poderosos, laicos o eclesiásticos, únicos que conservan cierto poder de compra.

Algunas de ellas, mejor ubicadas, se convierten en prósperos puertos fluviales. Maguncia, en la confluencia del Rin y el Maine, enseguida gana protagonismo. También lo hacen, en el camino hacia la Alemania oriental, Worms, Erfurt o Ratisbona. Las aguas del Mosa aseguran a Lieja, Namur o Maastricht una notable vida comercial, mientras las del Escalda sientan las bases del posterior desarrollo de ciudades como Amberes y Tournai. París, Saint-Denis y Compiègne, bañadas por el Sena, y Ruan, en su estuario, conocen también un activo tráfico de barcazas, cargadas casi siempre de vino, que queda acreditado por los profusos documentos reales que conceden privilegios de navegación a sus abadías ribereñas. Hacia el sudoeste, el Loira vive un auge similar gracias al comercio de la sal. Las vías fluviales de Europa occidental son, en suma, las principales arterias del comercio carolingio.[90]

No son las únicas. Mucho más al este, los grandes ríos rusos disfrutan de una nueva edad de oro. El comercio no es algo nuevo en sus aguas, pues eran ya familiares para los mercaderes griegos del mar Negro, que se proveían a través de ellas del preciado ámbar de los mares del norte. Bizancio, su legítimo heredero, conoce también esta ruta, que sigue el

---

[90] Jacques Lacour-Gayet (dir.), *Historia del comercio…*, *op. cit.*, Tomo II, p. 41.

Dniéper y el Dviná, cruza el lago Ilmen, continúa por el Vóljov hasta el Ladoga o se desvía antes de alcanzarlo hacia el golfo de Finlandia descendiendo el curso del Neva. Pero no son los bizantinos, sino los escandinavos, llamados vikingos en Europa, en estas tierras varegos, los que controlan los intercambios. Sus enclaves fortificados se diseminan río abajo siguiendo la ribera del Dniéper, prestos a embarcarse, cuando el deshielo de sus aguas se lo permita, en dirección a Constantinopla. Sus barcos descargan allí pieles, ámbar, madera, miel o esclavos, y regresan llevando vino, especias, sedas y orfebrería, y sus gentes, más civilizadas que los eslavos locales, se mezclan con ellos e impulsan su desarrollo. Con el tiempo, dos grandes centros económicos toman el control de las rutas comerciales de la zona: Kiev, a orillas del Dniéper, en el sur, y Nóvgorod, bañada por el Vóljov, al norte, y la influencia bizantina impulsa el nacimiento del primer poder estatal de la zona, la Rus de Kiev, antecesora del estado ruso.[91]

Pero el comercio fluvial también es activo hacia el este, donde, siguiendo las aguas del Volga en dirección al mar Caspio, los varegos entran en contacto con el califato abasí de Bagdad. En la ciudad de Itil, capital del kanato jázaro, ya en la desembocadura del gran río, los hombres del norte fundan un importante emporio en el que cambian pieles, lana, plumas, barbas de ballena y aceite de pescado, materias primas, en fin, por el incienso, las especias, el oro, las sedas, las joyas y otros productos de lujo procedentes de los lejanos talleres del califato. Y no se trata de un comercio marginal. El volumen de los intercambios llega a ser notable y no se detiene allí, pues son muy relevantes sus conexiones con las rutas hacia Occidente. Los dirhams califales, los dólares de la Alta Edad Media, se han encontrado en sepulturas y escondrijos vikingos desde Nóvgorod a la isla de Syke, en Escocia, e incluso en Islandia.[92]

Se trató siempre de un comercio fructífero para ambas partes, y muy activo entre los siglos VIII y X, una época en la que Occidente se lamía aún sus heridas en espera de tiempos mejores. Pero también a las leja-

---

[91] Geoffrey Hosking, *Una muy breve historia de Rusia*, Alianza Editorial, Madrid, pp. 13 y ss.
[92] Matthew Gabriele y David M. Perry, *Las edades brillantes...*, *op. cit.*, p.131.

nas tierras del este llegó la guerra, la gran enemiga del mercader, y los intercambios decayeron sin remedio. Los túrquicos kipchaks, a finales del siglo xi, y los mongoles de Gengis Kan, ya a comienzos del xiii, vencieron y sometieron a los eslavos, muy debilitados por la desunión entre sus príncipes. Más tarde, la consolidación del dominio mongol que supuso la fundación, en 1240, de la Horda de Oro, trajo consigo una nueva etapa de paz que impulsó los intercambios, beneficiados también por el contacto con China, entonces la civilización más rica del mundo, a través de la legendaria Ruta de la seda. Allí, como en Occidente, los ríos salvaron el comercio en una era de oscuridad en la que el mundo entero parecía entregado a la ardua tarea de sobrevivir, replegándose sobre sí mismo como un colosal plantígrado que esperase mansamente la llegada de la primavera.

Capitalismo fluvial

Esta triste descripción, un tanto literaria, es válida, con los matices que hemos contemplado, hasta comienzos del siglo xi. Entonces las cosas empezaron a cambiar y los ríos se beneficiaron de ello. La extensión de la paz en Europa, tras el fin de las invasiones, y la mejora del clima, que comenzó a experimentar un incremento progresivo de las temperaturas, facilitaron la roturación de tierras, el incremento de los excedentes y, por ende, de la población y el renacimiento de la artesanía, la circulación de la moneda y el comercio. En suma, «más hombres, más productos, más riqueza, más paz».[93] Nuevos códigos legales facilitaron el proceso. Los reyes, deseosos de recuperar el poder perdido en favor de los señores feudales, desenterraron el viejo derecho romano, que comenzó también a enseñarse en las recién nacidas universidades, como la de Bolonia, fundada en 1088, o la de Oxford, que vio la luz en 1096.

Pero ¿podían los caminos de Europa afrontar el reto? No, desde luego, los terrestres. Los peajes, impuestos por los señores, eran frecuentes y gravosos. En las zonas boscosas, que cubrían buena parte del continente,

---

[93] Julio Valdeón Baruque, *Historia general de la Edad Media*, MAYFE, Madrid, 1984, vol. II, p. 33.

proliferaban los bandidos. Solo las antiguas vías romanas ofrecían cierta seguridad, pero, faltas de mantenimiento, se habían deteriorado mucho en los siglos anteriores. Habría que esperar todavía un tiempo antes de que los reyes reparasen en la conveniencia de dotar a sus territorios de una red viaria adecuada. Por otra parte, la tecnología del transporte por tierra apenas había avanzado nada desde la invención de la rueda. Como en Mesopotamia o en Roma, solo los productos valiosos y de escaso peso podían soportar los elevados costes que imponía su desplazamiento a grandes distancias; las mercancías voluminosas, pesadas o de escaso valor perdían del todo su rentabilidad en cuanto recorrían por tierra unas decenas de kilómetros. Solo las corrientes fluviales seguían siendo adecuadas para el transporte a larga distancia en el interior del continente, pues, aunque debían también sufragar tasas de tránsito, la capacidad de carga de las barcazas fluviales era tan grande que hacía posible asumirlas sin anular la rentabilidad de las ventas. Los ríos habían salvado al comercio en los siglos oscuros; ahora le ayudarían a resurgir.

Entonces se planteó el problema de las infraestructuras. La navegación necesitaba diques, canales, embarcaderos. ¿Quién los construiría si los ríos eran públicos y todos podían después beneficiarse de ellos aunque no los hubieran pagado? Naturalmente, lo hicieron aquellos que más las necesitaban: los comerciantes. Algunos invirtieron en molinos de agua para mover sus rudimentarias máquinas; otros, en canales para superar tramos no navegables de los ríos por los que pretendían transportar sus mercancías. En Bolonia, en 1183, un grupo de empresarios financió una presa y un canal en el río Reno para desviar el agua necesaria para mover los molinos que se usaban para abatanar la lana. Luego, ese mismo canal fue utilizado para transportarla hasta Venecia, a 150 kilómetros de distancia, a través del Po. Gracias a él, Bolonia, que no tiene salida al mar, se convirtió en unos de los puertos más importantes de Europa.

Mientras los chinos se afanaban en la construcción de su Gran Canal, que quedó terminado en 1293, los europeos empezaron a comprender la necesidad de someter los ríos a algún tipo de control que asegurara la libertad de tráfico, a salvo de la miríada de poderes locales y regionales en que se hallaba fragmentado el continente, todos deseosos de sacar tajada del comercio fluvial a costa de dificultarlo. La grave crisis del siglo XIV, paradójicamente, tendió a facilitar las cosas. La gran peste negra, que se extendió por Europa después de 1348, segó la vida de uno de cada tres habitantes del continente, aunque algunas de sus regiones perdieron aún más y otras quedaron despobladas por completo. La necesidad de mano de obra se hizo entonces acuciante y los empresarios respondieron como era de esperar: invirtiendo más y más en la única fuente de energía entonces disponible capaz de suplir con éxito la fuerza bruta de hombres y animales: el agua. Las ruedas hidráulicas se multiplicaron en los grandes ríos europeos y se inició la construcción de nuevos canales fluviales allí donde no era posible su navegación.[94]

El proceso se intensificó en las décadas posteriores, en especial desde comienzos del siglo XVI. El intenso crecimiento de los intercambios que provocó la colonización de América revitalizó los puertos de la fachada atlántica de Europa, hasta entonces secundarios frente a los bañados por el Mediterráneo. El auge del comercio benefició también a las corrientes fluviales, que vieron reforzado su papel de arterias por las que circulaba la riqueza entre las ciudades costeras y las del interior. A título de ejemplo, cabe mencionar el Guadalquivir, cuyo puerto de Sevilla, a 80 kilómetros de sus bocas, fue durante décadas, gracias a su monopolio, el centro europeo del comercio con América. Pero no menos relevante fue el Escalda, que se convirtió entonces, a raíz de la construcción de numerosos canales, en la arteria principal de todos los intercambios del centro y el norte del continente, e hizo de Amberes, accesible ya desde el mar, su puerto más importante. No fueron los únicos. Los ríos, beneficiados por la prosperidad general, supieron hallar hueco en ella sin perder protagonismo frente al océano, llamado a desempeñar el papel fundamental en el desarrollo de la humanidad futura.

Pero, paradójicamente, sería una vez más la crisis, no la prosperidad, el detonante que revolucionaría el papel de los ríos en el comercio europeo. La Europa del siglo XVII era ya un mundo de estados en competencia permanente, en la que el comercio y la guerra se concebían como armas de una lucha global por el poder. En este contexto, la desastrosa

---

[94] Giulio Boccaletti, *Agua…*, *op. cit.*, p. 153.

Guerra de los Treinta Años, que arrasó buena parte del continente entre 1618 y 1648, habría de tener un efecto benéfico para los ríos. El terrible coste de la contienda en recursos humanos y materiales forzó a los gobiernos a la reflexión. Si algo había quedado demostrado a lo largo de aquella larga y sangrienta disputa era que ya no resultaba factible para ningún estado, por poderoso que fuera, imponer su hegemonía sobre los demás. La paz de Westfalia, que puso fin al conflicto, sentó las bases de un sistema de equilibrio continental en el que, si bien se reconocía la soberanía de cada estado sobre su territorio, quedaba garantizada a un tiempo la libertad de navegación por el Rin, la corriente medular del centro de Europa. Más tarde, tras un nuevo período de conflagración general en el continente, el pacto se selló de nuevo en el Congreso de Viena de 1815, que puso fin a las guerras provocadas por la Revolución Francesa. Entonces la libertad de navegación se extendió aún más, y el Danubio, el Elba y el Oder quedaron también protegidos del ilegítimo monopolio que sus países ribereños podían sentirse tentados a reclamar sobre sus aguas. Por último, cuando las grandes potencias europeas se repartieron África en la Conferencia de Berlín de 1884-1885, el Congo y su cuenca quedaron sometidos a idéntico principio. Las fuerzas del capitalismo comercial comenzaban a imponer sus reglas a los estados nacionales nacientes. La prosperidad se vio muy beneficiada con ello y los ríos jugaron un papel decisivo en el proceso.

Sin embargo, no se trató en modo alguno de un proceso rápido y, como cabía esperar, algunos estados supieron beneficiarse de él más y mejor que otros. Los que ganaron ventaja fueron, por lo general, los que apostaron por mejorar la navegabilidad de sus ríos mediante la construcción de canales. Los primeros se construyeron a finales del siglo XVI en el norte de Italia, una región que disfrutaba de una larga tradición de comercio fluvial y populosas ciudades muy próximas entre sí. Los Países Bajos, algo más tarde, se auparon al primer puesto entre las potencias comerciales del continente gracias, entre otros factores, a la densa red de canales que se extendió en unas pocas décadas por todo su territorio. Las nuevas vías navegables favorecieron el desarrollo agrícola; redujeron el coste del transporte de personas y mercancías, y facilitaron en gran medida la especialización y, por ende, la competitividad de las distintas

regiones. En Francia, sin embargo, el Canal del Mediodía, de 240 kilómetros de longitud, no estuvo concluido hasta 1687. En España, el Canal
Imperial de Aragón, de tan solo 110 km, se terminó en una fecha tan
tardía como 1790, y el de Castilla, casi el doble de largo, que había de
facilitar el transporte del trigo a los puertos del Cantábrico, hubo de esperar hasta 1849. Inglaterra vivió en el tránsito entre los siglos XVIII y XIX la
edad de oro de sus canales, que llegaron a competir con notable éxito con
el ferrocarril. A medida que la revolución industrial avanzaba en el país,
fueron incrementando su utilidad. Su uso reducía el coste del transporte
de los nuevos y a menudo voluminosos productos industriales, como las
prendas de algodón, y las materias primas y fuentes de energía necesarias
para su elaboración, como el algodón en bruto y el carbón para alimentar
los nuevos ingenios textiles movidos por máquinas de vapor. Por ello los
canales de nueva construcción unían casi siempre ciudades industriales
y puertos exportadores, como fue el caso del canal de Bridgewater, que
discurría entre Manchester y Liverpool.

No cabe duda de que la baratura del transporte fluvial, ideal para el
transporte de mercancías pesadas y de bajo precio, lo convertía en un

Grabado del siglo XIX que representa el canal de Bridgewater.
No fue la necesidad de vías de transporte, de sobra cubierta por los canales,
la que impulsó el auge del ferrocarril, sino la urgencia de dar salida a los
capitales acumulados por la industria textil británica.

competidor temible sin cuyo concurso el desarrollo industrial de muchas ciudades europeas se habría retrasado de forma notable. Sin embargo, no sería un país europeo, sino una joven nación del otro lado del Atlántico la que comprendería mejor las ventajas de disponer de una densa red de ríos navegables capaces de comunicar a un coste razonable regiones lejanas entre sí, pero capaces de complementarse desde el punto de vista económico.

El vasto potencial comercial de las corrientes fluviales fue apreciado por los padres fundadores de los Estados Unidos de América apenas ganada su independencia de Gran Bretaña. Al oeste de sus territorios, cruzando la cordillera de los Apalaches, se extendían llanuras inmensas y ricas en recursos naturales que parecían esperar tan solo la llegada de personas dispuestas a explotarlos. Pero las lentas y pesadas carretas tiradas por caballos podían servir para transportar a los colonos a aquellas tierras de promisión, no para traer de vuelta hacia el este los bienes que produjeran, cuyo coste se volvería prohibitivo. Se necesitaba un medio de transporte rápido y barato, y los numerosos ríos que cruzaban la zona de oeste a este para desaguar en el Atlántico podían asegurarlo.

Sin embargo, aprovechar el enorme potencial de aquellos ríos salvajes como vías de transporte y comunicación exigía cuantiosas inversiones, una notable planificación y un importante concierto entre los estados que integraban la Unión, entonces muy autónomos. Si cada una de las antiguas colonias británicas, de manera independiente, apostaba, pues tenía el derecho y la capacidad de hacerlo, por cargar con sus propios tributos el tráfico fluvial, la viabilidad del proyecto se esfumaría. Esta evidencia favoreció en el seno de la Confederación recién nacida a quienes apostaban por una unión más estrecha entre los estados. El resultado fue la aprobación de una Constitución (1787) y el impulso de una política fluvial única que hizo posible la construcción masiva de canales y convirtió a los ríos en los principales artífices del progreso económico de la joven República. La construcción del canal de Erie, que unía los ríos Hudson y Mohawk con el Búfalo, trazando una vía fluvial continua de casi 600 kilómetros hasta el lago Erie, supuso la construcción de decenas de esclusas que requirieron de una enorme inversión. Pero cuando estuvo concluido, en 1825, había logrado disminuir el coste del transporte entre la costa atlántica y el río Misisipi a la vigésima parte.

Fue solo el principio. Norteamérica cuenta con grandes ríos que, junto a sus numerosos afluentes, la recorren casi por completo. La cuenca del Misisipi, en concreto, se extiende por casi tres millones de kilómetros cuadrados, el 40% de la superficie continental de los actuales Estados Unidos, y avena tierras con un potencial agrícola excepcional. Cuando, en 1803, Napoleón ofreció al gobierno de Washington venderle a buen precio el enorme territorio de la Luisiana, que acababa de recuperar de España, el entonces presidente Thomas Jefferson no dudó ni un instante. Era consciente de que, al adquirir aquella inmensa región, se estaba haciendo con el control de la cuenca del gran río, la puerta para extender su dominio a todo el subcontinente, explotar sus incalculables recursos naturales, y llevar sin esfuerzo los productos hasta el mar para venderlos al mundo entero. Los marineros de los hermosos vapores de ruedas que navegaban por las aguas del Misisipi ya no tendrían que observar a cada trecho su profundidad para gritar *Mark twain*! («¡Marca dos!»), la frase con la que informaban al piloto de que alcanzaba las dos brazas, exactamente 366 centímetros, imprescindibles para evitar que su buque embarrancara en el fondo. La navegación sería ya segura y posible en todo el curso del río.[95]

Luego, iniciada la fulgurante expansión hacia el oeste de los insaciables Estados Unidos, llegó la hora de las otras grandes cuencas fluviales de Norteamérica. Texas quedó incorporada a la Unión en 1845 hasta el río Grande. Oregón lo hizo un año después, y con él la notable cuenca del Columbia. En 1848, la rotunda victoria en la guerra contra México anexionó la del Colorado…[96] Seducidos por la visionaria política de asentamientos impulsada por el Gobierno federal, que premiaba con generosos lotes de tierra a los ciudadanos dispuestos a marchar hacia el oeste para poblar los nuevos territorios, los colonos llegaron en grandes oleadas, desplazando a los indios de grado o por fuerza, mediante la negociación o la guerra, hasta que dejaron de ser un problema. Pero cuando

---

[95] Una maravillosa descripción del mundo de los vapores de ruedas que navegaban por el gran río norteamericano puede encontrarse en Mark Twain, *La vida en el Misisipi*, Reino de Cordelia, Madrid, 2021. La edición original en inglés es de 1883.
[96] Giulio Boccaletti, *Agua…*, *op. cit.*, p. 191.

los inmensos bosques y las interminables praderas empezaron a producir, se hizo urgente dotarlos de un sistema de transporte lo bastante eficaz para llevar sus productos a los centros consumidores del este del país a un coste que no anulase su rentabilidad. Una vez más, los ríos fueron la solución. Los canales, los diques y las presas domeñaron sus salvajes aguas e hicieron de ellos dóciles caminos por los que enseguida comenzó a circular la inmensa riqueza de la que habría de ser una centuria más tarde la mayor potencia económica de la historia.

AL CAMBIAR LA NATURALEZA, EL HOMBRE SE CAMBIA A SÍ MISMO

Su éxito marcó la pauta que siguieron muchos estados de todo el mundo, aunque su objetivo no fue siempre hacer navegables sus ríos, sino usar sus aguas para el riego, incrementando así su productividad. En la India, el Gobierno británico, que había reclamado para sí la administración directa de la colonia tras la revuelta de los cipayos de 1857, respondió a las grandes hambrunas locales de la década posterior impulsando la construcción de canales y presas en el valle del Indo. Con ello pretendía, por una parte, obtener cosechas más abundantes para alimentar a la población, conjurando así el riesgo de una nueva rebelión, pero también, y en no menor medida, producir algodón a gran escala para sustituir al que su industria textil venía comprando a los Estados Unidos, cuya producción había quedado interrumpida por la Guerra de Secesión, y dar salida a los capitales invertidos en sus infraestructuras fluviales, que se acumulaban en el mercado sin opción de hallar un destino rentable.

Décadas más tarde, sería el Nilo el que seguiría los pasos del Indo en la producción de algodón y la primera presa de Asuán, concluida en 1902, la infraestructura que lo haría posible. No fue muy distinta la política impulsada en Japón por la nueva Administración Meiji, que afrontó por fin, a finales del siglo XIX, la construcción de un gran canal entre el lago Biwa y la ciudad de Kioto, antigua capital del país, que languidecía tras el traslado a Tokio de la sede del Gobierno. Cuando se concluyó, en 1890, el canal cubría una distancia de poco más de 11 kilómetros, a lo largo de los cuales pasaba por dos esclusas, un plano inclinado, que los barcos descendían colocados en carros movidos por cables, y tres túneles. Pero, por fin, las barcazas cargadas con los productos del lago podían llegar a Kioto y venderlos allí, lo que reanimó la economía de la ciudad y la de la región agrícola que la rodeaba. Las corrientes fluviales, naturales o no, habían demostrado, una vez más, su enorme potencial para la creación de riqueza.

Bien distinto fue el caso de la otra gran potencia del siglo xx, la Rusia soviética. Los Estados Unidos partían con la gran ventaja de que sus ríos, como decíamos más arriba, circulaban en la dirección correcta, cubriendo todo el territorio, poniendo en comunicación regiones de economías complementarias y uniendo el interior con los puertos exportadores de la costa. El caso de la Rusia zarista era distinto. Sus ríos eran largos y caudalosos en el norte, pero vertían sus aguas en el océano Glacial Ártico, permanecían helados más de la mitad del año y la población y los recursos naturales eran más bien escasos en las tierras que avenaban. Por el contrario, en el sur, donde se concentraba la mayor parte de la población y la riqueza del país, la lluvia era escasa y los ríos, con excepción del Don y el Volga, cortos y poco adecuados para la navegación.

El resultado fue que el enorme potencial de la agricultura rusa, capaz de convertir al país en un gran productor de cereales, no se desarrolló por completo antes de la Revolución bolchevique de 1917. Hacerlo habría exigido enormes inversiones en diques, presas y canales capaces de llevar el agua a los siempre sedientos campos del sur, los más fértiles de Rusia, y transportar luego las cosechas hasta los puertos del mar Negro para su exportación a los países europeos. El régimen zarista no quiso hacerlo o se reveló incapaz de movilizar los capitales necesarios, pero sí lo haría la Unión Soviética.

Stalin no fue, quizá, el primer estadista local que soñó con una Rusia navegable desde el Ártico hasta el mar Negro. Tampoco fue el primero en empeñar recursos y vidas en su empeño por construir una vasta red de obras hidráulicas que aseguraran el control del territorio y facilitaran el comercio y el transporte entre las inmensas regiones del país. Lo hizo antes que él Pedro I, el zar que más se esforzó en equiparar su Imperio a los estados de Europa occidental, e incluso los sultanes otomanos, que en 1569 llegaron a concebir un canal entre el Volga y el Don para unir el lejano corazón de Rusia con el mar Caspio.[97] El mismo Lenin concebía la industrialización del nuevo Estado bolchevique a partir de la domesticación de los ríos rusos, que habían de alimentar con su energía inagotable las nuevas fábricas, transportar sus productos y regar los campos que alimentaran a sus obreros. Pero Stalin poseía un poder que ninguno de sus predecesores, déspotas a la antigua usanza, habría podido siquiera imaginar; no despreciaba menos que ellos la vida humana, y, sobre todo, disponía de los recursos virtualmente ilimitados que ponía a su alcance la moderna tecnología industrial. Podía permitirse soñar.

Sus sueños fueron dignos de un faraón, aunque algunos de ellos parecían nacidos de la trastornada mente de un loco. Su «Gran plan para la transformación de la naturaleza», formulado a finales de los años cuarenta, preveía el desvío de más de 300 km³ de agua de los ríos Obi y Yenisei, que desembocan en el mar de Kara, en el Ártico, hacia la cuenca del mar de Aral a través del valle del Turgai. Sin duda, un verdadero despropósito, aunque las autoridades soviéticas volverían a considerar su puesta en marcha mucho después de la muerte del tirano rojo. Otros eran más realizables, aunque no del todo razonables. No lo era demasiado el proyecto de construir un largo canal que partiría de Leningrado, la actual San Petersburgo, en el Báltico, y uniría este mar con el Blanco, a través de los ríos Neva, Svir y Vyg y los lagos Ladoga, Onega y Vygozero, pues había de salvar desniveles tan elevados que harían necesaria la construcción de numerosas esclusas e incluso una canalización en el interior de los propios lagos. Tampoco parecía muy sensata la idea de excavar otro canal entre los dos grandes ríos del centro de Rusia, el Volga y el Don, a la altura de Stalingrado, pues si bien esta es la zona en la que el curso de ambos se encuentra más próximo, su construcción exigiría salvar también desniveles muy elevados y la gran diferencia de caudal entre ambos ríos, con gran ventaja para el Volga, suponía una dificultad añadida.

Ambos proyectos, a pesar de su magnitud, se convirtieron en realidad, pero a un coste brutal, que el tirano se encargó de disimular encargando

---

[97] Lola Escudero, «Los canales que soñó Stalin», *Boletín de la Sociedad Geográfica Española*, nº 56, enero-abril 2017, pp. 48-61.

a un grupo de notorios intelectuales rusos dirigidos por Máximo Gorki, que fueron obligados a visitar las obras, una apología política en forma de novela. Uno de los pies de foto que ilustraban la publicación rezaba: «Al cambiar la naturaleza, el hombre se cambia a sí mismo». Era cierto, pues los 100.000 presos políticos que trabajaron en la construcción de cada uno de los canales, en régimen de efectiva esclavitud, sin ningún tipo de maquinaria moderna y bajo un frío extremo, sin duda hubieron de salir, en el caso poco probable de que lograran sobrevivir, y decenas de miles de ellos no lo hicieron, muy cambiados de la experiencia.

Alexander Solzhenitsyn recoge en su célebre novela *Archipiélago Gulag* el testimonio del maestro de obras D. P. Vitkovsky, que salvó la vida de muchos presos al anotar en su hoja de servicios tareas que no habían realizado. Sus palabras resultan estremecedoras:

> Al finalizar el día de trabajo, la obra quedaba sembrada de cadáveres. Una fina capa de nieve va cubriendo lentamente sus rostros. Hay quien se acurruca bajo la carretilla volcada, mete las manos en las mangas y allí se congela. Hay quien se queda helado con la cabeza escondida entre las rodillas. Allí hay dos, espalda contra espalda, que quedaron convertidos en un bloque de hielo. Son jóvenes campesinos, los mejores trabajadores que uno pueda imaginar. Los mandan al canal a decenas, a miles, y tratan de que padres e hijos no estén nunca juntos en el campo: los separan. Y desde el primer momento les fijan una norma de producción tan exagerada que ni en verano se podía cumplir. No hay nadie que les enseñe, que los ponga sobre aviso, ellos siguen trabajando a su manera, a lo campesino, sin escatimar esfuerzo; así pronto se debilitan y terminan congelados, abrazados uno a otro. De noche pasan trineos para recogerlos. Los conductores arrojan los cadáveres en el trineo con un sordo ruido de madera. En verano, de los cadáveres que no fueron recogidos a tiempo sólo quedan los huesos, que van a parar, junto con los cantos rodados, a la hormigonera. Ahí están ahora, mezclados con el hormigón de la última esclusa en el Belomor, y ahí permanecerán por los siglos de los siglos.

Pero resulta evidente que la naturaleza también cambió. Como decía una mordaz canción de la época, los ríos soviéticos iban hacia donde los bolcheviques soñaban. El llamado canal Belomor, que une el río Neva con el mar Blanco, de 227 kilómetros de longitud, se construyó en tan solo veinte meses, entre 1930 y 1933, y constituyó, al menos sobre el papel, un prodigio de ingeniería. Salvar los 57 metros de diferencia de

Mapa 18. Canal Belomor o del mar Blanco. Su construcción exigió grandes
sacrificios que nunca fueron compensados por su utilidad real.

nivel del último tramo del canal, entre el Onega y el Vygozero, exigió
la construcción de diez esclusas; atravesar los lagos solo fue posible por
medio de la canalización interior de sus aguas. Pero, aun así, su utilidad
siempre fue escasa. El clima continental extremo que sufre la región
hace que las aguas del canal se congelen, lo que obliga a cerrarlo entre
octubre y mayo. Además, la escasa profundidad de los lagos, de apenas 4
metros, impide la entrada a los barcos de gran calado, limitando su uso
a las barcazas fluviales.

En cuanto al otro proyecto estalinista, aunque costoso por igual en
vidas humanas, sin duda constituyó todo un éxito. Su construcción con-
sumió nada menos que dos décadas, entre 1930 y 1950, pero cuando
estuvo terminado, la inmensa y aislada región central de Rusia había

quedado por fin conectada con el resto del país y con el exterior. Incluso
Moscú contaba ahora con conexión fluvial con el mar Negro, pues desde
1937 el río que lo atraviesa, el Moscova, estaba unido con el Volga por
medio de un canal de 126 km de longitud. Pero lo más relevante fue
el impacto económico de la obra. Las características del canal hacían
posible que barcos de hasta 5.000 toneladas navegaran por sus aguas, lo
que permitía llevar el valioso petróleo del Cáucaso hacia el mar Negro y
exportarlo desde allí a Europa. El sistema Volga-Don se había convertido
para la Unión Soviética en la columna vertebral que sostenía su progreso, como la enorme cuenca del Misisipi lo había sido para los pujantes
Estados Unidos.

Pero, a diferencia de las diseñadas por sus competidores, las faraónicas
infraestructuras fluviales de Stalin eran mucho más que meras obras de
ingeniería. Como los míticos canales de Babilonia o las colosales proezas
hidráulicas de la dinastía Han, marcaban también la impronta indeleble
del poder sobre el paisaje y ofrecían al pueblo llano la prueba visible de
la grandeza de sus gobernantes y de la futilidad de cualquier intento
de rebelarse contra sus ineluctables dictados. Los hábiles ingenieros del
tirano rojo no solo diseñaban y construían grandes obras; también, como
les sucedía a las nutridas hordas de escritores al servicio del régimen,
daban forma a las almas.[98]

Corrientes de energía

A lo largo del siglo xix, los canales, los diques y las presas, soldados
de hormigón al servicio del progreso del comercio, se extendieron por
todo el planeta. En la India, los canales construidos por los británicos en
las grandes cuencas del Indo y el Ganges conformaron el mayor sistema
de irrigación y transporte fluvial del mundo. En la atrasada China de
comienzos del siglo xx, que acababa de dejar atrás su pasado imperial,
el líder nacionalista Sun Yat-Sen soñaba con hacer lo propio en su país,
multiplicando las cosechas de sus campos y liberándolo de la tutela de
Occidente. Pero la humanidad descubriría pronto que los ríos podían ser

---

[98] Frank Westerman, *Los ingenieros del alma*, Siruela, Madrid, 2005.

útiles para otras finalidades además del transporte, el comercio y el riego. También encerraban en sus aguas una fuerza capaz de mover el mundo. La centuria que empezaba estaría marcada por el desarrollo de la energía hidroeléctrica.

Había buenas razones para ello. La tecnología necesaria para producir electricidad a partir de los saltos de agua no estuvo disponible hasta las últimas décadas del siglo XIX, por lo que hasta esa fecha el hombre se había visto obligado a depender de su propia fuerza y la de los animales de tiro, primero, y del carbón, después, para mover sus máquinas. Por otra parte, la demanda de alimentos se disparó a lo largo de la centuria, impulsada por la mejora de las cosechas y los progresos de la higiene y la medicina. Tantas bocas nuevas que alimentar, unidas a la necesidad de asegurar la energía imprescindible a una industria que no dejaba de expandir su producción, provocaron, en los albores del siglo XX, un gran auge de las infraestructuras hidráulicas: canales para el riego y presas para la producción eléctrica. Todos los gobiernos del mundo apostaron con entusiasmo por el poder casi ilimitado de los ríos.

Una vez más, fueron los estadounidenses los que tomaron la iniciativa. El Gobierno de Washington era consciente de que el noventa por ciento de la población de su país vivía en el este, pero la inmensa mayoría de sus recursos se encontraba en el oeste. A finales de 1890, 16 de los 44 estados de la Unión, todos ellos occidentales, eran secos y se hallaban casi deshabitados, mientras una masa en constante incremento de inmigrantes pobres desembarcaba en los puertos del Atlántico en busca de pan y de trabajo. La presión social podía llegar a hacerse insostenible y no parecía haber mejor solución, una vez más, que los ríos. Si se movilizaban los capitales necesarios, podían construirse los canales que se requerían para llevar el agua a las inmensas planicies occidentales, de tierras aptas para el cultivo, pero demasiado secas para resultar productivas. La prioridad debía ser ahora el riego, no el transporte. Pronto le tocaría el turno a la industria. Como afirmó en 1908 en su presentación al Congreso de un informe elaborado por la Comisión de Vías Navegables Theodore Roosevelt, por entonces en su segundo mandato como presidente de los Estados Unidos, aunque los sistemas fluviales del coloso norteamericano se hallaban adaptados a las necesidades del comercio, «...los ríos de ningún otro país civilizado están tan poco desarrollados o utilizados o desempeñan un papel tan menor en la vida industrial de la nación».[99] Fue el pistoletazo de salida. Un aluvión de inversiones convirtió las grandes arterias de Norteamérica en una formidable máquina de producir electricidad y los demás países siguieron su estela. Dejando de lado a Rusia, que, como vimos, se reveló incapaz de servirse de la producción hidroeléctrica a gran escala, raro fue el gobierno que no aprovechó los recursos hídricos de su territorio para incrementar la productividad de sus campos e impulsar el desarrollo de sus manufacturas.

España, seducida por las ideas regeneracionistas de Joaquín Costa, que veía en el agua una poderosa herramienta de desarrollo, aprobó en 1902 el Plan General de Canales de Riego y Pantanos, cuyo objetivo no era otro que impulsar y regular el uso de las corrientes fluviales tanto para el abastecimiento urbano como para el riego y, aún con cierta timidez, la generación de energía eléctrica. La prioridad seguía siendo transformar secanos en regadíos para incrementar la productividad de la agricultura, pero se trataba de un plan ambicioso. Contemplaba 222 embalses, 110 canales (6.120 km) y la trasformación de casi 1,2 millones de hectáreas en tierras de regadío. Consideraba necesaria la iniciativa del Estado tanto para la planificación como para la construcción de las obras hidráulicas, pero sin renunciar a la iniciativa privada. Sin embargo, la aplicación del plan fue muy lenta. No sería hasta después de la Guerra Civil cuando, asfixiada la economía del país por el bloqueo internacional a la dictadura de Franco, se produciría un impulso decisivo en este terreno.

Italia, una potencia relevante, pero todavía rezagada en su desarrollo industrial, trató de enjugar su desfase poniendo en explotación sus briosos ríos alpinos, cuya notable pendiente los convertía en candidatos idóneos para la generación de energía hidroeléctrica. En China, el sueño de Sun Yat-Sen fue recuperado por el partido comunista chino al poco de hacerse con el Gobierno en 1947, pero solo lograría hacerlo realidad, al menos en lo que se refiere al más importante de los ríos del país, el Yangtsé, en fecha tan tardía como 2012 con la construcción de la presa de las Tres

---

[99]   Giulio Boccaletti, *Agua...*, *op. cit.*, p. 245.

Gargantas, en la que se ubica la planta de energía hidroeléctrica más grande del globo. En África, las potencias coloniales tenían bien presente que la vasta cuenca del Congo suponía por sí sola la cuarta parte del potencial hidroeléctrico de todo el planeta, por lo que pensaron en servirse del río para refrenar las crecientes aspiraciones de libertad de las élites locales, combinando promesas de desarrollo económico y sutiles mensajes de participación de los africanos en sus beneficios. Pero, fracasadas tales pretensiones, mediada ya la década de los cincuenta, también los gobiernos de las colonias que iban accediendo a la independencia se embarcaron en proyectos de construcción de grandes infraestructuras fluviales. Había una buena razón para ello. Nacidos de las divisiones administrativas artificiales trazadas por los colonizadores, no eran pocos los que carecían de salida a mar abierto, pero poseían grandes ríos que circulaban por su territorio. En palabras de Kwame Nkrumah, líder de la independencia de Ghana y primer presidente del país:

> En cuanto a la energía, que es un factor importante en cualquier desarrollo económico, África posee más del cuarenta por ciento de la energía hidroeléctrica potencial del mundo, frente al diez por ciento de Europa y el trece por ciento de Norteamérica. Sin embargo, hasta ahora menos del uno por ciento ha sido desarrollado. Esta es una de las razones por las que en África tenemos la paradoja de la pobreza en medio de la riqueza y la escasez en medio de la abundancia. [100]

«Nunca —escribía a continuación el político africano— un pueblo ha tenido a su alcance una oportunidad tan grande para desarrollar un continente bendecido con tanta riqueza». Era cierto, pero no era menos que carecía de los capitales y la tecnología imprescindibles para ello. Consciente de la situación, y de las grandes oportunidades de beneficio que suponía para sus empresas constructoras, Washington impulsó el proceso proporcionando asistencia técnica a quien se la solicitaba y ofreciendo a sus compañías como brazo ejecutor de las infraestructuras hidráulicas.

---

[100] Kwane Nkrumah, *I speak of Freedom: A Statement of African Ideology*, London, William Heinemann Ltd., p. 12. Traducción propia.

Más de un centenar de países reclamaron la presencia de los ingenieros americanos. La Oficina de Administración de Tierras, una unidad perteneciente al Departamento de Interior del Gobierno federal, actuó como verdadera agencia técnica internacional, asumiendo el diseño y la puesta en práctica de planes de desarrollo hidrológico de los grandes ríos de medio mundo y sembrando sus cursos de enormes presas. El Nilo azul en Sudán, el Helmand en Afganistán, el Han en Corea, el San Francisco en Brasil o el Mekong en Tailandia vieron domeñadas sus aguas entre los años sesenta y setenta del siglo xx, la centuria hidráulica por excelencia de la historia humana.

En general, el modelo que servía de ejemplo era el que había llevado a cabo el Gobierno de Washington con la construcción de la gran presa Hoover, en el río Colorado, iniciada en 1931, y la posterior creación de la denominada Autoridad del valle del Tennessee (TVA), fundada en 1933, bajo el paraguas ideológico del *New Deal,* para generar energía eléctrica y controlar las riadas de dicho río en una región que abarcaba el territorio de siete estados de la Unión. Ambas herramientas probaron su utilidad para ayudar a los EE. UU. a salir de la Gran Depresión, en un contexto de progresismo tecnocrático y creciente intervención del Estado que, sobre el papel, podía aplicarse en cualquier parte. A ello se sumó la respuesta soviética. En el contexto de la Guerra Fría, los jóvenes estados africanos y asiáticos se convirtieron enseguida en el escenario donde ambas superpotencias competían por hacerse con la influencia, cuando no el control indirecto, sobre los nuevos y poco experimentados gobiernos, muy necesitados de ayuda exterior para su desarrollo. Las grandes obras hidráulicas, en el marco de esta lucha en la que todo, desde la carrera espacial al cine, era un arma, ofrecían, por su visibilidad e impacto económico, un magnífico escaparate que podía servir para demostrar la superioridad de la propia tecnología frente a la del enemigo.

Pero la exportación de un modelo de desarrollo que había funcionado bien en los países más avanzados no tenía por qué hacerlo en naciones que distaban mucho de haber entrado todavía en la senda del progreso. En ocasiones, se cometieron errores terribles. La China comunista de la segunda mitad del siglo xx ofrece una buena prueba de ello. El Gran Salto Adelante, la estrategia impulsada por Mao Zedong en 1958, no era sino un intento de sustituir a la Unión Soviética, embarcada por entonces en una política revisionista que ponía en cuestión los logros del estalinismo, a la cabeza del movimiento comunista en el mundo. Pero ello exigía que el país, todavía muy atrasado, experimentara un crecimiento manufacturero acelerado. Para lograrlo, Mao decidió, a pesar de todo, seguir los pasos de la URSS y dar prioridad a la industria pesada, cuyos índices de producción podían con facilidad ser exhibidos como hitos del desarrollo de la nación. Pero ello exigía capitales y, dado que China no podía recurrir en su busca al mercado internacional, debía ser su propia economía la que los aportara. En otras palabras, la agricultura, todavía muy atrasada, debía incrementar su productividad de forma vertiginosa para generar los excedentes que, invertidos en la industria, hicieran posible su crecimiento. Por supuesto, la única manera de lograr algo así en un intervalo razonable de tiempo, como probaba la experiencia de países como los Estados Unidos, la India o la propia Unión Soviética, era la construcción masiva de grandes obras de riego.

El país entero fue movilizado para conseguirlo. Entre 1958 y 1959, cien millones de campesinos fueron forzados a dejar los campos para levantar diques y excavar canales. Centenares de millones de metros cúbicos de tierra fueron extraídos y transportados. El milagro parecía posible. Pero no lo fue. Las cosechas, sin brazos que las recogieran, se perdieron. Las inundaciones y las sequías agravaron la situación. La producción agraria cayó en picado. Las pocas voces que se atrevieron a avisar del peligro fueron acalladas. El hambre se adueñó del país. Más de treinta millones de personas murieron.

La lección que cabe extraer de la experiencia china es evidente: copiar, sin más, los modelos de desarrollo puede no producir los resultados que se persiguen. Todo proyecto técnico es, a su vez, un proyecto político y como tal se pone en práctica en el marco de un ordenamiento jurídico e institucional concreto; si este varía, el resultado del proyecto puede variar a su vez. Y eso es lo que sucedió. En los Estados Unidos de los siglos XIX y XX, y en la mayor parte de los países europeos también, las obras se ponían al servicio de las personas; buscaban su bienestar, no la mejora de las cifras de producción global en exclusiva, aunque esta fuera a medio plazo su consecuencia. Y si se cometían errores de gravedad, la opinión pública se sentía libre para denunciarlos, forzando al Gobierno a rectificar. En manos de un poder autoritario como el que ejercía Stalin en los años cuarenta o Mao Zedong en la década siguiente, sus resultados podían ser completamente contraproducentes.

Pero la humanidad es lenta a la hora de aprender y, por desgracia, tiende a tropezar dos veces en la misma piedra. A inicios de los años sesenta, los expertos enviados por el gobierno de los Estados Unidos a Etiopía a petición del *negus* Haile Selassie apreciaron la posibilidad de convertir las cuencas del Awash y el Nilo Azul en un eficaz instrumento de desarrollo para el país. A mediados de la década, se disponían a poner en marcha un ambicioso plan de construcción de obras fluviales que perseguía la puesta en regadío de casi medio millón de hectáreas de terreno y la generación de siete gigavatios de potencia hidroeléctrica. Pero antes de que tales proyectos pudieran hacerse realidad, el régimen, cuyo apoyo popular empezaba a deteriorarse, perdió interés en ellos. En lugar de perseguir el desarrollo integral y equilibrado del país, apostó entonces por obras singulares y muy visibles que le hicieran ganar prestigio a corto plazo. Esta actitud, lejos de apuntalar su prestigio, lo hundió, pues cuando una sequía terrible golpeó Etiopía en 1973, su gobierno carecía de las herramientas para atenuar su impacto y las poblaciones locales como los pastores seminómadas del pueblo afar, que habían sufrido desplazamientos forzosos y cambios traumáticos en su modo de vida, concluyeron que su sacrificio había sido en vano. En 1974, Haile Selassie era depuesto y un nuevo gobierno de inspiración comunista ascendía al poder.

El nuevo régimen, pronto evolucionado en dictadura de la mano del coronel Mengistu Haile Mariam, abrazó de lleno el credo soviético sobre el poder beatífico de la planificación económica. A imagen de la URSS, se aprobaron planes quinquenales que perseguían ambiciosos objetivos de desarrollo, se nacionalizó la industria y el sector agrario se dejó en manos de granjas colectivas dotadas de un alto grado de mecanización. Sin embargo, las infraestructuras hidráulicas quedaron postergadas y la tierra sufrió una sobreexplotación que condujo enseguida a una caída de los rendimientos. Cuando sobrevino de nuevo una gran sequía, el país estaba tan poco preparado para afrontarla como en la época de Selassie. A mediados de la década de los ochenta, más de un millón de personas perdieron la vida en una espantosa hambruna, aún peor que la de una década antes, la cual, combinada con el levantamiento de la región del Tigray, abandonada por los proyectos desarrollistas del Gobierno, acabó por provocar la caída de Mengistu unos años después.

EL FINAL DE UNA ERA

¿Quiere esto decir que los gobiernos se habían equivocado al basar el desarrollo de sus países en la construcción de grandes infraestructuras hídricas capaces de aprovechar el potencial de sus ríos para la extensión del riego y la generación de electricidad? Se trataría de una conclusión precipitada. Allí donde las grandes obras fluviales se pusieron en marcha en un marco institucional representativo, y no meramente extractivo o guiado por consideraciones de naturaleza extraeconómica, funcionaron activamente como creadoras de riqueza. Por desgracia, no existen atajos en la historia. Puede que, en un primer momento, las economías basadas en instituciones autoritarias de planificación centralizada parezcan funcionar, pero a largo plazo no lo hacen nunca. «He estado en el futuro, y funciona», afirmó en 1917 el veterano intelectual y periodista Lincoln Steffens a su regreso de Moscú, donde había mantenido una reunión con Lenin en la que el líder bolchevique le explicó sus proyectos para Rusia. Como el mismo Marx, Steffens no resultó un buen profeta. El dramático final de la Unión Soviética lo prueba más allá de toda duda y si China no ha terminado de igual modo es precisamente porque ha abierto su puerta al libre mercado, aunque todavía no haya siquiera empezado a hacerlo a las instituciones representativas.[101]

Sin embargo, ni siquiera cuando las grandes obras hídricas crecen al amparo de las instituciones propias del Estado de derecho constituyen la panacea infalible del desarrollo. Poco a poco, los gobiernos del mundo comenzaron a darse cuenta de que la energía hidroeléctrica tenía sus limitaciones. La seguridad era uno de ellos. Dejando de lado los errores de diseño, que pueden afectar al aliviadero o la cimentación, una presa

---

[101] Daron Acemoglu y James A. Robinson, *Por qué fracasan los países. Los orígenes del poder, la prosperidad y la pobreza*, Deusto, Barcelona, 2012, capítulo 5.

puede llegar a romperse o desbordarse como resultado de unas lluvias particularmente abundantes y concentradas en el tiempo, o bien a causa de un movimiento sísmico o del propio efecto del agua embalsada sobre la geología del terreno. En ocasiones, los accidentes provocados por alguna de estas causas han resultado desastrosos para la población del entorno. El 9 de octubre de 1963, la presa de Vajont, no muy lejos de Venecia, una de las más altas del mundo, con 262 metros de altura, 27 metros de grosor en la base y 3,4 metros en la cima, sufrió una brutal riada como resultado de un súbito corrimiento de tierras. En un instante, 260 millones de metros cúbicos de bosque, tierra y roca cayeron sobre el vaso de la presa a unos 110 km por hora. Como consecuencia de ello, en torno a 50 millones de metros cúbicos de agua desbordaron su coronación, generando una ola de 250 metros de altura que se precipitó por el valle destruyendo todo a su paso. El cercano pueblo de Longarone y las pequeñas aldeas de Pirago, Rivalta, Villanova y Faè quedaron arrasadas y murieron cerca de 2.000 personas.

Por supuesto, ni fue el primer accidente ni el último. Tampoco fue el peor. En 1975, en la ciudad china de Zhumadian, al sur de la provincia de Henan, las presas de Banqiao y Shimantan fueron incapaces de soportar unas lluvias extremas provocadas por el tifón Nina. El agua cubrió 12.000 kilómetros cuadrados, unas 200.000 personas murieron y cerca de once millones perdieron sus hogares. Aunque la magnitud del desastre fue cuidadosamente ocultada por el régimen comunista, cuando los detalles salieron a la luz se supo que las presas, construidas con ayuda soviética en los años del Gran Salto Adelante, estaban mal diseñadas y sus compuertas habían quedado obstruidas por la sedimentación. El agua puede parecer inofensiva cuando se la observa al caer la tarde y los últimos rayos del sol arrancan destellos cristalinos de las suaves ondas que provoca una piedra arrojada a un estanque. Pero se trata de la fuerza más poderosa de la naturaleza. El hombre, embriagado por su capacidad tecnológica, lo había olvidado y pagaba así su soberbia.

Además, no todos los daños provocados por el abuso en la construcción de obras fluviales son inmediatos, catastróficos y espectaculares. Existe un daño silencioso, lento y progresivo, pero sin duda más perjudicial a largo plazo, porque sus efectos son mucho más duraderos y difíciles de reparar que los provocados por las roturas y los desbordamientos. Unos pocos datos nos ayudarán a comprenderlo. Entre 1945 y 1971 se construyeron en el mundo nada menos que 8.140 presas de más de 15 m de altura. Solo en los años sesenta, la edad de oro de la energía hidroeléctrica, se levantaron alrededor de dos presas nuevas por día, más de 45.000 en total en la segunda mitad del siglo.[102] No es exagerado afirmar que en la actualidad son cientos de miles las presas existentes en los ríos del planeta. Solo los más pequeños libran sus aguas del sometimiento a la voluntad humana.

Esto no sería un problema si las presas fueran inocuas para el medio ambiente, y quizá lo sean a corto plazo, pero sabemos que no lo son en absoluto cuando ha transcurrido el tiempo suficiente. De hecho, la puesta en funcionamiento de una presa implica la transformación radical de un ecosistema lótico en otro léntico. El primero es el propio de un río cuyas aguas se mueven en libertad, si bien de forma predominante en una dirección, siguiendo su curso, afectado a su vez por factores de naturaleza física como la pendiente, el caudal o la profundidad, y con descargas de agua que pueden llegar a variar mucho en función del régimen más o menos regular del río. Suelen presentar una alta concentración de oxígeno, en especial en los tramos en que el agua se mueve con mayor rapidez, y albergan una gran biodiversidad. El segundo es el característico del agua embalsada, cuyo movimiento es escaso y, en este caso, controlado, y su biodiversidad menor. El paso de uno a otro supone, pues, cambios de gran calado, a los que se suman los provocados a corto plazo por la propia construcción y llenado de la presa, que implica grandes pérdidas de masa vegetal, en ocasiones no solo arbustiva, sino también arbórea, y, por ende, daños graves en los ecosistemas afectados por el área de inundación.

Pero los daños río abajo son aún peores. Los procesos de erosión y deposición de sedimentos quedan interrumpidos o sufren alteraciones, al igual que la reposición de aguas subterráneas que produce la inundación

---

[102] Geoffrey E Petts y Angela M. Gurnell. «Dams and Geomorphology: Research Progress and Future Directions», *Geomorphology*, 71, 2005, pp. 27-47, p. 28.

periódica de las planicies aluviales. Ambos procesos afectan, a su vez, a la vegetación de las orillas, cuya densidad tiende a reducirse, rebajando la resistencia del suelo a la erosión. Los hábitats acuáticos, por su parte, quedan fragmentados, lo que impide el movimiento de las especies y el aporte de nutrientes río abajo. A ello se suman los daños específicos que provoca el desagüe de las presas. Cuando se produce, el agua descargada posee una temperatura y unas características bioquímicas muy distintas a las del río, con cuyas aguas se mezcla de forma repentina, alterando el entorno de las especies acuáticas. Si en lugar de una sola presa, son dos o más las que se construyen en el mismo río, todos estos daños crecen de forma exponencial.

A ello se suman los perjuicios causados a las poblaciones del entorno, en especial en los países menos avanzados, de hábitats dispersos, donde es muy frecuente que la construcción de un embalse lleve aparejada la inundación de zonas habitadas, el desplazamiento, la reubicación y el consiguiente desarraigo de poblaciones y la alteración significativa de sus modos de vida tradicionales, mientras los innegables beneficios derivados de la nueva infraestructura no siempre les alcanzan en idéntica proporción. La reciente construcción de la célebre presa de las Tres Gargantas forzó a abandonar sus hogares a cerca de 1,5 millones de personas que, en muchos casos, como ha reconocido el gobierno chino, no disfrutan de un bienestar similar al que disfrutaban antes de su relocalización.

La conclusión lógica de este breve análisis no puede ser otra que la necesidad de llevar a cabo un profundo estudio del impacto de cualquier infraestructura fluvial de gran escala para prevenir los posibles daños y minimizarlos. No obstante, en las obras emprendidas en los últimos años no siempre se cumple este requisito. El deseable manejo integrado de cuencas orientado al control de las externalidades negativas, mediante la participación informada de la población, exigiría en muchos casos un cambio radical de las prácticas habituales de las democracias, que con frecuencia reducen la participación popular en la toma de decisiones a la emisión del voto en los procesos electorales, y mucho más en los sistemas no democráticos como China, que no la contemplan en ningún caso. Así las cosas, en el mundo se siguen construyendo presas, aunque no se tenga ya en ellas la fe ciega que se tuvo décadas atrás, y es precisamente China, un estado cuyo gobierno no está sometido a control interno o externo alguno, quien abandera en nuestros días la política de construcción masiva de grandes infraestructuras, hídricas y de cualquier otro tipo, en los países menos avanzados, con escaso respeto por el medio ambiente y una finalidad en absoluto magnánima que presenta perfiles más propios de una acción imperialista sistemática y planificada que de una actitud desinteresada de ayuda al desarrollo. Los ríos, como siempre ha sido a lo largo de la historia humana, vuelven a ser protagonistas de procesos determinantes de cambio.

Capítulo 5

Fronteras azules

Muchos grandes ríos han separado durante milenios dos realidades tan nítidas como antagónicas; ordenada, predecible y civilizada una, caótica, imprevisible y salvaje la otra. A un lado, un mundo diverso y pintoresco de verdes y marrones, de rojos y azules; una tierra de caza, de roza y quema, de recolección, de pastoreo, de bayas y tubérculos, de mariscos y peces; una zona de formas de vida líquidas, cambiantes, de estrategias de supervivencia diversas, de adaptación continua a la naturaleza, dueña y señora de los destinos de los hombres. Al otro, un mundo monótono y vulgar de pardos y amarillos; una tierra de agricultores inclinados de sol a sol sobre interminables surcos paralelos como las rejas de una cárcel, pastores de ganados marcados al fuego con la divisa de otro amo y mercaderes que caminan como zombis por interminables caminos de tierra apisonada; un país donde la naturaleza domeñada ha cedido su imperio a los reyes y sus funcionarios, y los humildes han entregado su libertad a cambio de una falsa seguridad que solo les promete una corta vida de miseria y servidumbre.

Dos mundos tan distintos parecían incapaces de mezclarse. Como el agua y el aceite, estaban quizá llamados a imponerse uno sobre el otro sin ninguna influencia recíproca. Pero tampoco podían permanecer separados mucho tiempo, pues ambos, como los polos opuestos de un imán, se atraían con fuerza arrolladora. Los imperios han hechizado siempre a los bárbaros, deseosos de compartir su aparente prosperidad, y los pueblos sedentarios a los nómadas, que veían en ellos su reserva natural de alimentos para los días de escasez. «El saqueo —dicen los bereberes— es nuestra agricultura». Pero también los bárbaros han sido objeto del deseo de los imperios, que consideraban las tierras que ocupaban como el espacio natural de su expansión y a ellos mismos una reserva inagotable de sumisos esclavos para cultivar sus campos y aguerridos mercenarios para nutrir sus ejércitos. Y lo han sido aún más de sus pobladores, que, con mayor frecuencia de lo que creemos, lograban escapar de ellos y perderse para siempre en ese mundo más salvaje, pero también más abierto, más franco, escapando así del ciclo fatal de inundaciones, malas cosechas, epidemias, hambre, tributos excesivos, trabajo forzoso, reclutamientos y guerras, para abrazar con ilusión un «primitivismo voluntario» que quizá les hacía perder en sofisticación, pero sin duda les hacía ganar en libertad individual y variedad nutricional.[103]

Esta relación ambivalente entre nómadas y sedentarios, entre pastores y agricultores, ha quedado reflejada una y otra vez en mitos y leyendas a lo largo de la historia. En la tradición babilónica, Gilgamesh, el poderoso soberano de Uruk, lucha con Enkidu, que, criado entre fieras, «no conoce a nadie, no es de ningún sitio» e ignora los refinamientos de la civilización. Pero después lo convierte en su amigo y cuando muere, desciende a los infiernos en busca del secreto de la inmortalidad con la esperanza de devolverle la vida.[104] En la mitología egipcia, Seth, rey del desierto y de quienes en él viven, encarnación del caos y la destrucción, asesina a su hermano Osiris, personificación del orden y dios civilizador que ha enseñado a los egipcios a cultivar la tierra y les ha dado sus leyes, pero Isis, esposa del difunto, le devuelve la vida y Horus, su hijo, le venga, derrotando a su asesino. En ambos mitos, la naturaleza y la cultura, los nómadas y los sedentarios, los pastores y los agricultores luchan entre sí, pero también se equilibran mutuamente, manteniéndose a raya en una danza continua de atracción y repulsión, pues ambas fuerzas se consideran necesarias, y de hecho lo son, para hacer avanzar al mundo.

Quizá por ello, como dos caras de la misma moneda, no hubo imperio en la historia que no tuviera sus propios bárbaros, un «gemelo malvado»

---

[103] El principal defensor de este concepto fue Pierre Clastres. *Vid.* Pierre Clastres, *La sociedad contra el Estado*, Terramar, La Plata, 2008.

[104] Anthony Sattin, *Nómadas. La historia desde los márgenes de la civilización*, Barcelona, Crítica, 2023, p. 54.

creciendo al otro lado de sus fronteras, un «imperio en la sombra», en relación entre simbiótica y parasitaria, desarrollándose gracias a su relación con él, pero sin dejar de esperar el momento de derribar, de grado o por fuerza, las murallas que lo protegían. El significado y la razón de ser de estas murallas ha atraído la atención de historiadores como Owen Lattimore, que sostuvo con convicción su doble papel de cárcel y fortaleza.[105] Mientras otros, como Frederick Jackson Turner, han preferido prestar atención a la idea misma de frontera entendida como fenómeno cultural, más que físico, capaz incluso de marcar el carácter de todo un pueblo.[106]

En cualquier caso, una frontera no es, ni nunca será, tan solo un límite. Este no es sino una simple línea trazada sobre un mapa para separar dos territorios; la frontera, por el contrario, es una comarca, una región, un verdadero país en sí misma, hogar de feraces intercambios, de mezclas arriesgadas, de atrevidos ensayos y, casi siempre, un perseverante laboratorio social en el que se gestan sin cesar nuevas realidades históricas, distintas de los elementos que en ella se combinan, pacíficamente a veces, en ocasiones mediante una violencia tan extrema como natural para quienes la practican. Es, como bien se la ha descrito, «un lugar sin límite donde se superan todos los límites».[107]

Pero si la frontera, interpretada de muchas y cambiantes formas, ha llamado cada vez más la atención de los historiadores, no lo ha hecho tanto el papel histórico de los ríos como murallas naturales, no menos ambiguas que las erigidas por los seres humanos, y fronteras simbólicas, fácilmente reconocibles en los mapas, pero, como el vidrio, capaces de unir a un tiempo los espacios que separan. Merece la pena el esfuerzo de reflexionar un poco sobre él.

---

[105] Owen Lattimore, «The Frontier in History», in *Studies in Frontier History: Collected Papers 1928-1958*, Oxford University Press, London, 1962, pp. 469-491.

[106] Frederick Jackson Turner, *The Frontier in American History*, Nueva York, Henry Holt and Company, 1921. El primer capítulo de esta obra, titulado «The Significance of the Frontier in American History», fue leído por el autor el 12 de julio de 1893 ante la *American Historical Association* de Chicago.

[107] Alfredo González Ruibal, *Tierra arrasada…*, *op. cit.*, p. 326.

PERMEABILE LIMITES

Todavía permanece firme en la conciencia popular la creencia de que la civilización más brillante de la historia de Occidente fue derribada por los bárbaros que traspasaron por la fuerza sus fronteras. Por supuesto, la caída de Roma fue un proceso demasiado complejo y dilatado en el tiempo para que pueda atribuirse a una sola causa y todavía se discute cuál de las muchas que se han propuesto tuvo un peso más relevante.[108] Pero tampoco puede negarse por completo que las migraciones masivas de pueblos germanos y eslavos a través del *limes* fronterizo delimitado por los ríos Danubio y Rin desempeñaron un papel importante en el final del Imperio romano. Aunque no fue hasta el año 476, tras ser depuesto el último de sus gobernantes, el niño Rómulo Augústulo, cuando se dio por muerto, en realidad llevaba muriendo al menos una centuria.

Los primeros avisos se produjeron antes de concluir el siglo II, cuando Roma parecía aún eterna e invencible a ojos del mundo. Poco tiempo había transcurrido desde que, en el año 144, durante el reinado de Antonino Pío, un notorio representante de la Segunda Sofística llamado Elio Arístides pronunciase en Esmirna, en la costa oriental del mar Egeo, un discurso titulado «Elogio de Roma». En él, el filósofo ensalzaba la obra histórica de la ciudad del Tíber, reconociendo la enorme extensión de sus dominios, cuyos límites eran tales que resultaba «imposible medir el espacio que abarcan», y loando su absoluta perfección, proclamaba en un exceso retórico, «…como una flauta después de una completa limpieza, todo el mundo civilizado emite un único sonido, más perfecto que el que saldría de un coro, en consonancia con la eterna duración de este Imperio».[109]

---

[108] La más reciente sostiene que fue el egoísmo de las élites romanas del Imperio de Occidente el factor decisivo de su caída (*vid.* José Soto Chica, *El águila y los cuervos. La caída del Imperio romano*, Desperta Ferro, Madrid, 2022). Algunas son realmente peregrinas. Jerome Nriagu, por ejemplo, la atribuyó al envenenamiento masivo de sus pobladores con el plomo de las tuberías y las cazuelas (Jerome Nriagu, *Lead and Lead Poisoning in Antiquity*, John Wiley and Sons Inc., Hoboken, New Jersey, 1983).
[109] Marcel Le Glay, *Grandeza y caída del Imperio romano*, Cátedra, Madrid, 2002, p. 21. Un buen estudio monográfico sobre el tema es el de Florencio Hubeñák, *Roma. El mito político*, Ciudad Argentina, Buenos Aires, 1997. Véase también Luis Íñigo

Mapa 19. El Imperio romano a la muerte del emperador Trajano,
en el año 117 de nuestra era. Tras sus conquistas, el territorio controlado
por Roma alcanzó su máxima extensión.

Sin embargo, apenas veinte años después, durante el reinado del jui-
cioso filósofo Marco Aurelio, las señales de alarma se dispararon, anticipando lo que estaba por venir. Los partos invadieron Armenia y Siria, y
el ejército enviado contra ellos trajo consigo a su regreso una terrible epi-
demia, conocida como la «plaga de Galeno» porque fue el célebre médico
quien la describió, que se cobró miles de vidas en todo el Imperio, inclui-
da la de Lucio Vero, corregente de Marco. Los pictos se lanzaron contra
el muro de Adriano, al norte de Britania. Avidio Casio, gobernador de
Siria, se proclamó emperador con apoyo de las ricas provincias de Asia
y Egipto. La Bética, al sur de Hispania, sufrió repetidas incursiones de
los mauri norteafricanos. La piratería regresó al Mediterráneo. Y, en fin,

Fernández, *Vae Victis! Una historia de las derrotas que sellaron el destino de la humanidad*,
Edaf, Madrid, 2023, pp. 75-96.

cuados y marcomanos cruzaron el Danubio y marcharon sobre Aquileia, la puerta de la Italia septentrional, algo que no había vuelto a suceder desde que, en el 101 a. C., Cayo Mario derrotara a los cimbrios y los teutones. Con razón pudo escribir Marco Aurelio en sus *Meditaciones*:

> La vida del hombre es una simple duración, un punto en el tiempo, su contenido una corriente de distancia, la composición del cuerpo propensa a la descomposición, el alma un vórtice, la fortuna incalculable y la fama incierta. Las cosas del cuerpo son como un río y las cosas del alma como un sueño de vapor, la vida es una guerra y la fama después de la muerte, solo olvido.[110]

Sin embargo, era solo el principio. En el 251, el emperador Decio cayó derrotado frente a los godos en Abrito, una pequeña ciudad de la actual Bulgaria. En el 260, el persa Sapor I tomó prisionero al emperador Valeriano y lo torturó cruelmente, obligándolo a beber oro líquido, para asesinarlo luego a sangre fría. El usurpador Póstumo gobernó las Galias, Hispania y Britania entre el 260 y el 268. Desde la ciudad siria de Palmira, la reina Zenobia llegó a controlar gran parte de las provincias orientales entre el 267 y el 270. En plena anarquía militar, las legiones proclamaron 25 emperadores en 47 años. Apenas una centuria después de la ufana disertación de Elio Arístides, el Imperio romano parecía a punto de caer. A comienzos del siglo IV, el filósofo cristiano Lactancio, embargado por la tristeza, afirmaba:

> La propia situación actual declara que la caída y final del mundo ocurrirán en breve tiempo, salvo que Roma se mantenga, en cuyo caso no parece que haya que temer nada de esto. Pero cuando caiga esta capital del mundo y empiece a llegar su decadencia, de la cual hablan las Sibilas, ¿quién puede dudar de que ha llegado el final de la humanidad y del mundo? Ella es la ciudad que todavía lo mantiene todo, y debemos rogar y suplicar al Dios del cielo que, si es posible aplazar las previsiones y decisiones, no venga tan pronto como nosotros pensamos ese abominable tirano que trama tan gran desastre y que destruirá esa luz, con cuya desaparición caerá el propio mundo.[111]

---

[110] Marco Aurelio, *Meditaciones*, II, 17.
[111] Lactancio, *Divinae Instituciones*, VII.25.6-8. Véase, a este respecto, el interesante trabajo de Pablo Fuentes Hinojo, «La caída de Roma: imaginación apocalíptica e

Sin embargo, Roma logró sobrevivir. En el último cuarto del siglo III, la anarquía militar fue por fin dominada. En el 274 Aureliano reunificó el Imperio y sus sucesores se entregaron a la tarea de restaurar la autoridad del emperador. El Ejército permanente se hizo más grande y el sueldo de los legionarios mejoró. Se reforzaron las defensas del limes europeo para frenar a los cada vez más inquietos germanos; se prestó mayor atención a los confines orientales, marcados por los ríos Tigris y Éufrates, amenazados por el pujante Imperio sasánida, y los nómadas saharianos fueron vigilados más de cerca. Durante el siglo IV, Roma recobró el pulso. Sin embargo, se trataba de una ilusión. La fuerza que crecía en silencio al otro lado del Danubio y el Rin, los copiosos ríos que durante siglos habían trazado la línea que separaba, desde el punto de vista romano, la barbarie de la civilización, se estaba haciendo ya demasiado poderosa incluso para que un Imperio la detuviera. Paradójicamente, había sido la frontera misma la que la había creado. Pero ¿cómo era esa frontera?

Se trataba, desde luego, de una frontera fluvial. Roma se sirvió siempre de los grandes ríos para delimitar su territorio con preferencia sobre cualquier otro accidente natural y, claro está, sobre las demarcaciones artificiales. El mismo Séneca, que vivió durante el siglo I de nuestra era, lo reconoce así cuando exclama:

¡Oh, cuán ridículas son las fronteras de los mortales! Que nuestro Imperio estorbe a los dacios de vadear el Istro y encierre a los tracios en la barrera del Hemo. El Éufrates obstaculice a los partos: que el Danubio discierna lo que es de los sármatas y lo que es de los romanos. Que el Rin marque el límite de la Germania...[112]

La principal ventaja de este proceder no era otra que la protección que los ríos dispensaban por sí mismos, sin necesidad de construcción alguna. El Danubio y el Rin eran corrientes caudalosas, muy difíciles de cruzar, tanto a nado como usando embarcaciones de poco calado, en especial cuando se desbordaban por efecto del deshielo. Buen ejemplo de ello lo

ideologías de poder en la tradición cristiana antigua (siglos II al V)». *Studia historica*, Historia antigua, 27, 2009, pp. 73-102.
[112] Santiago Montero, *El emperador y los ríos...*, *op. cit.*, p. 45.

ofrece el cruce del Danubio en el 376, que costó la vida a miles de godos, víctimas de la incuria de las autoridades romanas, incapaces de organizar el cruce pacífico que había autorizado el emperador Valente.

Pero, con todo, no oponían un obstáculo invencible a los invasores. Cuando se congelaban por completo, lo que sucedía con cierta frecuencia si el invierno venía frío, no resultaba difícil cruzarlos a pie, como hicieron la oscura noche del 31 de diciembre del 406 suevos, alanos y vándalos, que traspasaron las heladas aguas del Rin a la altura de Maguncia para entregarse luego al saqueo indiscriminado de las Galias. Conscientes de ello, los romanos venían reforzando desde tiempos de Augusto sus fronteras fluviales, tanto las orientales, delimitadas por el Tigris y el Éufrates, como las de Europa central, que fueron cubriéndose poco a poco, en especial a partir del siglo III, de torres de vigilancia, fortalezas de diverso tamaño, tanto de madera como de piedra, y otras obras defensivas que formaban una cadena casi continua y más o menos paralela al curso de los ríos, a veces guardando el lado romano, a veces penetrando, por razones estratégicas, en territorio germano, como sucedió en el Rin con la fortaleza de Kastel, junto a Mainz, erigida durante el reinado de Diocleciano, o con la de Contraquincum, levantada en el Danubio frente a Aquincum, en la provincia de Panonia, cerca de la actual Budapest.[113]

La defensa de esta cadena, que recibía la denominación de *limes*, aunque ya no era tan solo un mero camino de patrulla, como designaba en sus orígenes el vocablo latino, fue encargada en un principio a las legiones ordinarias, que contaban con frecuencia con el auxilio de flotas de embarcaciones ligeras (*classis*) encargadas de patrullar las aguas, asegurar el avituallamiento regular de las fortalezas y, en su caso, servir de medio de transporte a los soldados acantonados en ellas. Sin embargo, el emperador Galieno, en la segunda mitad del siglo III, concibió la idea de trasladar a las fronteras las tropas de menor calidad, reservando las unidades más potentes y mejor adiestradas para formar con ellas un ejército de maniobra que permanecería acantonado en las cercanías de la capital.

---

[113] Santiago Montero, *op. cit.*, p. 36.

A comienzos del siglo IV, Constantino recuperó la idea y la convirtió en la base de la organización militar del Imperio.

El Ejército quedó así dividido en dos grandes contingentes. El primero lo formaban las unidades denominadas *limitanei*, que recibían el nombre de *ripenses* si estaban acantonadas junto a un río. Estas unidades podían ser legiones *iuniores* (nuevas) de tan solo 1.000 hombres o *seniores* (veteranas) de 6.000, así como *vexillationes* de caballería de 500 hombres, divididas todas ellas en destacamentos de tamaño variable apostados en fortalezas, campamentos y otras estructuras defensivas levantadas a lo largo de los confines imperiales. Menos adiestrados y motivados que el ejército de campaña, aunque de calidad superior a la que se pensaba hasta hace poco, y dirigidos por comandantes de origen ecuestre, estos soldados vivían con sus familias del cultivo de las tierras que habían de proteger, por lo común de escasa extensión, y solían mantener buenas relaciones con los bárbaros del otro lado de las fronteras. Su función consistía en disuadir a los posibles invasores y, en caso de incursión, resistir su ataque el tiempo suficiente para que llegaran las tropas de élite que integraban el ejército de campaña o *comitatense*, mucho mejor entrenado y equipado, dotado de un fuerte componente de caballería, ya incluso acorazada, y dispuesto para acudir con celeridad donde se le necesitara.[114]

Con el tiempo, buena parte de los contingentes que integraban el ejército fronterizo llegaron a estar formados por bárbaros.[115] No era nada nuevo. Ya en el siglo II las legiones romanas habían combatido codo a codo con unidades formadas por aliados extranjeros. La diferencia residía en el peso que estas tropas alcanzaron a partir del siglo III y en la forma

---

[114] Michel Ángelo Monserrat, «El ejército del Bajo Imperio: ¿un ejército decadente?», en *Anejos de Estudios Clásicos, Medievales y Renacentistas*, vol. 11, Santiago, 2016, pp. 1-22. Véase también Yann Le Bohec, *El ejército romano*, Ariel, Barcelona, 2004; Adrian Goldsworthy, *El ejército romano*, Akal, Madrid, 2005; Pat Southern y Karen R. Dixon, *El Ejército romano del Bajo Imperio*, Desperta Ferro Ediciones, Madrid, 2018; José Soto Chica, *Imperios y bárbaros. La guerra en la Edad Oscura*, Desperta Ferro Ediciones, Madrid, 2019, y Ana de Francisco Heredero, «El ejército romano del Bajo Imperio», en *Ab Initio*, 2, 2011, pp. 29-60.

[115] Ignacio Jesús Álvarez Soria, «La barbarización del ejército romano», *STVDIVM. Revista de Humanidades*, 24 (2018), pp. 13-40

que fue adoptando su integración en el ejército imperial. Hasta entonces se había recurrido a ellas tan solo cuando se las necesitaba para emprender una guerra fronteriza; formaban, por lo general, unidades específicas que luchaban a su modo y con sus propias armas, y se desmovilizaban en tiempos de paz. Fue durante la Tetrarquía, a caballo entre los siglos III y IV, cuando las unidades extranjeras fueron haciéndose más comunes entre las tropas romanas y comenzaron a permanecer en ellas cuando concluían las guerras. La creciente oposición de los jóvenes varones romanos al reclutamiento, que ni los incentivos económicos ni la dureza de las medidas represivas pudieron revertir, lo hizo casi inevitable.

El origen de estos soldados bárbaros era diverso. Cierto número de ellos se enrolaba a título individual en las legiones, donde la necesidad y su fama de buenos combatientes hacían que fueran bien recibidos. Pero lo más habitual era que procedieran de los pueblos derrotados, a los que se imponían tratados de paz que preveían su establecimiento del lado romano de la frontera, o, sin haberlo sido, se sometían de buen grado a esa condición con objeto de escapar a las previsibles y trágicas consecuencias de una posible derrota. Estos tratados solían suponer para los rendidos la obligación de instalarse en las cercanías del *limes* y hacerse cargo de su defensa a cambio del derecho a labrar en su propio beneficio las tierras que ocupaban o percibir cada año determinados cargamentos de trigo para asegurar su manutención.

Entre estos bárbaros y los romanos que integraban los contingentes de *limitanei* las relaciones fueron haciéndose cada vez más intensas, tanto en lo económico como en lo social. Los matrimonios mixtos llegaron a ser frecuentes y la adopción de una identidad dual terminó por convertirse en algo común. Por supuesto, todo era más sencillo para los dirigentes bárbaros, que hallaban indudables ventajas profesionales en vivir a la romana, vistiendo la toga, bebiendo vino mezclado con agua y hablando latín, pues el ejército imperial les permitía ascender sin obstáculos en sus filas si demostraban su valía sin exigirles a cambio que renunciaran a sus propias tradiciones. Pero no resultaba en modo alguno imposible para las clases populares, cuya integración en las legiones les aseguraba los mismos derechos que a los propios romanos. No debían de resultar muy raras lápidas como la que presidía en la fortaleza de Aquincum el enterramiento de un hombre que parecía considerarse a un tiempo, sin contradicción alguna, ciudadano franco y soldado romano. La inscripción proclamaba: *Francus ego ciues, Romanus miles in armis*; en castellano, «Soy un ciudadano franco, un soldado romano en armas».

Tampoco eran del todo extraños casos como el de Cariatón, un corpulento guerrero de origen bárbaro que había cruzado el *limes* renano para afincarse en la ciudad gala de Augusta Treverorum, donde la incapacidad del ejército regular para poner freno a las continuas correrías de sus antiguos compatriotas le hizo concebir la idea de darles respuesta con sus propias tácticas. Así, oculto en la espesura con unos pocos secuaces, esperaba a que, bien entrada la noche, el sueño venciera a los saqueadores y los atacaba entonces por sorpresa, cortándoles la cabeza. Tal fue su éxito que el propio emperador Juliano, cuando tuvo conocimiento de sus aventuras, lo puso a su servicio, convirtiéndole en jefe de una unidad militar irregular.

Sea como fuere, estos ejemplos prueban cómo, poco a poco, ambas culturas, la romana y la germánica, si es que se puede hablar con propiedad de esta última, iban fundiéndose hasta dar lugar a una amalgama tan densa entre ellas que las convirtió en indistinguibles desde el punto de vista arqueológico. Todos, romanos y bárbaros, se vestían con prendas parecidas, comían los mismos alimentos, cocinados de igual modo y en vajillas similares, y usaban en sus casas los mismos muebles. La frontera escribía sus propias reglas.

Pero lo más relevante es que el fenómeno no se limitaba a la frontera misma, sino que penetraba cada vez con más fuerza hacia el interior del territorio que Roma no controlaba, cambiando también a sus pobladores de forma definitiva. Los bárbaros, el despectivo nombre que los romanos daban a los germanos y eslavos, un término que aludía a su forma de hablar, para ellos un *bar, bar, bar* imposible de comprender, no eran en absoluto los mismos que en tiempos de Mario o César. Después de cinco siglos de estrechas relaciones con el Imperio, su economía, su sociedad y, en especial, su organización política y militar se encontraban mucho más avanzadas. La simbiosis forzada entre romanos y bárbaros que se había ido desarrollando a ambos lados de la porosa frontera delimitada por el Danubio y el Rin los había cambiado.

Mapa 20. El mundo mediterráneo hacia el 450 de nuestra era. El Imperio
romano seguía existiendo, pero eran muchos los pueblos germanos
que se habían asentado en su interior y muchos más los que esperaban
el momento de hacerlo.

Hacia el año 400, los pueblos germanos disfrutaban ya de un progreso
económico notable. El uso generalizado del arado de hierro y el estiércol
les había permitido abandonar la agricultura itinerante, tan poco productiva que les forzaba a trasladarse cuando las tierras, mal aireadas y
abonadas solo con ceniza, acababan por agotarse. Mejor alimentada, la
población comenzó a crecer y a asentarse en núcleos de mayor tamaño,
mientras el incremento del excedente agrario provocaba grandes cambios
en su estructura económica.

La alfarería experimentó un progreso importante. Las toscas vasijas de
barro moldeadas a mano y elaboradas en cada aldea al ritmo que marcaba
la escasa demanda local dieron paso a objetos de gran calidad, fabrica-
dos con torno por especialistas a tiempo completo, cocidos a temperaturas elevadas y, por ende, mejor acabados y más duraderos. Proliferaron las
herrerías, algunas de grandes dimensiones y con una notable capacidad
de producción. Los objetos de vidrio, antes importados del Imperio,

empezaron a fabricarse en talleres locales. Las groseras joyas de bronce tradicionales perdieron terreno frente a los finos adornos elaborados con metales preciosos, y los más asequibles, como las fíbulas de plata o los peines de hueso, alcanzaron gran popularidad.

El comercio con Roma se incrementó y cambió su naturaleza de forma radical. Los germanos no se limitaban ya a ofrecer materias primas y metales preciosos a cambio de las preciadas manufacturas que salían de los talleres imperiales; también ellos ofertaban ahora bienes de calidad suficiente para resultar atractivos al exigente consumidor romano. Como consecuencia de ello, los sólidos y denarios con la imagen del césar circulaban como nunca entre ellos, alimentando una economía que había dejado ya de ser natural para convertirse en mercantil.

Semejantes cambios económicos no podían sino provocar una verdadera revolución social. Junto a campesinos y pastores aparecen comerciantes y artesanos. Los enterramientos y los poblados transforman visiblemente su fisonomía. Los cementerios son ahora mucho más grandes; el número de sepulcros ostentosos se multiplica, y la riqueza de sus ajuares se acentúa. Grandes espacios fortificados que resguardan lugares reservados al almacenamiento y el festejo se erigen en el centro de unos núcleos de población que acrecientan también su tamaño. Los ejemplos abundan. En el monte Runder Berg, cerca de la actual ciudad de Bad Urach, en el estado alemán de Baden-Wurtemberg, se ha excavado un notable conjunto arquitectónico erigido por los alamanes que incluye grandes salones de banquetes, almacenes, bodegas, viviendas y talleres en el interior de un recinto amurallado de más de 3.500 metros cuadrados de superficie.[116] Lejos de la mera anécdota, la existencia de complejos de este tipo resulta elocuente, pues nos cuenta cómo las élites asientan su posición y marcan de forma creciente sus distancias con el resto de la sociedad. Las jefaturas se consolidan y los hombres que las ostentan exhiben su poder rodeándose de nutridos séquitos, formados por cientos de guerreros cuyas armas aventajan en número y calidad a las de los soldados ordinarios, por lo común toscamente equipados. Los lazos que ligan a los

---

[116] José Soto Chica, *El águila y los cuervos…*, *op. cit.*, p. 175.

jefes con sus cortejos, de índole personal, semejante a la del feudalismo medieval, se refuerzan a menudo mediante grandes comidas y festines que les agradecen y compensan los servicios prestados.

El jefe, antes designado por aclamación, transmite su autoridad a sus herederos y refuerza sus prerrogativas, arrogándose los atributos de una rudimentaria pero visible realeza. No es capaz todavía de dotarse de una organización burocrática sólida que le asegure impuestos estables, pero sí de imponer exacciones periódicas con las que mantener a sus tropas y financiar sus festejos. Ejerce ya como juez supremo que dirime de forma inapelable las disputas y se ha arrogado el derecho de representar a los suyos en las relaciones con los extranjeros. Por supuesto, adopta por sí solo las decisiones del día a día y comanda a sus gentes en el campo de batalla, erigiéndose en general de un ejército que es ya mucho más que una simple horda de barbaros. Y si bien es cierto que la ley la siguen redactando los notables, no la aprueba ya una asamblea de la que forman parte todos los varones adultos.

Por debajo de los reyes, una amplia capa de hombres libres va también diferenciándose en riqueza y prestigio como resultado de un progreso económico que reparte sus beneficios con creciente desigualdad. Los más afortunados y ricos ejercen como señores en su casa, con su corte de familiares, clientes y esclavos que trabajan sus tierras, imponiendo la ley en su ámbito doméstico y ampliando sus séquitos personales, también vinculados a ellos mediante un juramento de fidelidad, gracias a sus victorias militares. Al principio, los más conspicuos siguen siendo príncipes soberanos, y el rey que se alza sobre ellos, el inestable caudillo de una frágil confederación. Pero pronto se convertirán en la aristocracia de un reino que define sus perfiles a imitación creciente, aunque lenta, de los modelos romanos.

Es ahora, además, entre los siglos IV y V, cuando los pueblos germanos se conforman como entidades nacionales, aglutinando gentes diversas en orígenes y cultura bajo el paraguas de una autoridad, una tradición y un parentesco que les dota por fin de un sentido de pertenencia compartido. El protagonismo de los reyes en el proceso es evidente. Casi todos los pueblos germanos nacen en torno a un linaje real o aristocrático al que se adhieren otros, portadores del nombre y las tradiciones nacionales, un círculo reducido de líderes carismáticos que impulsan la transmisión de la conciencia de grupo a otros conjuntos de población. El proceso podía detenerse si ese pequeño núcleo perecía, pero continuaba si sobrevivía, hasta completar la formación de un nuevo pueblo dotado de una mayor estabilidad.

En realidad, había sido la política tradicional del Imperio mismo la que lo había hecho posible. Un gemelo había creado al otro, por volver a la imagen del principio del presente capítulo. La mayoría de los «pueblos» bárbaros que empezaron a ejercer como actores autónomos en los siglos IV y V habían sido modelados, en mayor o menor grado, por los propios romanos. Buscando reducir a unos pocos los numerosos interlocutores con quienes se veían forzados a entenderse entre los bárbaros, llevaban siglos fomentando la fusión de pequeñas tribus en otras más grandes, aunque sus rasgos étnicos o culturales no fueran similares. Para lograrlo, aplicaban una reflexiva combinación de alianzas selectivas y tratados desiguales, de amenazas y regalos, que condenaban sin remedio a unos príncipes mientras fortalecían a otros, elevándolos a la categoría de reyes capaces de imponer su autoridad sobre grupos cada vez más numerosos. Al hacerlo, su absorción de los patrones de la civilización romana se aceleraba y las diferencias entre los dos lados del *limes*, en realidad, como vimos, una frontera más que una línea divisoria y, como tal, porosa, cambiante y creadora, fueron difuminándose.

La historia se movía más aprisa allí, impulsada por los crecientes intercambios entre romanos y bárbaros, el alistamiento de germanos en las filas de las legiones, el rápido movimiento de ideas, noticias y costumbres y la influencia recíproca entre formas de ver el mundo, fértil mezcolanza que, pasadas unas décadas, daría a luz a los reinos germanos llamados a protagonizar los primeros siglos de la Edad Media, los mismos que habrían de heredar los títulos de propiedad de un Imperio que sus reyes, que tanto lo admiraban, ayudarían a destruir.

Las relaciones eran tan intensas que una noticia casual traída por un legionario germano que volvía de permiso a su tierra de origen podía llegar a provocar una guerra. Cuando, en febrero del año 378, un soldado romano de origen alamán que pasaba unos días entre los suyos les contó que Graciano, el augusto de Occidente, se disponía a marchar hacia

Oriente para prestar auxilio contra los godos a su tío Valente, provocó con la noticia una auténtica revolución. Los alamanes rompieron su tratado con Roma; reunieron 40.000 hombres para cruzar el Rin, y se lanzaron contra el emperador, impidiendo así la ayuda y decidiendo de algún modo el trágico desenlace de la batalla de Adrianópolis.

Pero mayor interés despiertan algunos de los curiosos fenómenos de hibridación de identidades nacidos del fecundo laboratorio de pruebas en que se habían convertido las fronteras fluviales del Imperio. De todos conocidos son los ejemplos de generales y políticos romanos de origen bárbaro o mixto que lograron encumbrarse a los puestos más elevados de la jerarquía imperial e incluso mezclar su sangre con la de las familias romanas de linaje más rancio. Flavio Bauto, rey de los francos, llegó a ser nombrado *magister militum*, es decir, comandante de la infantería, y casó a su hija Eudoxia con Arcadio, augusto de Oriente, matrimonio del que nacería Teodosio II, su sucesor en el trono de Constantinopla. Arbogastes, su compatriota, acumuló tanto poder que se convirtió en el regente efectivo del Imperio occidental durante el efímero reinado de Eugenio, llegado a un final abrupto en el año 394 en la sangrienta batalla del Frígido, de la que hemos hablado en un capítulo anterior. Y, superando a todos ellos, Estilicón, por cuyas venas corría sangre romana y vándala, se casó con la sobrina del gran Teodosio, protagonizó una fulgurante carrera militar que lo convirtió en uno de sus hombres de confianza y ejerció luego en Occidente, durante el reinado de su hijo Honorio, como un verdadero regente en vida del emperador, dirigiendo sucesivas campañas contra los bárbaros que invadieron Italia, hasta que el propio Honorio, envenenado por la oligarquía senatorial, se volvió contra él y ordenó asesinarlo en el año 408.

Pero un ejemplo mucho mejor de este proceso de hibridación lo ofrece la figura, mucho menos conocida, del caudillo bárbaro Malobaudes, que llegó a compatibilizar sin problema alguno su posición de rey de una de las tribus de los francos con el ejercicio simultáneo del cargo de *magister militum* imperial entre los años 377 y 378. En realidad, no aspiraba a otra cosa el jefe godo Alarico, cuyo saqueo de Roma en el año 410 podría haber evitado el obtuso emperador Honorio si le hubiera ofrecido, como era habitual, tierras para su pueblo y un cargo imperial para él. También se daban, aunque con menor frecuencia, fenómenos similares entre los romanos. Egidio, *magister equitum per Gallias*, es decir, comandante de la caballería de las provincias de la actual Francia, entre los años 457 y 465 y padre del célebre Siagrio, soberano del reino al que dio nombre al norte de la Galia entre los años 464 y 486, fue durante un tiempo, sin dejar su cargo oficial romano, jefe indiscutible de una facción de los francos salios. La frontera, la del Danubio y la del Rin, había ligado de tal modo, después de sucesivas centurias de interacción en ella, los destinos de romanos y bárbaros que los reinos germanos que heredaron la soberanía romana en la parte occidental del Imperio no tuvieron sino que continuar, a la hora de dar forma a sus estructuras políticas, una práctica que se remontaba mucho tiempo atrás. Los ríos, las fronteras fluviales del Imperio, sin duda aceleraron el proceso.

La frontera amarilla

Escribía Owen Lattimore que una de las claves de la comprensión de la historia de China es el cambiante equilibrio de poder entre el país y los bárbaros que poblaban sus regiones fronterizas.[117] Naturalmente, China ha contado siempre con numerosas, diversas y muy extensas fronteras, pero una de ellas, la septentrional, ha sido «la Frontera» por excelencia, la periferia que ha condicionado en mayor medida su devenir. Y esa frontera, a lo largo de la cual fue erigiéndose, a partir del siglo III a. C., la célebre Gran Muralla, era, como las del Danubio y el Rin, una frontera fluvial, recorrida por el gran río Amarillo.

Cuando el tenido por fundador de China, el emperador Tsin Shǐ Huáng Ti (221-210 a. C.), ordenó convertir en un único muro de unos 2.800 km de longitud los diversos tramos que protegían los antiguos Reinos Combatientes, dando así inicio a una obra que continuarían sus sucesores, lo hacía con el designio proclamado de separar al pueblo chino de los amenazantes nómadas que poblaban las tierras del norte. En realidad, su intención era evitar movimientos en ambos sentidos: los

---

[117] Owen y Eleanor Lattimore, *Breve historia de China*, Espasa-Calpe, Madrid, 1966, p. 41.

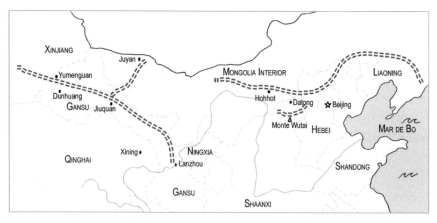

Mapa 21. La Gran Muralla durante la dinastía Han (205 a.C.-221 d.C.).
Su trazado no marcaba un límite, sino una frontera, una zona cambiante y
permeable que la rodeaba por ambos lados en la que la historia experimentaba
sin cesar nuevas fórmulas socioeconómicas, políticas y culturales.

temibles jinetes bárbaros no podrían penetrar en China, pero tampoco
los en apariencia sumisos aldeanos chinos tendrían ya posibilidad alguna de huir de ella. Quería, en fin, trazar un límite, no una frontera. Sin
embargo, ni él ni sus sucesores lo lograron nunca. La región fue siempre
eso, una región, una vasta comarca de trazos difusos y cambiantes cuyos
pobladores a veces se marchaban y a veces se quedaban, hoy cazaban y
saqueaban, sembraban y cosechaban mañana, sirviendo sin constancia
a diferentes señores, los emperadores chinos en unas ocasiones, los jefes
nómadas en otras. Los verdaderos límites de China estuvieron siempre
al norte o al sur de la Gran Muralla; la frontera, a ambos lados. Y el río
Amarillo desempeñó en ella un papel de gran relevancia.

Los campos que avenaba, en los que el río depositaba los sedimentos
arrancados en su curso medio, que atraviesa la gran meseta de Loess,
producían cosechas proverbiales. Allí nació China y allí estuvo durante
siglos el corazón de su cultura. Sin embargo, parafraseando a Truman
Capote, el don de aquella región fue también su látigo. La riqueza atraía
el interés de los inquietos vecinos del norte, que no cultivaban la tierra,
pero ansiaban apoderarse de sus frutos, y forzaba a defenderse a los que
lo hacían, poco dispuestos a compartir con ellos los beneficios de su

esfuerzo. Pero entre ambos mundos existía una permanente zona de contacto donde sus perfiles se desdibujaban. A cierta distancia del valle, en el territorio recorrido por la Gran Muralla, la población era muy diversa. Campesinos asfixiados por los tributos que huían y se tornaban nómadas, nómadas que abandonaban sus rebaños para cultivar la tierra, soldados sin ejército que saqueaban los campos o vendían sus servicios al mejor postor, errantes mercaderes sin hogar, prisioneros de guerra huidos de su cautiverio... conformaban una sociedad híbrida, de perfiles líquidos y refractaria a la asimilación por China, con la que sus gobernantes, como los emperadores romanos, habían de contar aunque no quisieran hablar de ello, como un elefante en el salón de su casa. Sencillamente, estaba ahí, imprevisible, en ocasiones necesaria, incómoda casi siempre, pero constante e inevitable, como la propia China.

A pesar de los designios de su enérgico fundador, el Imperio Tsin fue tan efímero como un aleteo de mariposa. La causa de su triunfo había sido su gran poder militar; la de su caída, tan solo una década después, su incapacidad de idear formas de organización capaces de mantener unido un territorio de gran extensión. Pero su legado no pereció, pues la idea imperial quedó firmemente arraigada entre los chinos. Tan solo cinco años después, en el 205 a. C., la dinastía Han lograba imponerse de nuevo sobre todo el país y mantenerlo unido durante cuatro siglos, hasta el 221 de nuestra era.

La China de entonces era ya grande, pues abarcaba desde muy al norte del río Amarillo hasta las tierras situadas al sur del Yangtsé. Pero su centro de gravedad seguía hallándose en la gran planicie avenada por aquel, que aseguraba cosechas copiosas y sólidas defensas naturales contra los invasores. Fue entonces cuando el río empezó a adquirir una importancia aún mayor para los chinos, pues su control resultaba vital para unos emperadores siempre suspicaces frente a las intenciones de sus inquietos vecinos de la cercana Mongolia, a los que daban el nombre genérico de *xiongnu*. Pero asegurar ese control no era sencillo. Un estado cimentado sobre una economía agraria podía ser sometido mediante una victoria militar decisiva, seguida de la apropiación por la fuerza y la reorganización en beneficio propio de las ciudades, las tierras y los recursos de los vencidos. Pero no cuando los enemigos eran nómadas. Sus ejércitos se recomponían con inusitada rapidez tras la derrota, como una hidra fantasmal capaz de regenerar una y otra vez cada una de sus mil cabezas. Simplemente huían con sus tiendas y sus rebaños tan lejos como fuera necesario y esperaban cuanto hiciera falta para regresar, pues su patria no era sino la estepa misma y los invisibles espíritus que la poblaban. Como el caudillo escita Idantirso espetó al emperador persa Darío, que había invadido su territorio: «No tenemos ciudades; nada que nos preocupe que conquistéis. No tenemos cultivos; nada que nos preocupe que destruyáis».[118]

Era cierto. Podían ocuparse sus tierras, pero eran inmensas, y controlarlas de forma eficaz habría costado mucho más de lo que eran capaces de producir, pues en ellas no podía implantarse la fructífera agricultura de irrigación que alimentaba la burocracia civil y militar del Imperio. Además, tampoco resultaba sencillo derrotar a los nómadas en una gran batalla campal. Hacia el 200 a. C., Gaozu, el fundador de la dinastía Han, fracasó de forma aplastante en su intento de alejar a los *xiongnu* de sus fronteras, y poco más de un siglo después, hacia el 99 a. C., el emperador Wu, ansioso de asestarles un golpe decisivo, envió contra ellos un ejército al mando del general Li Ling, que marchó al frente de unos 5.000 hombres tan solo para cosechar frente a los nómadas una sonora derrota: apenas 400 soldados chinos regresaron.

Era necesario, pues, obrar de otro modo. Como afirmó entonces Sima Qian, el historiador más prestigioso del período Han, los nómadas de sus fronteras, en realidad mucho más avanzados de lo que sugerían las fuentes imperiales gracias a su prolongado contacto con las regiones del norte del río Amarillo, seguían siendo «constante fuente de preocupación y prejuicio para China».[119] Y, vedado el camino de la guerra, no quedaban demasiadas opciones. Los emperadores Han se valieron del soborno para enfrentar entre sí a los reyezuelos de la estepa septentrional, manteniéndolos ocupados a la vez que los debilitaban; reclutaron en ella nutridos contingentes militares, en ocasiones incluso tribus enteras, que combatían dentro del ejército chino como unidades auxiliares, y, en

[118] Anthony Sattin, *Nómadas…*, *op. cit.*, p. 101.
[119] Anthony Sattin, *Nómadas…*, *op. cit.*, p. 105.

fin, abrieron sus mercados a los xiongnu, permitiendo un comercio que dejaba a salvo su orgullo, pues se producía en el marco de protocolarios encuentros en la misma corte, donde los emperadores recibían «tributos» en forma de oro, caballos y pieles, y ofrecían a los jefes tribales «regalos» como seda, grano, vino y productos artesanales, evitando así que reincidieran en sus lucrativas expediciones de pillaje. Los Han pusieron en práctica, en fin, las mismas estratagemas que algo más tarde emplearían los emperadores romanos en sus relaciones con los pueblos bárbaros del otro lado del Danubio y el Rin, sus propias fronteras fluviales. En realidad, se aseguraban así libertad y recursos para proseguir su expansión en otras direcciones en busca de territorios que pudieran rendir tributos en forma de cosechas abundantes y regulares, la única base capaz de sustentar el imperio.

Pero incluso cuando la dinastía Han llegó a su fin y el caos regresó a China, la importancia de su frontera fluvial septentrional no declinó. Después del año 221, y durante un largo período, el país cayó en manos de numerosos, pequeños y belicosos reinos que guerreaban entre sí sin cesar, pues ninguno era capaz de imponerse al resto de forma duradera. Solo en el norte, donde los reyes locales debían luchar a un tiempo con monarcas parecidos a ellos y con los siempre inquietos nómadas de la estepa, podía desarrollarse el nuevo tipo de ejército capaz de derrotarlos a todos y reconstruir la unidad política de China. Había de ser una fuerza ágil, basada en la caballería, capaz de caer sobre el enemigo con la fuerza de sus cargas o de sorprenderle con imprevistas maniobras envolventes. Y un ejército así solo podía nacer de unas tropas curtidas en la guerra de frontera.

La dinastía Sui se levantó sobre las conquistas de ese ejército, una fuerza crecida y entrenada en las estratégicas riberas del río Amarillo, y se consolidó gracias a la fecunda agricultura de regadío de su valle, fundamento de la riqueza china, ahora beneficiada por una importante expansión de las obras de ingeniería hidráulica, planificadas desde una perspectiva global, y no meramente regional, como había sucedido hasta entonces. El inicio de las obras del Gran Canal, del que hemos hablado más arriba, fue la mejor prueba de ello. Su objetivo era servir de columna vertebral del Imperio, uniendo de norte a sur las distintas redes de canales locales para proteger de la escasez al país entero, coordinar la percepción de los tributos e incrementar la movilidad de los destacamentos militares que lo mantenían unido. Gracias a ello, aunque la nueva dinastía fue casi tan fugaz como la Tsin (581-617), su caída no condujo de nuevo al país al caos, pues fue sustituida de inmediato por una nueva, la de los Tang, que se mantuvo en el poder hasta el año 907. ¿Pero siguió siendo la frontera del río Amarillo tan importante como lo había sido bajo el gobierno de los emperadores precedentes?

Lo cierto es que sí. Los Tang, conscientes de que en su abandono había estado una de las razones de la caída de los Sui, resucitaron la política imperial tradicional en la frontera, aunque bajo una forma un tanto más sofisticada y con mucha mayor ambición. No solo siguieron valiéndose del comercio ritualizado y la hábil política de división entre las tribus característicos de la dinastía Han; tampoco dejaron de integrar sus contingentes de caballería en el ejército chino. Pero dieron un paso más allá. En la corte, los temibles soldados bárbaros se convirtieron en una verdadera guardia pretoriana llamada a proteger la sagrada persona del gobernante. Al otro lado de la frontera, princesas chinas fueron dadas en matrimonio a los jefes de las tribus cercanas, que se convirtieron así en parientes del emperador. Y, sobre todo, por primera vez, el objetivo prioritario de los designios imperiales no fue ya mantener aislados a los bárbaros, sino hacerles partícipes de la cultura china, como siempre se había hecho con los más civilizados pueblos del sur. Las similitudes de la política fronteriza de los Tang con la practicada siglos antes por el Imperio romano no podía ser más evidente.

Todo ello, sumado a los progresos en la construcción del Gran Canal, fue desplazando el centro de gravedad económico de China desde los ricos valles meridionales, avenados por el río Yangtsé y sus afluentes, a la cuenca del río Amarillo, que ya era el centro de gravedad político gracias a la presencia de la capital imperial y la relevancia de la frontera como suministradora de una buena parte del poder militar de la dinastía. Un gran río se había convertido, una vez más, en factor determinante del devenir histórico de una nación.

La decadencia de la dinastía Tang tuvo, asimismo, mucho que ver con los sucesos de la frontera. Mientras en el interior del país las autoridades locales comenzaban a flaquear en su lealtad hacia la corte, desviando en beneficio propio una parte creciente de los tributos que recaudaban en nombre del emperador, al norte del río Amarillo los jefes de las tribus bárbaras comenzaron a colocar sus aspiraciones políticas por delante de sus obligaciones hacia su «pariente». En lugar de poner a su disposición las levas anuales de jinetes o usarlas, como venían haciendo, para combatir a los bárbaros más lejanos en beneficio de China, trataron de valerse de ellas para someter a estos a su autoridad mientras luchaban entre sí por la hegemonía regional. Nacieron así reinos fronterizos de naturaleza híbrida, en los que convivía idealmente una zona sedentaria meridional, basada en una economía agraria, artesanal y comercial, de la que sus gobernantes, ahora independientes, extraían recursos por medio de una burocracia vaciada en moldes nítidamente chinos, con una zona septentrional poblada por pastores guerreros, apenas influida por la cultura imperial.

Así transcurrió el conocido como «Período de las cinco dinastías y los diez reinos», que se extendió entre los años 907 y 960. A continuación, los Song lograron imponer su dominio sobre China, que mantendrían durante más de tres centurias, hasta 1.280.

Sin embargo, la nueva dinastía no logró nunca recuperar territorios que habían formado parte del Imperio en época Tang y su control del país fue siempre defectuoso, hasta el punto de que el valle del río Amarillo, que, como venía siendo habitual, comenzó siendo la base de su poder, terminó por caer en manos de jefes bárbaros que fundaron diversos reinos en la región. Estos reinos, como los precedentes, eran híbridos. Sus soberanos no eran ya bárbaros, aunque tampoco del todo chinos, y el principal efecto de su dilatado control de la zona fronteriza fue preparar el terreno para uno de los episodios más relevantes de la historia de China: la invasión de los mongoles.

El mismo origen de la figura de Gengis Kan († 1227), fundador del Imperio mongol, resulta inseparable de la historia de esos reinos. Fue en uno de ellos, el regido por la dinastía Tsin, donde comenzó a despuntar su fama como guerrero, lo que le permitió, cuando el reino empezó a debilitarse, establecerse por su cuenta y, sirviendo en cada momento a quien más le convenía, hacerse con una base propia de poder desde la que logró unificar bajo su autoridad las tribus mongolas de la frontera.

Desde su nueva posición emprendió sucesivas guerras de conquista que afianzaron su control sobre la cuenca del río Amarillo. La China Song, limitada a la región del Yangtsé, caería después, aplastada por los sucesores del gran kan, y sería uno de sus nietos, el célebre Kublai, el fundador de la dinastía Yuan, que volvió a someter a toda China. Pero nada de esto habría sucedido de no ser por el proceso desarrollado a lo largo de las centurias precedentes en la frontera del río Amarillo, que había actuado como una suerte de incubadora de reinos mestizos, bárbaros y chinos a un tiempo. De hecho, sin la continua ósmosis cultural que la misma frontera hacía posible y que constituía una parte esencial de su naturaleza, el nacimiento de tales reinos no se habría producido, ni habría tenido lugar la propia invasión de los mongoles. Una vez más, la frontera fluvial del norte condicionaba de forma decisiva el destino del país en su conjunto.

En apariencia, los sucesos posteriores vinieron a poner en cuestión ese papel decisivo, pero no fue así. Es cierto que el factor determinante de la caída de la dinastía Yuan fue la sucesión de rebeliones campesinas que tenían como centro el valle del Yangtsé, no la cuenca del río Amarillo. Sin embargo, su poder había empezado a debilitarse mucho antes como consecuencia de la pérdida del apoyo a la corte de los propios mongoles del otro lado de la frontera, que recelaban cada vez más de lo que entendían como sinización cultural de sus gobernantes. Los Ming, por su parte, tenían su base de poder en el Yangtsé, pero cuando lograron derrotar a los mongoles y expulsarlos del país y se hicieron cargo del gobierno en nombre de las verdaderas esencias del pueblo chino, su política respecto al eterno problema de la frontera retornó a las prácticas habituales.

La nueva dinastía (1368-1644) era nacionalista y restauradora, y por ello se sintió obligada de algún modo a perseguir a los antiguos señores en su retirada, conduciendo a sus ejércitos victoriosos hacia el interior mismo de Mongolia. Pero cuando, como habían hecho todos sus predecesores, comprendieron que el dominio de las frías estepas del norte no podía ser rentable, renunciaron a quedarse allí y llegaron a acuerdos con los jefes tribales de la frontera en virtud de los cuales estos se sometían a su dominio y les juraban lealtad como vasallos. Así, la saga de los siglos posteriores en nada se diferenció de la de los precedentes. Enseguida regresaron a escena las expediciones punitivas ocasionales, los sobornos, la concesión de títulos nobiliarios, los matrimonios reales, los tributos y los regalos. Una vez más, los pueblos que luchaban entre sí azuzados por los chinos empezaron a volverse un poco chinos y, cuando llegó el momento, se sintieron preparados para marchar hacia el sur y tomar para sí lo que tanto habían aprendido a desear, hechos como estaban a conformarse con las migajas de la prosperidad de sus señores.

La historia se repitió, pero en esta ocasión con una intensidad nunca vista. Los llamados a protagonizarla habían sido de algún modo creados por los chinos como resultado de su interacción con ellos en un proceso de etnogénesis similar al que los romanos habían impulsado a partir del siglo III en sus fronteras del Rin y el Danubio. De ella nació el pueblo septentrional más influido, modelado incluso, por la cultura china de la historia: los manchúes. Y, una vez más, la criatura se rebeló contra su creador.

Todo comenzó como venía siendo habitual. Las rebeliones campesinas debilitaron el control de la dinastía Ming sobre las zonas agrarias, interrumpiendo el flujo de los tributos hacia la corte. En el norte, los jefes bárbaros tributarios se sacudieron el dominio chino y comenzaron a trabajar en beneficio propio. Y en ese contexto en extremo favorable, uno de ellos, Nurhachi, logró reunir bajo su mando varias tribus y convertirlas en un poderoso reino fronterizo que contaba entre sus tropas no solo con manchúes, sino también con chinos, mongoles y coreanos, y se valía de los rudimentos administrativos chinos para extraer de las tierras conquistadas, pobladas en buena medida por chinos, los tributos con que financiar sus correrías. A su muerte, como antes le ocurriera a Genghis Khan, China no había caído en sus manos, pero fue su obra la que hizo posible que sus sucesores la conquistaran. Una vez más, la combinación entre la debilidad interna de la dinastía reinante y el surgimiento de un poder independiente en la frontera septentrional creó la situación que aseguró el éxito de la invasión.

La nueva dinastía, que tomó el nombre de Qing, gobernaría China entre los años 1644 y 1912. Pero aunque en su origen se parecía mucho a la Yuan, su política fue mucho más inteligente. Lejos de colocar a los chinos bajo un gobierno extranjero que no se preocupaba de disimular su naturaleza, sus emperadores se presentaron, a imagen de los depuestos Ming, como restauradores de las esencias de China y abrazaron con decisión su cultura, de la que ya habían empezado a empaparse cuando eran tan solo un pueblo fronterizo del Celeste Imperio. Sin embargo, el nacionalismo chino nunca murió, sino que conservó la fuerza suficiente para, llegado el momento, levantarse contra el Gobierno y terminar de una vez por todas con la dinastía reinante y con el propio régimen monárquico. La historia posterior ya no fue una historia de ríos, sino de ideas.

El río de las espaldas mojadas

Los españoles de la Edad Media sabían mucho de fronteras. Los reinos cristianos fueron adquiriendo su personalidad histórica poco a poco, entre los siglos VIII y XV, mientras sus límites avanzaban hacia el sur, forzando al retroceso al califato musulmán de Córdoba y a sus sucesivos herederos. Pero esos límites no eran en absoluto, como por comodidad solemos trazarlos en los mapas, nítidas líneas que separaban mundos antagónicos. Las gentes que habitaban a cada lado, cristianos unos, musulmanes otros, mantenían relaciones intensas y las diferencias en su forma de vida eran escasas, con la excepción de los judíos, que residían en barrios propios en las ciudades y eran más dados a conservar sus tradiciones. De hecho, ni siquiera la fe era capaz de separarlos, pues en la mente sencilla del pueblo llano no cabían disquisiciones teológicas tan precisas como las elaboradas por ulemas y obispos. Todos creían, en realidad, en el mismo dios y sus patrones de conducta eran, ritos y liturgias aparte, los mismos.

Luego, cuando los españoles llegaron a las Indias y se enfrentaron a la colosal tarea de explorar todo un continente, el proceso se repitió. La historia de la conquista de América fue, en buena medida, una historia de fronteras, o, mejor dicho, la historia de una única gran frontera, a un tiempo física y emocional, que se movía y transformaba sin cesar, al ritmo que fijaba la exploración de nuevas tierras y la dialéctica de los conquistadores con los pueblos con que entraban en contacto. Ello no excluye las diferencias. La historia de cada una de las cambiantes fronteras definidas por los colonizadores en su avance a lo largo y ancho del Nuevo Mundo posee rasgos propios que merecen ser contados. Pero las que aquí nos interesan son tan solo las fronteras fluviales, sobre todo aquellas que han pervivido a lo largo de los siglos. Y entre ellas hay una que se destaca con fuerza sobre las demás: la que traza, entre las actuales repúblicas de México y los Estados Unidos, un río que los mexicanos conocen como río Bravo y los estadounidenses como río Grande, al que los españoles, que alcanzaron su desembocadura en 1519, nombraron por primera vez como río de Nuestra Señora.

Todo dio comienzo cuando Hernán Cortés, tras completar la conquista del Imperio azteca, que se extendía por el valle de México, comprendió que aquella tierra, amén de su extraordinaria riqueza en recursos mineros y agropecuarios, podía poseer el nada despreciable valor añadido de servir de puente entre Europa y Asia.[120] Los españoles lograrían así la ansiada ruta alternativa a la que el tratado de Tordesillas (1494) había entregado a los portugueses para alcanzar las codiciadas islas de las especias, una preciosa mercadería que en la Europa del siglo XVI poseía mayor valor que el oro.[121]

Cuando, a mediados de octubre de 1522, Cortés logra por fin someter a los mexicas —más de dos años han pasado ya desde la noche triste de Tenochtitlan— y recibe de Carlos I el nombramiento de gobernador y capitán general de la Nueva España, Magallanes acaba de descubrir el estrecho al que se dará su nombre, pero no por ello ha quedado resuelto el problema de llegar a Asia navegando hacia el oeste. A nadie se escapa que acceder a través de él al inmenso mar del Sur, como los españoles llaman al océano Pacífico, no soluciona nada. Tomar esa ruta supone enfrentarse al albur de una larga travesía, costeando todo un continente, y arriesgar después la vida en el terrible paso de aguas tormentosas y peligrosos escollos descubierto por el portugués. Por ello se obsesionan

---

[120] El Imperio mexica o azteca era en realidad un estado complejo y multiétnico dirigido por tres ciudades aliadas, Texcoco, Tlacopan y Tenochtitlan, si bien fue esta última, la ciudad principal de los aztecas, la que terminó por convertirse en capital y sede del soberano efectivo del imperio, denominado *huey tlatoani*, es decir, «rey de reyes», pues cada ciudad estado contaba con el suyo propio (Vid. Stefan Rinke, *Conquistadores y aztecas. Cortés y la conquista de México*, Edaf, Madrid, 2021, pp. 106 y ss.).

[121] Jean-Michel Sallmann, *Indios y conquistadores españoles en América del Norte. Hacia otro El Dorado*, Alianza Editorial, Madrid, 2018, p. 30. Las especias como el clavo, el azafrán, la nuez moscada, la canela o el jengibre, procedentes todas ellas de Oriente, servían para disimular el mal sabor de los alimentos, en especial la carne, cuando comenzaban a pudrirse y poseían, además, importantes propiedades farmacéuticas.

los españoles, y con ellos los ingleses y los franceses, con la búsqueda del llamado «Paso del Noroeste», un estrecho ubicado en aguas más cercanas y de navegación más fácil que permita pasar de uno a otro océano sin rodear toda América.

Por supuesto, el paso no existe. Pero Cortés no lo sabe, y por ello dedica todos sus esfuerzos a explorar, a costa de su propio peculio, las costas occidentales de Nueva España. Arma buques, financia expediciones e identifica lugares adecuados para la construcción de puertos, como Acapulco, Zacatula, Santiago, Zihuatanejo, Tehuantepec o Barra de Navidad. Desea, a la vez, navegar por la costa atlántica hacia el norte, pensando que el paso quizá se encuentre allí. Pero, forzado a elegir por lo limitado de sus recursos, decide apostarlo todo al Pacífico. Descubre algunos rosarios de islas cercanas a la costa, explora California... durante los años treinta, su actividad es frenética. Pero el paso no aparece y Cortés debe regresar a España. 1540 marca el fin de su aventura americana.

Mientras el visionario extremeño explora las costas, otros hacen lo propio en el interior, partiendo de Nueva España en dirección norte. Piensan que, si no hallan allí el ansiado paso, quizá sí encuentren imperios similares al que Cortés, al que sueñan con imitar, acaba de ganar para el rey y riquezas parecidas a las tomadas a los mexicas. Durante décadas, las expediciones se suceden. Hacia el oeste, las Floridas revelan la ausencia de todo lo que los españoles ansían. No hay allí oro ni plata; la población es escasa y no vive en ciudades; la tierra, en fin, apenas rinde cosechas miserables, y los indios se muestran poco amistosos. Solo la ruta hacia el norte, deformada por mitos y leyendas que los propios indígenas propalan para librarse de los extranjeros, parece, pues, prometer un futuro halagüeño a quienes se lanzan a explorarla.

Y no son pocos.[122] En menos de diez años desde la caída de Tenochtitlan, se somete el reino de Michoacán (1529); cae también el Pánuco,

---

[122] Una buena síntesis del proceso de exploración de las tierras del norte de México, en Borja Cardelús, *América hispánica. La obra de España en el Nuevo Mundo*, Almuzara, Córdoba, 2021, pp. 523 y ss. Véase también Fernando Martínez Láinez y Carlos Canales Torres, *Banderas lejanas. La exploración, conquista y defensa por España del territorio de los actuales Estados Unidos*, Edaf, Madrid, 2021, pp. 57-77 y 109-210.

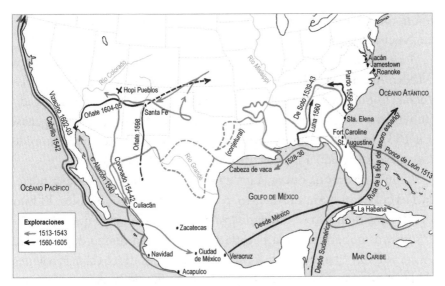

Mapa 22. La exploración española de Norteamérica. La penetración hispana en el subcontinente fue profunda y dejó una huella duradera en los actuales Estados Unidos que a menudo se ignora o se desprecia.

en el noroeste del México actual (1530), y un nuevo territorio, el reino de Nueva Galicia, se añade a Castilla en 1531, segregándolo de Nueva España. Por fin, en 1540, los españoles alcanzan el valle del Colorado. Su impulso parece imparable.

Lo es, y no porque las nuevas tierras sean generosas y fáciles de someter. La conquista del Pánuco, entre 1526 y 1530, exige a Nuño de Guzmán un gran esfuerzo, pues sus pobladores son nómadas o, en el mejor de los casos, habitan en aldeas pobres y dispersas en las que nada hay que saquear. El cruel alcarreño no muestra reparo alguno en resarcirse del sacrificio vendiéndolos en masa como esclavos —una práctica prohibida explícitamente por la reina Isabel I en 1500 y confirmada en 1512 por las Leyes de Burgos— y torturando y quemando luego vivo a Tangáxoan II, rey de Michoacán, para que le entregue sus tesoros. Pero de poco le sirve. La expedición no descubre riqueza alguna ni tierras aptas para el cultivo, y debe además enfrentarse a los chichimecas, que poseen merecida fama de indómitos, a los que no logra someter por completo. Funda, eso sí, varias ciudades, como Guadalajara, Culiacán y, sobre todo, Compostela, que se convierte en capital del flamante reino de Nueva Galicia en 1531.

La estrella de Guzmán, por suerte, declina pronto. En 1535 llega a México Antonio de Mendoza, el primer virrey de Nueva España, un aristócrata imbuido de ideales humanistas al que el rey Carlos I ha encargado poner fin a los graves abusos de los encomenderos sobre los indígenas. En 1537, depuesto de sus cargos y acusado de alta traición, Nuño de Guzmán es enviado a España, de donde nunca regresará.

Comienza así una nueva etapa en la exploración de la frontera norte, la Tierra Nueva o Tierra Adentro, como la llaman los españoles. El hito que le sirve de inicio es, amén de los ideales humanitarios que imponen los nuevos gobernantes, la llegada a Culiacán, en marzo de 1536, de Alvar Núñez Cabeza de Vaca y tres de sus acólitos, únicos supervivientes de la expedición a la Florida dirigida por Pánfilo de Narváez ocho años antes. Han sobrevivido todo ese tiempo viviendo entre los indígenas y, tras salvar a pie la inmensa distancia que separa Florida de México, traen consigo historias difusas sobre la existencia de opulentas ciudades.

Llueve sobre mojado. En la Nueva España son muchos los que han llegado de Europa en busca de fama y fortuna, y las hablillas sobre imperios de mítica riqueza en las lejanas tierras del norte corren como la pólvora, mezclándose en inextricable confusión con los nunca olvidados relatos medievales y los oídos a los propios indios. Basta con ello para que se propale el rumor de que Narváez ha descubierto las míticas siete ciudades de Cíbola, fundadas, según dice la leyenda, por otros tantos obispos visigodos huidos de España con sus fieles y sus riquezas tras la invasión musulmana. Algunos, más avezados, sospechan incluso que podría tratarse de Aztlán, la lejana patria de la que los mexicas decían haber partido en busca de nuevas tierras en un pasado remoto.

Fuera como fuese, el virrey Mendoza resuelve entonces, tan perturbado como cualquiera de los suyos por los rumores, valerse del entusiasmo generalizado para organizar una expedición exploratoria, seguro de que no le faltarán hombres para formarla. Empero, inspirado por sus ideales humanitarios, no escoge para guiarla a un soldado, sino a un fraile, el franciscano Marcos de Niza. Parte este hacia el norte, siguiendo el camino que le va marcando su guía Estebanico, un moro converso, compañero de Cabeza de Vaca, pero cuando descubre que este ha sido asesinado por los indígenas, decide regresar. No ha visto las míticas ciudades con sus propios ojos, pero sí, según relata a su vuelta, el resplandor dorado de una gran urbe que dice haber contemplado en la lejanía. Es suficiente para convencer al virrey, que da licencia a una nueva expedición mucho más nutrida. La forman unos 300 españoles, 800 indios y no menos de 1.000 mulas y acémilas bien cargadas, y a su frente se halla Francisco Vázquez Coronado, gobernador a la sazón de Nueva Galicia, que se lleva consigo al fraile.

En febrero de 1540, la expedición sale al fin de Compostela, a unos 600 km al norte de México y capital por entonces de Nueva Galicia, mientras hacen lo propio desde el puerto de Natividad dos pequeños barcos, luego tres, que navegarán hacia el norte siguiendo la costa con el fin de darle apoyo naval. Cuando, a comienzos de junio, la columna alcanza el cerro que había dicho Niza, la decepción es inmensa. Lo que allí se ve no es sino un mísero población de casas de adobe, sin rastro alguno de oro ni plata. Todo ha sido, o así lo parece, una mera invención del fraile para convencer al virrey de que explore aquellas tierras como primer paso para abordar su evangelización.

No por ello ceja en su empeño Coronado. Ansioso de hallar las supuestas riquezas que le habían conducido allí, despacha expediciones en direcciones diversas para reconocer la región. Los resultados que obtiene, aunque es posible que él mismo no sepa apreciarlos, son extraordinarios. López de Cárdenas descubre el Gran Cañón del Colorado, cuya desembocadura remonta río arriba Hernando de Alarcón a la cabeza de la flotilla que sirve de apoyo a la expedición; Hernando de Alvarado, yendo hacia el septentrión, alcanza las grandes praderas de la actual Kansas, a más de 1.000 km en el interior del actual territorio de los Estados Unidos, y se extasía con la contemplación de las abrumadoras manadas de bisontes. Por desgracia, allí tiene noticia de la Gran Quivira, una ciudad de proverbial riqueza ubicada más al norte, de cuya existencia da cuenta a su regreso. La cercanía del invierno, sin embargo, obliga a posponer su busca. Coronado ordena acampar en Tiguex, entre los indios pueblo, a las orillas del río Grande, y esperar allí la primavera.

Pero el hambre hace de las suyas y las exigencias de Coronado a sus huéspedes colman la paciencia de estos, que hieren y matan a algunos de sus hombres. El conquistador, rabioso, responde sin pensarlo mucho con una represión indiscriminada, que provoca la muerte de muchos indios, y parte en cuanto puede en busca de Quivira. Por supuesto, al norte no encuentra nada salvo bisontes y, por si fuera poco, en el camino de regreso se golpea la cabeza en una caída del caballo. Sobrevive, pero ya no vuelve a ser el mismo. Convencido de su fracaso, ordena el regreso, dejando tras de sí tan solo tres frailes que al poco perecen a manos de los resentidos indígenas. En el verano de 1542 se halla de nuevo en México con solo un centenar de los suyos. El virrey, culpándolo del fracaso y de las crueldades cometidas, lo somete a juicio y, dos años después, lo destituye de su cargo de gobernador de Nueva Galicia.

Pero no hubo tal fracaso. Coronado no encontró oro ni plata, pero sí trajo consigo muchos conocimientos. Recorrió más de 6.000 km y gracias a él se supo que al norte de México el continente se ensancha en lugar de adelgazarse como se pensaba, por lo que no podía hallarse allí el ansiado paso del Noroeste. Los europeos conocieron por su relato la existencia de numerosos pueblos desconocidos y tuvieron noticias de territorios nuevos que se abrían ante sus ojos como un mundo de ingentes dimensiones. Y, en fin, de su mano se abrió la puerta a la colonización hispana del sudoeste de los actuales Estados Unidos.

Pero no fue el ansia de conocimiento, sino de fortuna, la que determinó la evolución de las Tierras Nuevas en las décadas posteriores. En 1548 se hallaron en Zacatecas, a unos 600 km al norte de México, tres filones de plata de una notable riqueza. El descubrimiento cambió para siempre la historia de la frontera. Para explotar la mina llegaron a ella miles de indios y su demanda de alimentos hizo crecer a su alrededor campos de cultivo y estancias ganaderas. Los hallazgos de plata se sucedieron en años posteriores y la Tierra Adentro se fue salpicando de poblados mineros, ranchos y, con el tiempo, las primeras misiones destinadas a la evangelización de los indígenas. Pero estos no se resignaban sin más al dominio extranjero. Ya a los pocos meses de partir Coronado se había iniciado la llamada Guerra del Mixtón (1541-1543), en la que los españoles solo lograron imponerse a los rebeldes caxcanes gracias al reclutamiento de unos 30.000 guerreros aliados de Texcoco y Tlaxcala.[123] Fue solo el principio. La presencia creciente de españoles, su insistencia en convertirles a una fe que tenían por extraña y los tributos y trabajos que les imponían irritaban a los indios y les impulsaban a sublevarse una y otra vez. Los chichimecas, nombre genérico y despectivo que los aztecas aplicaban a sus vecinos del norte, pueblos nómadas o seminómadas y muy belicosos casi todos ellos, dieron muchos quebraderos de cabeza a las autoridades virreinales después de 1550, provocando un estado de guerra continua que marcó a sangre y fuego la historia de la frontera del río Grande, anticipando las correrías de apaches y comanches que, en los siglos posteriores, la asolarían una y otra vez mientras proseguía su lento pero incesante movimiento hacia el norte y el oeste de la Nueva España.

El proceso presenta, a pesar de su duración, prácticamente tres siglos, una pauta reconocible. Primero se producía la exploración del territorio, la cual no se interrumpió nunca hasta el final mismo de la presencia española en el oeste de los actuales Estados Unidos, aunque sí varió su ritmo; luego, su poblamiento y su explotación, siempre mucho más lentos que en tierras menos expuestas y lejanas, y, por último, se aseguraba su defensa, cuyas especiales características proporcionarán a la frontera del río Grande uno de sus rasgos más originales.

A las grandes expediciones de la primera mitad del siglo XVI sucedió un período de calma marcado por las Nuevas Ordenanzas dictadas por Felipe II en 1573. El texto, de gran humanidad, prohibía la ocupación por la fuerza de nuevas tierras; hacía recaer la exploración en los religiosos, y le atribuía un objetivo esencialmente evangelizador. Bajo este nuevo marco jurídico, el fraile franciscano Agustín Rodríguez encabezó en 1581 una pequeña expedición a la tierra de los indios pueblo. Cruzó el río Pecos, siguió hacia el oeste y alcanzó de nuevo las grandes llanuras. Pero la mayor parte de los exploradores perecieron y los supervivientes dieron cuenta del posible martirio del padre Rodríguez y un compañero suyo, que habían permanecido entre los indios. Enseguida partió, ya en 1582,

---

[123] Carrie Gibson, *El norte. La epopeya olvidada de la América hispana*, Edaf, Madrid, 2022, pp. 80 y ss.

una expedición de rescate organizada por el padre Bernardino Beltrán y financiada por Antonio de Espejo, un hombre ambicioso que pensaba más en las posibilidades que ofrecía la zona para fundar una colonia que en la liberación de los frailes. Cuando los expedicionarios cruzaron el río Grande y comprobaron que los religiosos efectivamente habían muerto, en lugar de regresar como hizo Beltrán, Espejo continuó por su cuenta hasta las grandes llanuras y luego más hacia el oeste, hasta Arizona, siguiendo los pasos de Coronado y Cabeza de Vaca.

A su regreso, en 1583, sus historias y las muestras de minerales que traía consigo despertaron de nuevo el dormido recuerdo de los mitos, y no faltó quien, obnubilado por ellos, se atrevió a saltarse la prohibición real. En los años noventa del siglo XVI, aventureros sin escrúpulos como Gaspar Castaño y Francisco Leyva encabezaron expediciones ilegales más allá del río Grande sin más motivación que el hambre de fama y fortuna. Ninguna de ellas llegó a buen puerto. Castaño fue apresado y procesado, y Leyva, asesinado por sus propios hombres, que lo fueron a su vez por los indios. Pero la Corona se hallaba ya resuelta a conquistar Nuevo México, como dio en llamarse el vasto territorio que se extendía, sin límites aparentes, al norte de Nueva España, por lo que decidió a la postre organizar su propia expedición.

Su partida se retrasó mucho, pues el proceso de selección de la persona idónea para conducirla, dado que sería ella misma quien debería correr con los gastos, sufrió incontables dilaciones y sus designios colonizadores exigían una preparación mucho más minuciosa de la que requería una expedición de mera exploración. El elegido fue Juan de Oñate, un criollo rico, hijo de un español que ganó su fortuna con la plata de Zacatecas y una mestiza descendiente de Cortés y Moctezuma. Cuando partió al fin, en enero de 1598, de las cercanías de Santa Bárbara, una ciudad fundada treinta años antes a unos 1.000 km al norte de México, le acompañaban unas 500 personas entre soldados, colonos y misioneros, 83 carromatos colmados de las herramientas y pertrechos necesarios para fundar una colonia y más de 7.000 cabezas de ganado. El contrato que había firmado, por el que se convertía en gobernador y adelantado de Nuevo México, le autorizaba a explorar y poblar, pero «con toda paz, amistad y cristiandad». Los tiempos, al menos sobre el papel, habían cambiado.

En abril cruzaban ya el río Grande y se adentraban en la «Jornada del Muerto», un largo y árido trecho de un centenar de kilómetros que se despega del río cuando este inicia su prolongada curva para correr luego hacia el oeste a encontrarse de nuevo con él, recortando en mucho la distancia recorrida. Enseguida tomaron contacto con los indios pueblo, que los recibieron amistosamente, y prosiguieron viaje hacia el noroeste, tratando de hallar el ansiado paso hacia el Pacífico, que aún obsesionaba a los españoles, y, por supuesto, los tesoros que pudieran hacer atractiva la zona a los futuros colonos, animándolos a seguir sus pasos. Para ello Oñate, como había hecho Coronado, despachó pequeños destacamentos que recorrieron el territorio en varias direcciones para explorarlo mejor. Él mismo encabezó también alguna de esas expediciones, dejando la colonia de San Gabriel, en la confluencia del río Grande con el Chana, que le servía de capital, y regresando después.

Pero los años pasaban y la colonización no marchaba según lo previsto. Riquezas no halló Oñate ninguna, aunque sí muchas leyendas acerca de su existencia, quizá algunas inventadas por los indios y otras por el propio gobernador, que no sabía ya de qué subterfugios valerse para conservar a su lado a los colonos que empezaban a regresar a México y atraer a otros que ocuparan su lugar. Tampoco fue capaz de preservar la paz con los indígenas como se le había ordenado. Ya a principios de 1589, un complot de los acomas, unos agresivos indios del noroeste que guardaban mal recuerdo de Coronado, terminó con una represión brutal que costó la vida a cientos de ellos y mutilaciones y torturas a muchos otros. No es raro, pues, que, a su regreso, en 1608, Oñate perdiera su cargo de gobernador y fuera procesado, ya que había incumplido su contrato. Aunque, quizá por lo elevado de su alcurnia, nunca llegó a ingresar en prisión, perdió todos sus títulos, hubo de pagar 6.000 ducados de multa y se le obligó a volver a España, donde gastó cuanto le quedaba en rehabilitar su nombre. Nunca regresó. Una vez más, una expedición al lejano norte se sellaba con el más absoluto de los fracasos.

No por ello se interrumpió el avance de la frontera. Felipe III, que subió al trono en 1598, decidió conservar Nuevo México en manos de la Corona y proseguir su colonización bajo los mismos ideales, humanitarios, pero de espinosa aplicación en la práctica, que habían inspirado a su piadoso padre. Sin embargo, se produjo un cierto repliegue. La capital, que Oñate ubicara en San Gabriel, fue trasladada unos 60 km al sur, a la nueva villa de Santa Fe, fundada en 1610. Todavía eran muy pocos los españoles que poblaban el territorio, pero habían llegado para quedarse. Las misiones franciscanas empezaron a propagarse por la región y a mediados del siglo xvii había ya más de cincuenta. La cría de ganado se fue extendiendo, y los ranchos y los cultivos comenzaron a acompañar a los conventos como parte del paisaje.

La necesidad de traer desde México muchos productos que los nuevos asentamientos no producían hizo nacer un pequeño comercio, limitado por los más de 2.500 km de distancia de la capital. Incluso cobró forma una ruta, el llamado Camino Real de Tierra Adentro. Por ella, cada tres años, transitaba en dirección a la lejana Santa Fe la llamada *conducta*. Era esta una larguísima hilera de pesados y traqueteantes carromatos atoldados de cuatro ruedas tirados por bueyes, idénticos a los que luego usarían los célebres pioneros americanos, cargados a rebosar con todo lo imaginable. Viajaban en ellos colonos, frailes, soldados, funcionarios, muebles, armas, semillas, plantones, papel, tinta, vino, mercurio para la amalgama de la plata, aperos de labranza y pertrechos de todo tipo, y los seguía una interminable recua de ganados y mulas de carga, las cuales, con el tiempo, terminarían por sustituir a los propios carros. La impresionante caravana tardaba seis meses en alcanzar su destino y, una vez que se completaba el espacio disponible, por lo común después de otros seis meses, regresaba a la capital igualmente pletórica, en esta ocasión de lana, mantas, pieles, sal, nueces, y, sobre todo, la plata de Zacatecas, San Luis Potosí, Guanajuato y otras minas de menor relevancia, cargada a medio camino con destino a las Flotas de Indias que partían cada año de Veracruz hacia Sevilla.

Las dificultades que la caravana había de enfrentar en el transcurso de su interminable periplo por tierras de climatología tan extrema eran terribles: desmesuradas crecidas que forzaban en ocasiones a acampar en las orillas durante semanas esperando a que las aguas bajasen; sequías prolongadas que condenaban a hombres y animales a la sed y el racionamiento; asaltos de forajidos que se valían de lo inhóspito del territorio para apoderarse por la fuerza de cuanto podían... pero la mayor amenaza fueron siempre los indios.

Aunque durante los siglos xvi y xvii la colonización siguió avanzando en Nuevo México y se extendió incluso por los actuales estados de Arizona, California y Texas, las recurrentes rebeliones de los indios sometidos y los asaltos continuos de los no sometidos fueron una constante que limitó su alcance y su ritmo. El celo exagerado de los misioneros, que reprimían como paganas las prácticas locales; los abusos de los colonos, que sometían a sus braceros indígenas a un régimen de trabajo inhumano en sus campos y minas; las repetidas correrías de los apaches, que los soldados españoles parecían incapaces de detener, y, en fin, las enfermedades transmitidas por los españoles, para las que carecían de defensas naturales, se hallan en la raíz de la revuelta de los indios pueblo iniciada en agosto de 1680, la peor, pero no la última de las acaecidas en Nuevo México, y, en general, en mayor o menor medida, en la de todas las que la siguieron.

Pero si malas eran las revueltas, mucho peores eran las incursiones. Pueblos como los apaches, los comanches o los wichita, y durante un tiempo los navajos, rehusaron de plano someterse al dominio español, y cuando se hicieron con caballos escapados de los ranchos españoles, los criaron y aprendieron a montarlos, dejaron de ser meros bandidos que asaltaban, de tanto en tanto, ranchos, misiones y poblados para convertirse en un enemigo temible al que resultaba del todo imposible derrotar de forma concluyente.[124]

Confluyeron así, a finales del siglo xvii, todos los elementos necesarios para conformar una frontera imperial típica. Entre la costa de Texas y las aguas del océano Pacifico, a lo largo de miles de kilómetros de valles, montañas y desiertos, salpicados aquí y allá de reales de minas, ranchos, misiones y poblados, perfilada por el río Grande y el Pecos, el Colorado y el Gila, una vasta línea imaginaria separaba las posesiones españolas, en lento y continuo movimiento hacia el norte, de las tierras pobladas por los «indios bárbaros», tribus nómadas o seminómadas que habían hecho

---

[124] El caballo salvaje americano, que sería conocido con el nombre de *Mustang*, era descendiente de los que los propios españoles habían llevado consigo a América. Fueron los ejemplares perdidos por ellos en las praderas del norte los que, tras reproducirse una y otra vez y regresar al estado salvaje, hicieron posible su existencia.

de la rapiña y el pillaje su modo de vida y se resistían a ser asimilados por los extranjeros. Se trataba, en fin, de «otro suelo, otro cielo y otro mundo»,[125] como escribiera en 1602 el gobernador de Nueva Vizcaya, una provincia colindante con Nuevo México por el mediodía; una tierra distinta, salvaje y peligrosa cuyos pobladores, siempre escasos, sumaban a las habituales preocupaciones de las gentes humildes, en aquel tiempo donde nada salvo Dios era seguro, el temor constante por sus vidas y haciendas, demasiado lejos del rey y de sus leyes para esperar su apoyo y demasiado cerca de los indios para mirar hacia otro lado.

La frontera poseía su ritmo propio y su especial forma de vida, distinta a las de las distantes tierras del interior y semejante a la de las fronteras de cualquier otra parte del mundo. Una forma de vida que emergía de la especial combinación de factores diversos que allí operaban, como la lejanía de los lugares de decisión y de abastecimiento, la presencia de las minas de plata, lo escaso del poblamiento hispano y de indios que sirvieran de mano de obra a los colonos, y, sobre todo, la guerra interminable, ubicua y del todo imposible de ganar. Una forma de vida que alimentaba, a su vez, una manera muy especial de ver el mundo en la que la autoridad la ostentaban quienes la recibían del rey, pero también quienes poseían el ganado, la tierra y las minas, y que tenía por natural y justo que un negro que fuera capataz en una gran hacienda ganara más dinero que un peón español en un rancho remoto, pero no por ello profesaba hacia las leyes menos respeto que el que merecían en México o en La Habana; una cosmovisión similar a la que dominaba en cualquier punto del inmenso orbe hispano, basada en la fe, el honor y las apariencias, tamizada, pero nunca deformada, por la extrema diversidad social y la inmensa, insoslayable y ominosa distancia.[126]

Pero nada de todo esto podría entenderse sin la presencia ubicua, siniestra y terrible de los indios. Como los romanos y los chinos, los españoles tuvieron también sus propios bárbaros, y, como ellos, se vieron obligados a protegerse. Con tal fin, las autoridades del virreinato cons-

---

[125] Alfredo Jiménez, *El Gran Norte de México. Una frontera imperial en la Nueva España (1540-1820)*, Tébar, Madrid, 2006, p. 263.
[126] Alfredo Jiménez, *El Gran Norte de México...*, *op. cit.*, p. 315.

truyeron poco a poco su propio *limes*, un amortiguador militar contra las incursiones muy similar en su concepción al romano, pero adaptado a las condiciones del territorio, mucho más desértico e inhóspito que las regiones del Rin y el Danubio y, por ende, mucho menos poblado. No hubo en él murallas ni fortalezas; tampoco grandes unidades militares compuestas por miles de hombres. Su elemento central fue el presidio; su dotación principal, los dragones de cuera.

A pesar del nombre, como les sucedía a sus homólogos norteafricanos, el presidio no era en absoluto una cárcel, sino un fuerte de tamaño reducido edificado con materiales y formas diversas, un castillo diminuto que servía de cuartel a una pequeña guarnición de soldados de caballería, nunca más de una compañía, que vivían en ellos con sus familias, y de hogar a algunos indios que se ocupaban de los trabajos de intendencia y labraban las tierras de alrededor. Los más comunes se levantaban en un altozano, fácil de defender, sobre tierra apta para el cultivo, y adoptaban la forma de un cuadrilátero protegido por muros de adobe de unos tres metros de altura y entre unos 60 y 250 metros de lado, con torreones cuadrados en las esquinas para situar, si se tenían, los cañones. En su interior se levantaban la capilla, las habitaciones de los soldados y los almacenes, con techos llanos y elevados para disparar con ventaja desde ellos, pero dejando siempre un amplio patio central para albergar durante la noche a las gentes y animales de paso.

Los primeros se construyeron durante la guerra chichimeca, en la segunda mitad del siglo XVI. Fueron hechos deprisa, con los materiales que había a mano, sin un plan preconcebido, y dirigidos por toscos capitanes de frontera que mandaban aventureros mal armados, pagados por los mismos rancheros, mineros o comerciantes que habían de proteger, y se convertían enseguida en pequeños pueblos cuando la zona quedaba más o menos pacificada.[127] Al principio protegían los caminos, sirviendo como almacenes, corrales y hostales, y se iban construyendo siguiendo líneas orientadas en dirección norte, como abriendo terreno, empu-

---

[127] Luis Arnal, «El sistema presidial en el septentrión novohispano. Evolución y estrategias de poblamiento», *Scripta Nova*, Universidad de Barcelona, vol. X, nº 218, 1 de agosto de 2006.

jando a la huida a las tribus rebeldes y liberando espacios para la minería, la agricultura o la ganadería, acompañando a las misiones, los ranchos y los pueblos. Pero pronto revelaron su utilidad como herramienta para proteger una frontera cuya enorme longitud hacía poco útiles los medios de defensa tradicionales; ganaron en estabilidad, solidez y tamaño, y adquirieron la forma normalizada que describíamos más arriba. De modo que, cuando, tras la expedición de Oñate, la Corona decidió conservar el control de Nuevo México, su construcción se fue extendiendo poco a poco para proteger los nuevos asentamientos que iban surgiendo o servir ellos mismos de tales, lo que elevó su número a más de medio centenar antes de 1600.[128]

Los presidios facilitaban escolta a las caravanas y recuas de mulas; aseguraban protección a las misiones, ranchos y aldeas, y desde ellos se perseguía a las pequeñas partidas de indios que de tanto en tanto asolaban el territorio. También actuaban como activos mercados locales; lugares de intercambio de noticias llegadas de lejos, incluso de España; puntos de encuentro entre personas de procedencias muy diversas y, sobre todo, como centros de distribución entre los indios pacificados de alimentos, ropa, utensilios domésticos, mantas, aperos de labranza e incluso libros e instrumentos musicales. Fue por ello por lo que, sin desmerecer el que desempeñaron las misiones, su papel como instrumentos de hispanización cultural y fijación del territorio fue indiscutible, al punto de convertirse algunos de ellos con el paso del tiempo en pueblos e incluso ciudades, como sucedió con los fuertes romanos.

Sin embargo, su funcionamiento distaba mucho de ser óptimo. Lo escaso de su número y lo parco de sus guarniciones, apenas unos pocos hombres que se reforzaban con milicias civiles en momentos de crisis, les restaban eficacia. Muchos capitanes servían antes a los intereses del gobernador que les había nombrado que a los de la población general, o se corrompían y extorsionaban a los indios, exigiéndoles dinero a cambio de los bienes que les proporcionaban. Y, en fin, la captura de «bárbaros»

---

[128] Francisco Moreno del Collado, «Presidios y dragones de cuera», *Revista Ejército*, nº 949, mayo 2020, pp. 52-59. Véase también Alfredo Jiménez, *El Gran Norte de México...*, *op. cit.*, pp. 281 y ss.

para venderlos como esclavos, que muchos capitanes y hacendados practicaban aun a sabiendas de que estaba prohibida, los irritaba aún más y añadía la venganza a la rapiña como incentivo a sus correrías. Como solían decir algunos colonos sin escrúpulos, «Dios está en el cielo, el rey en España y yo estoy aquí».[129] Las leyes se acataban, pero a menudo no se cumplían.

No se trataba, pues, de un problema de calidad de las tropas, sino de número de hombres y de organización administrativa. Los soldados que formaban la guarnición de los presidios, los célebres «dragones de cuera», eran el fruto de una óptima adaptación de las tropas regulares del virreinato, que se había ido produciendo con el paso de los años, a las condiciones de un entorno muy distinto al habitual. A lomos de sus monturas, estos soldados, mestizos o mulatos, e incluso indios muchos de ellos, portaban, y siguieron haciéndolo cuando en Europa no se empleaba ya desde hacía mucho, una lanza larga, que, sin dejar de usarlas, preferían a las armas de fuego, y se cubrían con sombreros de ala ancha, despreciando el tricornio que en el Viejo Mundo los había sustituido a comienzos del siglo XVIII, por proporcionar sus formas mejor protección contra los rayos del sol, muy agresivo en aquellas tierras semidesérticas. Pero la prenda que mejor les identificaba, y les daba su nombre, era su armadura, un casacón largo, de color blanco o crudo, confeccionado con hasta siete capas de gamuza o piel curtida cosidas juntas, que había sustituido a la coraza de acero, mucho más pesada y embarazosa, y no más eficaz contra las flechas de los indios. Completaban su armamento una adarga o rodela de piel, una espada corta, escopeta y pistolas. Pero no cabe duda de que debían estas últimas de usarse poco, pues solo resultaban de verdadera utilidad contra enemigos que combatieran «a la europea», en formación cerrada, y los indios nunca atacaban en grupos compactos, sino de forma dispersa, buscando luego la lucha cuerpo a cuerpo, lo que restaba a las armas de fuego, de mucha menor cadencia de disparo que los arcos ligeros, gran parte de su eficacia en batalla.

---

[129] Gabriel Martínez, «Dios está en el cielo, el rey en España y yo estoy aquí», *Desperta Ferro Moderna*, n° 11, 2014, pp. 60-65.

Conscientes de los problemas de los presidios tanto como de la necesidad de resolverlos, los monarcas reformistas de la nueva dinastía borbónica ordenaron en diversos momentos a lo largo del siglo XVIII que se giraran visitas al objeto de analizar sus deficiencias y ponerles remedio. En 1724, la conducida por el brigadier Pedro de Rivera, que se hizo acompañar de un ingeniero militar, dio lugar a un informe que, fundado en razones económicas más que estratégicas, proponía al rey Felipe V el cierre de los presidios más cercanos a misiones franciscanas y la reducción del tamaño de las guarniciones. Estas recomendaciones, que inspiraron el *Reglamento de presidios* de 1729, redujeron su número a 19 y su dotación total a poco más de 700 hombres, por lo que resultaron más bien contraproducentes, dada la creciente agresividad de los apaches a partir de esas fechas. Es por ello por lo que una nueva visita, girada entre 1766 y 1768 por el marqués de Rubí a instancias de Carlos III, propuso el establecimiento de una sólida línea defensiva a lo largo de toda la frontera para protegerla de los ataques de los indios, reforzando especialmente el tramo comprendido entre las bocas del río Colorado y El Paso.[130] El resultado fue la aprobación en 1772 de un nuevo Reglamento que imponía el traslado de una docena de presidios, la construcción de otros seis en el río Grande y el incremento de su guarnición tipo hasta los 50 hombres: un capitán, un teniente, un alférez, un sargento y 46 cabos y soldados, más 10 indios exploradores, uno de los cuales sería su cabo. Parece mucho, pero lo que se había hecho no era sino confiar la defensa de una frontera de 3.000 km de longitud a una fuerza total de 750 hombres, que, sumados a unos 200 de las compañías móviles, llegarían quizá a los 950, una tarea que en ningún caso podían cumplir.

Las cosas mejoraron un poco en años posteriores cuando el minucioso secretario de estado de Indias José de Gálvez, que conocía bien Nuevo México porque había estado allí como visitador en los años setenta, dio

---

[130] El exhaustivo informe, en el estilo prolijo de la época, llevaba por título *Situación en que se hallan todas las Provincias del Reyno de Nueva España y provincias Fronterizas a la Gentilidad en las partes del Norte. Ventajas o Nulidades de los Presidios puestos en la Frontera de las Provincias para contener las inmensas Naciones que las hostilizan, con detalle del número de soldados que guarnecen los Presidios y del costo que tiene anualmente a S.M.*

nueva forma a la organización de la frontera al promover la creación de una Comandancia general de las Provincias Internas. Y fue su primer titular, Teodoro de Croix, quien añadió a la línea externa de presidios una segunda línea de defensa en profundidad integrada por milicias locales y compañías volantes que, acuarteladas en poblaciones algo alejadas a la frontera, podían moverse con rapidez para acudir donde se las necesitara. De Croix logró así disponer de unos 2.700 hombres, 900 en los presidios, otros tantos de patrulla y un número similar en campaña.

Pero por numerosa que fuera la hueste disponible, sería siempre escasa para enfrentar a un enemigo tan agresivo y móvil como el que habitaba al otro lado de la frontera. Es por ello por lo que el nuevo virrey de Nueva España, Bernardo de Gálvez, que había luchado en su juventud contra los apaches, introdujo tras su nombramiento, en 1785, un cambio radical de estrategia que, mientras mantenía la presión militar sobre los apaches y comanches, trataba de combinarla con el comercio y los regalos, buscando dividir al enemigo y hacerlo así más débil. Obraba así, en realidad, como los emperadores Han o los césares romanos antes que él. Y se trataba de una política inteligente y, a la larga, menos gravosa para las arcas reales. La derrota de los comanches y la firma de alianzas con ellos fue resultado de esta nueva estrategia y tuvo como resultado aligerar en buena medida la presión de los «indios bárbaros» sobre la frontera. A finales de la centuria, a pesar de alguna revuelta esporádica como la de los mescaleros en 1795, muchas bandas apaches habían sido pacificadas y ubicadas en la vecindad de presidios, donde recibían la protección y el auxilio económico de los españoles. Aun así, unos 3.000 soldados seguían defendiendo 3.000 km de frontera. Todo un logro.[131]

Pero la frontera, que se las había arreglado para sobrevivir tres siglos al empuje de los indios, no podía permanecer del todo ajena a los sucesos que tenían lugar muy lejos, en México o en Madrid, en Londres o en París, donde se tomaban decisiones que, de un modo u otro, aunque no siempre fuera el previsto por quienes las adoptaban, la afectaban. Y así lo hicieron, cada vez más, las guerras y los tratados, que acercaban a

---

[131] Francisco Moreno del Collado, «Presidios y dragones de cuera», *op. cit.*, pp. 54-59.

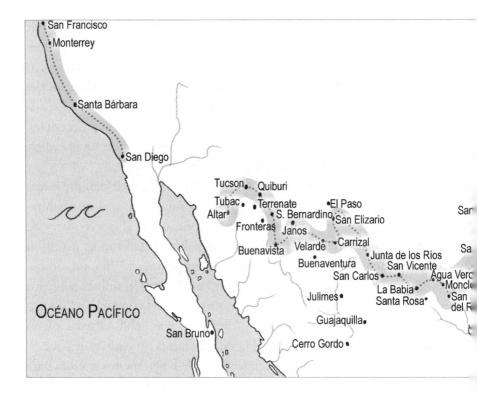

otros europeos a tierras hasta entonces visitadas tan solo por españoles y amenazaban, cada vez más, su hasta entonces indiscutible hegemonía en aquellas latitudes.

Los conflictos bélicos de la segunda mitad del siglo XVIII habían iniciado el proceso, pero serían las guerras de la Revolución y el Imperio, a caballo entre aquella centuria y la siguiente, y sus resultados a medio plazo, las que lo culminarían. Independientes desde 1783, los flamantes Estados Unidos de América iniciaron su expansión en todas direcciones, lanzando sobre las fronteras de Florida y Nueva España nutridas oleadas de colonos que las cruzaban sin que nadie pudiera impedirlo, llevando consigo su cultura anglosajona y sus intereses, la despiadada explotación de la tierra y de los hombres, abanderando sin disimulo una esclavitud

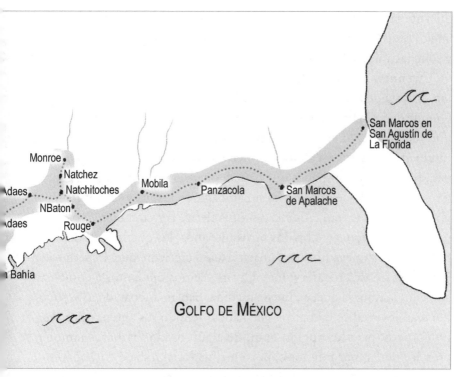

Mapa 23. Línea de presidios españoles en Norteamérica a finales del
siglo XVIII. La frontera septentrional de Nuevo México era un verdadero *limes*
cuya protección, a pesar de sus limitaciones, fue suficiente para preservar el
control español de la zona hasta la independencia de Nueva España.

que las leyes españolas jamás habían amparado, y preparando el camino
para una futura anexión. La invasión napoleónica de la península ibérica,
al forzar a los españoles ocupados en luchar por su libertad a abandonar
a su suerte los virreinatos americanos, creó las condiciones favorables
para su emancipación, pero también para el triunfo de los intereses de
esos colonos. La impotencia de las autoridades virreinales condujo, primero, al nacimiento de un estado mexicano independiente y, después, a
una guerra entre este y los Estados Unidos que lo obligó a ceder a estos
últimos más de la mitad de su territorio, incluyendo los estados actuales
de California, Nevada, Utah, Nuevo México, la mayor parte de Arizona
y Colorado, y partes de Oklahoma, Kansas, y Wyoming (tratado de
Guadalupe Hidalgo de 1848). Mientras, Texas, que había sido objeto

durante las décadas anteriores de una inmigración ininterrumpida de anglos procedentes de aquel país, se desgajaba primero de México (1836) y solicitaba después su incorporación como estado a la Unión (1845).

Una nueva frontera había quedado definida, aunque no era en esencia tan distinta de la tradicional y se hallaba ahora mucho más al sur. El río Grande delimitaba, en lo físico y en lo emocional, dos mundos distintos, uno más avanzado en lo económico que el otro. Pero las tornas habían cambiado. El norte era ahora más rico y poderoso que el sur, lo bastante para robarles a los hispanos que habían quedado en él su posición social y sus propiedades, e imponerles sin ambages su lengua y su cultura, convirtiéndolos en extranjeros en su propia tierra. Pero también lo bastante seductor para ejercer sobre los otros hispanos, los que habían quedado en el sur de la nueva frontera, una atracción creciente que despertaba en ellos el deseo de cruzarla y forzar a sus vecinos opulentos a compartir con ellos la riqueza que, en buena medida, habían arrebatado a los suyos. No eran los «indios bárbaros» que habían temido sus antepasados españoles, pero, para los anglos, eran, de algún modo, bárbaros también, pues los tenían por inferiores, poco inclinados al trabajo e incapaces de gobernarse solos, lo que justificaba cualquier abuso que se cometiera sobre ellos, como antes había justificado los abusos cometidos por los españoles y los criollos sobre los indígenas americanos. Estos prejuicios surgieron entre los colonos anglos de Texas, y nunca dejaron de ser, como todos los prejuicios, tan irracionales como interesados, pero se revistieron más tarde de una retórica pseudocientífica sobre la superioridad racial que colocaba a los anglos en la cúspide de la pirámide evolutiva. La blanquitud quedaba así asociada a la civilización, el emprendimiento y la productividad, mientras a los mexicanos se les consideraba vagos y merecidamente subdesarrollados.[132]

La frontera del río Grande, así las cosas, fue más frontera que nunca. El desarrollo que se produjo en el oeste de los Estados Unidos a lo largo del siglo XIX incrementó las oportunidades, pero no redujo los abusos. El descubrimiento de oro en California a mediados de la centuria, la cesión

---

[132] Carrie Gibson, *El norte...*, *op. cit.*, pp. 234 y ss.

de tierras públicas para fomentar el establecimiento en el oeste de nuevos colonos y el desarrollo acelerado del ferrocarril atrajeron más población y requirieron mayor cantidad de brazos, lo que impulsó una creciente emigración de mexicanos hacia el norte. Los abusos, los linchamientos y, sobre todo, los robos de tierras auspiciados por leyes pensadas en beneficio de los anglos generaron odio y alimentaron respuestas violentas. Un buen ejemplo son las Guerras de Cortina, una sucesión de escaramuzas provocadas en Texas en los años cuarenta del siglo xix por los hombres de Cheno Cortina, a veces llamado el «Robin Hood del Río Grande», un ranchero que armó a su costa un ejército privado y lo lanzó a robar ganado a lo largo de la frontera en respuesta a las incautaciones de tierras por los anglos, a los que tenía por «bandadas de vampiros, en la apariencia de los hombres». Una raíz muy similar tuvo, cuatro décadas más tarde, el movimiento de las «gorras blancas», que se extendió por Nuevo México a caballo entre los años 80 y los 90 de la misma centuria, que reaccionó violentamente contra el cercamiento de tierras comunales en beneficio de los anglos.

Pero no todo era violencia. El desarrollo del norte, en especial cuando, ya iniciado el siglo xx, la extensión de los regadíos expulsó poco a poco a la ganadería en beneficio de la agricultura, demandaba mucha mano de obra y ofrecía salarios que en México resultaban impensables. Esta evidencia, sumada a la imposición de trabas a la inmigración legal promovida por ciertos colectivos que temían por la integridad de la que consideraban «cultura norteamericana» —naturalmente, la cultura de los anglos— alimentó el tráfico ilegal de personas y mercancías a lo largo del río Grande y transformó en poco tiempo la faz de las ciudades de frontera, convirtiéndolas en lugares al margen de la ley donde, en una época de intensas prohibiciones como los años veinte, nada estaba prohibido y a nadie se preguntaba por su identidad o su origen. La prostitución, el alcohol, los casinos, el boxeo y las carreras de caballos atrajeron multitudes procedentes de todas partes, incluso actores de Hollywood tan célebres como Clark Gable y mafiosos tan conspicuos como Al Capone. La convivencia de gentes tan diversas dio a luz una cultura híbrida, típicamente fronteriza, una lengua propia incluso, en la que lo anglo y lo hispano se mezclaban en grados diversos y cambiantes. Empezaba así a nacer esa «frontera ilusoria, de cristal, porosa, por donde circulan cada año millones de personas, ideas, mercancías, todo», que describiera Carlos Fuentes en *La frontera de cristal* (1995), cuyo protagonista, José Francisco, ejemplifica como nadie la identidad híbrida, compleja, mexicana y norteamericana, chicana, de sus pobladores.

Pero no todo era convivencia e hibridación. El desprecio y los prejuicios continuaban vivos. Para muchos anglos de los condados norteamericanos fronterizos, los mexicanos, vivieran a un lado o al otro de la frontera, y por más que necesitaran sus brazos para ocuparse de los trabajos más desagradables, seguían representando el vicio y la vagancia. Las normas del Gobierno eran rígidas. Prohibían el alcohol; gravaban la contratación de mano de obra mexicana, e incluso imponían a los recién llegados humillantes inspecciones sanitarias y embarazosas pruebas de alfabetización. Pero no siempre se cumplían. Para obreros y patronos resultaban en exceso gravosas y la frontera era demasiado larga para que la policía pudiera vigilarla. Pronto nació un apelativo despectivo pero exitoso, «espaldas mojadas» (*wetback*), para nombrar a los mexicanos que entraban ilegalmente en los Estados Unidos cruzando las aguas del río Grande.

Lo demás ya lo conocemos. Una patrulla fronteriza que ha visto aumentar sin cesar sus efectivos desde su creación en los mismos años veinte; unos prejuicios que siguen más vivos que nunca; una cultura de frontera que los soporta con buena salud; políticos oportunistas que se afianzan en el poder alimentando sin escrúpulos el miedo al otro, al distinto, al que no se comprende o no se quiere comprender... la frontera del Río Grande es todo eso y constituye, quizá mejor que ninguna otra, la personificación de la frontera contemporánea por excelencia, la que separa y une a un tiempo a pobres y ricos, gentes del sur y del norte, a nosotros y a ellos, la frontera donde se juega, seamos o no conscientes, el futuro de la humanidad.

Capítulo 6

Aguas sagradas

Los ríos del paraíso

Para los hombres, los ríos, algunos ríos al menos, fueron siempre sagrados. No se trataba de una excepción, pues, en la mente primitiva, de naturaleza animista, cada lugar, cada fuente, cada bosque poseía su propio numen; participaba, como todos los seres, de la esencia misma de lo sagrado. Sin embargo, la religiosidad primitiva no resistió el paso del tiempo. La creencia en fuerzas sobrenaturales imprecisas, capaces de impregnar seres u objetos naturales, dejó paso a la fe en entes divinos que personificaban las fuerzas de la naturaleza, pero poseían formas más o menos humanas, los dioses. No obstante, algunos entes naturales logaron sobrevivir al proceso, se convirtieron ellos mismos en dioses y fueron objeto de culto o se desarrollaron en torno a ellos prácticas oraculares. Muchos de ellos eran ríos.

Se trata, por supuesto, superado el rígido evolucionismo de los primeros estudiosos decimonónicos del fenómeno religioso, como Tylor y Frazer, de una generalización.[133] Si bien es cierto que las creencias animistas son compartidas por todos los pueblos cazadores recolectores, pasados y presentes, no lo es menos que en algunos de ellos, no demasiados, conviven con la fe en un ser supremo, un rasgo que los evolucionistas consideraban propio del último estadio evolutivo de las creencias

---

[133] Edwin Oliver James, *Historia de las religiones*, Altaya, Barcelona, 1997, pp. 14 y ss. Véase también Edward Burnett Tylor, *Cultura primitiva*, Ayuso, Madrid, 1976 (ed. or. 1871) y James George Frazer, *La rama dorada: magia y religión*, Fondo de Cultura Económica de España, Madrid, 1981 (ed. or. 1890).

religiosas, el monoteísmo. Por otra parte, la afirmación también es cierta a la inversa. El desarrollo del politeísmo y, en cierta medida, incluso del monoteísmo, no acabó con la fe en el carácter sagrado de ciertos lugares y objetos. Muchos siguen siendo ríos. Vale la pena que nos embarquemos en un recorrido por algunos de ellos.

LA MADRE GANGA

Maa Ganga, la Madre Ganga, como lo conocen todos en la India, es el más importante de los siete ríos sagrados del hinduismo y el de mayor relevancia en todo el planeta. Su nombre, que en sánscrito significa «va, va» es una sencilla alusión al rápido movimiento de sus aguas. Pero su papel en el contexto de la civilización hindú, pasada y presente, dista mucho de ser sencillo. Ninguna otra corriente fluvial del mundo recibe una adoración tan extendida y tan intensa. En cada tramo de su largo recorrido de más de 2.500 km desde su nacimiento en los Himalayas hasta su amplia desembocadura en la Bahía de Bengala, los peregrinos se bañan en sus aguas; las toman con delicadeza entre sus manos o en pequeñas caracolas y las devuelven luego al río; le ofrecen leche, yogur, miel, azúcar, incienso, agua o pétalos de rosas; deslizan con suavidad en su corriente pequeñas lámparas de *ghi*, una mantequilla destilada que permanece líquida a temperatura ambiente, o depositan en ella los restos de sus seres queridos, incinerados a sus orillas. Repiten así, un día tras otro, acunados por el cadencioso sonido de los mantras, solos o en compañía de sacerdotes que dirigen los ritos más complejos, una liturgia que se remonta a tiempos increíblemente remotos y se enmarca en la tradición religiosa más antigua del planeta, el *Sanatana Dharma*.

El Sanatana Dharma es lo que nosotros, los occidentales, conocemos como hinduismo, pero dista mucho de conformar una religión en un sentido estricto. Tal cosa no existía en la India antes de que la llevaran allí los cristianos y los musulmanes, pues tampoco lo es el budismo. Se trata, más bien, de un agregado de infinitas creencias, una verdadera constelación de credos carentes de sacerdocio y de dogmas, que se articulan en distintas escuelas contemplativas en las que lo importante es la propia experiencia religiosa y la jerarquía formal deja paso a la relación personal

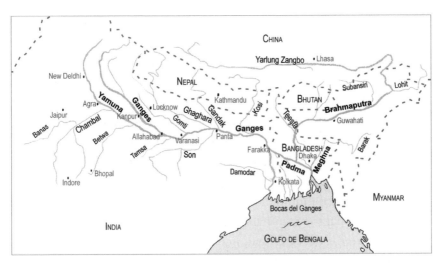

Mapa 24. Curso del Ganges. El célebre río asiático es, sin duda, el que mayor respeto y veneración inspira en el pueblo que habita en sus orillas. Como escribió Nehru, constituye el símbolo de la cultura y civilización de India desde la antigüedad.

entre maestro y discípulos. Existe, por supuesto, una tradición única, un tronco filosófico compartido, un conjunto de ideas seminales que sirven de sólido bastidor al hinduismo y evitan que sus innumerables corrientes terminen por cristalizar en credos distintos.

Y se trata de ideas muy antiguas. Su origen se encuentra en los *Vedas*, una palabra que significa «conocimiento» en sánscrito, cuatro libros sagrados compuestos hace más de tres milenios por sabios anónimos que plasmaron en ellos el contenido de una tradición oral de raíces aún más remotas. Son estos textos los que, para todos los creyentes en el Sanatana Dharma, contienen la revelación original de Brahma, el dios creador, que aporta a los creyentes una visión compartida del universo construida sobre unos pocos conceptos sencillos y sólidos: el *samsara* o reencarnación, el *moksha* o liberación, el *karma*, o ley cósmica… y, por supuesto, aunque en un plano distinto, sostiene la creencia en el carácter sagrado del Ganges.

Se trata de una creencia muy extendida. Los que la comparten, a pesar del avance imparable de la secularización moderna, a la que ni siquiera la India es ajena, no son pocos. La tradición de la peregrinación al Ganges moviliza aún cada año a millones de personas que recorren los caminos, descalzos o en autobuses, ataviados con sus túnicas teñidas de naranja, el color de la renuncia, y gritando una y otra vez su característico *Har Har Mahadev!*, una invocación al dios Shiva compuesta por dos de sus nombres más propios. No se trata solo de personas mayores. Las hay, por supuesto, pero son más numerosos los jóvenes. En Benarés, la ciudad sagrada que atrae un mayor número de peregrinos, los *ghats*, amplios escalones que descienden hasta penetrar en la corriente misma del río para facilitar el acceso de los creyentes a sus aguas, se encuentran abarrotados en cada momento del día, trascendiendo así su naturaleza arquitectónica para transmutarse en una suerte de puente perpetuo entre el mundo terrenal y el espiritual, y creando de paso una verdadera cultura específica en torno al Ganges y a los numerosos significados religiosos que la tradición le asocia.

Pero incluso los escépticos, que también los hay en la India, sienten por el río una veneración especial y reconocen su papel nuclear en los orígenes y la cohesión de la misma civilización hindú. Pandit Jawaharlal Nehru, líder de la independencia del país y su primer presidente de Gobierno, que nunca se caracterizó por su fervor religioso, dispuso en su testamento que sus cenizas fueran arrojadas al Ganges y le rindió un sentido homenaje con estas palabras:

> El Ganga es el río de India, amado por su pueblo, alrededor del cual se entrelazan sus recuerdos raciales, sus esperanzas y temores, sus canciones de triunfo, sus victorias y sus derrotas. Ella ha sido un símbolo de la cultura y civilización de India desde la antigüedad, siempre cambiantes, siempre fluidas, y sin embargo siempre el mismo Ganga.

Como todo cuanto existe en aquel país de leyendas, la patria de los treinta y tres millones de dioses, el origen del río se nos aparece envuelto en mitos. El más extendido, recogido, entre otras fuentes en el *Mahabharata* y el *Ramayana*, los dos grandes poemas épicos de la literatura hindú, sostiene que, en tiempos inmemoriales, el sabio Kapila se hallaba sumido en una intensa meditación, como era su costumbre, cuando fue sacado de ella con brusquedad por los 60.000 hijos del rey Sagara. Profundamente irritado, Kabila los fulminó con su mirada, los redujo a cenizas y los envió al inframundo. Puesto que solo las aguas sagradas del Ganges, que fluía entonces por el cielo, podían devolverles la vida, uno de sus descendientes, el rey Bhagiratha, decidió implorar su ayuda, entregándose a una rigurosa penitencia. Los dioses, conmovidos por su fervor, decidieron entonces resucitar a sus antepasados e hicieron descender al Ganges a la tierra. Pero tan poderosa era su corriente que amenazaba con destruirlo todo, por lo que Bhagiratha acudió al dios Shiva, el de los cabellos rizados, y le pidió que recibiese en ellos las aguas desbocadas del río, frenando así su ímpetu salvaje. El dios atendió la súplica del rey y el Ganges, domeñado por su ensortijada cabellera, descendió con suavidad sobre los Himalayas, fluyó por las llanuras del norte de la India y se encaminó alegre hacia su desembocadura, donde penetró en el inframundo para devolver la vida a los hijos de Sagara.

Es por ello por lo que el río es también conocido como *triloka-patha-gamini* (en sánscrito, «el que cruza tres mundos»), pues fluye a través de *Svarga* (el cielo), *Prithvi* (la tierra) y *Patala* (el inframundo), y los comunica en ambos sentidos. Esta creencia explica el papel que desempeñan sus aguas en los ritos funerarios hindúes, que se remontan al tiempo de los *Vedas*. Son tan sagradas, que su solo contacto perdona los pecados de toda una vida; libera al creyente de la esclavitud del *samsara*, rompiendo por siempre la rueda de las reencarnaciones, y asegura la salvación, el *moksha*. Por esta razón son muchos los hindúes que, cuando se sienten morir, acuden a sus orillas y pasan en ellas sus últimas horas, e incluso días, esperando su final en contacto con las aguas del Ganges y, a menudo, entonando una y otra vez, con profunda devoción, el más conocido de los himnos dedicados al río:

> ¡Oh, Madre... collar adornando los mundos!
> ¡Estandarte que sube al cielo!
> Te pido que me vaya de este cuerpo a tus orillas,
> Bebiendo tu agua, rodando en tus olas,
> Recordando tu nombre, otorgándote mi mirada.

En la compleja mitología del hinduismo, Ganga, como muchos otros dioses, desempeña a un tiempo diversos papeles, pero en su caso todos son de una gran relevancia. Es, por ejemplo, esposa de las tres principales deidades del panteón hindú: Brahma, con el que viaja siempre en su olla de agua; Vishnú, que la hace brotar de su pie, y, sobre todo, Shiva, por cuyos rizos baja a la tierra. Sin embargo, antes que esposa, Ganga es la madre por excelencia y, como tal, la adornan, quintaesenciadas, todas las virtudes propias de la madre en la cultura hindú y, en realidad, en casi todas las culturas de cuño patriarcal: su fecundidad es proverbial; es fuerte, pero compasiva, y ama tanto a sus hijos que es capaz de perdonarlos siempre, ya sean humanos o divinos, como Kartikeya, dios de la guerra, nacido de la semilla incandescente de Shiva que Agni, el dios del fuego, le entrega para que la enfríe en sus aguas y quede encinta de aquel, o el héroe guerrero Bhishma, uno de los protagonistas del *Mahabharata*.

¿Por qué esa relevancia? ¿Acaso el Indo no tuvo también un papel central en el desarrollo de la civilización hindú, incluso mucho antes que el propio Ganges? ¿Por qué, entonces, es este el río sagrado por excelencia de la India? Es cierto que sus aguas arrastran limos de excepcional fertilidad que han asegurado el sustento de cientos de generaciones a lo largo de la historia. Pero esa cualidad la posee también el Indo y, desde luego, otros muchos ríos repartidos por todo el planeta, como el Éufrates, el Yangtsé y el Nilo, y entre ellos solo este último puede comparársele en cuanto a sacralidad, con la salvedad de que hablamos de un fenómeno del pasado, mientras que el Ganges sigue siendo hoy tan sagrado como lo fuera miles de años atrás.

Los mitos no son meras invenciones; su lenguaje poético y oscuro oculta casi siempre alguna verdad, deformada por la tradición, pero no por ello menos cierta. Como escribiera Lévi-Strauss en su estudio ya clásico *La estructura de los mitos* (1955), son «historia relatada» a través del lenguaje, y con su concurso nos llega, más o menos tamizada, la cosmovisión de la sociedad que los creó. En el caso del Ganges, su llegada a la tierra se hace coincidir con una intensa sequía de la que las aguas del río, domesticadas por los enmarañados cabellos de Shiva, vinieron a salvar a los hindúes. Pero ¿acaso no es eso lo que en realidad sucede en la India desde tiempo inmemorial? Durante la mayor parte del año, entre los meses de septiembre y junio, apenas llueve en el subcontinente, que sufre en ocasiones de sequías muy pronunciadas. Luego, durante el verano, los vientos monzónicos, procedentes del océano Índico, descargan en el transcurso de unas pocas semanas intensas lluvias torrenciales, que en ocasiones llegan a provocar desastrosas inundaciones. Es entonces cuando el Ganges alimenta a la India. Sus aguas, renacidas tras la sequía, riegan una cuenca de casi un millón de kilómetros cuadrados donde viven cerca de mil millones de personas. Su delta, el más extenso del mundo, que comparte con el Brahmaputra, alberga casi a uno de cada diez seres humanos del planeta. Y hasta el último de ellos han vivido siempre gracias a la generosidad de sus aguas. ¿No justifica todo ello la veneración que los hindúes sienten por él?

Pero el Ganges, el más sagrado entre los ríos sagrados, también es uno de los más contaminados. Su aspecto en invierno, cuando la sequía se ha apoderado de la India y todo el país sufre a la espera del vivificante monzón, mueve a la consternación. Sus aguas, robadas enseguida por las gigantescas presas que jalonan el tramo superior de su curso y desviadas más tarde por los numerosos canales que las conducen hacia los campos siempre sedientos de la inmensa llanura poblada por cientos de millones de personas, quedan tan mermadas que no pueden sino alimentar una corriente lenta, calmosa, cuyo ritmo cansino deja a la vista las evidencias de una herética profanación que no deja de ser, al mismo tiempo, una gran paradoja, una más, tal vez, de las que acompañan a la modernidad en aquel país de inmensos contrastes, pero no por ello menos sangrante.

De acuerdo con los datos proporcionados por la Fundación Sankat Mochan, una organización sin ánimo de lucro que lucha desde hace décadas por devolver al Ganges su pureza original, a su paso por Benarés, el nivel de bacterias fecales por cada 100 mililitros de agua supera en algunos puntos los 30 millones, como en la confluencia con el río Varuna. Respecto a las zonas más frecuentadas por los peregrinos, el *ghat* Tulsi, uno de los más populares, registra 51.000 unidades por cada 100 ml de agua, cuando lo máximo recomendable para el baño son 500 y para el consumo, cero. De acuerdo con un estudio publicado en 2006 en la *Revista Internacional de Salud Medioambiental*, puede contraerse allí cólera, hepatitis A, tifus o disentería. Durante el verano, los hospitales del país se llenan de niños que sufren estas enfermedades; más de 300.000 mueren cada año. Y no se trata de un problema limitado a la ciudad sagrada. Según la «Misión Nacional para Limpiar el Ganges», dependiente del Ministerio de Recursos Hídricos, el río recibe a diario 12.000 millones de litros de residuos y solo hay capacidad para tratar una tercera parte. Los plásticos, la prueba más visible de la contaminación que sufren sus aguas, flotan en ominoso silencio sobre ellas avisando al país de la agonía de un río que lo es todo para él, pero al que no parece capaz de cuidar como se merece.

No puede negarse que lo intenta. En marzo de 2017, la Corte Suprema de Uttarakhand concedió a los ríos Ganges y Yamuna del norte de la India, sus tributarios, los glaciares y la cuenca que los alimenta los derechos propios de un ser viviente, es decir, la capacidad de entablar una demanda en su nombre, forzar a los responsables a asumir los daños que les causen, e imponerles el pago de una compensación en beneficio de aquellos.[134] Pero es difícil saber en qué parará todo esto. En julio de ese mismo año, la Corte Suprema de la India suspendió la resolución después de que el Gobierno del estado de Uttarakhand presentara una demanda en la que argumentaba que la disposición no era práctica ni sostenible en términos legales. La paradoja sigue ahí, resistiéndose a morir. La India de nuestros días aparece ante nuestros ojos como una inmensa estatua de Shiva, que adora al río con uno de sus brazos mientras lo destruye con el otro. Una contradicción más de este país milenario que soporta sin inmutarse todas las contradicciones.

LA GRAN ANACONDA

Como tantos accidentes geográficos de todo el planeta, a despecho de sus pobladores originarios, el río Amazonas ha conservado el nombre que le dieron los europeos cuando lo vieron por primera vez. La tradición occidental había preservado una difusa creencia en el mito griego que aseguraba la existencia en la región del Cáucaso de un pueblo formado por guerreras temibles reacias a todo contacto con los hombres. Como los conquistadores españoles, sobrecogidos por una selva tan vasta e impenetrable, creyeron que habían llegado al reino de aquellas belicosas mujeres,

---

[134] Ashish Kothari y Shrishtee Bajpai , «¿Somos el río, o en el río somos?», *Ecología Política*, 2018, 55, pp. 32-40.

fue ese el nombre que su descubridor, Francisco de Orellana, le dio al inmenso río que la recorría, el mismo que conserva en nuestros días. Se trata, en realidad, de un nombre más. El Amazonas es conocido por los pueblos indígenas que habitan sus orillas con topónimos muy diversos. Apurímac, Ene, Tambo, Ucayali o Solimoes son algunos de ellos. Pero aunque lo llamen de distinta manera, para todos estos pueblos es mucho más que un simple río. Su enorme longitud, más de 7.000 kilómetros, que hacen de él, con permiso del Nilo, destronado hace poco de su posición, el más largo del mundo; su incomparable caudal, que contiene la cuarta parte del agua potable del planeta, y su brutal energía, capaz de volver dulce el océano Atlántico hasta 160 kilómetros más allá de su desembocadura, lo hacen único, lo suficiente, al menos, para convertirlo, en la mitología compartida por decenas de pueblos que viven junto a sus aguas oscuras, en el origen mismo de la creación.[135]

Para los indígenas, el Amazonas es la gran serpiente cósmica, artífice del nacimiento mismo de la humanidad. No es un mito demasiado original; la serpiente es un símbolo recurrente en la mitología universal, en la que aparece con frecuencia asociada al agua, la medicina, la sabiduría, la fertilidad, la inmortalidad, y, por supuesto, la creación del mundo, quizá porque, como algún autor ha señalado, «su mirada fija y sus movimientos sinuosos la hacen parecer inteligente».[136] Pero su posición en las creencias de los pueblos indígenas del Amazonas va mucho más allá. Para ellos, la serpiente por excelencia es, sin duda, la anaconda, un animal chamánico que encarna en su cultura tradicional un sinnúmero de virtudes esenciales para individuos que viven en la selva y se alimentan de lo que recolectan o cazan. Posee un camuflaje eficiente que le permite mimetizarse sin dificultad en la espesura; es muy rápida en el agua, donde cae sobre sus presas con letal agilidad; sus dientes y músculos son tan poderosos que puede enfrentarse con éxito a los mamíferos más corpulentos, como los tapires, los jaguares y los venados, y devorarlos en pocos

[135] Alexandre Guida Navarro, «La anaconda como serpiente-canoa: mito y chamanismo en la Amazonía Oriental, Brasil», *Boletín de Antropología*, vol. 36, n° 61, pp. 164-186, 2021.
[136] José Luis Espejo, *Los hijos del Edén...*, *op. cit.*, p. 92.

minutos. Es, por ello, la señora indiscutible de su ecosistema y, por ende, la candidata ideal para protagonizar el mito de la creación entre quienes comparten con ella su existencia y no pueden evitar admirarla.

Según los desana, un pueblo del noroeste de la Amazonia que habita la región irrigada por los ríos Tiquié y Papuri, así como algunos tramos del Vaupés y el Negro, y otros pueblos de la zona emparentados con ellos, en tiempos muy remotos el mundo era un lugar etéreo, fluido y peligroso; carecía de límites precisos en el tiempo y en el espacio, y las diferencias entre personas y animales aún no existían. Fueron los hechos de los primeros seres los que crearon las formas, aspectos y apariencias del paisaje, y transformaron poco a poco el mundo en un lugar adecuado para que la humanidad pudiera vivir en él.[137]

En este contexto se sitúa el mito fundamental del universo de los desana. Según su tradición, la anaconda ancestral, en realidad la Vía Láctea, que había descendido del cielo, penetró en el universo/casa a través de la Puerta de agua ubicada en el este y remontó los ríos Negro y Vaupés con los ancestros de toda la humanidad dentro de su cuerpo. Al principio, esos antepasados eran peces-espíritu, con una apariencia semejante a tocados de plumas, pero fueron transformados en seres humanos en el curso de su viaje. Cuando alcanzaron la cascada de Ipanoré, el centro del universo, emergieron de un hueco en las rocas y se desplazaron hacia sus respectivos territorios, donde cada uno de ellos fundó su propio pueblo, hasta alcanzar los diecisiete que integran el grupo étnico de los tukano, del que los desana forman parte.

Las malocas, sus grandes viviendas comunales, reproducen en sus formas la estructura del cosmos. Todas tienen dos puertas, una ubicada hacia el este que es la de los hombres, la «Puerta del agua», y la otra, que se ubica al oeste, la de las mujeres, ambas unidas por una larga cumbrera que corre entre ellas a lo largo del techo de la casa, el llamado «Camino del sol». La maloca es el universo, pero también el «cuerpo-canoa» del ancestro-anaconda y los cuerpos de sus hijos en él contenidos. Esos hijos

---

[137] *Povos indígenas no Brasil*, https://pib.socioambiental.org/. Último acceso: 25 de mayo de 2023.

Típica maloca de los desana. Para este pueblo amazónico,
el río es el mundo y por ello sus casas reproducen en su estructura
la cosmología a él asociada.

son los habitantes de la casa, réplicas del ancestro original, receptáculos de futuras generaciones y, ellos mismos, futuros ancestros. Siguiendo la ruta que trazara por vez primera el ancestro-anaconda en aquel tiempo primigenio, el río cósmico fluye a través de la casa-universo siguiendo el camino del sol. Durante el día viaja de este a oeste y por la noche, circulando en sentido contrario, regresa a su nacimiento, en un ciclo continuo que es el mismo ciclo de la vida y la muerte.

La historia del ancestro-anaconda es una narrativa sagrada sobre el origen de los pueblos tukano, pero, como todos los mitos, responde con toda probabilidad a sucesos históricos reales, en este caso, la migración que los trajo al lugar donde terminaron por asentarse, de forma similar al mito mexica de Aztlán. La presencia en el mito de la ecología del entorno puede rastrearse también sin dificultad, pues las migraciones anuales de peces amazónicos que suben río arriba a desovar en sus cabeceras desempeñan un papel importante en la economía de estos pueblos que no ha podido dejar de impregnar sus creencias, como el barro está presente en los mitos de creación de los pueblos agricultores.

El río ancestral, personificado en el río real, es omnipresente. Lo es en la vida, pero no lo es menos en la muerte. El entierro es, entre los pueblos tukano, un ritual sencillo, pero cargado de simbolismo. El cadáver se introduce en un ataúd, en realidad una canoa cortada por la mitad, que se entierra en el suelo mismo de la maloca. Su alma cae entonces al río del inframundo, que la conduce hacia el este, en sentido contrario a la corriente del río visible. Así regresa a la «casa de transformación», la casa de los ancestros, lugar de origen del grupo, donde esperará el momento de reencarnarse. La reencarnación se producirá cuando un bebé que lleve su nombre nazca en el grupo. Las personas reciben el nombre de un pariente del lado paterno recientemente fallecido, el del abuelo paterno para un niño, o el de la abuela paterna para una niña, pues cada grupo posee un conjunto limitado de nombres personales que van siendo trasmitidos generación tras generación. El aspecto visible de esas «almas-nombre» son las coronas de plumas usadas por los bailarines, que también son enterradas con los muertos. Por eso el río del inframundo se concibe como una corriente de agua en la que flotan innumerables ornamentos de plumas, los mismos que viajaban en el interior de la anaconda-canoa antes de que se convirtieran en seres humanos.

Cuando un bebé nace, lo hace fuera de la maloca, río arriba, hacia el oeste, en el interior de la selva, al que las mujeres se trasladan cuando sienten que les ha llegado el momento de dar a luz. El recién nacido es lavado en el río y después llevado dentro de la maloca por la puerta de las mujeres. Allí pasa una semana con sus padres y luego regresa al río, donde vuelven a bañarlo y recibe su nombre. De este modo, en términos cosmológicos, los seres humanos vienen de las mujeres, del agua, del oeste, el mismo lugar al que han ido a parar los espíritus de los muertos, que retornan así a la vida. En la Amazonia, el río es todo y todo está en el río. Ninguna concepción de las corrientes fluviales puede ser más sagrada que esta.

HAPI, EL DADOR DE VIDA

El río Nilo nunca fue considerado, en sentido estricto, un río sagrado por los antiguos egipcios. A diferencia de griegos y romanos, que sí lo consideraron una deidad genuina, no divinizaron ni rindieron culto al río en sí, sino tan solo a sus inundaciones periódicas, algo nada sorprendente dado que, desde sus mismos orígenes, su civilización se desarrolló a la par que progresaba el control de sus crecidas anuales. Como de su caprichoso régimen, que eran del todo incapaces de entender, dependía la magnitud de sus cosechas y con ellas su supervivencia misma, pronto cobró en su imaginario colectivo la forma de un dios. Se trataba de Hep o Hapi, cuya morada se encontraba en la cueva de Biget, cerca de la primera catarata del Nilo. En ella permanecía apartado del mundo y solo la abandonaba, acompañado de su harén de diosas-rana, para causar la inundación que cada año, en la estación de Akhet, cubría de limo los campos y los hacía fértiles. Su nombre fue por ello el primero que los egipcios dieron al Nilo, que cambiaron después, durante las primeras dinastías, por el de *Iteru*, que significa simplemente «río». La forma en que nosotros lo conocemos deriva no del egipcio, sino del griego, idioma en el que la palabra *Neilos* quiere decir también río.

La tradición es muy antigua. En los *Textos de los Sarcófagos*, que datan de unos 2.000 años antes de nuestra era, Atum, el demiurgo, enumera las cuatro obras más importantes de la Creación y entre ellas no olvida incluir la crecida anual del Nilo: «He creado —proclama— la gran inundación, para que tanto el pobre como el rico se apodere de ella». Unas estelas grabadas en las rocas en la región de Gebel Silsileh, frontera natural entre Egipto y Nubia, declaraban: «Es Hapi el que hace vivir al Doble País».[138] En realidad, se trataba de una verdadera resurrección, pues, en el imaginario colectivo, Egipto moría cada año y volvía a nacer vivificado por la crecida. Kemet, la Tierra Negra, el nombre que sus habitantes daban a su país, retornaba cada año al Nun, el océano primordial, caótico e increado, del que había surgido el mundo, y en él renacía, pletórico de vida y fertilidad. Por ello, en las estelas de Gebel Silsileh mencionadas antes se proclama a Hapi «dios perfecto, amado de Nun», y se le invoca diciendo: «Tú eres Único, el que se crea a sí mismo»; «…es Hapi el que

---

138 José Ramón Aja Sánchez, «El 'río de Nun' y el '(César) Nilo de Egipto': del mito egipcio a la concordia política romana. La inserción de JE 48862 y P. Brooklyn 47.218.84 en el tema», *Aegyptus*, 88 (2008), pp. 273-332.

Escultura egipcia antigua que representa al dios Hapi. En sentido estricto, Hapi no era el Nilo, sino su inundación, pero se trataba sin duda de una de las divinidades más populares del país.

hace vivir al Doble País: manjares y alimentos solo existen cuando él está gordo»; «…tú eres poseedor de peces, rico en grano, gratificas a Egipto saciándole de agua, tú eres su vida, pues a tu llegada sus panes de ofrenda se multiplican, y sus mesas son colmadas».

Por esta razón, Hapi era uno de los dioses más venerados de Egipto. Se le representaba bajo la forma de un hombre desnudo, o vestido tan solo con el sencillo ceñidor propio de los barqueros; de piel verde o azulada, el color de las aguas del Nilo; con barriga prominente y pechos femeninos, en una clara alusión a su naturaleza hermafrodita y fecundadora. En este esquema común se introducían en ocasiones algunas variantes. En el Bajo Egipto se coronaba su cabeza con una planta de papiro, el símbolo de la región del delta; recibía el nombre de Hap-Meht, y se le emparejaba con Uadyet, la diosa serpiente, símbolo del calor del sol, pues ambos, el sol y el río, daban lugar a las cosechas que alimentaban a los egipcios. Por el contrario, en el Alto Egipto llevaba sobre la cabeza una planta de loto, el símbolo del sur del país; era conocido como Hap-Reset, y se le tenía por esposo de Nejbet, una antigua diosa local que se consideraba protectora de la vida desde el nacimiento. A veces, los símbolos regionales eran sustituidos por uno solo alusivo al conjunto del país que consistía en dotar al dios de dos cabezas de oca contrapuestas, como aparece en el templo de Seti I en Abidos. En cuanto a sus atributos, eran también diversos. Solía portar en su mano derecha una rama de palmera, con la que llevaba el cómputo de las inundaciones anuales del río. A veces llevaba también una bandeja o una mesa de ofrendas, metáfora evidente de los bienes que la crecida anual aportaba a Egipto, o dos vasos que simbolizaban los dos Nilos. Algunos de los títulos de Hapi fueron «Señor de los peces y las aves del pantano» o «El verde

AGUAS SAGRADAS • 321

de las dos orillas», aunque la gente también le llamaba con nombres más elocuentes, como «El hacedor de la cebada y el trigo» y «El dueño del río que trae la vegetación».

Su imagen aparece en las paredes de la mayoría de los templos egipcios erigidos en honor de otros dioses. Sin embargo, no se ha hallado ninguno bajo su advocación, aunque sí muchas capillas, más de un centenar, a lo largo del curso del río, en los lugares donde cada año se medía la profundidad de la crecida y se calculaba a partir de ella el volumen de la futura cosecha y los tributos que podrían obtenerse de los campesinos. Era el gran momento del dios. La inundación se denominaba «La llegada de Hapi» y mientras se producía, a comienzos del verano, el país entero contenía la respiración como si de un solo individuo se tratara, consciente de que de ella dependía por completo su supervivencia.[139] Si la crecida era demasiado baja, el limo que dejaría tras su paso, negro y hediondo, pero de una extraordinaria fertilidad, resultaría insuficiente para asegurar buenas cosechas, y si era demasiado alta, arrasaría las aldeas y mataría a mucha gente.

Al igual que otras deidades romanas y griegas, Hapi tenía, pues, una personalidad benévola y bondadosa, pero también un lado oscuro y aterrador que podía causar una destrucción imprevisible. Por ello era entonces cuando se hacían ofrendas al dios, arrojando al río alimentos, figurillas, amuletos y animales sacrificados; se colocaban estatuas suyas en los pueblos y las ciudades para que todos pudieran pedir su ayuda con facilidad en ese momento crucial, y se organizaban en su honor nutridas procesiones fluviales. Festivales locales relacionados con la crecida anual se celebraban sin duda a lo largo de todas las poblaciones cercanas a la orilla, sin más diferencias que las derivadas de sus propios mitos y deidades locales. No obstante, si algo tenían en común estos festivales era su carácter alegre y bullicioso, que combinaba los rezos y las salmodias con los bailes y los banquetes, en los que se consumía vino y cerveza en abundancia. «Cuando él llega, cuando él se desborda, —dice el Gran

---

[139] Richard H. Wilkinson, *Todos los dioses del Antiguo Egipto*, Oberón, Madrid, 2004, pp. 106 y ss.

Himno compuesto en su honor durante el Imperio Medio— la tierra se llena de júbilo, y todos los seres se alegran, todas las mandíbulas ríen, quedando todos los dientes al descubierto».

Pero los egipcios no se olvidaban de Hapi el resto del año. Prueba de ello es que el himno en su honor, compuesto durante la Dinastía XII, en el Imperio Medio (1990-1786 a. C.), era uno de los más recitados y hermosos, como prueba este pequeño extracto:

> Que provee de alimentos, grande de provisiones
> Que produce todos los bienes, señor de la crecida
> De dulce olor, (cuando) el incensario ha venido
> Que produce el pasto para el ganado
> Que permite los sacrificios para cada dios.
> Residiendo en el más allá, controla el cielo y la tierra
> Conquistador del Doble País, que llena los almacenes
> Que agranda los graneros, que da bienes a los indigentes.

Además, la mentalidad egipcia, dada al sincretismo religioso y dueña de una concepción del mundo mucho más flexible que la nuestra, reparó enseguida en que la dimensión creadora de Hapi lo acercaba íntimamente a sus grandes dioses nacionales, adorados en todo el país, por lo que los mitos no tardaron en hacerle hueco entre ellos y confundir sus atributos con algunos de los que se les asociaban.[140] En los *Textos de la pirámide* del rey Unis, un faraón de la V Dinastía del Imperio Antiguo, los primeros que se conocen, Hapi figura entre los dioses que se ocupan de alimentar al rey. En los *Textos de los Sarcófagos*, que datan del Imperio Medio, se le denomina «El primitivo Uno de la tierra», y se dice de él que fue creado por Ra «tan pronto como salió del agua triste de Nun». Pero en ocasiones se le identificó directamente con Nun, el océano primordial, caótico e inorganizado, del que emergió, como las pequeñas colinas del valle del Nilo tras la crecida, la tierra primigenia.

Fue sobre ella donde Ra, el sol, surgió de la nada al nombrarse a sí mismo y dio luego forma a la primera pareja divina, Shu, dios del aire, y Tefnut, diosa de la humedad, los cuales engendraron luego a Geb, el

---

[140] Lewis Spence, *Mitos y leyendas: Egipto*, M.E. Ediciones, Madrid, 1995, p. 152.

dios de la tierra, y Nut, la diosa del cielo, padres de Isis, Osiris, Seth y Neftis, en conjunto, los nueve dioses centrales de la religión egipcia en la teología de Heliópolis, la más extendida del país.[141]

Pero el sincretismo de mitos y tradiciones que se desarrolló en torno a Hapi no terminó ahí, sino que fue incrementándose con el paso del tiempo. En el Imperio Nuevo, y sobre todo en la época ramésida, bajo la Dinastía XIX, Hapi hubo de compartir sus atributos con las divinidades solares hegemónicas del momento, que se apropiaron parcialmente de su rol como esencia divina de las crecidas. Amón, dios de Tebas, es adorado en ocasiones como «espíritu de la Crecida» y «alma de Shu, la causa de la inundación». La cualidad esencial de Osiris era, por su parte, la de encarnar la humedad primordial a partir de la cual las aguas del Nilo crecían y se elevaban, lo que facilitaba su sincretismo con Hapi. En otras ciudades del país fueron incorporadas otras divinidades, como Sotis, la estrella Sirio, cuya aparición en el cielo marcaba el inicio de la inundación anual, y Jnum, «Señor de la catarata», dios de la fertilidad, al que se tenía por guardián de las fuentes del Nilo en Elefantina y se le atribuía en ocasiones la propia creación de Hapi, o Sobek, el dios cocodrilo, con quien se le forzó también a veces a compartir la paternidad de las crecidas.

A esta dura competencia entre divinidades —y, naturalmente, entre sus respectivos cleros, principales beneficiarios de su popularidad en forma de ofrendas— por alzarse con la responsabilidad de asegurar la crecida cada año, se sumó también, y con fuerza creciente, la figura del propio faraón, que encontró en ello un instrumento muy eficaz para incrementar su legitimidad y, por ende, su poder.

No es extraño, pues las consecuencias derivadas de una concatenación de crecidas insuficientes del río podían llegar a ser trágicas, y no solo en tiempos de los faraones, sino en cualquier época anterior a la construcción de la gran presa de Asuán. El *Panegírico de Trajano*, publicado

---

[141] Nicolas Grimal, *Historia del Antiguo Egipto*, Akal, Madrid, 2012, pp. 48 y ss. El dios creador es distinto en cada una de las distintas teologías locales de Egipto, pero también en función de la perspectiva desde la que se le contemple, idea que en absoluto resultaba contradictoria para la mentalidad de los egipcios.

en el año 101 por Plinio el Joven, describe la acaecida en el año 99 de nuestra era:

> 2. A causa de inopinada sequía, el país se agostó hasta el extremo de volverse estéril, porque un perezoso Nilo se había desbordado de su lecho de manera irresoluta y cansina: digno de compararse, sí, también entonces con los ríos gigantescos, pero solo con ríos. 3. De ahí que gran parte del territorio que solía verse anegado y vivificado por la corriente, se abrasó bajo una espesa capa de polvo. En vano anheló Egipto entonces nubes y en vano volvió la vista al cielo, comoquiera que el propio dispensador de fecundidad, más consumido y mortecino de lo habitual, tenía comprimida la fertilidad del país en las mismas angosturas que su propio caudal. 4. Y es que el río aquel, errabundo cuando se desborda, no solo se había quedado quieto y clavado más acá de la zona de colinas que siempre ocupa, sino que para colmo, con fluir no plácido ni apacible, se había retirado huyendo del terreno que está en pendiente y suele retenerlo, y junto a tierras áridas había dejado otras sin empaparse aún lo suficiente.

Es por ello por lo que el culto a las crecidas estuvo tan arraigado en Egipto y gozó siempre de tanta popularidad que ningún gobierno posterior, temiendo sin duda provocar una verdadera revolución, osó siquiera considerar de algún modo su erradicación. Los griegos primero, y los romanos después, lo asumieron como propio, aunque desplazando el objeto de su devoción al río mismo, que comenzaron a representar como un anciano de poblada barba, tocado con una corona de la abundancia y rodeado de niños. La divinidad fluvial solía aparecer reclinada sobre un lecho y apoyada en algún animal de la región, como un cocodrilo o un hipopótamo, sosteniendo cornucopias cargadas de frutas o ramos de espigas de trigo, y tocada con coronas o diademas de flores como símbolos de la abundancia y fertilidad, y acompañada de la Tierra personificada en Gea. No hacían con ello sino plegarse a la consistencia de la tradición popular, que se mantendría con escasos cambios casi hasta nuestros días, y ganar para el monarca tolemaico, luego el emperador romano, la misma legitimidad que habían querido para sí los faraones egipcios. Así, mientras Hapi seguía siendo objeto de la piedad popular, *Neilos*, después *Nilus*, lo era del culto oficial y público que los gobernantes foráneos no dejaban de potenciar porque les ayudaba sin duda a reforzar su autoridad entre sus súbditos. Un nuevo clero y unos nuevos festivales tomaron el lugar de los antiguos, pero el Nilo continuó siendo el centro en torno al que giraba la civilización egipcia; aunque sus señores habían cambiado, el pueblo no lo había hecho.

Sin embargo, el culto público terminó cuando, hacia el siglo IV, logró imponerse el cristianismo, mientras que la devoción popular sobrevivió sin apenas cambios durante siglos, no solo bajo la hegemonía cristiana, sino también tras la conquista islámica. Bajo dominio mahometano, una de las más importantes fiestas del calendario egipcio era la procesión anual por el Nilo, que se celebraba en Al-Qahira. Simbolizaba una bienvenida oficial y popular de la crecida, en cuyo transcurso, mientras las aguas se desbordaban, los oficiales municipales recorrían las calles de la ciudad pregonando a voz en grito la altura que iban alcanzando para que todos pudieran saberlo y alegrarse de la riqueza y prosperidad que traían con ellas.

Pero incluso en el siglo XX, los campesinos, si bien de forma más modesta, conservaban tradiciones que nos sorprenden. J. Feeney, que fue testigo en el año 1964 de la última crecida que conoció el Nilo, cuyas aguas habían sido reguladas por la presa de Asuán, relató cómo «las madres sumergían tres veces consecutivas a sus retoños casi recién nacidos en las regeneradoras aguas; cómo los hombres arrojaban a las mismas las cenizas provenientes de modestos sacrificios; cómo grupos de aldeanos aquí y allá derruían con gran jolgorio unos diques rudimentarios que habían contenido el agua de reserva durante el invierno; cómo grupos de muchachuelos formaban grupos bulliciosos cantando y atronando el aire con rudimentarias percusiones...».[142] No debe sorprendernos. Nunca un país dependió tanto de un río como Egipto del Nilo. Es lógico que se lo agradezca.

EL GRAN DRAGÓN DE AGUA

Según narran las antiguas leyendas, hace muchos años no había ni ríos ni lagos en la Tierra. Tan solo existía el inmenso mar del Este, en el que vivían cuatro dragones: Largo, Amarillo, Negro y Perla. Un día, sacaron sus afiladas cabezas del océano y, contemplando el cielo, decidieron

---

[142] José Ramón Aja Sánchez, «El 'río de Nun'...», *op. cit.*, p. 276.

ascender a las alturas y disfrutar de su inmensidad. Durante un tiempo, volaron y jugaron entre las nubes paladeando las nuevas sensaciones que les ofrecía aquel territorio enorme y desconocido. Entonces Perla dirigió por casualidad su mirada hacia la tierra y allí, a lo lejos, contempló a mucha gente congregada. Llevaban en sus manos frutas y tartas, y quemaban varitas de incienso. Una mujer joven, que cargaba a la espalda un niño pequeño, imploraba de rodillas mirando con lágrimas en los ojos hacia el inmenso azul del firmamento: «Por favor, dios del Cielo, envíanos lluvia rápido o no tendremos nada para comer».

Perla intuyó que aquellas personas estaban rezando y que algún tipo de angustia les afligía. Entonces llamó a sus compañeros, que enseguida comprendieron lo que sucedía: no había llovido desde hacía mucho tiempo; los cultivos se angostaban; la hierba se había vuelto amarilla, y los campos sufrían bajo el sol abrasador. Si las nubes no dejaban caer pronto su agua sobre la tierra, aquellas gentes morirían de hambre.

Los cuatro dragones decidieron ayudarles, pero ¿qué podían hacer ellos? Entonces Perla tuvo una idea: irían a ver al emperador Jade, el poderoso soberano del Cielo, la Tierra y el Mar, que vivía sobre las nubes, en un fastuoso palacio celestial, y le pedirían que enviara lluvia a la Tierra. El emperador, que se encontraba embelesado escuchando un concierto de hadas, los recibió un tanto molesto, pues no gustaba de que le incomodaran mientras escuchaba cantar a las hadas. Aun así, les prometió que al día siguiente enviaría la lluvia sobre la Tierra. Pero pasaron diez jornadas más y aún no había caído una sola gota de agua. Las gentes pasaban cada vez más hambre. Devoraban cortezas de árbol o raíces de plantas y cuando se acabaron, comieron incluso arcilla.

Viéndolos sufrir tanto, los cuatro dragones terminaron por comprender que el emperador Jade solo se preocupaba de sí mismo, y no le importaban los problemas de la humanidad. Tendrían, pues, que ser ellos los que ayudaran a la gente de la Tierra. Pero... ¿cómo iban a hacerlo? Mirando hacia el mar, Negro tuvo una gran idea: los cuatro podían llenar sus grandes bocas de agua y rociarla luego sobre la Tierra como si fuera lluvia. Los demás estuvieron de acuerdo. Sabían que el emperador se enfadaría mucho, pues no le gustaba que se tomaran decisiones sin contar con él, pero no les importaba: había que ayudar a los seres humanos de algún modo.

Así que volaron hacia el mar; abrieron sus bocas cuanto pudieron y, rozando las olas con sus largos cuerpos de serpiente, las llenaron de agua. Luego volvieron a alzar el vuelo y movieron con fuerza sus grandes alas para producir viento. Así taparon el sol y la gente que miró al cielo creyó que se avecinaba por fin una gran tormenta. Entonces los dragones empezaron a pulverizar el agua sobre la Tierra. Cuando sus bocas se vaciaban, las llenaban en el mar y subían de nuevo a los cielos, derramando el agua con cuidado de no provocar inundaciones. Poco a poco, los campos reverdecieron y, agradecidos, rindieron generosas cosechas. La gente cantaba para agradecer al Dios del Cielo la lluvia y los niños bailaban y saltaban sobre los charcos de agua.

Cuando el emperador Jade se dio cuenta de que estaba lloviendo se puso furioso: los dragones habían osado llevar lluvia a la Tierra sin su permiso. Enseguida ordenó a sus soldados que los fueran a buscar y los trajeran ante él. Debían ser castigados con mucha dureza por su grave desobediencia.

Y en verdad que el castigo fue terrible. Cuando los dragones estuvieron por fin en su presencia, el emperador Jade llamó al dios de la Montaña y le ordenó que trajera cuatro enormes montes para enterrarlos bajo su peso. El dios trajo enseguida cuatro montañas que llegaron por los aires y cayeron sobre ellos, que quedaron atrapados sin poder moverse.

Pero no por ello se arrepintieron de lo que habían hecho los compasivos dragones. Antes bien, deseosos de seguir ayudando a la humanidad, se convirtieron en cuatro largos ríos, que fluyeron a lo largo de altas montañas y profundos valles, cruzando la tierra y ofreciendo su agua a las gentes, para llegar finalmente al mar. Y de esta manera se formaron los cuatro grandes ríos de China: Negro se transformó en Heilongjiang, al norte; Amarillo, en el río Huang He, en el centro; Largo, en el Yangtsé, al sur, y Perla, en el Xi Jiang, aún más al sur.

Paradójicamente, en el marco de ese continuo juego de contrarios que caracteriza la visión tradicional del cosmos, en especial en las culturas orientales, este mito se compensa con otro que le sirve de antítesis y tiene también como protagonistas a los ríos. Si el de los cuatro dragones del agua habla de una sequía sin parangón en la historia de China, el de Gun-Yu narra la historia de la mayor de las inundaciones nunca sufridas por el país. Si aquel reconoce la importancia de los ríos, este enaltece la labor de los seres humanos que fueron capaces de controlar sus aguas, dando así origen a la civilización china.

El mito se inicia con una gran catástrofe que abarca enormes zonas de los valles del Amarillo y el Yangtsé. Las aguas se desbordan, destruyen las aldeas y obligan a las gentes a huir a las montañas. El hambre y los disturbios se extienden; la autoridad del emperador Yao se tambalea. Desesperado, el monarca llama en su ayuda a un pariente lejano, el príncipe Gun, que gobierna la región de Chong. Gun roba a los dioses una sustancia de propiedades mágicas, el Xirang, que posee la extraña cualidad de expandirse cuando se extiende sobre la tierra. Con ella, Gun levanta diques, construye presas y forma terraplenes. Pero las aguas siguen fuera de control y las gentes se solivantan. La violencia se extiende y el emperador teme por su cabeza. Desesperado, llama en su ayuda a otro pariente, Shun, que comparte con él el trono y más tarde le sucede. Shun cambia de política. Asumiendo que solo una intensa coordinación entre todos los territorios de China será capaz de salvarla del caos, convoca a todos los gobernantes locales y reorganiza la administración. El país se divide en doce provincias, dirigidas desde la montaña más alta de cada una de ellas. Luego destituye y destierra a Gun y llama en su lugar a su hijo Yu, que abandona la construcción de diques y presas y apuesta en su lugar por la extensión de las obras de drenaje. La nueva estrategia funciona y la inundación, por fin, remite. Como premio, el pueblo chino lo eleva al trono y su familia se convierte en una nueva dinastía, la Xia.

¿Hay algo de cierto en todo ello? Sin duda. David Hawkes, uno de los más prestigiosos sinólogos contemporáneos, sostuvo que tras el mito se oculta una inundación real que tuvo lugar hacia 1920 a. C. y marcó el paso del Neolítico a la edad del bronce en China, y con él, la transición entre dos modelos muy diferentes de agricultura, la tradicional, basada en pequeñas fincas ubicadas en las elevaciones naturales del terreno, que permanecían a salvo de las inundaciones, y la característica de las grandes civilizaciones fluviales, vinculada al control de las crecidas por medio de extensas infraestructuras hidráulicas que exigían un notable grado de cooperación y control social, elementos fundamentales para la consolidación del Estado prístino, que se habría consolidado en China de la mano de la dinastía Xia, la primera dinastía imperial, cuya historicidad hoy se acepta más allá de toda duda. Una vez más, el mito y la historia se entrelazan y, en íntimo abrazo con una y el otro, los ríos juegan en ambos un papel esencial.

El gran río de las estrellas

El Tahuantinsuyo, más conocido por los europeos como Imperio inca, tenía su centro neurálgico en el llamado Valle Sagrado, un territorio de gran riqueza agrícola avenado por el río Urubamba, a unos 3.000 metros de altitud sobre el nivel del mar, en las estribaciones de los Andes. En él se alzaba Cuzco, capital del Imperio y corte de sus soberanos, los incas, y un buen número de fortalezas que protegían su entorno más inmediato.

El Urubamba recibía en su curso más alto el nombre de Vilcanota y era un río sagrado para los incas, que lo consideraban la continuación en la Tierra de la Vía Láctea, el gran río de estrellas que cada noche fluía por el cielo en todo su esplendor, como solo puede verse a través del aire limpio de las montañas. Nace en los glaciares de la cordillera así llamada y toma en su curso medio, a punto de internarse en la selva amazónica, la denominación de Urubamba. Antes de hacerlo sus aguas ponen en contacto dos de los montes más sagrados para el pueblo quechua: el Ausangate y el Salcantay, y fue allí, a los pies de esta montaña, sobre un promontorio rodeado por el curso del Urubamba, donde los incas construyeron la impresionante ciudadela ceremonial de Machu Picchu, santuario dedicado al culto al sol y residencia eventual de sus primeros emperadores, la misma que hizo exclamar, presa de la emoción, a su descubridor, el explorador norteamericano Hiram Bingham:

> La belleza de las líneas, el arreglo simétrico de los bloques y la gradación de la magnitud de las hileras se combinaban para producir un efecto maravilloso, más suave y grato que aquel de los templos de mármol del Viejo Mundo. Debido a la ausencia de mezcla no quedaban huecos feos entre los bloques. Parecían haber crecido unidos. Por la belleza del blanco granito esta estructura sobrepasaba en atractivo a los mejores muros del Cuzco que habían maravillado a los viajeros durante cuatro siglos.

Ofuscado todavía, comencé a darme cuenta de que este muro y el templo semicircular adyacente sobre la cueva eran tan finos como los más finos trabajos en piedra que se conocen en el mundo...[143]

El río poseyó una importancia estratégica en el Imperio. Su altitud moderada y la protección de que goza frente a los fuertes vientos del altiplano hacían de él una zona idónea para el cultivo del maíz, el cereal más importante de la agricultura inca; su curso, una excelente vía de comunicación entre los campos de coca de la selva y los centros de consumo ceremonial del altiplano, como el mismo Machu Picchu, Ollantaytambo y, sobre todo, Pisac, ambiguos en su doble función ritual y defensiva. Construidos a mediados del siglo xv por el primer soberano histórico inca, Pachacuti Yupanqui (1438-1471) y ubicados, con toda intención, en las estribaciones orientales de los Andes, vigilaban las fronteras del Imperio y prevenían con sus guarniciones, y quizá también con su inalcanzable majestuosidad, los ataques de los pueblos nómadas de las cercanías.

Estos centros ceremoniales abonan la naturaleza sagrada del río y su valle, que queda, además, acreditada por la presencia de cadenas de baños rituales como los de K'alla Q'asa, cerca de Pisac, y la abundancia de tumbas ubicadas en las cuevas naturales de las montañas, las *mallquihuasis* o «casas de los ancestros momificados». No cabe extrañarse de ello, pues es allí donde los mitos quechuas sitúan los orígenes de su pueblo. Según la tradición, cuando hubo terminado de dar forma al mundo, Viracocha, la divinidad creadora, se encarnó en un hombre resplandeciente y, en las proximidades del lago Titicaca, puso sobre la Tierra a los incas. Luego escogió entre ellos a un hombre al que llamó Manco Cápac y le dijo: «Tú y tus descendientes habréis de ser grandes señores y sujetaréis muchas naciones, me reverenciaréis como a un padre, y como hijos míos seréis

---

[143] Hiram Bingham, *Machu Picchu. La ciudad perdida de los Incas*, Zigzag, Santiago de Chile, 1956, p. 264. También encontró en una de las paredes del Templo de las tres ventanas una inscripción hecha en carbón vegetal en la que decía «Lizárraga», y un año: 1902. Se trataba de la prueba de que alguien había estado allí antes que él. Hoy sabemos que se trataba del agricultor peruano Agustín Lizárraga, que había descubierto Machu Picchu nueve años antes que Bingham.

siempre respetados». Una vez pronunciadas estas palabras, Viracocha dio a Manco el *Topayauri*, un hermoso báculo de oro, y le dijo que allí donde se hundiese en la tierra habría de fundar su capital.

Manco y los suyos, dejando el lago Titicaca, caminaron hacia el norte creyendo que allí hallarían lo que buscaban. Fueron varios los lugares donde trataron sin éxito de hincar en la tierra el báculo de oro, hasta que penetrando en el valle de Yucay, llamado a convertirse luego en el Valle Sagrado de los incas, y siguiendo la ribera del Vilcanota, llegaron a Tambo.[144] Allí, en las estribaciones de los Andes, les alcanzó la caída de la noche, mucho más luminosa en aquellos parajes que en la meseta de la que procedían; no pudieron sino mirar con asombro y devoción hacia un firmamento que, en aquellas alturas, aparece siempre cuajado de estrellas, y dieron en pensar que cuanto había sobre la tierra debía de ser reflejo de lo que veían en el cielo. Y al igual que el valle lo era del inmenso camino que en medio de la negra cúpula del firmamento parecía trazar la Vía Láctea, también habían de tener su reflejo en la tierra las otras constelaciones, en las que veían la forma de halcones y cóndores, y la de otras aves y animales. Por eso los templos y las guacas que levantaron por doquier en el valle tienen diferentes formas y figuras, que lograron reproducir valiéndose del moldeado natural del terreno y erigiendo sobre ellas andenes, habitáculos, canales, fuentes, plataformas ceremoniales y observatorios astronómicos; en fin, todo cuanto se necesitó para que los lugares escogidos adoptaran las formas que sus constructores creían ver en el cielo.[145]

Más tarde, la historia se encargó de unir a la fe el mito, pues la región fue, durante casi medio siglo, el último enclave de resistencia frente a la conquista española. En 1536, tras levantarse contra los extranjeros en Cuzco, Manco Inca, que había colaborado inicialmente con ellos, se instaló en el poblado de Calca. Sus sucesores, Sayri Túpac, Titu Cusi y Túpac Amaru, mantuvieron viva la resistencia desde la planicie de Vilcabamba,

---

[144] Fernando E. Elorrieta Salazar y Edgar Elorrieta Salazar, *Cusco y el Valle Sagrado de los Incas*, Tankar, Cusco, 2005, pp. 24-25.
[145] Fernando E. Elorrieta Salazar y Edgar Elorrieta Salazar, *Cusco y el Valle Sagrado...*, pp. 66-67.

bien protegida por las estribaciones andinas, hasta los años setenta del siglo XVI, dando forma a lo que ha pasado a la historia como Imperio neoinca de Vilcabamba. Tras casi cuatro décadas de relaciones erráticas, en las que la colaboración alternó una y otra vez con la guerra, el virrey español Francisco Álvarez de Toledo decidió acabar de una vez por todas con la resistencia incaica por la fuerza de las armas.

En 1571, el virrey envió a Vilcabamba una expedición militar al mando de Martín García Óñez de Loyola, Martín Hurtado de Arbieto y Juan Álvarez Maldonado, con el encargo de conquistar por fin el reino. Para azuzar la competencia entre sus capitanes, Álvarez de Toledo ofreció una curiosa recompensa: el hidalgo que lograse capturar al inca podría tomar por esposa a su hermana, cristianizada con el nombre de Beatriz, y con ella el señorío de Yucay. Fue García, que mandaba la columna de vanguardia de las tropas españolas, el que lo logró, y recibió por ello la mano de la princesa, una rica encomienda y el nombramiento como corregidor de Potosí, el primero de una relevante carrera administrativa en la que ejerció sucesivamente como corregidor de Huamanga y Huancavelica y gobernador de Chile. Respecto a Túpac Amaru, fue ejecutado sin miramientos, tras un juicio sumarísimo, en mayo de 1572. Aunque su nombre sería usado de nuevo doscientos años más tarde por José Gabriel Condorcanqui, caudillo de la rebelión peruana de 1780, con él moría por fin la resistencia inca al dominio español. El valle sagrado había dejado de serlo.

EL AMOR ESTÁ EN EL AGUA

Al sureste de Nigeria, entre la llanura de Lagos, la capital, y el golfo de Guinea, fluye el río Oshun, que, a pesar de su escasa longitud, unos 267 kilómetros, desempeña un papel esencial en la mitología del pueblo yoruba, una de las etnias más importantes del país. En la mitología local, Oshun es una de las esposas de Changó, el espíritu del trueno, y, por tanto, uno de los más de 400 *orishas*, avatares o encarnaciones de la deidad suprema Olodumare, creador y esencia misma del universo, en realidad un principio supremo incognoscible y de género indefinido similar al Brahma de la mitología hindú. Según la tradición yoruba, el dios, tras crear todo cuanto existe, se encarnó en innumerables formas y fue dando después a cada una de ellas un poder distinto arrojándolo al aire y dejando que lo atrapara, ganando así el derecho de ejercerlos desde aquel instante. Changó logró así su poder sobre el rayo, el fuego y la virilidad; Yemayá se convirtió en la madre de las aguas y las mujeres; Eshú, en el señor de las puertas, las encrucijadas y los mensajes, y Oshun, en diosa de la fertilidad, el amor y el agua dulce.

La concepción yoruba de los *orishas* se asemeja en buena medida a la que los antiguos griegos tenían de sus dioses. Aunque sobrehumanos en su naturaleza, no lo son en absoluto en su comportamiento, pues poseen, como los hombres y las mujeres, sus propias personalidades y defectos, y con frecuencia se apoderan de sus corazones sentimientos y deseos que no son capaces de controlar.

No les son ajenos los celos, la envidia, la ira o el apetito de poder, e incluso idean de tanto en tanto planes para rebelarse contra Olodumare y regir el mundo en su lugar. Sin embargo, la deidad suprema cuenta con el auxilio de Eshú, el particular Hermes de la mitología yoruba, que le informa de los complots de los *orishas*. Gracias a su ayuda, el paciente Olodumare logra siempre reconducir con calma la situación y convencer a sus díscolos avatares de que olviden sus absurdos planes y retornen al ejercicio de sus responsabilidades en el cuidado de la naturaleza y de la humanidad.

Oshun, quizá por ser la más joven de todos ellos, parece escapar de algún modo al ansia de poder de sus compañeros, pues no se conoce ningún mito en el que tome parte en sus intrigas. No por ello es perfecta; los malos sentimientos se apoderan también a veces de su corazón. En una de las infinitas historias que los yorubas cuentan de sus *orishas* se nos dice que, en una ocasión, trastornada por los celos que sentía hacia otra de las esposas de Changó, le hizo creer que se había cortado una oreja y la había colocado en un plato de comida que había agradado mucho a su esposo. Entonces ella hizo lo mismo y el dios se disgustó mucho para regocijo de Oshun, que se rio a carcajadas del suceso. A pesar de ello, la mitología le reserva un papel especialmente agradecido en la creación del mundo. Cuando el benévolo Olodumare resolvió completar su obra enviando a la Tierra a 17 de sus *orishas*, Oshun figuraba entre ellos. Pero

334 · LAS ARTERIAS DEL MUNDO

sus camaradas desecharon sus consejos sobre cómo hacer la vida más dulce y hermosa, y fracasaron por completo en su misión. Cuando regresaron ante Olodumare para informarle, este les preguntó por el paradero de Oshun. Entonces ellos reconocieron el desprecio con que la habían tratado y el padre supremo les ordenó regresar a la Tierra para completar su trabajo, advirtiéndoles de que sin ella no lo lograrían nunca. Fue así como Oshun dio al mundo todo el amor, la fertilidad y la belleza que en él existe, sembrándolos en el corazón de todos los seres humanos, y por fin quedó completa la creación.

Incluso cuando el dios supremo se enfadaba con los *orishas*, Oshun trabajaba con ahínco para convencerle de que tuviera paciencia con ellos. En una ocasión, Eshú hizo saber a Olodumare que planeaban derrocarle y este respondió decretando que nunca volvería a llover. Los arroyos, ríos y lagos se secaron y la tierra empezó a morir. Los *orishas* se arrepintieron de su osadía y suplicaron su perdón al dios supremo, pero este no les escuchó. Entonces Oshun se transformó en un pavo real y emprendió el vuelo hacia lo más alto de los cielos para llevar a Olodumare la noticia del remordimiento de los *orishas*. Sin embargo, el viaje era muy largo y para llegar a su destino tenía que pasar muy cerca del sol, por lo que algunas de sus plumas se quemaron y otras se cayeron. Pero Oshun continuó el viaje y cuando lo completó, cayó desfallecida en los brazos de Olodumare con la mísera apariencia de un buitre. El dios supremo quedó tan impresionado por su determinación que desató las lluvias sobre la tierra, curó a Oshun y le concedió el derecho exclusivo entre los *orishas* de entregarle mensajes.

Sin embargo, como a menudo sucede con las deidades asociadas a los ríos en la mayoría de las religiones, Oshun representa una fuerza capaz de destruir tanto como de crear, aunque no por ello ejerce un poder arbitrario o caprichoso, pues, aunque posee la potestad de impedir la lluvia para provocar una sequía o la de enviar un diluvio infinito para inundar la tierra y arrastrar a quienes le desagradan, lo hará siempre como respuesta a quienes obran con descuido y falta de respeto por la naturaleza y el orden divino del mundo. Además, a la hora de la verdad, es su dimensión dadora de vida la que prevalece y por ello, aunque tanto hombres como mujeres la invocan para pedirle suerte, salud, fuerza y prosperidad, son las mujeres embarazadas y las que desean tener un hijo las que acuden a ella con especial devoción.

Como sucede en la India con el Ganges, se trata de una devoción que goza de salud suficiente para oponerse a las fuerzas materialistas de la modernidad. Una vez al año, en el mes de agosto, sus numerosos adoradores, procedentes de diversas partes de Nigeria y de otros países, se reúnen en el bosque de Osogbo, donde se ubica el santuario de la diosa. Se trata de una fiesta alegre y colorida que se prolonga unas dos semanas y mantiene unido al pueblo yoruba a la vez que afianza sus lazos con Oshun. Un festival que, además, atrae cada vez más turistas, en especial desde que, en 2005, el bosque sagrado de Osun-Osogbo, donde se celebra, fue declarado Patrimonio de la Humanidad por la UNESCO.

Pero su culto permanece vivo el resto del año gracias a las denominadas «siervas de Oshun», mujeres de edades muy diversas que consagran su vida a la adoración diaria y la práctica de ofrendas a lo largo de la orilla del río, aunque viven en su mayoría en una hilera de pequeñas casas de una sola habitación junto al palacio de Osogbo, a poco más de un kilómetro de la corriente. Vestidas con amplios vestidos blancos, símbolo de la pureza de la diosa, renuncian por completo a la vida mundana y trabajan para ella desde el amanecer hasta el anochecer, aunque sus principales tareas no son demasiado pesadas, pues consisten en la supervisión de las ofrendas, en su mayoría animales vivos y bebidas, o la dirección de actividades culturales en las aguas del Oshun. Como es habitual en los devotos de las divinidades fluviales, algunos de los que allí acuden lo hacen esperando que la diosa les sane de todas sus aflicciones cuando se bañen en el río y beban de sus aguas, y otros suplicándole que les proporcione riqueza o fertilidad.

Sin embargo, a diferencia del culto hindú a la Madre Ganga, que es sentidamente autóctono y por fuerza presencial, el ofrecido a Oshun ha trascendido los límites del limitado territorio donde nació la fe que lo alimenta. El comercio transatlántico de esclavos de los siglos XVI a XIX condujo a millones de africanos capturados a las posesiones europeas en América, en especial Brasil, Haití y las colonias británicas de la costa este de los futuros Estados Unidos. Muchos de ellos eran yoruba y con ellos viajaron al Nuevo Mundo sus creencias, que permanecieron vivas incluso tras su conversión, más o menos forzosa, al cristianismo. En su confesión católica, el culto rendido a los santos podía de alguna manera disfrazar la tradicional veneración a los *orishas*, pues del mismo modo que aquellos actuaban como intermediarios entre el creyente y Dios y parecían ocuparse de aspectos concretos, los *orishas* hacían lo propio respecto a Olodumare. En el credo protestante, que no practica ese culto, se la identificó con María, la madre de Cristo, una figura cuyas cualidades podían asimilarse con facilidad a las de una diosa protectora de todas las mujeres que tenían hijos o aspiraban a tenerlos. En algunos lugares, sobre todo allí donde los esclavos convivían aislados de sus amos blancos, ni siquiera hicieron falta disfraces o sincretismos de ningún tipo; el culto a Oshun simplemente se conservó.

Dejando de lado sus verdaderos fieles yoruba, la fe en Oshun se mantiene de algún modo en nuestros días, aunque bajo las formas extravagantes y superficiales que tan a menudo caracterizan las líquidas y difusas creencias de la sociedad actual. Así, no falta quien abraza su culto solo como rechazo a los valores del individualismo y el materialismo contemporáneos, identificándola, por oposición, con el amor a las personas, el respeto a la naturaleza y la capacidad de valorar lo que se posee, sin sufrir por lo que se pierde ni ansiar lo que no se alcanza. Buen ejemplo de ello lo ofrece el álbum de 2016 de la cantante Beyoncé Knowles titulado *Lemonade*, que se inspiró en Oshun, y el atuendo con el que acudió al acto oficial de entrega de los premios Grammy de 2017, que reflejaba de forma estilizada los atributos de la diosa africana. Aunque no faltó quien alabara la ocurrencia de la artista norteamericana, interpretando su gesto como una valiente apuesta por los valores atribuidos a Oshun en la religión yoruba, es probable que sus verdaderos devotos no compartan tan benévola opinión.

Las contradicciones no terminan aquí, no en vano constituyen una parte inseparable de la condición humana. Al igual que el Ganges es venerado y maltratado a un tiempo por los hindúes, el Oshun lo es por los nigerianos. El 19 de agosto de 2022, el periódico *Los Ángeles Times* daba la noticia de que, pocos días antes del festival anual en honor de la diosa, las autoridades locales se habían visto obligadas a prohibir a los devotos que acudieran al río a beber sus aguas. La contaminación había alcanzado niveles críticos. Los vertidos de las numerosas minas de oro ilegales que proliferan en sus proximidades y la práctica cada vez más extendida de usar el Oshun como vertedero de todo tipo de deshechos están acabando con su biodiversidad y convirtiéndolo en una amenaza para la salud de quienes viven junto a él. Un curioso tributo a una diosa que tiene entre sus atribuciones la protección de la naturaleza y la belleza del mundo.

Yo soy el río y el río es yo

Ko au te awa, ko te awa ko au, en español «Yo soy el río y el río es yo», es un proverbio tradicional de los maoríes que viven en las orillas del Whanganui, una corriente fluvial de unos 290 kilómetros de longitud que recorre la isla Norte de Nueva Zelanda desde el monte Tongariro hasta desembocar en el Pacífico en el mar de Tasmania. *A priori,* no parece tener nada de especial; es un río más entre las decenas de miles que fluyen a través de los cinco continentes. Sin embargo, lo tiene, porque el Whanganui es una persona.[146]

Lo es, por supuesto, desde el punto de vista jurídico. El 20 de marzo de 2017, la ley del Parlamento neozelandés *Te Awa Tupua,* versión en lengua maorí del «Acuerdo de reclamaciones del río Whanganui», a diferencia del acuerdo del río Waikato, firmado en 2010, que se centró en la creación de un mecanismo para que los maoríes ejercieran la autoridad sobre el río, declaró que el Whanganui es un ente vivo completo desde las montañas hasta el océano, tanto en su dimensión física como espiritual. La norma le atribuye derechos y deberes legales; confiere su representación ante los tribunales a un delegado del Estado y otro del pueblo maorí, considerados *Te Pou Tupua,* la cara humana del río; contempla la formación de un equipo asesor con un integrante elegido por cada uno de los fideicomisarios, las tribus iwis del Whanganui y las auto-

---

[146] C. J. I. Magallanes, «Nature as an ancestor: two examples of legal personality for nature in New Zealand», *VertigO. La revue électronique en sciences de l'environnement,* Série 22, 2015. (https://doi.org/10.4000/vertigo.16199). Véase también A.Kothari y S. Bajpai, «¿Somos el río, o en el río somos?», *Ecología Política,* 55, 2018, pp.32-40.

ridades locales, y un equipo estratégico que incluya a los iwis, a las más relevantes autoridades locales, los departamentos del Estado, usuarios comerciales y recreacionales, así como grupos ambientalistas; asigna trabajadores públicos a la vigilancia de sus aguas, y concede a las tribus más de 50 millones de dólares en concepto de compensación por los graves daños que aquellas sufrieron en el pasado y una cantidad adicional para protegerlas de cualquier amenaza futura.

El principio que inspiró esta ley, y otras parecidas que, como vimos, se están aprobando en todo el mundo, se debe, en última instancia, al profesor de Derecho estadounidense Christopher Stone, que lo formuló en su obra de 1972 titulada *Should Trees Have Standing?: Law, Morality, and the Environment* («¿Deberían los árboles tener voz?: la ley, la moralidad y el medio ambiente»), en la que argumenta que se debería reconocer a los bosques, los océanos y el medio natural en su conjunto el derecho de ser escuchados y contar con alguien que actúe a todos los efectos como su representante legal.

En el caso del Whanganui, ello supone una forma muy distinta de actuar cuando se trata de impulsar cualquier iniciativa que pueda tener un efecto sobre la integridad y la salud del río. Si se considera necesario construir un puente que cruce su cauce, habrá de obtenerse el permiso de las tribus; si se plantea una actividad que involucre o pueda afectar de algún modo a los recursos naturales del valle, las tribus habrán de autorizarlo. Por fin han cesado los vertidos, la extracción de grava y la explotación hidroeléctrica desenfrenada de sus aguas. La creación de granjas se ha detenido y una activa política de reforestación del valle con especies autóctonas ha dado comienzo. Y, lo que quizá sea lo más importante, la presión de los maoríes ha ayudado a difundir entre la población de origen anglosajón la necesidad de asumir una visión distinta de las relaciones entre los seres humanos y la naturaleza, mucho más respetuosa con el medio y coherente con la concepción del mundo propia de los pueblos autóctonos.

Esta concepción posee una belleza extraordinaria. Según cuenta una leyenda maorí, el Whanganui nació tras una pelea entre dos montes: el Taranaki y el Tongariro, enfrentados por la posesión de la montaña Pihanga. Derrotado en la refriega, el monte Taranaki huyó del centro de la Isla Norte hacia el mar, dejando un largo rastro de lágrimas tras de sí. Entonces el monte Tongariro envió agua fría para curar el surco, y de ella nació el río. Pero, más allá de su origen mítico, los maoríes siempre han considerado los ríos, las montañas y los bosques como seres vivos, entes sagrados que merecen respeto y veneración, y no meros recursos de los que disponer a su antojo, sin limitación alguna, como ha sostenido, en la teoría, y más aún en la práctica, la visión prometeica propia de la civilización europea. Es la idea fundamental del *whakapapa*, el principio sobre el que reposa la concepción maorí del orden cósmico, que entiende *Te Taiao*, la Tierra, en relación de íntimo parentesco con el hombre.

Este parentesco, *whanaungatanga* en lengua maorí, no abarca tan solo los lazos familiares entre personas vivas, sino una red mucho más amplia de relaciones entre las personas, vivas y muertas, la tierra, el agua, los animales y las plantas, y, por supuesto, el mundo espiritual de los *atua*, los espíritus, vinculado todo ello a través de la *whakapapa*. En este sistema de pensamiento, el *mauri*, la fuerza vital de un ser, se encuentra ligado íntimamente al *mauri* de todos los demás seres con los que está relacionado, humanos y no humanos. Esta ligazón implica en la práctica una serie de deberes recíprocos de nutrición y cuidado que se denominan *kaitiakitanga*. En consecuencia, los seres humanos están obligados a cuidar al río, preservar su salud y atender todas sus necesidades, como él los cuida a ellos.

Para los maoríes, el agua posee su propio espíritu y fuerza vital, por lo cual es necesario tratarla con sumo cuidado para que no se debilite. Por ello se han dado a sí mismos normas estrictas que prohíben mezclar los desechos humanos con el agua destinada al consumo. Sin duda, la experiencia les ha enseñado cuán nocivos pueden ser los efectos de esa práctica. Pero en su cosmovisión, la mezcla de los dos espíritus, el puro del agua y el impuro de los desperdicios, disminuye la fuerza vital del primero, incluso cuando se trata de una proporción de residuos que la ciencia moderna considera inocua.

• • •

APUNTE BIBLIOGRÁFICO

Capítulo 1. Madres nutricias

AYDON, Cyril, *Historia del hombre. 150.000 años de historia de la humanidad*, Planeta, Barcelona, 2009.

BOCCALETTI, Giulio, *Agua. Una biografía*, Ático de los libros, Barcelona, 2022.

CARNEIRO, Robert, «A Theory of the Origin of the State», *Science*, vol. 169 (1970), p. 733–738.

CEINOS, Pedro, *Historia breve de China*, Sílex, Madrid, 2006.

CLAESSEN, Henri J. M., «El surgimiento del estado primero (*early state*): (La primerísima forma del Estado)», *Boletín mexicano de derecho comparado*, Vol. XVII, 1984, pp. 433-479.

COMELLAS, José Luis, *Historia de los cambios climáticos*, Rialp, Madrid, 2021.

DIAMOND, Jared, *Colapso. Por qué unas sociedades perduran y otras desaparecen*, Debate, Barcelona, 2006.

DIAMOND, Jared, *Armas, gérmenes y acero. Una breve historia de la humanidad en los últimos 13.000 años*, Debate, Barcelona, 2021.

ESPEJO, José Luis, *Los hijos del Edén. Toda la verdad sobre la Atlántida*, Ediciones B, Barcelona, 2010.

FAGAN, Brian, *El largo verano. De la era glacial a nuestros días*, Gedisa, Barcelona, 2007.

FAGAN, Brian, *La Pequeña Edad de Hielo. Cómo el clima afectó a la historia de Europa. 1300-1850*, Barcelona, Gedisa, 2008.

FAGAN, Brian, *El gran calentamiento. Cómo influyó el cambio climático en el apogeo y caída de las civilizaciones*, Gedisa, Barcelona, 2009.

FAO. 2011, *El estado de los recursos de tierras y aguas del mundo para la alimentación y la agricultura. La gestión de los sistemas en situación de riesgo*, Organización de las Naciones Unidas para la Alimentación y la Agricultura, Roma, y Mundi-Prensa, Madrid.

FERNÁNDEZ MARTÍNEZ, Víctor M., *Prehistoria. El largo camino de la humanidad*, Alianza Editorial, Madrid, 2009.

GONZÁLEZ RUIBAL, Alfredo, *Tierra arrasada. Un viaje por la violencia del paleolítico al siglo XXI*, Crítica, Barcelona, 2023.

GOUBERT, Pierre, *El Antiguo Régimen, vol. 1: La sociedad*, Siglo XXI de España, Madrid, 1984.

GRAEBER, David y WENGROW, David, *El amanecer de todo. Una nueva historia de la humanidad*, Ariel, Barcelona, 2022.

HARARI, Yuval Noah, *Sapiens. De animales a dioses. Breve historia de la humanidad*, Debate, Barcelona, 2022.

HARPER, Kyle, *El fatal destino de Roma: Cambio climático y enfermedad en el fin de un imperio*, Crítica, Barcelona, 2019.

JACOBSEN, Thorkild, «Primitive Democracy in Ancient Mesopotamia», *Journal of Near Eastern Studies*, 3, julio de 1943, pp. 159-172.

KRAMER, Samuel Noah, *La historia empieza en Sumer*, Orbis, Barcelona, 1985.

SAHLINS, Marshall, *Economía de la Edad de Piedra*, Akal, Madrid, 1983

SCOTT, James C., *Contra el estado. Una historia de las civilizaciones del Próximo Oriente antiguo*, Trotta, Madrid, 2022.

SCHEIDEL, Walter, *El gran nivelador. Violencia e historia de la desigualdad desde la Edad de Piedra hasta el siglo XXI*, Crítica, Barcelona, 2018.

SMIL, Vaclav, *Energía y civilización. Una historia*, Arpa, Barcelona, 2022.

SOTO CHICA, José, *El águila y los cuervos. La caída del Imperio romano*, Desperta Ferro, Madrid, 2022.

STEWARD, Julian H., «Cultural Causality and Law: A Trial Formulation of the Development of Early Civilizations», *American Anthropologist*, New Series, vol. 51, nº 1, enero-marzo, 1949, pp. 1-27.

WENGROW, David, *La arqueología del Egipto arcaico*, Bellaterra, Barcelona, 2008.

WILKINSON, Toby, *El origen de los faraones*, Círculo de lectores, Barcelona, 2010.

WITTFOGEL, Karl, *Despotismo oriental: estudio comparativo del poder totalitario*, Guadarrama, Madrid, 1966.

Capítulo 2. Torrentes de sangre

ALVAR EZQUERRA, Jaime, *Los Pueblos del Mar y otros movimientos de pueblos a finales del segundo milenio*, Akal, Madrid, 1989.

CÓRDOBA ZOILO, Joaquín María, «La comprensión de la guerra en la Asiria del siglo VII a. C. Ciencia de la guerra y eficacia de combate en un modelo de la historia militar: Ülâia, 655 a. C.», en ALONSO BAQUER, Miguel (coord.), *La guerra en Oriente Próximo y Egipto. Evidencias, historia y tendencias en la investigación*, UAM, Madrid, 2003, pp. 39-56.

CONTAMINE, Philippe, *La guerra en la Edad Media*, Labor, Barcelona, 1984.

HANSON, Victor Davis, «Génesis de la infantería», en PARKER, Geoffrey (ed.), *Historia de la guerra*, Akal, Madrid, 2020, pp. 234-246.

HANSON, Victor Davis, «De la falange a la legión», en PARKER, Geoffrey (ed.), *Historia de la guerra*, Akal, Madrid, 2020, pp. 44-48.

HOLLAND, Tom, *Fuego persa. El primer imperio mundial y la batalla por Occidente*, Ático de los libros, Barcelona, 2017.

ÍÑIGO, Luis E., *Vae Victis! Una historia de las derrotas que marcaron el destino de la humanidad*, EDAF, Madrid, 2023.

KEEGAN, John, *Historia de la guerra*, Turner, Madrid, 2021.

MUÑOZ BOLAÑOS, Roberto, «El Salado 1340. El fin del problema del Estrecho», *Revista Universitaria de Historia Militar*, 2, 2012, pp. 153-185.

NOVILLO, Miguel Ángel, *Julio César en Hispania*, La Esfera de los libros, Madrid, 2018.

O´CALLAGHAN, Joseph F., *The Gibraltar Crusade. Castile and the Battle for the Strait*, University of Pennsylvania, Philadelphia, 2011.

PARKER, Geoffrey, *La revolución militar. Las innovaciones militares y el apogeo de Occidente, 1500-1800*, Crítica, Barcelona, 1990.

SEGURA GONZÁLEZ, Wenceslao, «La batalla del Salado (año 1340)». *Al Qantir: Monografías y documentos sobre la Historia de Tarifa*, 3, 2005, pp. 1-32.

SOTO CHICA, José, *Imperios y bárbaros. La guerra en la Edad Oscura*, Desperta Ferro, Madrid, 2019.

Capítulo 3. Carreteras hacia lo desconocido

GRAMONT, Sanche de, *El dios indómito. La historia del río Níger*, Turner-FCE, Madrid y México DF, 2003.

CONRAD, Joseph, *El corazón de las tinieblas*, Lumen, Madrid, 2002.

FORBATH, Peter, *Congo luso*, Edhasa, Madrid, 2000.

FORBATH, Peter, *El río Congo*, Turner, Madrid, 2021.

JEAL, Tim, *Stanley: The Impossible Life of Africa's Greatest Explorer*, Yale, Yale University Press, 2008.

JEAL, Tim, *Livingstone*, Yale, Yale University Press, 2013.

JEAL, Tim, *En busca de las fuentes del Nilo*, Crítica, Barcelona, 2014.

KENNEDY, Dan, *The Highly Civilized Man: Richard Burton and the Victorian World*, Cambridge, Harvard University Press, 2005.

MOOREHEAD, Alan, *El Nilo Azul*, Ediciones del Serbal, Barcelona, 1986.

MOOREHEAD, Alan, *El Nilo Blanco*, Alba editorial, Barcelona, 2004.

REVERTE, Javier, *Dios, el diablo y la aventura*, Random House Mondadori, Barcelona, 2003

REVERTE, Javier, *El sueño de África*, Debolsillo, Barcelona, 2020.

Capítulo 4. Trenes que nadie conduce

ESCUDERO, Lola, «Los canales que soñó Stalin», *Boletín de la Sociedad Geográfica Española*, n° 56, enero-abril 2017, pp. 48-61.

ACEMOGLU, Daron y ROBINSON, James A., *Por qué fracasan los países. Los orígenes del poder, la prosperidad y la pobreza*, Deusto, Barcelona, 2012.

GARCÍA QUINTAS, María de las Mercedes, «La importancia comercial de los ríos», El derecho comercial, de Roma al derecho moderno: *IX Congreso Internacional, XII Iberoamericano de Derecho Romano. Las Palmas de Gran Canaria 1, 2 y 3 de febrero de 2006*, Universidad de Las Palmas de Gran Canaria, Servicio de Publicaciones, 2007, pp. 333-344.

GABRIELE, Matthew y PERRY, David M., *Las edades brillantes. Una nueva historia de la Europa medieval*, EDAF, Madrid, 2022.

GUERRERO AYUSO, Víctor M., «Comer antes que viajar. Pesca y barcas de base monóxila en la prehistoria occidental», *Mayurqa*, 2006, pp. 7-56.

GUERRERO AYUSO, Víctor M., «Barcas de Ubaid. Navegaciones predinásticas en el Golfo Pérsico», *Complutum*, 2007, Vol. 18, pp. 61-78.

GUERRERO AYUSO, Víctor M., «Prehistoria de la navegación. Origen y desarrollo de la arquitectura naval primigenia», *British Archaeological Reports*, Oxford Ltd., junio 2009.

HOSKING, Geoffrey, *Una muy breve historia de Rusia*, Alianza Editorial, Madrid, 2014.

LACOUR-GAYET, Jacques (dir.), *Historia del comercio*, 3 vols., Vergara Editorial, Barcelona, 1958.

MONTERO, Santiago, *El emperador y los ríos. Religión, ingeniería y política en el Imperio romano*, UNED, Madrid, 2012.

MOYANO DI CARLO, Julián, «Mucho más que barcos: Una aproximación teórica a las funciones, capacidades náuticas, bases materiales y dimensión social de la tecnología naval prehistórica», *British Archaeological Reports*, Oxford Ltd., 2018.

NKRUMAH, Kwane, *I speak of Freedom: A Statement of African Ideology*, William Heinemann Ltd., London, 1961.

PELÁEZ, Javier, *Planeta Océano. Las expediciones que descubrieron el mundo*, Crítica, Barcelona, 2022.

PETTS, Geoffrey E. y GURNELL, Angela M., «Dams and Geomorphology: Research Progress and Future Directions», *Geomorphology*, 71, 2005, pp. 27-47.

PIRENNE, Henri, *Mahoma y Carlomagno*, Altaya, Barcelona, 1996.

POLANYI, Karl, *Comercio y mercado en los imperios antiguos*, Labor, Barcelona, 1976.

RODRÍGUEZ, Oliva; ORDÓÑEZ, Salvador y CABRERA, Carlos «De perdidos... al río. En torno a las evidencias de transporte y comercio de materias primas no perecederas por vía fluvial en el Occidente romano», en BOISSEUIL, Didier; Rico, Christian y GELICHI, Sauro (dirs.), *Le marché des matières premières dans l'Antiquité et au Moyen Age*, Publications de l'École française de Rome, Roma, 2021, pp. 33-63.

TWAIN, Mark, *La vida en el Misisipi*, Reino de Cordelia, Madrid, 2021.

VALDEÓN BARUQUE, Julio, *Historia general de la Edad Media*, MAYFE, Madrid, 1984.

WESTERMAN, Frank, *Los ingenieros del alma*, Siruela, Madrid, 2005.

Capítulo 5. Fronteras azules

ÁLVAREZ SORIA, Ignacio Jesús, «La barbarización del ejército romano», *STV-DIVM. Revista de Humanidades*, 24 (2018), pp. 13-40.

ARNAL, Luis, «El sistema presidial en el septentrión novohispano. Evolución y estrategias de poblamiento», *Scripta Nova*, Universidad de Barcelona, vol. X, n° 218, 1 de agosto de 2006.

CARDELÚS, Borja, *América hispánica. La obra de España en el Nuevo Mundo*, Almuzara, Córdoba, 2021.

CLASTRES, Pierre, *La sociedad contra el Estado*, Terramar, La Plata, 2008.

FRANCISCO HEREDERO, Ana de, «El ejército romano del Bajo Imperio», en *Ab Initio*, 2, 2011, pp. 29-60.

FUENTES HINOJO, Pablo, «La caída de Roma: imaginación apocalíptica e ideologías de poder en la tradición cristiana antigua (siglos II al V)». *Studia historica, Historia antigua*, 27, 2009, pp. 73-102.

GIBSON, Carrie, *El norte. La epopeya olvidada de la América hispana*, Edaf, Madrid, 2022.

GOLDSWORTHY, Adrian, *El ejército romano*, Akal, Madrid, 2005.

HUBEŇÁK, Florencio, *Roma. El mito político*, Ciudad Argentina, Buenos Aires, 1997.

JIMÉNEZ, Alfredo, *El Gran Norte de México. Una frontera imperial en la Nueva España (1540-1820)*, Tébar, Madrid, 2006.

LATTIMORE, Owen, «The Frontier in History», in *Studies in Frontier History: Collected Papers 1928-1958*, Oxford University Press, London, 1962, pp. 469-491.

LATTIMORE, Owen y LATTIMORE, Eleanor, *Breve historia de China*, Espasa-Calpe, Madrid, 1966.

LE BOHEC, Yann, *El ejército romano*, Ariel, Barcelona, 2004.

LE GLAY, Marcel, *Grandeza y caída del Imperio romano*, Cátedra, Madrid, 2002.

MARTÍNEZ LÁINEZ, Fernando y CANALES TORRES, Carlos, *Banderas lejanas. La exploración, conquista y defensa por España del territorio de los actuales Estados Unidos*, Edaf, Madrid, 2023.

MARTÍNEZ, Gabriel, «Dios está en el cielo, el rey en España y yo estoy aquí», *Desperta Ferro Moderna*, n° 11, 2014, pp. 60-65.

MONSERRAT, Michel Angelo, «El ejército del Bajo Imperio: ¿un ejército decadente?», en *Anejos de Estudios Clásicos, Medievales y Renacentistas*, vol. 11, Santiago, 2016, pp. 1-22.

MORENO DEL COLLADO, Francisco, «Presidios y dragones de cuera», *Revista Ejército*, nº 949, mayo 2020, pp. 52-59.

NRIAGU, Jerome, *Lead and Lead Poisoning in Antiquity*, John Wiley and Sons Inc., Hoboken, New Jersey, 1983.

RINKE, Stefan, *Conquistadores y aztecas. Cortés y la conquista de México*, Edaf, Madrid, 2021.

SALLMANN, Jean-Michel, *Indios y conquistadores españoles en América del Norte. Hacia otro El Dorado*, Alianza Editorial, Madrid, 2018.

SATTIN, Anthony, *Nómadas. La historia desde los márgenes de la civilización*, Barcelona, Crítica, 2023.

SOTO CHICA, José, *Imperios y bárbaros. La guerra en la Edad Oscura*, Desperta Ferro Ediciones, Madrid, 2019.

SOUTHERN, Pat y DIXON, Karen R., *El Ejército romano del Bajo Imperio*, Desperta Ferro Ediciones, Madrid, 2018.

TURNER, Frederick Jackson, *The Frontier in American History*, Nueva York, Henry Holt and Company, 1921.

Capítulo 6. Aguas sagradas

AJA SÁNCHEZ, José Ramón, «El 'río de Nun' y el '(César) Nilo de Egipto': del mito egipcio a la concordia política romana. La inserción de JE 48862 y P. Brooklyn 47.218.84 en el tema», *Aegyptus*, 88 (2008), pp. 2100-2200.

BINGHAM, Hiram, *Machu Picchu. La ciudad perdida de los Incas*, Zigzag, Santiago de Chile, 1956.

ELORRIETA SALAZAR, Fernando E. y ELORRIETA SALAZAR, Edgar, *Cusco y el Valle Sagrado de los Incas*, Tankar, Cusco, 2005.

FRAZER, James George, *La rama dorada: magia y religión*, Fondo de Cultura Económica de España, Madrid, 1981.

GRIMAL, Nicolas, *Historia del Antiguo Egipto*, Akal, Madrid, 2023.

GUIDA NAVARRO, Alexandre, «La anaconda como serpiente-canoa: mito y chamanismo en la Amazonía Oriental, Brasil», *Boletín de Antropología*, vol. 36, nº 61, pp. 164-186, 2021.

JAMES, Edwin Oliver, *Historia de las religiones*, Altaya, Barcelona, 1997.

KOTHARI, Ashish y BAJPAI, Shrishtee, «¿Somos el río, o en el río somos?», *Ecología Política*, 2018, 55, pp. 32-40.

MAGALLANES, C. J. I., «Nature as an ancestor: two examples of legal personality for nature in New Zealand», *Vertig0. La revue électronique en sciences de l'environnement*, Série 22, 2015.

SPENCE, Lewis, *Mitos y leyendas: Egipto*, M.E. Ediciones, Madrid, 1995, p. 152.

TYLOR, Edward Burnett, *Cultura primitiva*, Ayuso, Madrid, 1976 (ed. or. 1871).

WILKINSON, Richard H., *Todos los dioses del Antiguo Egipto*, Oberón, Madrid, 2004.

RELACIÓN DE MAPAS